提升教师学习科学素养系列丛书　　丛书主编　尚俊杰

掌握教学策略：
教师学习科学实践手册

主　　编　尚俊杰

副 主 编　胡若楠　高理想

参　　编（按姓氏音序排列）

龚志辉　黄文丹　王钰茹　夏　琪

曾嘉灵　张媛媛　赵玥颖

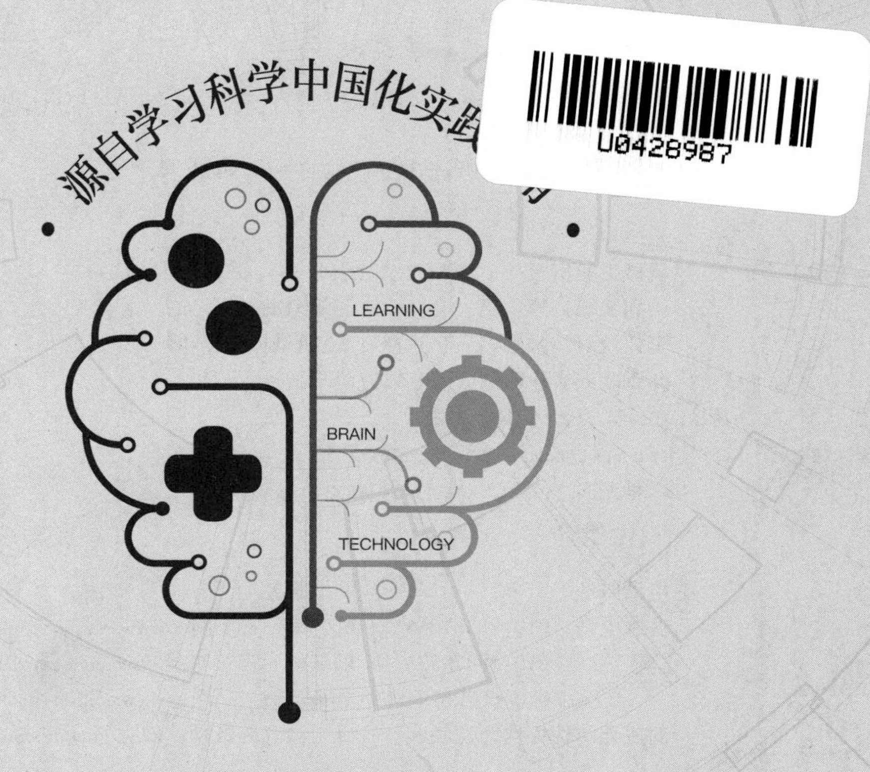

机械工业出版社
CHINA MACHINE PRESS

在打造高素质教师队伍的时代背景之下，提升教师教学设计能力从而推动科学教学设计是乘风而行、应势而动之举。教师在教学设计的发展洪流中，应该从教材的执行者成长为创新设计的崇尚者和科学学习设计的捍卫者。在学习科学滚滚前行的发展中，教师的教学设计实践应该从经验为王、主观评判，转变为科学为准、实证评判。本书正是以助力教师专业发展为根本目标，以促进科学化教学设计为鲜明导向，以能够在教学实践中落实为主要宗旨，以继往开来为基本路线，囊括了教学设计的基本流程和基于学习科学视角的80条设计原理和128条设计策略。

本书非常适合中小学教师或师范生学习使用，部分内容也适合中学及大学生使用，同时适合对学习科学感兴趣的管理者、研究者和实践者参考使用。

扫一扫封底的二维码，可以获得“测一测”参考答案。

图书在版编目（CIP）数据

掌握教学策略：教师学习科学实践手册/尚俊杰主编. —北京：机械工业出版社，2024.1

（提升教师学习科学素养系列丛书/尚俊杰主编）

ISBN 978-7-111-74483-2

Ⅰ.①掌…　Ⅱ.①尚…　Ⅲ.①中小学—教学研究　Ⅳ.①G632.0

中国国家版本馆CIP数据核字（2023）第244030号

机械工业出版社（北京市百万庄大街22号　邮政编码100037）
策划编辑：熊　铭　　　　　责任编辑：熊　铭　王　芳
责任校对：张勤思　李　杉　责任印制：张　博
北京联兴盛业印刷股份有限公司印刷
2024年2月第1版第1次印刷
184mm×260mm・22.5印张・463千字
标准书号：ISBN 978-7-111-74483-2
定价：69.00元

电话服务　　　　　　　　　　网络服务
客服电话：010-88361066　　机　工　官　网：www.cmpbook.com
　　　　　010-88379833　　机　工　官　博：weibo.com/cmp1952
　　　　　010-68326294　　金　　书　　网：www.golden-book.com
封底无防伪标均为盗版　　机工教育服务网：www.cmpedu.com

本丛书是教育部教师工作司委托课题“提升教师学习科学素养研究”（编号：JSSKT2020011）的研究成果。

提升教师学习科学素养系列丛书

编委会

主编、副主编简介

尚俊杰 博士，北京大学教育学院长聘副教授，研究员，博士生导师。现任学习科学实验室执行主任、基础教育研究中心副主任。曾任北京大学教育学院副院长、教育技术系系主任。兼任教育部高等学校教育技术专业教学指导分委员会委员、香港中文大学教育学院客座副教授、中国教育技术协会教育游戏专业委员会理事长、中国高等教育学会学习科学分会常务副理事长兼秘书长、中国人工智能学会智能教育技术专委会副理事长等。主要研究领域为游戏化学习（教育游戏）、学习科学与技术设计、教育技术领导与政策等。发表学术论文90余篇，出版多本教材著作。曾荣获国家精品在线开放课程、北京市高等教育精品教材奖、北京市高等教育教学成果一等奖、北京大学教学卓越奖、北京大学“黄廷方/信和青年杰出学者奖”等荣誉。

胡若楠 北京大学学习科学实验室成员，华东师范大学教师教育学院博士生。参与国家社科基金、北京教育科学规划等多项学习科学与游戏化学习相关课题，曾担任海淀区、朝阳区、顺义区教师学习科学素养提升项目讲师，中国儿童中心游戏化教学教师研修活动讲师，华文教师游戏化教学研修活动讲师，教育部科技司2020年度教育信息化教学应用实践共同体项目“学习科学与游戏化学习实践共同体”秘书处负责人。发表报告、国际会议论文、学术论文多篇。

高理想 北京大学学习科学实验室成员，德国慕尼黑大学慕尼黑学习科学中心博士生，研究方向为在线学习中的师生情绪、模拟学习中的自适应脚手架，已发表中英文论文数篇，SSCI期刊审稿人。

从书序

提升教师学习科学素养，促进课堂教学深层变革[一]

当前，以互联网、移动互联网、人工智能、大数据、虚拟现实/增强现实等技术为代表的信息技术对社会产生了翻天覆地的影响，正在推动社会从工业时代进入信息时代、人工智能时代。社会变革对人才的需求也发生了变化，以知识传授为中心、标准化培养为代表的工业时代的教育模式已经无法适应当前社会发展的需要。因此，世界各地都在进行教育变革，希望借助信息技术促进教育的深层变革。

教育的“主战场”在课堂，要推动教育的深层变革，首要任务是要培养适应新时代教育教学要求的高水平教师，从而推动“课堂革命”。2018年1月，中共中央国务院在《关于全面深化新时代教师队伍建设改革的意见》中明确了要在遵循教育规律和教师成长发展规律的基础上，加强师德师风建设，培养高素质、专业化的教师队伍。教育部教师工作司司长任友群提出用信息技术赋能，建设新时代高素质专业化创新型教师队伍。

建设高素质专业化的教师队伍当然包括多方面内容，我们认为可以从学习科学素养入手，提升教师对教育教学内在科学规律的认识水平，以推动“课堂革命”为突破口，来推动教育的深层变革。

1 学习科学的概念、发展及现状

学习科学（Learning Sciences）是一个跨学科研究领域，涉及认知科学、教育心理学、计算机科学、人类学、社会学、信息科学、神经科学、教育学、教学设计等多个学科。国际学习科学领域的知名研究专家R.基思·索耶（R. Keith Sawyer）教授在《剑桥学习科学手册》一书中指出：学习科学是一个研究教和学的跨学科领域。它研究各种情境下的学习——不仅包括学校课堂里的正式学习，也包括发生在家里、工作场所、场馆以及同伴之间的非正式学习。学习科学的研究目标，首先是更好地理解认知和社会化过程，以产生最有效的学习。其次便是用学习科学的知识来重新设计已有的课堂及其他学习环境，从而促使学习者能够更有效和深入地学习。简而言之，学习科学主要就是研究以下问题：人究竟是怎么学习的，怎样才能促进有效的学习？

[一] 本序言主体内容曾发表于《中小学信息技术教育》2021年第1期。

之所以会提出学习科学，是因为在20世纪80年代，一些在传统认知科学领域颇有建树的科学家意识到，他们在实验室开展的大量认知科学领域的认知研究，似乎没有对真实情境中的教学产生实质性影响，或者说不能真正有效地指导“不规范且具体”的真实情境中的学习，于是他们就往课堂教学走了一步，与同时崛起的人工智能、信息技术、教育技术领域的学者合作，提出了“学习科学”这一崭新的研究领域。

学习科学的概念被提出以后，得到了快速发展。1999年，经济合作与发展组织（Organization for Economic Co-operation and Development，OECD）启动了由26个发达国家参与的大型研究项目——“学习科学与脑科学研究”，召集了来自欧洲、美洲、亚洲的著名研究者与教育决策者，共同研究人类的阅读、计算与终身教育等问题。2004年，美国开始拨款创建跨学科、跨学校的“学习科学中心”，并给予稳定持续的巨资支持，随后陆续成立了6个国家级跨学科、跨学校的学习科学中心。欧美发达国家已经将学习科学确立为新的教育政策的关键基础，将人类学习的重要研究成果作为课程决策与行动的基础，在实践领域得到了实际应用。

在我国，北京师范大学、东南大学、华东师范大学等高校分别建立了北京师范大学脑与认知科学研究院、东南大学儿童发展与学习科学教育部重点实验室、华东师范大学学习科学研究中心等机构。北京大学教育学院也于2017年联合校内外多学科研究人员、实践人员成立了北京大学学习科学实验室。而且，越来越多的研究机构对学习科学产生了兴趣。2017年9月，国家自然科学基金会和教育部在杭州召开了第186期双清论坛，会议主题为“连接未来：教育、技术与创新”，与会专家、领导一致认为要联合多学科力量，加强教育科学基础研究，共同推进教育改革发展。2018年在国家自然科学基金中增加了F0701申请代码，其中支持的很多项目都是和学习科学相关的研究。

2 学习科学推动“课堂革命”

学习科学是一个跨学科研究领域，它的核心研究内容究竟是什么呢？《人是如何学习的：大脑、心理、经验及学校（扩展版）》一书中认为改变学习概念的五大主题是记忆和知识结构、问题解决与推理分析（专家分析）、早期基础、元认知过程和自我调节能力、文化体验与社区参与。《剑桥学习科学手册》一书中比较关注学习理论、基于设计的研究、专家学习和概念转变、知识可视化、计算机支持的协作学习（Computer Supported Collaborative Learning，CSCL）和学习环境等研究。《理解脑——新的学习科学的诞生》中则比较关注脑的发育、环境对脑学习的影响、读写能力与脑、数学素养与脑等内容。

我们曾经在对学习科学研究重要文献进行计量分析的基础上，提出未来学习科学领域的研究将包括以下三个研究方向：①学习基础机制研究。这一类研究整合了认知神经科学、生物医学和教育学等内容，试图从微观的神经联结层面研究真实情境中的教与学过程，从认知功能与结构相结合的综合视角，研究特定教育干预（学习内容、媒体等）对学习过程的影响。如采用脑科学的方法研究多媒体软件教学是否有效。②学习环境设计研究。这一类研究整合了认知心理学、教学设计、信息技术等内容，也称为学习技术研究，如设计学习软件、学习材料、学习平台和学习空间等。③学习分析技术研究。这一类研究整合了人工智能、大数据等技术，对学习过程行为数据进行分析，如基于慕课（MOOC）的在线学习分析、课堂对话分析、视频分析等。

自学习科学的概念提出以来，各国研究者完成了许多研究成果，其中部分成果已经在真实情境中得到了应用，如移动学习、游戏化学习、虚拟现实/增强现实、基于人工智能和大数据的个性化自适应学习等。例如美国加利福尼亚大学伯克利分校教授玛西娅·林恩（Marcia Linn）领导的基于网络的科学探究环境项目（Web-based Inquiry Science Environment，WISE），不仅催生了支持科学教育实践与评价的知识整合理论与依托平台，而且其研究成果为美国《下一代科学教育标准》（*The Next Generation Science Standards*，NGSS）的出台提供了扎实的理论基础和实践经验。再如教育心理和教育技术领域的著名学者、美国加利福尼亚大学圣芭芭拉分校教授理查德·E. 梅耶（Richard E. Mayer）提出的多媒体学习认知理论对信息技术在教育中的应用产生了重要的指导作用。

3 提升教师学习科学素养

客观地说，学习科学是一个基础学科，大部分研究都是由高校、科研机构的人员开展的。一线教师虽然可以独立或者和科研人员合作，开展学习科学基础研究，但是他们最主要的是要考虑如何将学习科学的研究成果应用到课堂教学中，以实现学习科学的目标——“在脑、心智和课堂教学之间架起桥梁”，用基础科学的研究成果理解和促进课堂教学。

要实现这一目标，就需要提升教师的学习科学素养。通过专业的项目式学习，构建起以学习科学素养为核心的教学知识能力体系，从实践能力和意识形态两个层面应对新时代教育变革。具体而言，需要教师从教学中的基础问题出发，结合学科教学的需求，以学习科学为理论基础，掌握基于学习科学视角的教学设计、课堂教学、教学评价和教学管理能力。

针对师范专业的学生，可以依托现有的师范生培养课程体系，增加学习科学相关的专业课程。比如，可以开设“学习科学导论”或相关课程，在师范专业的学生的课程学习、教育实习、教学研究中增加学习科学的内容，促使他们从理论和实践相结合的角度建构起学习科学素养，为未来成为一名真正的、优秀的教师奠定基础。其实，不仅是师范专业的学生，其他专业的学生也需要了解学习科学。北京大学2020年启动的“明师培养计划”中也设计了“学习科学与未来教育”等相关课程。

针对在职教师，因为之前的师范教育中大多没有开设专门的学习科学课程，所以可以借助现有的教师系统培训项目，落实其学习科学素养的学习。例如可以通过中小学教师国家级培训计划，向骨干教师渗透学习科学素养的培训内容，再通过骨干教师带动普通教师，层级传导与联动，实现学习科学素养的全面普及。

特别需要提出的是，让教师掌握基于学习科学视角的教学研究能力也很重要，可以打造全面掌握学习科学知识的研究型教师。我们认为，未来的名师有三层境界：第一层境界是教学型名师，能够将课讲得很好；第二层境界是研究型名师，能够结合教学开展行动研究，写出优秀的研究论文；第三层境界是思想型名师，能够在教学研究的基础上提出自己的教学思想。

4 提升教师学习科学素养研究项目介绍

北京大学学习科学实验室（https：//pkuls.pku.edu.cn/）自2015年开始一直致力于推动学习科学研究，启动了为期10年的“人是如何学习的——中国学生学习研究及卓越人才培养计划”（简称中国学习计划，China Learning Project，CLP）项目，开展了基于学习科学视角的游戏化学习、教师课堂行为分析、可穿戴设备教育应用等实证研究，每一年都发布《中国学习计划报告》，并连续召开“学习科学与未来教育前沿论坛”，希望通过这一系列活动推进学习科学事业的发展。

为了更好地推动学习科学和课堂教学深度融合，促进形成学习科学领域专家学者与一线教师的学习共同体，自2017年起，北京大学学习科学实验室联合北京市朝阳区教师发展学院、海淀区教育科学研究院、顺义区教育研究和教师研修中心等机构实施了“提升教师学习科学素养研究”项目。该项目采用行动研究的方法，探索将学习科学整合进基础教育课堂教学的模式、途径、原则及策略，进而从根本上提升基础教育的效率和质量，让学生们学习得更科学、更快乐、更有效，同时也希望打造一批具备学习科学素养的、卓越的研究型教师。

该项目采用了行动研究范式，多家单位选派研究人员、一线教师共同组成课题组，通过学习基础知识、设计精品课例、开展教学研究、撰写总结报告等步骤，力求让教师不仅掌握学习科学的一般概念知识和理论，而且能够将其与课堂教学有机融合，同时开展基于学习科学视角的教学研究，最后能够撰写规范的研究论文。

该项目具体包含以下步骤：①学习科学理论探究。通过线上线下学习、读书会、工作坊等形式，深入学习学习科学基础知识和基本理论，夯实学习科学基础。②撰写教学设计并完成课例。在充分进行理论研究的前提下，在原有研究成果的基础上，融合有效的教学策略，完成基于学习科学视角的教学设计，并形成完整的课例。③开展课堂教学研究。基于自己撰写的教学设计和课例，进一步设计基于学习科学视角的教学实验，然后开展实验研究，完成研究报告。在进行这个步骤的同时还需继续学习相关研究方法。④反思、总结和升华。在前面学习、设计、研究的基础上，撰写总结报告和研究论文，同时进一步理解学习科学的内涵。

该项目目前还在摸索中前行，在多方努力下已经积累了很多研究成果。首先，通过问卷调研发现教师的学习科学理论素养得到了一定的提升。很多教师通过读书、参与讲座、教学展示等多样化的学习活动，提高了自身的学习科学素养，并将学习科学的理论知识与自身的教学经验相融合，辩证地反思自身教学是否科学、有效，从而改进了教学策略。其次，教师的科研能力得到很大提升。教师逐步培养起了将教学与科研相结合的意识。有几十所学校参与了研究课题工作，先后有几十位教师在教育学术期刊、国际大会上发表论文，并做汇报展示。最后，该项目积累了一定的研究素材，比如丰富的教学笔记、教学案例、教学策略手册等。2020年，项目相关单位依托“提升教师学习素养”项目成果成功申请了教育部2020年度教育信息化教学应用实践共同体项目——“学习科学和游戏化学习实践共同体”，目前“学习科学和游戏化学习实践共同体”项目在全国也拥有了比较大的影响力。

5 关于本丛书

本丛书是上述项目的研究成果。课题组的专家、成员和一线教师精诚合作，并结合国内外学习科学理论和实践调研，精心编写了本丛书，希望能够让各位教师受益，助力各位教师早日成为教学型、研究型和思想型名师。

同时，本丛书也是教育部教师工作司委托课题“提升教师学习科学素养研究”（编号：JSSKT2020011）的研究成果，感谢任友群司长、宋磊副司长等各位领导的信任和支持。

6 结语

习近平总书记在党的二十大报告中指出，要“建设全民终身学习的学习型社会、学习型大国”。要建设学习型社会，显然离不开学习科学的支持。具体到教育领域，可以说教育发展急需加强基础研究，而基础研究可以从学习科学开始。提升教师学习科学素养，促进学习科学与课堂教学深度融合，对于推动教育领域的深层变革、促进教育的数字化转型、实现中华民族伟大复兴的中国梦具有重要意义。

尚俊杰　吴颖惠　李军

前 言

人类认识现实世界的过程，是认知不断深化的过程，是在追求真理的长河中逐步前进的过程。过去，由于缺乏实验手段，对教育教学的认识只能通过主观感受、经验累积，而随着心理学走向实验和科学化，随着神经造影技术走向成熟化，随着学习科学的兴起和发展，随着大数据分析技术的不断突破，教学不可避免地迈入科学化进程。在这样的背景下，教师掌握学习科学指导下的教学设计策略成为大势所趋。

1 本书结构

对于一线学校教师来讲，积累并掌握教学设计过程中科学的教学策略，可以改善课堂教学实践，可以帮助学生更高效地学习。本书作为“提升教师学习科学素养系列丛书”的分册，希望从教师的需求出发，以教师进行教学设计的流程为“线”，以学习科学下的教学策略为“珠”，帮助教师建立起学习科学下的教学设计知识网络。全书共分10章，具体内容介绍如下：

第1章，我们站在学习科学发展长河的发端，纵览学习科学奔腾向前。随着“是什么”“有什么”“从哪里来”“为何而来”的问题路标，一步一个脚印地弄清楚学习科学的关键问题。深入学习科学5种隐喻、3种经典类型的“景观”，让自己头脑中关于“学习”的树苗开枝散叶，扎根深土，建立起全视角、新视角的学习观，从而跟上人类发展的步伐，突破以往对学习的认识的狭隘边界，揭开神经系统、学习神经机制的一角，看到学习的生物学本质，用科学知识补充灌溉自己心中那片学习的田野。

第2章，我们站在理论与实践的融通之桥——教学设计之上，触摸教学系统设计的前世今生，时代演变。本章颗粒化地呈现教学设计的设计要素，挖掘基于学习科学的教学设计的理论基础，刷新传统的设计辙印，提出由大量证据支持的教学设计模式。教学设计模式恰似“乾坤袋”，可兼容常规教学流程，包容探究性实践、科学研究中提炼的原理、策略、方法，绘制了可供快速上手的实践蓝图。

第3章，我们站在学生的身边，出于对“世界上没有两片叶子是相同的，也没有两个大脑是完全相同的”的认同，出于“自然人”“社会人”的综合考量，手握生理发展、认知发展、社会发展3条线索，对学生的所看（注意力）、所思（知识经验）、所感（情绪）、所惑（迷思概念）、所盼（需求）等逐一思忖，以期读懂学生，能真正做到“为了学生”。

第4章，我们在能量补给站，为自己的信念注入源源不断的正能量，为自己填满知识的储蓄罐，为学生的学习环境灌溉活水。通过本章，我们将知道：相信自己、相信学生不是一句口号，更不是一个姿态，而是通过自我信念的建设，通过期望管理、师生关系滋养等方式搭建起来的。教学内容分析也不只是翻翻课本，翻翻教参，而是精细化加工和知识整合的结晶。学习环境并不仅仅包括黑板、粉笔、三尺讲台，还包括萦绕在身边的氛围，应用多媒体和技术的场域。课堂管理也不仅涉及“不要说话”“背背手，坐端正”等课堂纪律，还涉及时间管理、规则设计和程序规划。

第5章，我们站在山峰之腰，根据学习者特征，根据内容分析，锚定攀爬开启的位置，铺设攀爬的道路和扶手。由于设定目标关乎后续道路是长是短，是坡是坎，是曲是直，因此，要从宽度（包含哪些类型知识）、深度（包含哪些认知水平）共同考虑。又由于设定目标关乎学生能否找到方向，能否拨开迷雾，能否迷途知返，因此，要从目标陈述的模式、原则上推进更为科学化的目标陈述，就像为学生安好指向灯、贴好路况图。

第6章，我们站在山中驿站，为前行的学子加油、补给、添动力。以学习动机理论为食粮，激发学生多元动机；以已有知识为座驾，在已有图式、已有知识之上，促进现有知识的学习；以积极情绪为糖分，在积极情绪的运作机制之上，通过多种策略让整个学习过程如沐春风、欣喜沉浸。

第7章，我们站在陡峭崖壁之上，探求知识组织之道，寻获促进记忆、理解、高阶思维之果实。促进学习的道路并不平坦，也无捷径，可以通过本章学习理想的知识组织形态，利用可视化、对比、分类等策略编制知识体系。我们也可以通过众多研究结果，促进记忆、理解、生成的策略，让学生可以实现自我突破，实现认知跨越。

第8章，我们与学生站在熙攘的山中大道，此处正是主要路段，但是也滋生了不少岔路口，有的通向“放弃”，有的通向“不懂”，有的通向“走神”，有的则通向“深度学习”。该主要路段也正是课堂。在课堂之上，如何通过你的只言片语影响学生，如何通过暗示、反馈、交流将学生引入光明大道，在本章，我们终将获得秘诀。在课堂之上，如何设计活动让学生能用身体帮助自己思考，如何设计活动让学生能找到伙伴合作前进（合作学习），如何设计活动让学生能自己搭建工程（项目式学习），如何设计活动让学生能够边玩边走（游戏化学习），这些问题将在本章寻得答案。

第9章，我们将站在山涧瀑布之旁，看着学生逆着河流向前奔走。本着“授人以鱼不如授人以渔”“实践出真知，实践长真才”的思考，让学生进行独立的练习与迁移。但是学生自行练习往往陷入盲目、低效的困境，此时，就需要教师为学生设计练习“秘籍”。因此，教师可以从本章中获得大量证据支持的、被证明有效的、科学的练习策略，以及如何给学生合理反馈的策略。

第10章，我们站在山巅之上，看到了终点，也看到了起点，更看到了无限风光。之所以是终点，是因为我们通过“学习评价”可以看到阶段性的学生表现，看到阶段性的课堂实践效果。之所以是起点，是因为我们可以通过“学习评价”修改和确定方案，确定接下来要爬哪座山。之所以能看到无限风光，是因为我们在本章可以跨出常规的评价圈子，采用多元化、全程化评价策略，采用自我评价、学生参与评价等多主体评价策略，看到丰富的学习评价工具，这些策略、工具不仅可以用于评价，更有助于下一轮的教师自我成长和学生成长。

最后，需要说明的是，科学是严谨的、可证伪的、实事求是的，但也是主观建构的、创造的，科学最基本的态度是疑问，最基本的精神是批判，最基本的特征就是不断进步。因此，本书提供的证据、原理、策略也是在不断发展之中的，需要我们抱着科学精神，不断追求认知更新、策略更新和知识升级。同时，教师要想取得自我专业发展，获得职业幸福感，就一定要走上研究这一幸福的道路。在实践本书提出的策略时，可以开展研究、实验，进行本土化效果探究。

2 本书作者信息及致谢

本书由尚俊杰、胡若楠、高理想策划、整理、审核和统稿。具体每一章的作者信息如下：第1章，胡若楠、龚志辉主要执笔；第2章，胡若楠主要执笔；第3章，胡若楠主要执笔；第4章，胡若楠、王钰茹和夏琪主要执笔；第5章，王钰茹、胡若楠、赵玥颖、黄文丹主要执笔；第6章，高理想、龚志辉主要执笔；第7章，张媛媛、高理想主要执笔；第8章，曾嘉灵、王钰茹、胡若楠主要执笔；第9章，胡若楠、曾嘉灵、高理想主要执笔；第10章，高理想、张媛媛主要执笔。

在本书的写作过程中，丛书编委会提供了各种形式的指导、支持和帮助；中国人民大学附属中学于戈，北京市通州区委教育工委、区教委胡明玉，北京市第四十七中学赵宏瑞也给我们提出了宝贵的建议；北京一零一中杨双伟老师、黑龙江绥化市第九中学王玉伏老师、北京市海淀区育鹰小学蒋振东老师、深圳市福田区教科院姚铁龙团队、浙江省杭州市金晓芳老师团队等各位来自学习科学与游戏化学习实践共同体的老师为本书贡献了案例。最后要特别感谢机械工业出版社有限公司马小涵分社长和熊铭编辑的帮助，没有他们的帮助，本书不可能出版。

最后感谢各位读者，谢谢你们！如果大家对本书有任何意见和建议，敬请在微信公众号“俊杰在线”指出，或者来信指正（jjshang@263.net）。

尚俊杰　胡若楠　高理想

于北大燕园

目录 contents

第1章

学习的“W”和“H”

【本章导入】

我们终其一生，都畅游于无涯之学海；我们历经万事，都要求助于书经典籍；我们从“不琢之玉”到“精雕为器”，从“经师”发展为“人师”，其中学习都是通关的金钥匙。无论何时何地，学习都是可以让精神繁花似锦的阳光。那么，学习到底是什么呢？本章以该问题为“靶”，以学习科学为“箭”，以黄金圈法则为助力，解答学习的“W”——为什么要研究学习（Why，即学习科学从何而来和为何而来），学习是什么（What），学习有哪些类型（What），人为什么能学习（Why，即学习的神经机制），以及学习的“H”——如何知道学习发生了（How，即学习的多种类型）。本章通过对学习的多种隐喻做透彻分析，对学习的多种类型进行解析，对学习的神经机制进行探析，以期帮你全新、全面地理解学习。

【内容导图】

本章内容导图如图1-1所示。

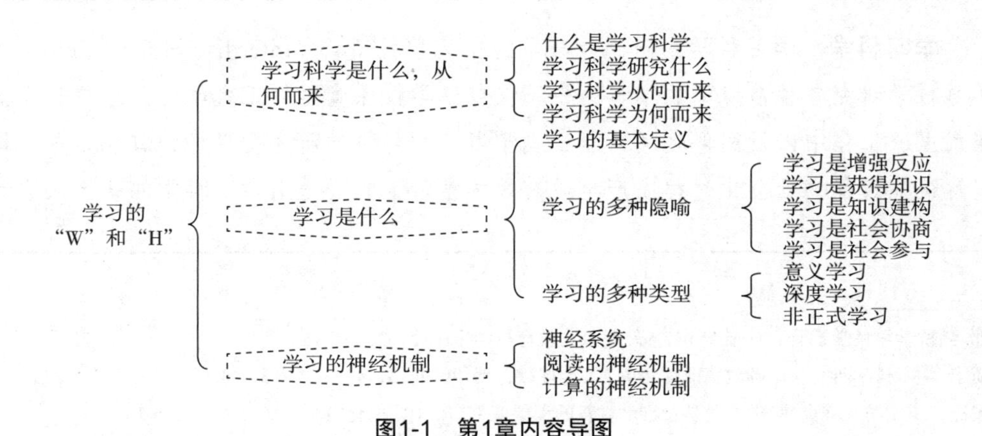

图1-1　第1章内容导图

1.1 学习科学是什么，从何而来

学习科学就是一个主要解答关于学习若干问题的学科领域，其吸纳了教育学、心理学、认知科学、计算机科学、人类学等多个学科中关于“人是如何学习的”和“如何促进学习”的内容和方法。学习科学就像一个吸收了各个学科领域众多关于“学习”的研究精华的果实（更像是嫁接生长的），一条汇聚各个关于“学习”的研究支流的大河。

过去，科学家们、研究者们在实验室、大学里研究“学习”，或者在中小学中开展实验，然后将成果发表出来，力图将成果用于实践，期望教师们可以接受并运用这些成果，但是他们并不知道教师们在应用中的困境，也并不知道在复杂的、真实的学习情境中，这些成果是否真的适用，是否真的有效。学习科学家则花费大量时间到中小学里，与一线教师一起工作——或者回到课堂，或者自己本身就作为教师，并且致力于促进课堂的教与学。因此，我们说，学习科学是一种新的学科，为教育提供坚实的科学基础[1]。

事实上，欧美一些发达国家已经将学习科学的研究成果作为教育决策与行动的关键基础[2]，我国也在科学决策和科学教学实践的道路上稳步前行。为了将学习科学作为课堂教与学实践变革的引擎，我们不得不首先对学习科学这一不断发展、不断突破的学科领域有所了解。

1.1.1 什么是学习科学

简单来说，学习科学主要研究“学习本质上是什么？人究竟是如何学习的？如何才能促进有效地学习？”[3]其中“人”包括各个年龄段、各个职业、各个民族的群体，可以是幼儿、中学生，也可以是工作者、退休老人，还可以是家庭中的熟悉的人、互联网上的陌生人；“如何”不仅包括怎么写字、怎么阅读、怎么记忆等过程，还包括玩耍、讨论、阅读、写作以及解决问题等过程。

从下框中，我们可以得出以下几点学习科学的主要内涵。

> **学习科学** 学习科学是研究教与学的交叉学科领域（interdisciplinary field）。学习科学研究各种情境下的学习——不仅包括学校课堂里的正式学习，也包括发生在家里、工作中以及同伴之间的非正式学习。学习科学研究的目标，首先是更好地理解认知过程和社会化过程以产生最有效的学习，其次是用学习科学的知识来重新

[1] 索耶. 剑桥学习科学手册 [M]. 徐晓东，译. 北京：教育科学出版社，2010：15.

[2] 裴新宁. 学习科学研究与基础教育课程变革 [J]. 全球教育展望，2013，42（1）：32-44.

[3] 尚俊杰，庄绍勇，陈高伟. 学习科学：推动教育的深层变革 [J]. 中国电化教育，2015（1）：6-13.

设计学校课堂和其他学习环境，从而使学习者能够更有效和更深入地学习㊀㊁。

1）**学习科学是一门交叉学科，涵盖了不同学科领域对学习的研究**，包含了认知神经科学关于学习的脑机制的研究，包含了教育技术关于学习环境和学习技术设计的研究等。学习科学之所以能成为一门新的学科，是因为心理学、人类学、教育学、计算机科学等学科的专家相互合作，产生了新的想法、新的方法论以及思考学习的新方式㊂。

2）**学习科学研究各种情境下的学习**，不仅关注正式学习如学校学习，还关注非正式学习（informal learning），即发生在工作、博物馆、动物园、家庭、社区等环境中的学习，因为毕竟从婴儿到晚年，个体一生都无法离开周边环境，个体也需要在校园之外的环境中实现终身学习。

3）**学习科学纳入了认知神经科学，以揭示学习的内在机制和生理基础，揭示学习是怎样产生的，为什么产生**㊃，加深人们对学习的认识。此外，学习科学还采取了社会文化的视角看待学习，综合考虑文化对学习的影响，将学习放在文化（信仰、民族等）、生物（脑、身体及其发展等）、社会境脉（社会经济地位、家庭教育、社会关系等）㊄的动态交互之下。

4）学习科学采用独特的研究方法——**基于设计的实施研究**（design-based implementation research，DBIR）。DBIR是对其前身——基于设计的研究（design based learning，DBR）进一步完善，改善了其实践方面的不足。DBIR聚焦于通过“设计—实施—修正”的不断迭代解决真实教育情境中的学习问题，具有四个核心特征，即设计、理论、问题、自然情境、多重迭代。设计是指研究者与实践者协同开展能够用于具体教学情境或学习情境的工具、课程或在线学习环境等，设计的目的在于解决实际问题；理论是指注重提出“人是如何学习的”相关理论和具体实施的实用性理论及策略㊅；问题是由研究者和实践者协商确定的有意义的重要问题、教育实践中棘手的问题；设计、开发、实施、修正的多重迭代中的每次迭代都可以促进整体设计的改善（refinement）。不同于实验研究，DBIR是在真实世界的学习环境中开展的，而非在实验室环境中。

㊀ SAWYER R K. The cambridge handbook of the learning sciences [M]. 2nd ed. Cambridge：Cambridge University Press，2014: 23.

㊁ 尚俊杰，庄绍勇，陈高伟. 学习科学：推动教育的深层变革 [J]. 中国电化教育，2015（1）：6-13.

㊂ 索耶. 剑桥学习科学手册 [M]. 徐晓东，译. 北京：教育科学出版社，2010：3.

㊃ 索耶. 剑桥学习科学手册 [M]. 徐晓东，译. 北京：教育科学出版社，2010：25.

㊄ 马雷特. 人是如何学习的Ⅱ：学习者、境脉与文化 [M]. 裴新宁，王美，郑太年，译. 上海：华东师范大学出版社，2021：22-31.

㊅ 梁林梅，蔡建东，耿倩倩. 学习科学研究与教育实践变革：研究方法论的创新和发展 [J]. 电化教育研究，2022，43（1）：39-45；62.

1.1.2 学习科学研究什么

学习科学既然是一门交叉学科，那么它的研究内容是什么呢？我们可以从学习科学的经典著作和研究文章中窥见一二。

《剑桥学习科学手册》（*The Cambrige handbook of the learning sciences*）（第1版和第2版）比较关注的内容包括学习理论（如支架式教学、元认知、概念转变、认知学徒制等）、研究方法（如基于设计的研究、微观发生法、教育数据挖掘和学习分析等）、促进有效学习的实践（如知识可视化、计算机支持的协作学习、具身认知、基于项目的学习、基于问题的学习等）和学科知识学习（如数学教育、科学教育、历史教育等）等。

《人是如何学习的：大脑、心理、经验及学校》（*How people learn*：*brain, mind, experience, and school*）和《人是如何学习的Ⅱ：学习者、境脉与文化》（*How people learn* Ⅱ：*learners, contexts, and cultures*）的内容包括专家与新手的差异、学习与迁移、心理与大脑、学习环境设计、技术支持下的学习、境脉与文化、学习与脑、知识与推理、学习动机、数字技术、学习障碍、终身学习等。

《学习科学的关键词》一书中将设计研究、学习共同体、建构主义学习环境、认知学徒制、概念转变、基于实例的推理、基于模型的推理、计算机支持的协作学习和多媒体学习作为学习科学的主要研究内容。

李曼丽等人通过总结两版《剑桥学习科学手册》与桑新民的《学习科学与技术：信息时代大学生学习能力培养》，认为学习科学包括四大主要领域的研究：认知科学视角的学习研究、情境认知视角的学习研究、脑与神经科学视角的学习研究、技术促进学习的研究㊀。

尚俊杰等人将我国近些年的学习科学实证研究总结为：①学习机制研究（如基础认知能力的研究、脑与阅读的研究、脑与数学认知的研究、学习障碍的研究、问题解决和创造力等高阶思维能力的研究等）；②学习环境设计研究（移动学习环境设计与应用，基于模拟、仿真和游戏的学习研究，基于虚拟现实/增强现实的学习研究，基于知识可视化的研究，基于人工智能和大数据的学习环境构建，技术支持的协作学习环境研究，在线和混合式学习研究，项目式和深度学习研究，基于物理学习空间的研究等）；③学习分析技术研究（在线学习行为分析、视频课件分析、基于学习科学的评价研究、社会文化视角的学习分析等）㊁。

综上，通过梳理学习科学研究领域的研究内容，我们将学习科学的研究内容总结如图1-2所示。

㊀ 李曼丽，丁若曦，张羽，等. 从认知科学到学习科学：过去、现状与未来 [J]. 清华大学教育研究，2018，39（4）：29-39.

㊁ 尚俊杰，王钰茹，何奕霖. 探索学习的奥秘：我国近五年学习科学实证研究 [J]. 华东师范大学学报（教育科学版），2020，38（9）：162-178.

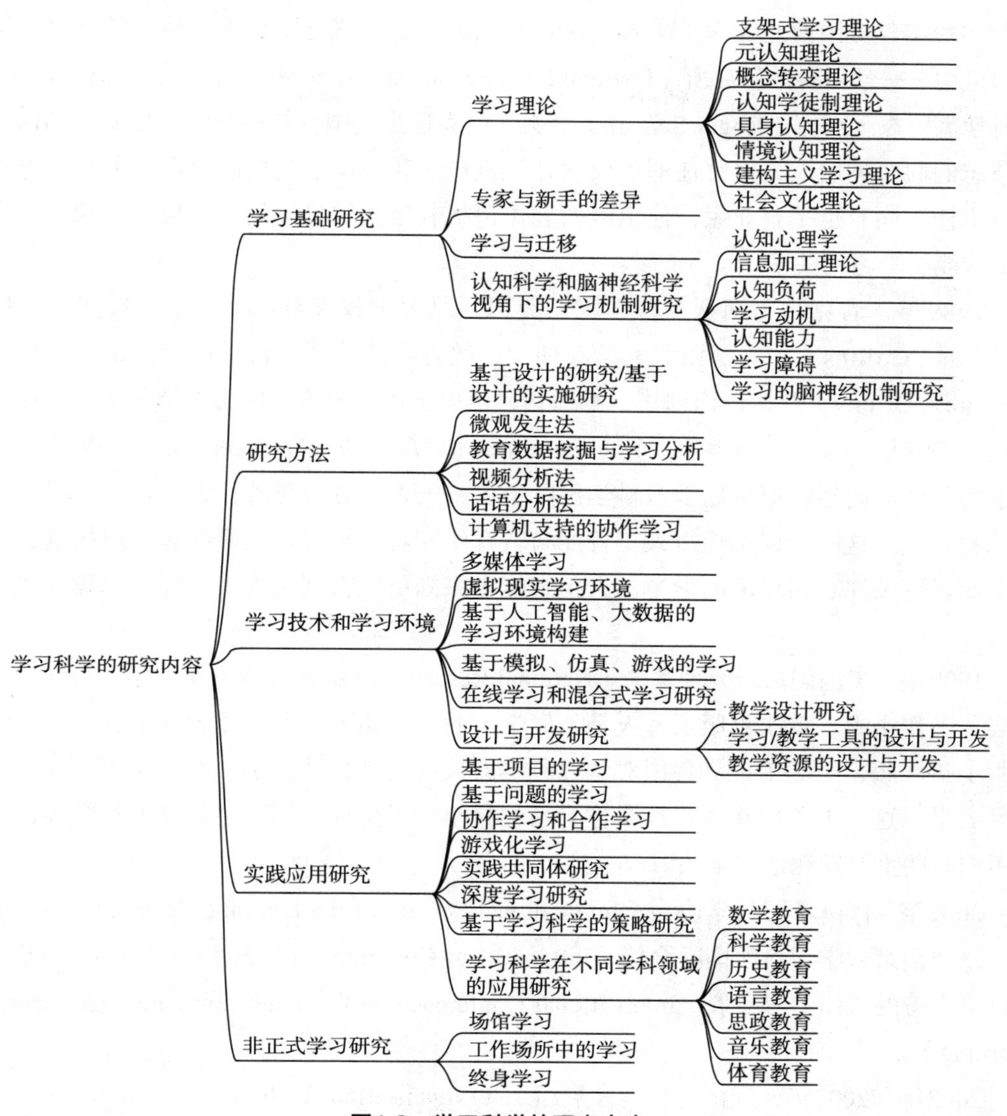

图1-2 学习科学的研究内容

1.1.3 学习科学从何而来

在了解了学习科学是什么和研究什么的基础上，我们不禁会思考：学习科学是从何而来的？学习科学是如何发展起来的？将学习科学发展的重要事件串联起来，可以一目了然地通览学习科学的形成脉络。

1970—1980年，许多认知科学家开始设计和应用人工智能技术或软件来促进学习，比如斯莱曼（Sleeman）和布朗（Brown）就专门撰写了人工智能导师系统的著作（*Intelligent tutoring systems*）。在此期间，“教育中的人工智能会议”（Artificial Intelligence in Education Conference）召开。

1987年，美国西北大学（Northwestern University）成立了世界上较早的学习科学的专门机构——学习科学研究所（Institute for the Learning Sciences），聘请了耶鲁大学的认知科学家罗杰·尚克（Roger Schank）牵头。尚克还是美国认知科学学会创始人和认知科学杂志的联合创始人，也曾任耶鲁大学计算机科学和心理学教授以及耶鲁大学人工智能项目主任，同时也是企业家，他出版的著作包括利用认知科学促进学校教育的内容或者人工智能与学习的关系。

1989年，尚克与美国认知科学家、美国西北大学教育与社会政策教授艾伦·柯林斯（Allan Collins）和美国西北大学心理学、教育学和计算机科学教授安德鲁·奥托尼（Andrew Ortony）开始讨论创建一本期刊，聚焦于将认知科学应用于学习领域的探索。因此，1991年，《学习科学杂志》（*Journal of the Learning Sciences*）创刊，标志着学习科学的诞生。同年，第一届学习科学国际会议——人工智能与教育大会，在美国西北大学胜利召开。这次会议也使得人工智能与教育研究者和学习科学研究者分道扬镳：学习科学专家更关注真实环境的学习，人工智能专家则更注重利用人工智能技术设计系统和工具。

1999年，美国国家研究理事会（National Research Council）成立了“学习科学发展委员会”工作小组，首次出版了《人是如何学习的：大脑、心理、经验及学校》，2000年出版了扩展版，引起了世界各国对学习科学的关注，被公认为学习科学领域里程碑式的研究成果。这本书首次将学习科学作为新的科学做了全面介绍，也标志着科学界已经就学习的一些重要发现达成了共识[㊀]。

2002年，国际学习科学协会（International Society of the Learning Sciences，ISLS）成立。该协会策划学习科学国际会议（International Conference of the Learning Sciences）和计算机支持的协作学习会议（International Conference on Computer Supported Collaborative Learning）。

2002年和2007年，经济合作与发展组织（Organisation for Economic Co-operation and Development，OECD）先后出版了《理解脑：一门新的学习科学》（*Understanding the brain：towards a new learning science*）（2006年出版了中文译本）和《理解脑：新的学习科学的诞生》（*Understanding the brain：the birth of a learning science*）（2007年出版了中文译本）宣告了教育神经（Educational Neuroscience）科学的诞生[㊁]。自此，基于认知神经结构的学习科学研究逐渐兴起，人们对于“学习是如何发生的？如何促进有效的学习？”这类问题有了更深入的思考。

㊀ 索耶. 剑桥学习科学手册 [M]. 徐晓东，译. 北京：教育科学出版社，2010：3.

㊁ 周加仙. 教育神经科学：创建心智、脑与教育的联结 [J]. 华东师范大学学报（教育科学版），2013，31（2）：42-48.

2004年，美国国家科学基金会（National Science Foundation, NSF）宣布拨款1亿美元创建跨学科的“学习科学中心”，随后陆续正式成立6个国家级跨学科、跨学校的学习科学研究中心，比如斯坦福大学和华盛顿大学合作建立了非正式与正式环境学习中心（Center for Learning in Informal and Formal Environments，LIFE）[㊀]。在这一时期内，学习科学的研究吸纳了大量新的理论和研究方法，如情境认知（Situated Cognition）、建构主义（Constructivism）、社会文化理论（Sociocultural Theory）等。

2006年，国际知名学习科学和创造力研究专家基思·索耶（Keith Sawyer）牵头编撰了《剑桥学习科学手册》，涵盖学习科学的理论基础和研究方法、学习环境的设计等众多领域的内容。

2012年，诺伯特·赛尔（Norbert Seel）主编了《学习科学百科全书》（*Encyclopedia of the sciences of learning*），这是第一部涵盖学习科学所有领域的百科全书。

2014年，索耶牵头编辑出版了第2版《剑桥学习科学手册》，内容涵盖了2005年—2014年学习科学最新研究进展，与第1版相比增加了“学习学科知识”和“将学习科学研究引入课堂”，表明学习科学研究越来越注重课堂教学和学科知识的实践。

2018年，美国国家科学院、美国国家工程院、美国国家医学院发布了《人是如何学习的Ⅱ：学习者、境脉与文化》，扩充了2000年之后学习研究的新进展，形成了关于学习本质、机制、过程和社会文化因素、学习环境等的新见解。同年，德国慕尼黑大学弗兰克·费舍尔（Frank Fischer）教授等主编，全球110余位研究者共同编写了《国际学习科学手册》（*International handbook of the learning sciences*），其内容全面系统反映了国际学习科学研究和实践的进展，涵盖学习科学的历史基础和理论取向、学习环境的设计、研究方法的新拓展等。

我国在《国家中长期科学和技术发展规划纲要（2006—2020年）》中就将“脑科学与认知科学”列为八大科学前沿问题之一。2018年，北京脑科学与类脑研究中心成立，我国开启了“中国脑计划”，并将其列入我国重大科技创新和工程项目。20世纪90年代，高文、陈琦、何克抗等一批中国学者，开始向国内译介学习科学系列成果[㊁]。北京大学学习科学实验室、北京师范大学认知神经科学与学习国家重点实验室、东南大学儿童发展与学习科学教育部重点实验室、华东师范大学学习科学研究中心、华南师范大学未来教育研究中心等机构如火如荼地开展学习科学领域的研究，我国中小学教师开始踏入应用学习科学改进教学的浪潮。

㊀ 韩锡斌，程建钢. 教育技术学科的独立性与开放性：斯坦福大学学习科学兴起引发的思考 [J]. 北京大学教育评论，2013，11（3）：49-64；190.

㊁ 任友群，赵建华，孔晶，等. 国际学习科学研究的现状、核心领域与发展趋势：2018版《国际学习科学手册》之解析 [J]. 远程教育杂志，2020，38（1）：18-27.

1.1.4 学习科学为何而来

一句话便能说清学习科学的“身世”：学习科学是从认知科学这一母体的孕育中脱胎而出的独立学科，是站在认知科学的肩膀上发展起来的新兴学科。然而，这句话只能告诉我们学习科学来自哪里，却不能告诉我们学习科学为什么能够形成。实际上学习科学的形成除了像一颗种子随着认知科学的发展得以茁壮成长外，其从认知科学到学习科学的嬗变与心理学、教育学、计算机科学等学科羁绊颇深。

在了解认知科学的发展历程之前，我们先来剖析几个常听到但是很容易混淆的概念——认知科学、认知神经科学、认知心理学、脑科学和神经科学。

如图1-3所示，自大到小来说，神经科学是生物学下属的二级学科，而认知心理学是心理学下属的二级学科。自左向右来看，脑科学是属于神经科学的，脑本身就是神经系统中“中枢神经系统”的主要部分，神经系统包括中枢神经系统和周围神经系统，除了脑以外，中枢神经系统还包括脊髓。神经科学是对脑等神经系统的科学研究，包括了对神经信号传递原理、神经系统功能、神经系统发育等方面的研究，其中认知功能是神经系统功能之一，所以认知神经科学隶属于神经科学。认知科学则是哲学、心理学、语言学、计算机科学、神经科学、人类学六大学科支撑发展起来的交叉学科，与神经科学相比更关注认知机制而非神经机制，认知与神经的关系正如“软件”与“硬件”的关系。认知心理学则属于认知科学，是对心理和行为的科学研究，关注注意力、语言、记忆、感知、解决问题、创造力、推理等心理过程。除了认知心理学外，认知科学还关注人工智能。认知神经科学是在神经科学与认知科学的基础上发展出来的新的学科，脑功能成像技术的成熟，建立起了认知科学与神经科学之间的沟通桥梁，认知科学家开始从神经机制出发，对人的认知过程展开研究[⊖]。

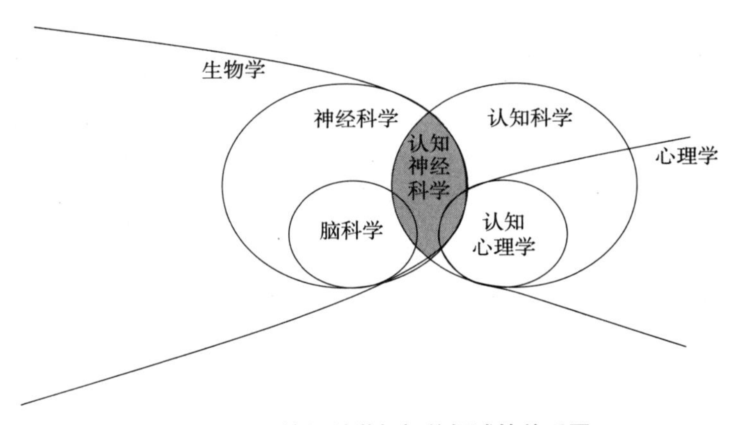

图1-3 认知神经科学与相关领域的关系图

⊖ 汪晓东，张立春，肖鑫雨. 大脑学习探秘：认知神经科学研究进展 [J]. 开放教育研究，2011，17（5）：40-51.

1. 认知科学及其发展

认知科学作为一个跨学科的学科群是随着“心理学、人类学和语言学对自己重新界定”以及计算机科学和神经科学的介入而发展起来的[一]，是主要由六个学科领域（哲学、心理学、计算机科学、语言学、人类学、神经科学）及其相互之间的关系组成的交叉学科。认知科学从20世纪50年代兴起，1956年以心理学家乔治·米勒（George Miller）的文章《神奇的数字7±2：人类信息加工能力的某些局限》（*The magical number seven, plus or minus two: some limits on our capacity for processing information*）为标志开启了认知革命，开始对思维及认知进行跨学科的研究。1977年《认知科学》（*Cognitive Science*）期刊正式创刊，认知科学逐渐得到广泛认可。1989年美国推出了全国性的脑科学计划，把1990至2000年命名为“脑的十年”。2007年，美国10名科学家在《科学》（*Science*）期刊上提出要发起“心智十年”倡议，对人类的心智、行为进行更系统的研究。

认知科学自20世纪50年代至今，大致经历了两代研究范式的变革[二]。第一代是经典认知科学（也称为非具身认知科学，Disembodied Cognitive Science），这一时期的认知科学受到笛卡尔“身心二元论”哲学思想影响，认为身体和心灵交互影响（笛卡尔之前，人们认为心灵单向控制身体，心灵像操纵提线木偶一样控制身体），促使人们从身体的角度研究人，开始从主观形而上学转变为客观观察和实验。同时，这一时期恰好也是行为主义开始逐渐向认知、信息加工范式转变的时期。计算机也对认知科学产生了影响，如美国哲学家约翰·R. 塞尔（John R. Searle）指出的：“在认知科学史上，计算机是关键性的。事实上，如果没有数字计算机，就不会有认知科学。”[三]的确如此，在第一代认知科学发展阶段，认知科学以“信息处理”的观点研究人脑，认为心理之于大脑如同计算机软件之于硬件，第一代认知科学的任务就是为各种心智活动构建算法和程序，奉行“符号及其计算”[四]，也产生了以信息加工理论为代表的学习理论。

20世纪70年代末到80年代，认知科学进入“过渡阶段”——情境认知理论出现和流行[五]。情境认知理论认为，人的认知与包括人、环境、设备等在内的外部情境不可分割。它对第一代认知科学产生了冲击——毕竟人的学习无时无刻不与环境发生着动态相互作

[一] 李其维.“认知革命”与“第二代认知科学”刍议 [J]. 心理学报，2008，40（12）：1306-1327.

[二] 尚俊杰，裴蕾丝，吴善超. 学习科学的历史溯源、研究热点及未来发展 [J]. 教育研究，2018，39（3）：136-145；159.

[三] 熊哲宏. 认知科学导论 [M]. 武汉：华中师范大学出版社，2002：2.

[四] 李其维.“认知革命”与“第二代认知科学”刍议 [J]. 心理学报，2008，40（12）：1306-1327.

[五] 李曼丽，丁若曦，张羽，等. 从认知科学到学习科学：过去、现状与未来 [J]. 清华大学教育研究，2018，39（4）：29-39.

用，并不是处于与真实情境的“隔离区”。

20世纪90年代，以具身认知（Embodied Cognition）为代表的第二代认知科学开始兴起㊀，强调认知不仅和身体相联系，而且受环境和身体影响。我们不仅仅是我们的“身体”，也不仅仅是我们的“大脑”，而是脑和身体–心理–情境的系统体系。也就是说，我们的认知与身体、心理、情境密不可分，比如，当学生在植物园中学习沙生植物、苔藓植物、蕨类植物等，就可以亲眼看到甚至触摸到植物的形态，更好地理解植物是如何与环境相适应的。随着脑成像技术的发展，第二代认知科学真正进入了从脑的角度研究认知的阶段，也促使学习科学从认知科学的母体中分离㊁，成为独立的研究领域。综合认知科学的脉络㊂和学习科学的发展，从图1-4中可以看到学习科学是如何从认知科学中孕育而生的。

学习科学独立之后，进入了蓬勃发展期和探索升级期㊃。在蓬勃发展期，学习科学不仅研究个体的记忆、推理、语言等内部心理或认知，还开始研究情境和外部环境作用下的认知与学习，如技术支持下的知识迁移。在探索升级期，学习科学实现了研究方法的突破，不仅使用交互分析、话语分析，而且开始使用脑成像、眼动、皮肤电等技术获取微观的生理数据。

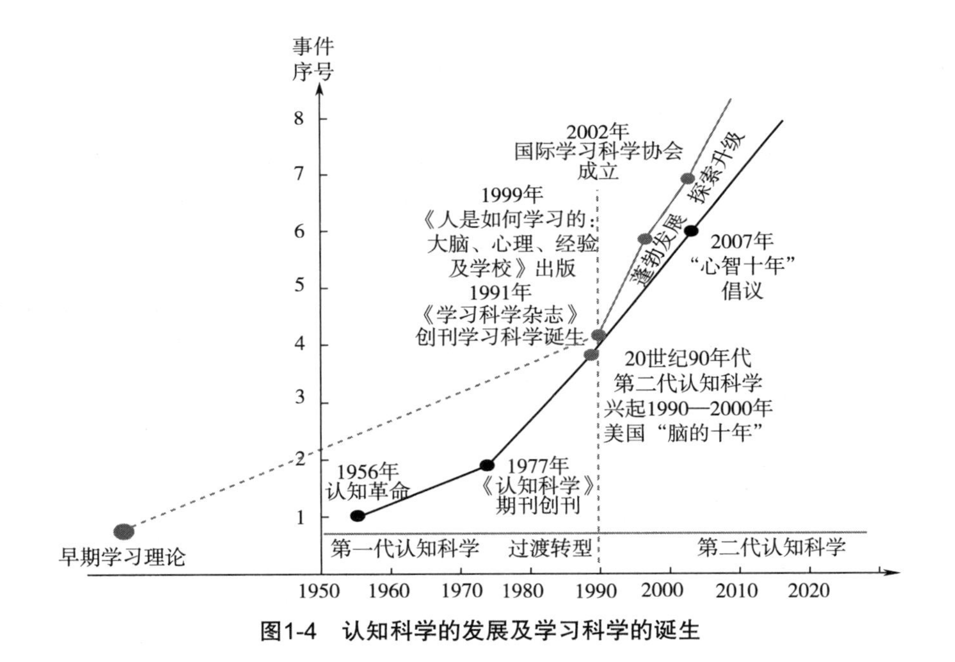

图1-4　认知科学的发展及学习科学的诞生

㊀ 叶浩生. 具身认知：认知心理学的新取向 [J]. 心理科学进展，2010，18（5）：705-710.

㊁ 尚俊杰，裴蕾丝，吴善超. 学习科学的历史溯源、研究热点及未来发展 [J]. 教育研究，2018，39（3）：136-145；159.

㊂ 哈尼什. 心智、大脑与计算机：认知科学创立史导论 [M]. 王淼，李鹏鑫，译. 杭州：浙江大学出版社，2010：序.

㊃ 尚俊杰，裴蕾丝，吴善超. 学习科学的历史溯源、研究热点及未来发展 [J]. 教育研究，2018，39（3）：136-145；159.

2. 学习科学产生的必要性

读到这里，相信你会产生疑惑，既然认知科学、学习心理学就是专门研究认知和学习心理的，教育学本身就是研究教与学的，为什么还要有专门的学习科学呢？原因如下：

第一，认知科学忽视了真实世界的复杂性。认知科学中的研究多是在实验室环境下完成的，严格控制干扰变量，是非常“纯净”的研究，不会太关注时代影响和文化方面的问题。真正的学习却是发生在较为复杂的环境之中的，会受到诸如同伴、家庭、学校、社会文化等环境因素的影响。学习科学脱胎于认知科学，是在认知科学的肩膀上发展起来的，故而既吸收了认知科学中的核心概念（如表征、问题解决、思维等），又吸收了真实情境的学习研究，吸收了认识论、社会学、人类学的研究成果和方法，成为独立的领域。

第二，心理学研究对教与学实践的指导是有限的。教与学的实践不仅需要关于心理和认知机制的基本知识，还需要关于“如何”的知识：如何进行教学设计？如何使用学习策略？如何设计学习环境？学习科学则吸收了心理学在实验室的研究成果，并将这些成果应用于真实的学习场景之中。

第三，人工智能的很多对学习的研究是去情境化的、与人类无关的。真实的学习环境和教学环境要比计算机中的建模复杂得多㊀。在真实情境中，仅仅一个学习勾股定理的学习行为就涉及对术语和规则的理解、符号和图形的练习、问题解决、迁移，以及学习过程中学习者的各种动机（取得好成绩、获得新知识、给他人留下好印象），甚至还涉及学习过程中他人的影响。人工智能毫无疑问是可以赋能教与学的，但是并不是说给学生足够的交互、足够多元的刺激，就能促进理解和创新。人工智能无法解决真实课堂中面临的诸多“意外”——学生的思维发散、灵机一动，抑或学生的灰心丧气、面红耳赤（即人工智能无法复现人的情感，情感计算也只能对面部表情等外部表现进行分析）。

第四，教育研究更关注教学，以往的教学实践更依赖于经验。学习科学则更多地从学习者自身或学习者所处的学习共同体中研究学习是如何发生的㊁，如何以科学证据促进学习。从教育的科学化进程中可以看到对于学习科学的需求。1859年，赫伯特·斯宾塞（Herbert Spencer）作为科学教育思潮的集大成者，发表了文章《什么知识最有价值？》（*What knowledge is of most worth*?），文章中总结道：“什么知识最有价值？一致的答案就是科学。”20世纪80年代，我国教育学者叶澜、陈桂生、瞿葆奎从教育研究方法论

㊀ 张宝辉，梁乐明，曹俏俏. 学习科学的发展历程与展望：访国际著名学习科学学者詹妮特·科洛德纳教授 [J]. 开放教育研究，2013，19（3）：4-10.

㊁ 张宝辉，梁乐明，曹俏俏. 学习科学的发展历程与展望：访国际著名学习科学学者詹妮特·科洛德纳教授 [J]. 开放教育研究，2013，19（3）：4-10.

的角度提出了教育学“向着科学化目标前进”[一]。1891年哈佛大学哲学家约西亚·罗伊斯（Josiah Royce）在《教育评论》（*Educational Review*）上发表了“教育是否是一门科学”（Is there a science of education）的文章[二]，认为每一个教师尤其是学生的教育科学教师“应该接受科学的训练以适应其工作”。然而，对绝大多数教师来说，教师的教学还停留在“前科学”阶段，来自对自己以前教师的模仿或者对自己教学和学习经历的体验[三]，属于经验层面。科学化的目的就是帮助教师用科学知识来取代个人看法，把教学行动建立在证据之上而不是经验或臆测之上。因此，教育的科学化需要学习科学来推动，教学实践需要学习科学为其提供证据。

第五，建立学习科学，是要破除“箱隔化”藩篱，形成新的跨学科的研究范式[四]。箱隔化学习就是把知识像一个小抽屉、一个小抽屉那样孤立地存储，而不是相互渗透、相互联系、相互综合地加工处理。箱隔化的研究就是用独立学科的方法开展研究，用单一化的方法开展学习有关的研究，无法解决学习领域复杂的研究问题。学习科学就是发挥来自认知科学、心理学、教育研究、人类学、计算机科学等不同领域的研究者智慧，打破学科之间的壁垒。

玩一玩，测一测

玩一玩　火柴人

游戏规则：每猜对一个空，可以给图1-5所示的火柴人添加一笔，多人PK，看最后谁的火柴人笔画多。

图1-5　火柴人示意图

题目如：____年，《学习科学杂志》（*Journal of the Learning Sciences*）创刊，

[一] 叶澜，陈桂生，瞿葆奎. 向着科学化的目标前进：试述近十年我国教育研究方法的演进 [J]. 中国教育学刊，1989（3）：2-6.

[二] ROYCE J. Is there a science of education [J]. Educational Review，1891，1（1）：23-24.

[三] 周彬. 教学境界：从“前科学化”到“艺术化” [J]. 人民教育，2006（11）：24-25.

[四] 裴新宁. 学习科学与科学教育的共同演进：与国际学习科学学会前主席马西娅·林教授对话 [J]. 开放教育研究，2018，24（4）：4-12.

标志着学习科学的诞生。

说明：该游戏中可以用雪人、机器人、音符等代替火柴人，题目可以更换为成语、单词、诗句、计算题等。

测一测

1. 以下属于学习科学研究内容的是（　　）（多选）

A. 学习机制研究

B. 基于元宇宙的学习

C. 混合式学习

D. 神经科学在学科中的应用研究

E. 关于人格的研究

2. 填空：学习科学与教育研究相比，更强调（　　　）；学习科学与心理学相比，更强调（　　　）；学习科学与认知科学相比，更强调（　　　）。

1.2　学习是什么

相信你从出生起，就未停止过学习：学习走路、拿筷子、吃饭、写字、说话……的确，人一生的学习从未间断。学习作为一种获取知识、交流情感的方式，已经成为人们日常生活中不可缺少的一项重要内容。尤其是在21世纪这个知识经济时代，学习已经成为人们不断满足自身需要、充实原有知识结构、获取有价值的信息，并最终取得成功的法宝。

学习是人类与生俱来且伴随一生的本能。学习是一种信仰、一种享受、一种生活方式，学习还是人类进步的阶梯和人类成长过程中的永恒主题。正是由于人类具有很强的学习能力，人类才得以成为具有复杂思维能力和创新能力的高级智慧生物。究竟什么是学习呢？

1.2.1　学习的基本定义

“学习”对我们来说就像最熟悉的陌生人，我们天天说要好好学习，却好像又说不清什么是学习。相信你也有自己对“学习”的定义。在往下阅读之前，先想一想：你认为什么是学习？学习是练习，是记笔记，是看书，还是模仿？

实际上，关于学习的定义有很多。各种工具书对学习都进行了解释，见表1-1。

表1-1 工具书中学习的定义[一]

学习的定义	来源
由经验而引起的比较持久的心理和行为变化过程。它不仅表现在可以观察到的行为变化。人的学习可以是有意图的学习，也可以是没有意图的偶然学习	《心理咨询大百科全书》
泛指有机体凭借经验引起的倾向或能力的相对持久的变化过程。心理学家所要研究的则是学习的过程及其规律，即研究和解释学习是怎样进行的问题，主要涉及的是学习者、学习过程和学习情境	《中国成人教育百科全书 心理·教育》
广义上的学习是有机体生活中的普遍现象。凡是以个体行为经验适应外界环境就是学习。狭义上的学习，则指学生在学校里的学习	《简明教育辞典》
有机体普遍存在的适应环境的手段之一。这种变化过程就是学习过程，主要包括知识的学习、动作技能的学习、社会规范的学习等方面	《社会科学大词典》
个体后天与环境接触获得知识和掌握技能而产生的行为变化的过程。远距离教育中的学习是借助广播、电视、通信、卫星等手段而进行的有目的、有计划、有组织的学习，使学习者掌握一定的系统的知识和技能	《远距离开放教育词典》

通过以上定义，我们可以看出学习被普遍认为是一种变化过程，因此可以得出学习的基本定义，见下框。

> **学习** 个体凭借经验所引起的知识、思维、行为或行为潜能的比较持久的变化及其过程。

这一学习的定义是目前国内心理学、教育学理论中普遍接受、流传最广的定义。该定义包含三层含义：

1）学习是由反复经验引起的。经验排除本能、成熟这两个因素，是在环境互动中产生的。之所以排除本能，是因为有很多天生的行为模式并非是一种学习的过程，如蜘蛛结网、蜜蜂舞蹈都是本能的。之所以排除成熟，是因为成熟是个体生理方面的发展，比如婴儿自然而然地就可以睁开眼睛，可以手握玩具。那么，经验到底是什么？约翰·杜威（John Dewey）认为经验既包括主动的因素也包括被动的因素[二]，可以是自己主动去尝试和接触的，也可以是被动给予的。只有经验是有意义的，才能促进学习。经验可以是在实践中获得的，可以是在观察中获得的，可以是在社会交互中获得的，也可以是有组织、有选择的学校所提供的。回想个人学习经历，就会发现，从小到大，我们大多数学习经历都与经验分不开，无论是拿筷子，还是写文章。

㊀ 王运武. 学习科学与技术[M]. 北京：科学出版社，2018：3-4.

㊁ 杜威. 民主主义与教育 [M]. 陶志琼，译. 北京：中国轻工业出版社，2014：141.

2）学习表现为知识、思维、能力、心理倾向、行为或行为潜能的变化。通过学习，我们的知识会发生变化，包括关于事实、概念、程序、策略、信念等方面知识的变化。思维的变化是指发散思维、逻辑思维、创新思维等发生的变化。能力的变化包括观察力、想象力、记忆力，以及写作能力、协作能力、解决问题能力等的变化。心理倾向则包括感觉、态度、动机、情绪、意志、兴趣等。行为变化是指表现出来的、可观察到的变化，如从不会游泳到会游泳，从不会做饭到会做饭。行为潜能的变化是指虽然不会当下在行为上表现出来，但是知道怎么做，比如拥有了面对危险时刻的安全意识，比如你内心知道地震来临时如何保证自己的安全。

3）学习强调变化是相对持久的。如果没有变化，或者变化只是临时的，那说明你没有学习。比如一个学生在上了关于动植物细胞的课程后，总是不能说出细胞的结构组成，不能画出植物细胞的示意图，也不能做对相关的题目。这里的“相对”是说，在学习后，知识虽然会被稳定地存储，但是也会随着时间推移被遗忘，比如现在我们已经无法回想起高中时是如何解决向量问题的，但是不能否认在当时是学会了的。

1.2.2　学习的多种隐喻

在不同的学习理论下产生了学习研究及学习的不同隐喻，见表1-2。

表1-2　学习研究及学习的多种隐喻及其理论基础

学习研究的隐喻	学习的隐喻	理论基础
动物是如何学习的	学习是增强反应	行为主义学习理论
机器是如何学习的	学习是获得知识	认知主义学习理论
人是如何学习的	学习是知识建构	建构主义学习理论
	学习是社会协商	情境认知理论
	学习是社会参与	学习共同体理论

这些隐喻可以让我们更简单、更直观地理解学习。我们对学习的隐喻逐个进行解释。

学习的隐喻1：学习是增强反应

20世纪上半叶，行为主义活跃在学习研究的舞台上，揭开帷幕，我们看到巴甫洛夫的条件作用理论、桑代克的试误学习理论、斯金纳的强化学习理论、华生的强化学习理论……了解这些心理学家的故事，有助于理解为什么这一时期学习研究的隐喻是“动物是如何学习的”，为什么在这一时期研究者认为“学习是增强反应”。

故事发生在1859年查尔斯·达尔文（Charles Darwin）出版了《物种起源》之后。进化论架起了人与动物之间的桥梁，成为心理学的基石。心理学从两个角度接受达尔文的进化论：第一个角度是给动物赋予人性，认为动物有像人一样的智慧；第二个角度是把人类动物化，认为人的行为有许多与动物相同的地方。行为主义就是采用了第二个角度来研究学习。

（1）巴甫洛夫的条件作用理论

1）人物介绍。俄国著名神经科学家、生理学家、心理学家伊万·巴甫洛夫（Ivan Pavlov，1849—1936）是行为主义学派的先驱。巴甫洛夫就读于圣彼得堡大学学习自然科学，读书期间就开始了胰腺神经生理学的研究，后来担任过兽医研究所生理部门的实验室助理，担任过生理实验室的诊所主任。1883年他完成博士论文《心脏的离心神经》（*The centrifugal nerves of the heart*）。1903年，在马德里举办的第14届国际医学大会上，巴甫洛夫宣读了《动物实验心理学和精神病学》（*The experimental psychology and psychopathology of animals*）的论文，提出条件反射是一种基本的心理现象和生理现象，1904年因为在消化生理学方面的研究成果，巴甫洛夫荣获诺贝尔生理学或医学奖。

2）实验过程。在狗消化生理机制研究中，巴甫洛夫偶然发现了一种学习形式的机制，因此进行了著名的经典条件反射实验，见表1-3。

表1-3　经典条件反射实验过程

	刺激	反应
条件作用前	铃声	狗无唾液分泌
	肉	狗分泌唾液
条件作用时	铃声+肉	狗分泌唾液
条件作用后	铃声	狗分泌唾液

对实验中的动物来说：食物是无条件刺激（unconditional stimulus，UCS）；食物引起的唾液分泌是无条件反射（unconditional reflex，UCR），是一种生理反射；多次条件作用后，仅提供铃声，就可以让狗分泌唾液，此时，铃声就是条件刺激（conditional stimulus，CS），此时分泌的唾液是条件反射（conditional reflex，CR），也是一种心理反射。

3）实验结论。根据以上实验结果和巴甫洛夫其他相关的实验结果，总结出五条学习律[1]，见表1-4。

---

[1] 施良方. 学习论 [M]. 2版. 北京：人民教育出版社，2001：44-47.

表1-4　巴甫洛夫的学习律的解释

学习律	解释
习得律（law of aquisition）	指条件刺激与无条件刺激的配对引起条件反射，而且必须将条件刺激放在无条件刺激之前，无条件刺激在条件刺激后的0.5 s呈现时，条件反射效果最好，即肉紧伴随铃声出现，而不是先出现肉，再出现铃声，不然那时狗已经在忙着吃肉了
消退律（law of extinction）	指条件刺激重复多次且不伴随无条件刺激时，条件反射将逐渐削弱直至消失，即多次重复只给听铃声，而不给肉的操作，唾液分泌的量会呈现下降趋势
泛化律（law of generalization）	指某一种条件反射建立起来，就可以由类似于原来条件刺激的刺激引发，比如换成分贝更低的铃声，狗仍旧分泌唾液
分化律（law of discrimination）	指条件作用过程开始时，有机体需要辨别相关刺激和无关刺激，比如区分不同的铃声
高级条件作用律（law of higher-order conditioning）	指先前的条件刺激可以在后来的实验中起到无条件刺激的作用，比如铃声加上手势，逐渐，狗看到手势也可以分泌唾液

（2）桑代克的试误学习理论

1）人物介绍。美国心理学家爱德华·桑代克（Edward Thorndike）在攻读文学学士时，读了哈佛大学威廉·詹姆斯（William James）的《心理学原理》，开始对心理学产生兴趣，后来成为詹姆斯的学生。桑代克先于巴甫洛夫两三年，就开始用动物研究学习，他研究过小鸡、猫等动物的学习行为，被誉为“动物心理学之父”。1898年，桑代克发表了博士论文《动物的智慧：动物联想过程的实验研究》（*Animal intelligence：an experimental study of the associative processes in animals*），也开始在哥伦比亚大学师范学院心理学专业从教。此后桑代克出版了《教育心理学》（*Educational psychology*）、《人类学习》（*Human learning*）、《学习的基础》（*The fundamentals of learning*）等著作。

2）实验过程。桑代克最著名的是猫开迷箱实验，见表1-5。

表1-5　桑代克的猫开迷箱实验过程

实验条件	次数	结果
饥饿的猫放在迷箱里；迷箱外放着一盘食物；按下迷箱中的踏板，箱门自动打开	第一次	猫乱抓乱咬，试图逃出迷箱；偶尔按下踏板，逃出，吃到食物
	第二次	猫乱抓乱咬，更少的时间内按下踏板，逃出，吃到食物
	重复多次	猫主动按下踏板，更少的时间内逃出迷箱，吃到食物

3）实验结论。根据实验，桑代克提出了多项学习律，见表1-6，其中前三大学习律是主要的，后五项是附属的。

表1-6　桑代克的学习律

学习律	解释
准备律（law of readiness）	学习者是否会对刺激做出正确反应跟其是否有所准备有关。比如，实验中猫是饥饿状态下的，所以才会努力逃出迷箱。对人来说，同样可以进行错误尝试，但当其有所准备时，可以更快获得正确答案。比如学生学习9+7时，可以让他们说出自己认为的答案，可以是10，可以是16，但如果有所准备则可以迅速回答出16
效果律（law of effect）	只有当反应产生了某种效果，学习才会发生。对猫来说，有食物的诱惑，它才会想办法逃出迷箱。对人来说，有正确或错误的反馈，有奖励或惩罚，才会发生学习行为
练习律（law of exercise）	刺激和反应的联结重复得越多，刺激和反应之间的联结便越牢固。若不加以重复，联结就会减弱；只有不断重复，才会加强。对猫来说，多次重复开迷箱和吃食物的联结，使这种开迷箱的学习行为越来越强。对人来说，重复画一条30 cm的线条，且收到反馈，就会越画越精准，但如果收不到反馈，结果则难如人意
多重反应律（law of multiple responses）	学习者可能会对一个刺激做出多种反应，某一种反应不能产生满意效果时，就会尝试其他反应。比如，在学生回答问题时，回答一次得到否定反馈后他（她）就会更换答案
选择反应律（law of selective response）	有机体学习时，往往会忽略无关的要素。比如，猫只关心迷箱外的食物和怎么出去，而不会在意迷箱的颜色。学生在专注地听同伴解释时，会忽略掉老师的解释
态度律（law of attitude）	学习行为的发生受态度和状态影响。比如猫因为饥饿逃出迷箱，如果是只想大睡一觉的猫，它可能就会乖乖在箱子里睡觉了。人是否产生学习行为受学习态度和学习动机影响
类推律（law of analogy）	学习行为也可以发生在类似的情境中。比如给猫换一个迷箱，它就可以用学会的技能打开迷箱。又如给学习者换一个类似的问题情境，学习者也可以正确作答
联想性转换律（law of associative shifting）	改变已有的刺激-反应联结，可以建立起新的联结。比如小猫看到人手中高举的鱼干就会站起来，这时，给小猫鱼干的同时说“站起来”，多次重复，只要你说“站起来”，它就会站立起来。又如假如某位老师每次上课都是笑容满面的，那么学生一想到要上这节课就会想到老师的笑容

（3）斯金纳的强化学习理论

1）人物介绍。美国著名心理学家伯尔赫斯·斯金纳（Burrhus Skinner，1904—1990）是操作性条件反射理论创始人。从小斯金纳就喜欢建造，设计飞机模型，“发明”晾衣架，制作滑板车。1922年他进入汉密尔顿学院主修英国文学，受华生影响，对人和动物的行为感兴趣。1928年斯金纳考入哈佛大学攻读科学心理学。1931年斯金纳发表博士论文《行为描述中的反射概念》（*The concept of the reflex in the description of behavior*）并获得哈佛大学博士学位，1936年为明尼苏达大学副教授，1945年为印第安纳大学心理学系主任，1947年—1974年担任哈佛大学终身教授直至作为名誉教授退休。1968年斯金纳荣获美国总统颁发的最高科学荣誉——国家科学奖，1990年荣获美国心理学会授予的心理学毕生贡献奖。斯金纳的代表著作包括：《有机体的行为：一种实验分析》（*The behavior of organisms：an experimental analysis*）、《科学与人类行为》

（*Science and human behavior*）、《教学技术》（*The technology of teaching*）等。

2）实验过程。斯金纳发展了巴甫洛夫和桑代克的研究，设计了斯金纳箱来研究动物的操作性条件反射行为。表1-7是斯金纳操作性条件反射实验的具体过程。

表1-7　斯金纳操作性条件反射实验简介

项目名称	具体介绍
实验环境	斯金纳箱：箱内安装提供刺激的扬声器、指示灯光、食物仓、盛放食物的盘子、与盘子和食物仓相连的杠杆
实验过程	将一只饥饿的老鼠置于斯金纳箱内，老鼠偶然按压到食物仓的杠杆，就可以掉落食物到盘子上
实验结果	老鼠每按压一次就可以得到一些食物，多次重复后，老鼠建立了“抬起前半身——按压杠杆后放开杠杆——取得食物——吃掉食物”这样的反应链

3）实验结论。斯金纳使用老鼠和鸽子开展了多项实验后，提出了两种学习类型、一套强化理论和程序教学法，见表1-8。

表1-8　斯金纳操作性条件反射实验成果简介

<table>
<tr><th colspan="2">实验成果</th><th colspan="2">具体介绍</th></tr>
<tr><td rowspan="2">两种学习类型</td><td>应答性行为（respondent behavior）</td><td colspan="2">由刺激引发（elicited）的反应，如铃铛—唾液，是刺激（stimulus）到反应（response）的联结（S—R），无刺激无反应</td></tr>
<tr><td>操作性行为（operant behavior）</td><td colspan="2">由有机体发出（emitted）的反应，是行为结果刺激—操作行为（有机体的反应）—强化刺激之间的联结（S—R—S），比如按下操作杆，就可以获得食物</td></tr>
<tr><td rowspan="2">强化理论</td><td rowspan="2">强化类型</td><td colspan="2">正强化（positive reinforcement）：增加某种奖励性刺激，个体的行为概率增加，如食物对老鼠就是正强化物，奖学金对学生来说是正强化物</td></tr>
<tr><td colspan="2">负强化（negative reinforcement）：移除某种厌恶性刺激，个体行为概率增加，如减少电击惩罚对老鼠来说就是负强化，减少对学生的批评对学生来说是负强化</td></tr>
<tr><td rowspan="6">强化理论</td><td>强化类型</td><td colspan="2">惩罚，不同于负强化，是指消除奖励或者呈现厌恶性刺激。比如老鼠按下杠杆后移除食物，对老鼠来说是惩罚，比如让未完成作业的学生写检讨，写检讨对学生来说是惩罚</td></tr>
<tr><td rowspan="5">强化安排</td><td colspan="2">连续强化：每一次正确反应后都给予强化</td></tr>
<tr><td rowspan="4">间歇强化：并不是每次正确了都给强化</td><td>固定比例强化：按照一定比例给予强化，如每做对5次给1次强化</td></tr>
<tr><td>变化比例强化：20道题目做正确给4次强化，几道题做对则给强化是随机的</td></tr>
<tr><td>固定间隔强化：按照一定时间间隔给予强化，如1节课中，每10 min给一次强化</td></tr>
<tr><td>变化间隔强化：1节课内给予3次强化，强化出现的时间是随机的</td></tr>
</table>

（续）

<table>
<tr><th colspan="2">实验成果</th><th colspan="2">具体介绍</th></tr>
<tr><td rowspan="4">强化理论</td><td rowspan="4">强化安排</td><td>最佳强化安排⊖</td><td>一开始，使用连续强化，如只要答对就给奖励，只要读书就给奖励；接着是固定间隔强化或固定比例强化，如每10道题做对或每坚持读书20 min给奖励；最后是变化比例强化或变化间隔强化，做对15或者30道题给奖励，或者坚持读书几周后给予奖励</td></tr>
<tr><td rowspan="3">强化效果</td><td>对习得速度的影响：最初学习时给予连续强化，学习速度比较快；给予间歇强化，学习速度则慢一些</td></tr>
<tr><td>对反应速度的影响：固定比例和变化比例强化下，反应速度更快些</td></tr>
<tr><td>对消退速度的影响：连续强化下，不给强化后，消退速度更快；固定强化比变化强化消退速度更快</td></tr>
<tr><td rowspan="2">程序教学法</td><td>程序教学机器</td><td colspan="2">计算机辅助教学（computer assisted instruction，CAI）的前身，是一种教学程序，可以给学生提供做题的反馈</td></tr>
<tr><td>程序教学原则</td><td colspan="2">积极反应：学生要对程序的反馈做出积极反应，具有动机
小步子：知识分解为难度递增的学习子模块
及时反馈：对学生的每一次作答给予检测、诊断和正误评价
自定步调：学生自己决定学习速度以及是否进入下一步学习
低错误率：教学者根据学生实际水平修改教学程序，保证学生尽可能地做出正确反应</td></tr>
</table>

在实际应用中，强化的安排更为复杂。比如，如果学生希望通过扰乱课堂秩序吸引老师注意力，那么老师当众批评对他来说可能是一种正强化，因为他可以获得老师的关注，如果要消退，可能就要通过无视等其他方法减少该学生这样的行为。再比如，有的老师将减少作业量作为奖励的方法，此时就形成了负强化，那么作业也许会成为学生心中的厌恶性刺激。因此，用于正强化和奖励的物品千千件，可以是甘蔗，可以是猪肉，可以是奖状，而负强化和惩罚的内容必须谨慎选择。

（4）华生的强化学习理论

1）人物介绍。美国心理学家约翰·华生（John Watson）曾任美国心理学会主席，1903年在芝加哥大学获得博士学位，1908年受聘为约翰斯·霍普金斯大学心理学教授。华生小时候，父母并不和睦，家庭也并不富裕，由于父亲离家出走，华生在13岁的时候就经历了叛逆和不愉快的学校生活。进入教会大学之后，华生机缘巧合地学习了心理学课程、哲学课程，这对他产生了重要影响。1899年，21岁的华生获得硕士学位后成为小学教师，时隔一年，华生申请到了芝加哥大学的博士学位。在桑代克研究的基础上，华生的博士论文开展了关于白鼠的学习的研究，他发现白鼠脑神经发育与学习能力的关系，而后将行为主义方法运用于关于儿童的研究，让行为主义思想得到传播。

⊖ 施良方. 学习论 [M]. 2版. 北京：人民教育出版社，2001：123.

2）实验过程。华生最为经典的实验就是小艾伯特（little Albert）实验了，这一实验用刺激—反应来分析儿童的情绪反应，见表1-9。小艾伯特实验后，华生指导玛丽·盖·琼斯（Mary Cover Jones）博士对消除不良情绪的有效方法进行了实验。小艾伯特实验是最具争议的实验之一，在学界引发了关于实验道德底线的讨论。从这个实验之后，美国心理学会就制定了实验伦理规范，禁止任何人进行违反伦理的实验。

表1-9　小艾伯特实验简介

项目名称	具体介绍
实验准备	华生将一只小白鼠拿给小艾伯特（此时10个月大），小艾伯特没有表现出惧怕的反应
实验过程	将小白鼠从篮子中拿出来给小艾伯特（此时11个月大）看，在小艾伯特去用手摸时，敲击钢轨发出刺耳的声音，重复多次。而后，华生进行了泛化测验，在1岁多的小艾伯特面前呈现兔子、鸽子等带有皮毛的动物以及毛皮大衣等白色皮毛物品
实验结果	拿出小白鼠，小艾伯特开始躲避小白鼠、惊慌、啼哭。对泛化测验中呈现的白色毛皮物品也表现出恐惧

3）实验结论。小艾伯特实验表明，恐惧条件反射是很容易形成的，并且这种条件反射的情绪反应会长时间存在，甚至影响个性。

因此，华生使人们相信，对行为的解释在于神经系统，并且人的行为、个性和情绪等都是习得的。但是华生混淆了人与动物的界限，无视了人类思维的特点㊀。

学习的隐喻2：学习是获得知识

20世纪50年代以前，心理学家忽视对人心理过程的研究，直到计算机的出现，心理学家开始将计算机作为研究人心智的模型。H. 西蒙（H. Simon）等人发表一系列论文表明可以利用计算机模拟各种心理现象。“学习是获得知识”便是这一时期诞生的对学习的隐喻。这则隐喻大概是大多数人心中对学习的认识，他们认为学习就是记忆，就是在大脑里存储知识。一些人认为，人脑像是容器，可以向其中填充信息，学习不好也就是记性不好。对这一学习隐喻，可以从三个代表性理论中加深理解：艾宾浩斯遗忘曲线、信息加工学习理论、神奇的数字7±2。

（1）艾宾浩斯遗忘曲线

1）人物介绍。德国心理学家、哲学家赫尔曼·艾宾浩斯（Hermann Ebbinghaus，1850—1909）是心理学史上最早采用实验方法研究人类高级心理过程的学者之一。艾宾浩斯出生在商人家庭，17岁进入波恩大学学习历史和哲学，而后进入哈雷大学和柏林大学，23岁获得博士学位，1880年受聘于柏林大学并于1885年出版了《论记忆》一书。

2）实验过程。艾宾浩斯经过了多组实验，每组实验包含若干子实验，每个实验中包

㊀ 施良方. 学习论 [M]. 2版. 北京：人民教育出版社，2001：55.

含多个音节组。表1-10为实验之一。

表1-10　艾宾浩斯遗忘实验简介

项目名称	具体介绍
实验材料	无意义音节组：将b、d、f、au等音节打乱并随机组合为长短不同的音节组，如asww、cthhj、ijikmb、rfyjbc等。使用无意义音节组的目的在于防止材料的意义对记忆结果造成干扰
实验过程	艾宾浩斯自己作为被试，通过死记硬背、机械重复来记忆无意义音节组。从头到尾不断重复出声诵读，直到能够准确无误背诵所有音节组，就算达标。在第一次记住之后，分别间隔不同的时间再次重复背诵
数据分析	计算保存量（saving），保存量=（初学所需遍数–重学所需遍数）/初学所需遍数×100%。比如第一次用12遍记住了ijikmb，2天后再重新记忆用了9遍，那么他的保存量为（12–9）/12×100%=25%。根据这一结果绘制遗忘曲线
实验结果	遗忘曲线（见图1-6）：遗忘遵从先快后慢的趋势，即最开始几次测试中，记忆保持比率迅速下降，随后的测试中，遗忘速度逐渐减慢，并且之后重新学习会节省诵读时间，比如24 h后重新学习，就能节省第一次诵读的1/3的时间 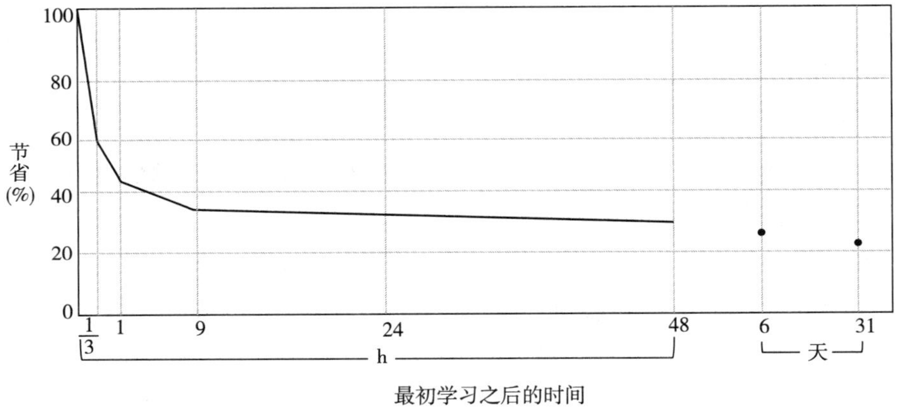 **图1-6　艾宾浩斯遗忘曲线**[1]

艾宾浩斯还以学生作为被试，把40人分为A、B两组，让他们同时背诵《唐璜》的一段，A组在背诵完后进行了一次复习，B组从来不复习；24 h后，A组记住了98%，B组记住了56%，7天后A组记住了70%，B组记住了50%[2]。艾宾浩斯还发现，音节组越长，越难记住，需要重复诵读的次数越多。

3）实验结论。遗忘在刚学完的很短时间内就开始发生，并且遵循先快后慢的规律，随着时间推移遗忘得越来越少。该结论随后也被其他研究证实，比如研究者对英语母语

[1] 艾宾浩斯. 记忆心理学：通过实验揭秘记忆规律 [M]. 倪彩，编译. 北京：中国纺织出版社，2018：53.

[2] 艾宾浩斯. 记忆心理学：通过实验揭秘记忆规律 [M]. 倪彩，编译. 北京：中国纺织出版社，2018：54.

者在1年到50年前他们在大学或高中所学的西班牙词汇进行测试，结果发现，这些被试在最后一节课结束的最初3年里记忆成绩迅速下降，而随后的几年里只有非常微弱的损失[⊖]。

（2）信息加工学习理论

最早用计算机模拟人类思维的是西蒙，他认为人的认识活动与计算机是一一对应的，计算机的硬件对应人的生理过程，计算机语言对应人的初级信息加工，计算机程序对应人的思维策略。1958年，纽厄尔（Newell）和西蒙设计的信息加工系统包括记忆、中心加工器、感受器、效应器几大模块。1968年出现了阿特金森-希弗林模式（The Atkinson-Shiffring model），该模式包括环境输入、感觉登记、短时记忆、长时记忆、遗忘信息、复述等几个模块。1974年加涅在已有信息加工模型基础上提出了信息加工学习模式。

1）人物介绍。罗伯特·加涅（Robert Gagne）是美国著名教育心理学家，代表性著作包括《学习的条件和教学论》《教学设计原理》等。1933年加涅在耶鲁大学主修心理学，而后在布朗大学攻读心理学硕士和博士学位。

2）理论模型。加涅的信息加工学习模式，如图1-7所示：学习者从外部环境中接受刺激，接着，刺激进入感受器，转为神经信息，进入感觉登记系统，进行非常短暂的存储。不被选择性知觉到的信息就会消失，被登记的信息很快进入短时记忆。在短时记忆中的信息经过语义编码或者复述就可以进入长时记忆，否则就会被遗忘。进入长时记忆后，如果学习者要使用信息，则通过检索提取信息，被提取的信息会进入反应发生器，产生反应，或者进入短时记忆，进行进一步加工。

在信息加工学习模式基础上，加涅提出了学习过程的八个阶段及对应的八项教学事件（见表1-11）以及五类学习结果（见表1-12）。

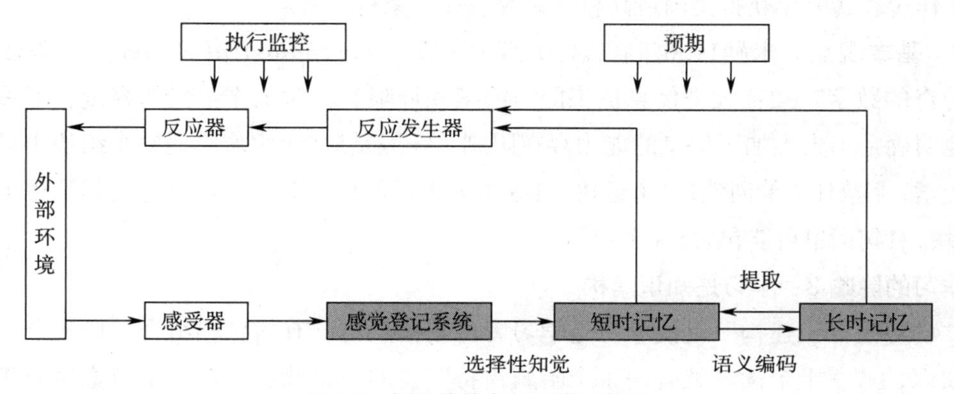

图1-7 加涅的信息加工学习模式

⊖ BAHRICK H P. Semantic memory content in permastore：fifty years of memory for Spanish learned in school [J]. Journal of Experimental Psychology：General，1984，113（1）：1-29.

表1-11　加涅的八项教学事件

<table>
<tr><th>学习阶段</th><th>教学事件</th></tr>
<tr><td>动机阶段-期望</td><td>激发动机
把目标告诉学生</td></tr>
<tr><td>领会阶段-注意：选择性知觉</td><td>指导注意</td></tr>
<tr><td>习得阶段-编码：贮存登记</td><td rowspan="2">刺激回忆
提供学习指导</td></tr>
<tr><td>保持阶段-记忆贮存</td></tr>
<tr><td>回忆阶段-提取</td><td>增强保持</td></tr>
<tr><td>概括阶段-迁移</td><td>促进学习迁移</td></tr>
<tr><td>作业阶段-反应</td><td rowspan="2">让学生做作业：提供反馈</td></tr>
<tr><td>反馈阶段-强化</td></tr>
</table>

表1-12　加涅的五类学习结果

种类名称	解释和实例
智慧技能	与思维和问题解决相关的技能，比如用隐喻来描述某一物体
认知策略	帮助提高学习效果的策略和方法，比如运用磁场这个概念
言语信息	与语言相关的学习结果，比如“水的沸点是100摄氏度”
动作技能	与身体运动相关的技能，比如打字
态度	对待事物的情感和动机，比如喜欢学数学

（3）神奇的数字 7±2

1）人物介绍。美国心理学家乔治·米勒是认知心理学的创始人之一，也是语言心理学创始人之一。1943年，米勒在哈佛大学攻读心理学博士。他曾在哈佛大学、麻省理工学院工作过。1991年获得美国最高科学荣誉——国家科学奖。

2）基本观点。米勒1956年在《心理学评论》（*Psychological Review*）上发表了论文《神奇的数字7±2：人类信息加工能力的某些局限》，对工作记忆的容量有了重大发现。他明确指出人类加工信息的能力存在限制，一般是5~9个组块，而每个组块中可能有多个元素，比如1个单词就是1个组块，1个单词里可能包含5个字母，比如1句话也可以是1个组块，1句话里可能包含5~6个单词。

学习的隐喻 3：学习是知识建构

“学习是知识建构”是说学习是学习者将新信息与已有信息相结合，形成自己的理解与知识，“一千个读者就有一千个哈姆雷特”说的正是此意。这一学习隐喻源于建构主义（Constructivism）。建构主义兴起于20世纪70年代，是行为主义发展到认知主义之后的进一步发展，它颠覆了当时学校学习中常见的现象——被动接受和机械记忆而非建构知识，脱离生活和实践而非结合生活与实践，独自竞争、孤军奋战而非合作对话。建构主义强调我们之所以能把握世界，是因为对自身的经验做出独特的解释⊖，但并不否认真实世界的存在。建构主义的代表人物有瑞士著名心理学家让・皮亚杰（Jean Piaget）、苏联早期著名心理学家维果茨基（Vygotsky）、美国心理学家和教育家杰罗姆・布鲁纳（Jerome Bruner）和杜威等人。

多位建构主义代表人物的观点形成了建构主义理论的基本内容，见表1-13。

表1-13　建构主义理论基本内容

观点名称	基本内容	
知识观	知识并不是对现实的准确表征，知识是一种解释、一种假设 知识是不断发展的，并非是绝对的，会随着人类进步被更新，产生新的知识。比如在牛顿的绝对空间和万有引力之后，爱因斯坦提出相对论 知识不是对外部客观世界的被动反映，而是个人的建构：是个人创造有关世界的意义，而不是个人发现现实的意义	
学习观	学习活动不是单线程地传递知识或被动地接受刺激，而是学生根据外在信息，结合自己的经验主动选择、加工和处理的过程 学习是学习者主动建构内部心理表征的过程，包括对旧知识的重构，以及对新信息的意义建构	
教学观	教学要把学生已有知识经验作为新知识的生长点，而不能无视已有知识经验，另起炉灶	
学生观	学生不是空着脑袋走进教室的，而是已经形成了丰富的经验，对事物有自己的看法和解释 学生需要通过主动、互动的方式学习新知识	
教师观	教师与学生是平等、互助的合作关系 教师不是知识的灌输者和知识的授予者，而是教学环境的设计者、学习的组织者和指导者、课程的开发者、意义建构的促进者和向导，从台前退到幕后，从演员转变为导演	
学习环境	情境	注重基于情境的学习，创建的情境是有利于进行意义建构的真实世界的情境，并且当中包含适当的认知工具、充分的资源
	协作	将同伴之间的协作贯穿于学习活动之中，在学习小组相互讨论、辩论、商讨之中建构意义
	会话	鼓励同伴之间、师生之间对话、交流、协商
	意义建构	学习者建构内部心理表征，从不同背景、不同角度出发，基于已有经验，对信息进行加工，建构自己新的理解
学习模式	随机通达教学	对同一内容的学习要在不同时间多次进行，而且每次的学习情境都有所改变，着眼于问题的不同侧面，让学习者形成对概念、知识的新理解
	基于问题的学习	将学习置于复杂、有意义的问题情境，让学生合作解决问题，在解决问题过程中学习知识，解决认知冲突，提升技能，形成自主学习能力，建构理解
	抛锚式教学	以真实的、完整的问题情境（“锚”）导入，在整个基于情境的过程中整合学科问题并加以解决，让学生充分探究合作
	合作学习	组建合作小组，学生在小组中展开学习活动，成员参与集体任务，相互沟通、共同负责

⊖ ERTMER P A，NEWBY T J，盛群力. 行为主义、认知主义和建构主义（下）：从教学设计的视角比较其关键特征[J]. 电化教育研究，2004（4）：27-31.

接下来我们可以逐一了解建构主义学习理论（也称建构主义理论）的代表人物：让·皮亚杰、杜威、杰罗姆·布鲁纳。

（1）让·皮亚杰的发生认识论

1）人物介绍。让·皮亚杰是20世纪最有影响力的心理学家之一，因创立了发生认识论（即立足于儿童心理学研究认识论问题）这一新学科领域而享誉世界。少年时期的皮亚杰从两位自然博物馆馆长那里早早就接受了生物学的基本训练，并在十岁时就发表了一篇关于白化病麻雀的文章。1918年，皮亚杰从纳沙泰尔大学获得生物学博士学位，1919年前往比奈实验室在西蒙指导下工作（比奈[1]和西蒙均是心理测量史上的开创性人物）。也正是这样的学习和工作经历启发皮亚杰发现了新的研究内容——儿童个体的思维和认知过程，以及一种新的实验方法——“临床谈话法”，即在儿童自然活动状态下，让儿童通过说话把思维以语言和操作形式外显出来。1921年，皮亚杰受邀回到瑞士，担任日内瓦大学卢梭学院的研究主任，而且可以自由从事喜欢的研究。皮亚杰撰写了诸如《儿童的语言与思维》《智慧心理学》《发生认识论原理》等60多本著作和500多篇文章，并获得过美国心理学会的“卓著科学贡献奖”和国际心理学会的“爱德华·李·桑代克”奖等荣誉。

2）基本观点。皮亚杰的发生认识论认为，主体的心理发生发展既不是对外部世界的“复制”，也不是纯“原创”，皮亚杰明确指出，儿童关于现实的概念不是一种“发现”，而是一种“发明”[2]。学习皮亚杰建构主义观之前，首先要了解图式、平衡、同化、顺应、组织等基本概念的含义，见表1-14。

表1-14　皮亚杰建构主义观中的基本概念简介

概念名称	基本含义	实例
图式（schema）	人脑中的知识经验网络，表征概念、事物、事件的认知结构	关于鱼的图式包括鱼的形态、味道、所处环境等 关于乘法的运算方法建立图式 关于物体的认识也建立图式，包括物体的大小、重量、颜色等 关于人的看法建立图式，包括了长相、事迹、态度
平衡（equilibration）	图式和已有经验的和谐状态。同化和顺应之间的均衡状态，是以同化和顺应为手段的自我调节过程	只知道鱼是什么样子，会把所有的相似生物认作鱼 只学习了十进制会把1010读作一千零一十，而不知道在二进制中代表的是10
同化（assimilation）	把新的、感知的概念材料整合到已有的图式或行为模式中，成为自己的一部分，用已有图式解释新的经验，适应新的经验	把水里游的都叫作鱼 学习语文，掌握新的汉字 学习数字和掌握运算规则后，用运算规则解决一类计算问题

[1] 阿尔弗雷德·比奈（Alfred Binet），法国实验心理学家。

[2] 高文. 教学模式论 [M]. 上海：上海教育出版社，2002：49.

（续）

概念名称	基本含义	实例
顺应（accommodation）	根据新的信息修正自己的图式，或者适应新经验	当意识到海豚是胎生的哺乳动物而鱼是卵生，认知不平衡，产生冲突，从而接受海豚不是鱼类的知识 学习了物理变化后，知道了湿衣服变干是物理变化；又接触了化学变化，发现铁氧化生锈、葡萄酿酒等与物理变化不同，会产生新物质。适应新经验，将两种变化区别对待
组织（organization）	重组已有图式，形成新的认知结构	形成哺乳动物和鱼类两种动物分类的概念，包括海豚和鱼的下级概念

皮亚杰提出平衡是解释学习的机制，认为平衡是促进认知变化的机制。整个认知过程就是人们通过顺应和同化让自己的认知从不平衡的状态达到平衡的状态，形成有组织的新图式。如果一个人只是同化而不顺应，就意味着不会发现事物的区别，会永远将海豚当作鱼类；相反，如果一个人只知道顺应而不会同化，就不会发现事物的共性，永远不会看到海豚想起小鱼。

皮亚杰建构主义思想还体现在，他将同化、顺应的图式理论发展为包括内化和外化的双向建构理论，认为认知结构产生于“同化于己”和“顺应外物”，如图1-8所示。

也就是说，主体在实现建构的过程中与客体是相互作用的。比如，盲人摸象的时候，首先会改变自己已有的看法，摸到大腿会感受到“原来大象是一根柱子”，继续摸到耳朵，这时外部的信息就会使盲人改变心中大象的形象，意识到“哦，原来大象还有像扇子一样的耳朵”。人正是在不断地改变自我认知（“内化”）和不断地认识外部信息（“外化”）的过程中认识事物的。

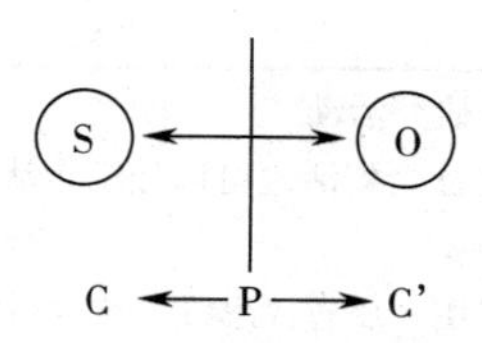

图1-8　双向建构的过程⊖

S—主体；O—客体；←→—主客体相互作用；|—相互作用的接触区域；C—主体动作协调的中心区域；C’—客体的固有本质；P—主客体相互作用，远离主体中心，也远离客体中心；C←P代表内化建构过程或内部协调过程；P→C’代表外化建构或外部协调过程；C←P→C’代表内化建构与外化建构的双向过程。

（2）杜威的做中学

1）人物介绍。杜威是美国著名的现代教育思想家、哲学家、心理学家，与维果茨基、让·皮亚杰是同时代学者，杜威的教育哲学促进了美国教育改革，对世界各国产生了巨大影响。杜威于1884年获得约翰斯·霍普金斯大学哲学博士学位，先后在美国密歇

⊖ 高文. 建构主义研究的哲学与心理学基础 [J]. 全球教育展望，2001（3）：3-9.

根大学、芝加哥大学、哥伦比亚大学任教，影响了冯友兰、陶行知、蒋梦麟等一批中国著名学者。1919年—1921年杜威的中国之行在中国掀起了杜威教育理论热潮，对中国的教育理论和实践发展产生了重大影响。陶行知从杜威的教育理论出发，与中国实际相结合，提出了生活即教育、社会即学校、教学做合一的教育思想。

2）基本观点。杜威教育思想的哲学基础是实用主义，杜威教育理论中的高频关键词为“经验”。因此在学习杜威的教育观点之前，我们先来了解什么是实用主义，什么是经验，见下框。

> **实用主义（Pragmatism）** 核心思想是任何概念的意义都是由其实践后果决定的，所有认知都是个体与环境持续进行的交互。
>
> 经验不仅是与认识有关的事情，认识的、情感的、意志的理性和非理性因素均涵盖在内[1]。

针对学校教育与实际社会脱离的情况，杜威提出了经验性学习的理论，主张以经验的生长和改造作为教育的基础，主张让学生从经验中学习，通过解决问题来学习，因而提出了“做中学”思想，避免了哲学上知（knowing，获得知识）和行（doing，应用知识）的分野。

关于“做中学”思想可以通过三大问题的解答以及演化出的教学模式来了解一二，见表1-15。

表1-15 杜威做中学思想的内容及观点

<table>
<tr><th>内容</th><th colspan="2">观点</th></tr>
<tr><td>做什么</td><td colspan="2">两种活动：手工艺活动和科学研究活动
每个学校应该提供一种雏形的社会生活，可以让学生从事手工艺活动，练习能够解决实际问题的知识技能
强调从事科学研究活动，并采用“反省性思维”这种科学思维方法和富有理性的探究过程[2]</td></tr>
<tr><td>怎么做</td><td colspan="2">让学生通过从事有真实意义的活动任务来获得有价值的经验。在学校中进行“做中学”活动时，教学设计者的主要任务是分析和明确学生学习什么，然后选择来自真实世界的任务情景</td></tr>
<tr><td>通过做学什么</td><td colspan="2">不是为了“动手”而活动，而是为了促进思想发展和知识建构而活动，培养学生实践能力和实际问题解决能力</td></tr>
<tr><td rowspan="2">教学模式</td><td>基于目标的情境教学（goal-based scenarios，GBS）</td><td>首先明确学习目标，然后根据目标设计有意义的任务使命，并将使命置于故事情境之中，学习者扮演一定角色，完成相应任务活动</td></tr>
<tr><td>抛锚式教学</td><td>利用多媒体技术将教学过程置于实际问题解决情境，引导学生在情境中利用资料发现问题、解决问题</td></tr>
</table>

[1] 褚宏启. 论杜威课程理论中的“经验”概念 [J]. 课程・教材・教法，1999（1）：59-62.

[2] 高文，徐斌艳，吴刚. 建构主义教育研究 [M]. 北京：教育科学出版社，2008：95-96.

（3）杰罗姆·布鲁纳的认知结构学习理论

1）人物介绍。杰罗姆·布鲁纳是美国教育心理学家、认知心理学家，1941年获得哈佛大学心理学博士学位，之后布鲁纳的兴趣从动物学习的知觉研究转向社会心理学。他创造了“搭建脚手架”（scaffolding）这样的教学支持。20世纪50年代末，由于苏联发射了第一颗人造地球卫星，美国开始推动教育改革。布鲁纳担任1959年关于基础教育中自然科学教育改革问题会议的主席，并在会后结合自己的研究成果和其他意见，形成专著《教育过程》，提出了发现学习法。布鲁纳曾获得美国心理学会授予的杰出科学贡献奖，并曾担任美国心理学会主席。

2）基本观点。布鲁纳的认知结构学习理论是典型的建构主义学习理论，他认为学校只教授现成的科学结论远远不能适应社会发展，学校应当致力于教一门课程的总体结构，而不是所有的细节和事实，即以学科结构代替结论性知识。所谓的学科结构是指把大量知识进行系统化、结构化组织，使其适应学习者的认知发展水平[一]。与格式塔心理学（也称完形心理学）所认为的人脑倾向于整体感知的观点相似，布鲁纳认为人的分类是基本、普遍存在的认知活动，人可以将事物分门别类地组织起来形成整体。继而布鲁纳提出了“认知结构”概念，取代了在当时盛极一时的格式塔心理学的“完形”概念，用于代表科学知识的类目及其编码系统，类目可以是概念、原理等[二]。类目化的过程是从具体化到抽象化、概括化的过程，从低层次类目到高层次类目的过程。为了促进类目化过程，布鲁纳提出了发现学习法（这一教学方法实际上体现了杜威的做中学思想）。布鲁纳的认知结构学习理论见表1-16。

表1-16　布鲁纳的认知结构学习理论的主要内容及观点

主要内容	观点
知识	知识是由概念、命题、基本原理以及彼此之间的相互关系组成的
学习	学习是由学生的内部动机（如好奇心、进步的需要以及认知兴趣）驱动的积极主动的知识建构 学习的本质在于主动形成认知结构，认知结构的主要成分是类目编码系统（类似于皮亚杰的同化和顺应，比如见到各种类别的仙人掌，就将其归类为沙生植物，见到鸵鸟就会判断其是不是可以归类为鸟） 学习包括3个过程：新知识的获得（比如先学7+3=3+7，后学交换律$a+b=b+a$）、知识的转换（进一步概括和分析，如在知道3+3+3+3=12之后，又学习了3×4=12，于是看到$a+a+a+a=$?就知道怎么用乘法表示）、知识的评价（如看到同学的计算过程，就知道哪里有问题）
认知发展	儿童的认知发展经过动作表征、图像表征、符号表征3个阶段。这些阶段受环境影响，且不一定与年龄相关
学习内容	编排教材的最佳形式是螺旋式上升的形式，随着年龄增长，教材的直观程度逐渐降低，抽象程度不断提高

[一] 孙莉. 试述布鲁纳的学习理论及其在教学中的应用[J]. 教育理论与实践，2004（14）：63.

[二] 汪凤炎，燕良轼，郑红. 教育心理学新编[M]. 5版. 广州：暨南大学出版社，2019：285-287.

（续）

主要内容	观点
学习策略	发现学习：鼓励学生模仿科学家的科研活动，利用教师提供的材料，亲自去发现事物变化的因果关系和内在联系 基本步骤包括：让学生确定发现的目标—问题；设计问题情境，给学生提供线索资料，引导学生提出假设；指导学生寻找答案，开展探索和发现活动；指导学生对获得的答案进行评价和验证；使学生最终发现科学结论[1]
教学原理	重视使学生自愿学习，形成学习的能力和经验；有利于学生弥补新旧知识的间隙，超越所给予的信息

总而言之，建构主义之下的学习观强调，学习是学习者自己构建知识的过程，是学习者在已有知识和已有经验上构建自己的知识。建构主义之下的教学设计有六大“强调”：强调将学习置于有意义的情境中；强调学习者积极运用所学；强调在不同时间、不同情境，为了不同目的，从不同视角，用不同方式重温内容，呈现信息；强调呈现与初始教学不同的问题或情境，来对知识和技能的迁移进行评估；强调为促进学习者达到专家水平进行示范和辅导；强调通过交流、讨论、合作、真实示例进行反思和协商学习[2]。发展至今，建构主义已经成为教育实践者开展教育教学实践的“潜台词”，而不是“口号”。

学习的隐喻4：学习是社会协商

学习是社会协商这一学习隐喻的含义是说，学习不是“闭门造车”，也不是个体“头脑内”凭空产生的，学习是意义的产生过程。社会协商的过程通常发生于学习者跟他人的分享、交流中，更多地产生于会话之中，是一个参与者通过对话及交谈相互协商的过程，是社会性对话的过程[3]。该隐喻源自社会建构主义（Social Constructivism）和社会文化认知理论。

随着话语分析的广泛应用，社会建构主义应运而生。社会建构主义的背景及观点见表1-17。社会建构主义相对应的就是皮亚杰的个人建构主义，皮亚杰的个人建构主义认为终究是个体自发形成内部认识体系的，它更关注个体内部建构知识的过程和方式。自20世纪70年代维果茨基的社会文化历史理论传入西方，与个人建构主义思潮融汇，就产生了社会建构主义流派。那么，什么是维果茨基的社会文化历史理论?

---

[1] 钱佳宇. 布鲁纳的发现式学习与研究性学习的比较：对布鲁纳的发现式学习的反思 [J]. 外国中小学教育，2011（8）：55-58.

[2] ERTMER P A，NEWBY T J，盛群力. 行为主义、认知主义和建构主义（下）：从教学设计的视角比较其关键特征 [J]. 电化教育研究，2004（4）：27-31.

[3] 徐斌艳. 学习文化与教学设计 [M]. 北京：教育科学出版社，2012：32.

表1-17 社会建构主义的背景及观点

概念名称	背景	观点
社会建构主义	个体和社会文化的二元对立消解；国际化、全球化、网络化的大趋势	人是在社会文化情境中并受其影响的，人是通过与他人的交互作用来建构自己的见解和知识的，人的思维是根植于社会、历史、文化和物质的[一]。知识不是随意建构的，而是在与别人的协商中不断调整的，是在文化和社会影响之下建构的[二]

维果茨基的社会文化历史理论：

1）人物介绍。维果茨基是苏联心理学领域社会文化历史学派的创始人，以最近发展区的概念（见本书第3章）闻名于世。维果茨基1913年被莫斯科大学录取，他的研究领域广泛，涉及语言、心理学和哲学。1924年，他加入了莫斯科心理学研究所，而后完成了《艺术心理学》《思维与语言》两本著作，被列为苏联最杰出的心理学家之一。20世纪70年代后，维果茨基的思想和理论在北美和世界其他地区开始广为传播。其社会文化历史理论也称社会文化理论。

2）基本观点。维果茨基认为，人的心理过程的变化是以“精神生产工具”为中介的，精神生产工具就是各种符号系统、词语系统，比如，为了帮助记忆，人们会结绳记事。起初，人只会改变外部物质，而后人们会改变、调控内部心理过程和行为，继而产生了高于其他动物的意识。意识和心理的发展应该放在社会环境中去研究，个体的学习是在一定的历史、社会背景下进行的。总体来讲，维果茨基的社会文化历史理论的主要内容及观点见表1-18。

表1-18 维果茨基社会文化历史理论的主要内容及观点[三]

主要内容	观点
基本问题	知识建构过程中，社会文化历史因素是如何起作用的
知识是什么	知识是个体间相互作用产生的。知识的主观部分不会一样，但是客观部分和相互作用的共识部分在某些范围上是相通的
建构的过程	是在当时文化与社会的影响下建构而成的
建构的要素	个体、中介（社会文化历史）、环境。人的心理机能是受中介工具影响的，产生于人们的协同活动和人与人的交往之中；人的心理过程，起初在外部活动中形成，随后才可能转移至内部[四]

维果茨基的社会文化历史理论启发我们，要将知识与真实社会情境相联系，要积极与他人协作学习，要注重提供协作学习活动、实践活动，注重创设丰富的、具有社会文

[一] 李清臣. 学校文化重建：课程改革的重大诉求 [J]. 河南师范大学学报（哲学社会科学版），2007（2）：216-219.

[二] 杜修平，杜文睿，王怡雯. 连接主义的知识观解读 [J]. 现代教育技术，2012，22（11）：12-17.

[三] 马秀芳，李克东. 皮亚杰与维果斯基知识建构观的比较 [J]. 中国电化教育，2004（1）：20-23.

[四] 高文. 教学模式论 [M]. 上海：上海教育出版社，2002：52.

化历史特征的学习环境。

学习的隐喻 5：学习是社会参与

学习是社会参与这一隐喻来源于情境理论和学习共同体理论。

（1）情境理论

情境理论中的情境不是狭义上我们所知道的教学情境，而是强调意义建构与实践、情境不可分割，把知识视为个人与社会、情境互动的产物。该理论的提出背景就是校内学习的抽象化、去情境性，校外学习却具有具体性、合作化和情境性。情境理论学派中，加利福尼亚大学伯克利分校的让·莱夫（Jean Lave）和独立研究者埃蒂纳·温格（Etienne Wenger）从人类学的视角出发，在《情境学习：合法的边缘性参与》（1991年由剑桥大学出版社出版）一书中，以助产士、裁缝、海军舵手、屠夫等为例，关注这些人是如何参与实践共同体的。他们认为：参与是学习的关键成分；知识是个人与社会、物理情境相联系和互动的产物；学习则是现实世界中创造性实践活动的一部分，是对不断变化的实践的理解和参与[㊀]。

合法的边缘性参与来源于学徒制。我们在很多场景中可以见到学徒制，医学中看到大夫带着实习生，在军营见到指挥官带着士兵，或者你是否现在就有自己的师傅或徒弟？在这种学徒制中，若要获得充分参与，并在其中谋得学习身份、获得发展，学习者必须在正在进行的实践中成为合法的边缘性参与者[㊁]。那么，什么是合法的边缘性参与呢？合法的边缘性参与见下框。

合法　意味着成员是充分参与者，要具备一些资格，如具备接触老资格前辈的机会，具备接触其他成员的机会，具备接触信息、资源、工具、实践的机会。

边缘性参与　意味着不仅提供了观察的“瞭望台”，还提供了参与的“试金石”，可以从边边角角的活动开始，逐渐深入，或者从某一个子技能练习逐渐到综合技能练习。

（2）学习共同体理论

其实，共同体无处不在，我们每个人都归属于各种共同体，看一看你的微信群有哪些就知道了（会有家庭、工作单位、爱好共同体等）。学习共同体的概念源自实践共同体，而实践共同体的概念源自莱夫和温格对合法的边缘性参与的诠释。温格在《实践共同体：学习、意义和身份》一书中，提出实践共同体的三个维度：相互卷入（mutural engagement，不只是归属于某个组织，不只是认识组织中的人或者个体之间距离较近，而

㊀ 莱夫，温格. 情景学习：合法的边缘性参与[M]. 王文静，译. 上海：华东师范大学出版社，2004：2.

㊁ 莱夫，温格. 情景学习：合法的边缘性参与[M]. 王文静，译. 上海：华东师范大学出版社，2004：23.

且要求互动和参与）[一]、实践合作的事业（joint enterprise，不是被确定的目标，而是过程中协商一致的事业）、共享的智库（shared repertory，包括做事的方式、惯例、词语、手势、概念等）[二]。学习者不可避免地参与到实践共同体中，并且沿着旁观者、参与者到成熟实践的示范者的轨迹，从新手逐步成长为专家。

将实践共同体的概念迁移到学校教育之中，学习共同体（learning community）的概念便应运而生了。学习共同体的特点见表1-19。

表1-19 学习共同体的特点[三]

概念名称	具体特点
目标	催生一种学习的文化，这种文化中个体和共同体整体都在学习如何学习
成员	分享个人为了深入理解正在学习的学科内容所做出的努力 综合多种观点，用多种方式解决问题，将彼此不同的知识和技能作为资源来协作解决问题，增进成员的理解
学习活动	学习共同体成员之间知识和技能的分享 学习过程可视化、可描述 利用各种学习活动，包括个别的和小组的研究、班级讨论、跨龄指导、协作问题解决，由学生充当特定角色
角色/身份	中心角色对合作活动和共同体的知识生成贡献最大，边缘角色学生的贡献也有价值 发展集体意识，建立集体理解，形成“我们是谁”的意义，形成共同体身份认同感
资源	所学内容和外部资源在共同体成员间共享，成员本身以及共同体的集体知识和技能是重要资源
知识	多样化个体专长和集体性知识的发展都得以强调。集体知识增长和个体知识增长相互作用，个体之间的讨论引导个体寻找更深入的知识与共同体分享

学习共同体下的课堂是什么样的呢？在课堂上，围绕探究的主题或学生发现的问题，学生结伴或形成小组，内部讨论后，再全班一起讨论。整节课中鼓励学生采用学科语言、引用逻辑和证据解决争论，鼓励学生理解并解释其他同学的观点，以提升参与深度。

1.2.3 学习的多种类型

根据加涅的观点，从学习结果的角度来看，学习包括言语信息、智慧技能、认知策略、动作技能和态度。从学习内容的角度来看，信息加工心理流派认为学习包括对陈述性知识、程序性知识和策略性知识的习得。从学习的有效性和方式的角度来看，学习包

[一] 这里的卷和我们今天意义上的卷有异曲同工之妙。

[二] 温格. 实践共同体：学习、意义和身份 [M]. 李茂荣，等译. 南昌：江西人民出版社，2018：68-79.

[三] 比莱扎伊克，柯林斯. 课堂中的学习共同体：对教育实践的概念重建 [M] //赖格卢斯. 教学设计的理论与模型：教学理论的新范式 第2卷. 裴新宁，郑太年，赵健，译. 北京：教育科学出版社，2011：333-337.

括了机械学习和意义学习、接受学习和发现学习、浅层学习和深度学习、正式学习和非正式学习。

学习的类型1：意义学习

意义学习（meaningful learning）是与机械、死记硬背的学习相反的学习类型。如果说机械学习像“一盘散沙”，信息之间没有联系而是孤立的，知识难以被应用、被想起，那么，意义学习就像“一团黏土”，新信息与已有认知建立起联系，知识可以被应用，可以被整合，学习者形成自己的知识。想一想，你此刻是在进行意义学习吗?

意义学习的提出者为美国心理学家、医学博士、发展心理学方向哲学博士戴维·奥苏伯尔（David Ausubel）。他在吸取其他心理学家研究成果的基础上，提出了意义学习理论，见下框。

> **意义学习** 通过理解所学材料的意义而进行的学习；在运用有关知识经验的基础上把握事物内在、本质的联系，达到理解事物的目的；在新的教学材料和学习者现有知识结构中的相关观念之间形成积极、综合交互作用，形成新意义㊀。

值得说明的是，我们很容易进入一个误区，认为接受学习就是无意义的，而发现学习就是有意义的。实际上，根据表1-20对接受学习和发现学习的界定，我们就可以知道，接受学习和发现学习都可能带来无意义的学习，也可能带来意义学习，而且意义学习并不一定非要采用发现学习方式。

表1-20 接受学习和发现学习

概念名称	含义	优缺点
接受学习	包括了机械的接受学习和有意义的接受学习。全部内容都是以确定形式呈现给学习者的，学习者只需要接受所传递的材料。比如老师呈现一首诗及其含义	优点：内容传授有效，带给学生更扎实、更可靠的知识 缺点：容易让学生陷入机械被动学习的状态
发现学习	学习的内容不是现成给予的，而是学习者自主发现然后加以内化的。比如学生自己发现一首诗的含义。又如学生自己发现了某一道题的答案，但是不理解为什么是这样的答案	优点：利用发现学习可以发现新知识；可以经历问题解决的过程，可以训练学生学会发现新知识 缺点：时间代价较大；要求学生具备足够的先前知识

梅耶将意义学习划分为3个认知过程，即选择、组织和整合，见表1-21。

㊀ 奥苏贝尔. 意义学习新论：获得与保持知识的认知观 [M]. 毛伟，译. 杭州：浙江教育出版社，2018：48.

表1-21　意义学习的3种认知过程

认知过程	具体描述	加工场所
选择	注意相关的词语和图像	把感觉记忆中的信息转换到工作记忆中
组织	对已经选择的词语和图像分别进行组织，以形成内在一致的心理表征	在工作记忆中深层加工信息
整合	将声音表征和图像表征相互联系起来，并与原有知识相结合	把长时记忆中的知识转换到工作记忆中

上述认知过程是推动人类信息加工系统产生学习活动的本质所在。为了能产生意义学习，学习者必须积极参与这3种认知加工过程。主动学习是指学习者在学习过程中主动进行这3种认知加工过程。

意义学习中的组织、整合与皮亚杰提出的同化不谋而合，因此奥苏贝尔认为大多数意义学习实质上都是新信息的同化，并提出了同化理论视域下意义学习的形式，见表1-22。

学习的类型 2：深度学习

深度学习（deep learning）是与浅层学习相对的概念，起源于计算机人工智能的神经网络研究。深度学习的内涵和外延可以从五大关键问题进行介绍，见表1-23。

表1-22　同化理论视域下意义学习的形式[㊀]

形式	示意图	实例
下位学习	A.派生类属　原有观念 A；新信息 ⟶ a5　a1　a2　a3　a4	原有观念：轴对称图形是平面内沿一条直线折叠，对折的两部分能够完全重合的图形 新信息：圆也是轴对称图形
	B.相关类属　原有观念 A；新信息 ⟶ y　u　v　w	新信息不能从原有观念中派生出来，只是与原有观念相关联 原有观念：平面几何图形的高，如三角形、平行四边形、梯形的高 新信息：圆锥体的高
上位学习	新观念 A；原有观念 ⟶ a1　a2　a3	原有观念：铁、铝、氧、钙、氢、碳等 新观念：化学元素
并列结合学习	新观念A ⟶ B　C　D 原有观念	原有观念：钠、镁、铝、硅、磷元素的性质和特征 新观念：铜、铁、锌的性质和特征

㊀ 奥苏贝尔. 意义学习新论：获得与保持知识的认知观 [M]. 毛伟，译. 杭州：浙江教育出版社，2018：48.

表1-23 深度学习的五大关键问题

关键问题	关键问题的答案
“深”是什么	深度不同于宽度。深度代表知识水平的递进，而不是知识领域的拓宽。深度与难度也是不同的概念，难度大的课堂不一定有深度[一]，深度代表的是理解的水平，理解的水平能达到可以灵活地解决具有挑战性的复杂问题
达到深度学习的标志是什么	深度学习最有特点的标志就是，可以灵活迁移，解决实际情境中的问题，也就是达到了“举一反三”“学以致用”的目的
深度学习的特征是什么	“深度学习”之“深”体现在课堂的表现形式上，诸如发现学习、问题解决学习、体验学习、调查学习等才属于“深度学习”的范畴[二] 深度学习的基本特征包括高阶思维、深度加工、深刻理解、主动建构和问题解决[三]
深度学习的组成要素有哪些	整合性学习、高阶学习和反思性学习是深度学习中至关重要且有机结合的三个成分[四]。其中整合性学习就是可以建立知识联系、知识结构，把多领域知识整合起来；高阶学习就是可以通过创造性思考、综合性思考和批判性思考等思维方式进行学习；反思性学习就是能够调动元认知进行学习
达成深度学习需要做什么	深度学习需要学习者建立新知识和已有知识、经验的联系，而不是将新知识看作与已知知识、经验毫不相关的材料 深度学习需要学习者将知识整合到相关联的概念体系中，而不是将课程材料看作毫不相关的知识点 深度学习需要学习者探究模式和蕴含的原则，而不是只记住事实和流程，却不知道为什么 深度学习需要学习者评价新观点，并将新观点与结论相结合，而不是只要看到与所学不一样的新观点，就不能理解它 深度学习需要学习者理解知识生成的过程，批判性地分析论证的逻辑，而不是将事实和过程看作静态的、权威的、不可改变的 深度学习需要学习者反思个人理解和自己的学习过程，而不是死记硬背却不反思自己为什么学和怎样学

简而言之，深度学习就是在输入环节可以用构建知识联系、构建知识体系的方式学习；在加工阶段，可以调动批判性思考、综合性思考等高阶思维方式，对内容进行再加工；在输出阶段，可以实现知识迁移，可以做出决策、解决新情境中的问题。深度学习的根本宗旨不是变革教和学的方式本身，而是追求引导学生从理解世界（understanding the world），到进入世界（engage the world），再到改造世界（change the world）[五]。

如何评价是否进入深度学习了呢？香港大学教育心理学教授彼格斯（Biggs）提出的SOLO分类体系，可以更加灵活地体现思维发展的动态性和逐渐复杂性，适合作为深度学习水平的测评框架。该测评框架已经在历史、地理、数学、英语等各个学科得到应用，

㊀ 林清华．“十三五”期间中小学学科教育教学研究热点分析：基于人大复印报刊资料转载数据的研究 [J]. 中国教育学刊，2022（1）：36-42.

㊁ 周序．“深度学习”与知识的深度认识 [J]. 四川师范大学学报（社会科学版），2021，48（5）：169-175.

㊂ 李松林，杨爽. 国外深度学习研究评析 [J]. 比较教育研究，2020，42（9）：83-89.

㊃ LAIRD T F N，SHOUP R，KUH G D. Measuring deep approaches to learning using the national survey of student engagement[C]// The Annual Meeting of the Association for Institutional Research. Chicago，IL:[s. n.], 2005.

㊄ 郭元祥．“深度教学”：指向学科育人的教学改革实验 [J]. 中小学管理，2021（5）：18-21.

评价者可以根据学生的作答情况，使用SOLO分类体系进行编码，判断学生的思维深度。

SOLO分类体系将思维水平划分为前结构水平（回答混乱）、单点结构水平（就单个素材解决问题）、多点结构水平（联系多点解决问题）、关联结构水平（利用相关知识、相互关系解决问题）、抽象扩展结构水平（解决未经历的新情境问题），见表1-24。

表1-24　SOLO学习结果分类表

序号	水平名称	特征描述	结构形式	实例
1	前结构（prestructural）水平	学生基本上无法理解问题和解决问题，只提供了一些逻辑混乱、没有论据支撑的答案	无	只能写出来123560000，无法读出来
2	单点结构（unistuctural）水平	学生只关注与问题解决相关的一个知识信息，只找到一个解决问题的思路，或者单凭一个论据就跳到答案上		一辆汽车123400元，读作“十二万三千四百元”
3	多点结构（multistructural）水平	学生使用多个孤立的知识信息解决问题，没有建立知识的联系，或者找到了多个问题解决思路，但未能整合这些思路		装修花费340000元，读作“三十四万元”，末尾4个0不读
4	关联结构（relational）水平	学生整合了对所有相关知识信息的理解，建立所有知识信息的联系，或者找到了多个问题解决思路，且能够将这些思路结合起来思考		一栋房子1250031元，可以一级一级地读，用小竖线标记出万级，读作“一百二十五万零三十一”
5	抽象扩展（extended abstract）	学生能够对问题进行抽象概括，生成一般性假设并应用到新情境中，并能与概括的抽象知识建立关联		一个数是100006，在读和写的时候要分级，个、十、百、千是个级，万、十万、百万、千万是万级，从左到右，读作“十万零六”，中间的3个0只读一个“零”，它是1个10万和6个1组成的

注：结构形式中，实心长条表示具象知识，即正在学习的知识；实心圆点表示抽象知识，即从实际学习中进行了归纳和迁移；虚线表示联结，是相关知识之间产生的关系。

学习的类型 3：非正式学习

无论是在大自然中观察、探索动植物，还是在博物馆、科技馆中观察、体验科学展品，无论是在家中度过欢乐的亲子阅读时光，还是在网络平台上在线学习，这些都是非正式学习（informal learning）。几乎所有人都有在非正式学习环境（如家庭环境、日常生活环境等）中学习的经历，事实上，人的非正式学习时间占比更高：有学者发现，学龄期儿童约有79%的时间在进行非正式学习，人整个生命周期中有90%的时间都处于非正式学习情境之中[1]。

非正式学习和正式学习是对学习形态的二元划分，但是在真实的学习过程中，非正式学习和正式学习并不是非此即彼的关系，而是相互交织缠绕的关系，可能会同时发生，也可能交叠发生。正式学习和非正式学习的区别见表1-25。

表1-25　正式学习和非正式学习的区别[2]

正式学习	非正式学习
知识是惰性的、抽象的	知识具有变化性和建构性
去情境化的	镶嵌于日常生活或真实情境
带有强制性和组织性	自由自愿的
结构化的内容	非结构化的内容
有评价	通常无评价
由教师教授	学习者自己发现、自己获取知识
遵循一定的序列	没有固定程序
情境：学校课堂教育	情境：课堂之外，如家庭、同伴交流活动、科技馆、天文馆、博物馆、大自然、社区、社会实践、游戏、网络环境等

非正式学习中最为典型的形式为场馆学习和家庭学习，见表1-26。

表1-26　非正式学习的典型形式

非正式学习形式	是什么	怎么学
场馆学习	在各种场馆中发生的学习，如自然博物馆、水族馆、植物园、美术馆、历史博物馆、天文馆等	从物理情境中学习，如展品标签、交互展项、标本、视频或图文介绍 从社会情境中学习，如与讲解员交流，与同伴、家长交流 从个人情境中学习，如结合自己先前经验进行学习，又如根据个人兴趣在场馆中探究
家庭学习	在家庭中，家长为孩子提供一系列教育活动和资源，包括阅读、识字、玩耍、语言交流等活动	父母与孩子一起读书 家庭学习活动（如教孩子认字、教孩子手工、与孩子玩教育桌游等） 丰富生活经验（如带孩子外出旅游、参加社团活动、去图书馆等）

现如今，我们应该持有更为广博的学习概念，学习应当被看作跨越各种场所的、终身的、广泛的、深入的学习，应该从时间维度（终身学习）、空间维度（学校学习、非正式学习）、内容维度（跨学科学习）、方式维度（移动学习、混合式学习、对话中学习、实践中学习、书本中学习）和认知维度（深度学习、高阶思维学习）构建立体化学习图景。

---

[1] ALEXANDER P A，WINNE P H. Handbook of Educational Psychology[M]. 2nd ed. London：Routledge，2006：323.

[2] 鲍贤清. 博物馆场景中的学习设计研究 [D]. 上海：华东师范大学，2013.

玩一玩，测一测

玩一玩 猜价格

游戏规则：让学生猜一猜图1-9中的物品分别卖多少钱？老师反馈“高了”或“低了”，直到学生猜对。

图1-9 猜价格的物品示意图

说明：猜价格小游戏是典型的对话中学习的实例，可以体现“学习是社会协商”。猜价格可以训练学生比较数字大小、估计数量的能力，并使他们了解物品价格。

测一测

判断以下哪些行为可能发生了学习，发生了学习的画√，没有发生学习的画×。

（1）乐乐每天都在重复默写水果对应的英文单词。（ ）

（2）媛媛放学后与同学讨论了关于桥梁结构的问题。（ ）

（3）天天在课上与老师就一道数学题的简便运算方法发生了争论。（ ）

（4）聪聪一边听讲，一边想着自己的玩具，一节课下来什么也没记住。（ ）

（5）豆豆参加了海洋保护社团，定期参加海洋保护实践。（ ）

（6）放放假期中每天都在玩一款搭建游戏，他的游戏积分特别高。（ ）

（7）乐乐原来不喜欢做饭，某周末给妈妈帮忙，做了一次饭后，她就喜欢上了做饭。（ ）

1.3 学习的神经机制

我们常说的心心相印、心有灵犀、心想事成、心中有数等，实际上都发生在脑中。大脑比时钟更为精巧，比计算机更为高级，是所有思想和行动的源泉。下面让我们一起来了解学习的神经机制，探秘“脑中乾坤”。

1.3.1 神经系统

人的一切生命活动都离不开神经系统的调节和控制，如心跳、呼吸、眼动、阅读和理解，都是依靠神经系统完成的。科学家将人的神经系统分为中枢神经系统（central nervous system）和周围神经系统（peripheral nervous system）。中枢神经系统包括了脑和脊髓；周围神经系统负责处理中枢神经系统的信息输入和输出，包括了躯体神经系统和自主神经系统，具体见表1-27。

表1-27　神经系统组成[1]

<table>
<tr><th colspan="4">构成</th><th>主要作用</th></tr>
<tr><td rowspan="21">中枢神经系统</td><td rowspan="20">脑</td><td rowspan="9">大脑皮层</td><td rowspan="2">枕叶</td><td>接收视觉信息的区域</td></tr>
<tr><td>视觉加工区，接受视觉输入，对视觉信息进行加工</td></tr>
<tr><td rowspan="2">顶叶</td><td>接收压力、疼痛、触碰和温度信息，参与空间关系的注意和觉知</td></tr>
<tr><td>躯体感觉区，接受丘脑躯体感觉的输入，包括触觉、痛觉、温度、本体感觉[2]等</td></tr>
<tr><td rowspan="2">颞叶</td><td>与听觉、情绪、记忆、视觉加工和语言理解有关的区域</td></tr>
<tr><td>听觉加工区域，对听觉输入的知觉进行加工</td></tr>
<tr><td rowspan="3">额叶</td><td>与运动、工作记忆、情绪、高级思维、冲动控制、语言产生有关的区域</td></tr>
<tr><td>前额叶皮质，是最前面的区域，负责执行功能，如决策、目标设定和跟进、未来预测等</td></tr>
<tr><td>运动皮质，运动的准备和身体控制</td></tr>
<tr><td colspan="2">小脑</td><td>控制平衡和运动协调，在感觉、空间、情绪和认知功能中也发挥作用</td></tr>
<tr><td colspan="2">网状结构</td><td>控制唤醒和注意力</td></tr>
<tr><td colspan="2">胼胝体</td><td>联结左右脑半球的纤维束</td></tr>
<tr><td colspan="2">丘脑</td><td>将来自感觉器官的信息传至大脑皮层，指挥输入感觉信息流和输出运动信息流的方向</td></tr>
<tr><td colspan="2">下丘脑</td><td>负责情绪及驱力（即动机）的脑结构，调节恐惧、口渴、攻击性等</td></tr>
<tr><td colspan="2">脑垂体</td><td>调节内分泌，监控并维持身体状态，释放激素</td></tr>
<tr><td colspan="2">海马</td><td>左右脑各一个海马，是记住位置（即负责空间记忆）、形成新记忆的关键脑结构，结合视听觉和感觉信息形成记忆</td></tr>
<tr><td colspan="2">杏仁核</td><td>在双侧海马的前面，脑的“恐怖中心”，检测环境中的潜在威胁，对积极、消极或者有趣的刺激做出反应</td></tr>
<tr><td rowspan="3">脑干</td><td>延髓</td><td>控制基本生活活动，如呼吸、心率和血压</td></tr>
<tr><td>脑桥</td><td>在小脑与脑干之间传递信息，参与睡觉、觉醒和做梦</td></tr>
<tr><td>网状结构</td><td>脑干的核心，铅笔形状的神经细胞束，功能在于保持大脑清醒和警觉，注意新信息和重要信息</td></tr>
<tr><td colspan="3">脊髓</td><td>可以在没有脑参与的情况下产生自动的、不需要意识努力的反射行为。比如碰到开水，立刻将手弹开，这一过程中，脑的运动皮层将神经冲动传向脊髓</td></tr>
</table>

[1] 参考绘制：津巴多，约翰逊，麦卡恩. 津巴多普通心理学：第8版 [M]. 傅小兰，译. 北京：人民邮电出版社，2022：71-75.

[2] 注：本体感觉是指肌肉、关节、韧带等运动器官在不同状态下产生的感觉，如负重感、空间感、协调感，如踮起脚尖就能感觉到前脚掌的压力增加，闭着眼睛也能指出自己的鼻子、嘴巴在哪里。

（续）

构成			主要作用
周围神经系统	躯体神经系统	感觉神经系统（感觉输入）	让人们感知到世界
周围神经系统	躯体神经系统	运动神经系统（运动输出）	让人们产生有意识的运动
	自主神经系统	交感神经系统（唤起）	让人们在压力和情绪之下调动身体资源，为耗能做好准备，增加能量输入。比如减少唾液分泌，抑制泪腺，心率变快，减缓肠胃消化功能。以便人们处于需要逃跑的紧急、重要情境时，就会迅速行动起来。以去甲肾上腺素作为神经递质
		副交感神经系统（平静）	让人们在放松状态下恢复和保存能量。比如，增加唾液分泌，刺激泪腺，心率变慢，增强肠胃消化功能。以乙酰胆碱作为神经递质

人脑（表1-28）看上去像核桃形状的“淡粉色”豆腐（福尔马林浸泡的脑是灰色的），而大脑皮层就像是帮助我们思考的“帽子”，平均厚度只有3 mm，呈褶皱状，褶皱由很多称为“脑沟”的凹进区域和称为“脑回”的凸起区域组成（就像核桃一样），将褶皱摊平，大概有一张报纸那么大。人的大脑皮层由6层神经细胞组成，其中包含140亿至160亿个神经细胞聚集。

接下来，我们看看神经系统之中的微观世界。

人的神经系统中包含几百亿到上千亿个神经元（neuron，也称为神经细胞），以及数量约为神经元数量10倍的神经胶质细胞（glial cell，即支持细胞，像“胶”一样，负责将神经元固定在适当的位置，为神经元提供营养，保护脑免受有毒物质的侵害，会与神经元和其他胶质细胞通信）。神经元是神经系统的基本组成单位，是基本的信号处理单元，是通信专家。

表1-28　大脑的结构图[⊖]

观察面	结构图
左侧面	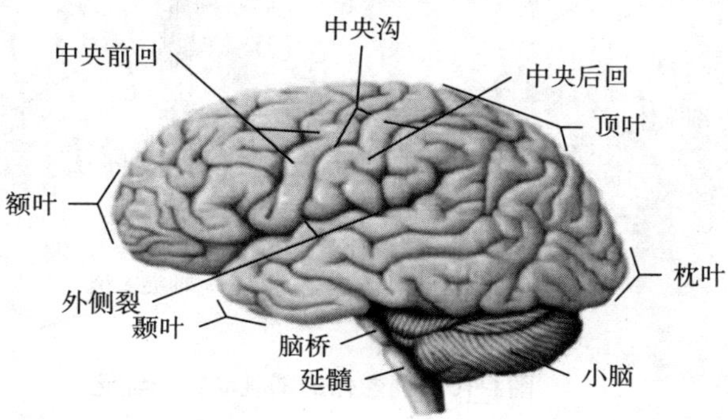 中央沟；中央前回；中央后回；顶叶；额叶；枕叶；外侧裂；颞叶；脑桥；延髓；小脑

⊖ 吉尔罗伊，麦克弗森.人体解剖学图谱 [M]. 欧阳钧，译.上海：上海科学技术出版社，2018：665.

（续）

观察面	结构图
底面	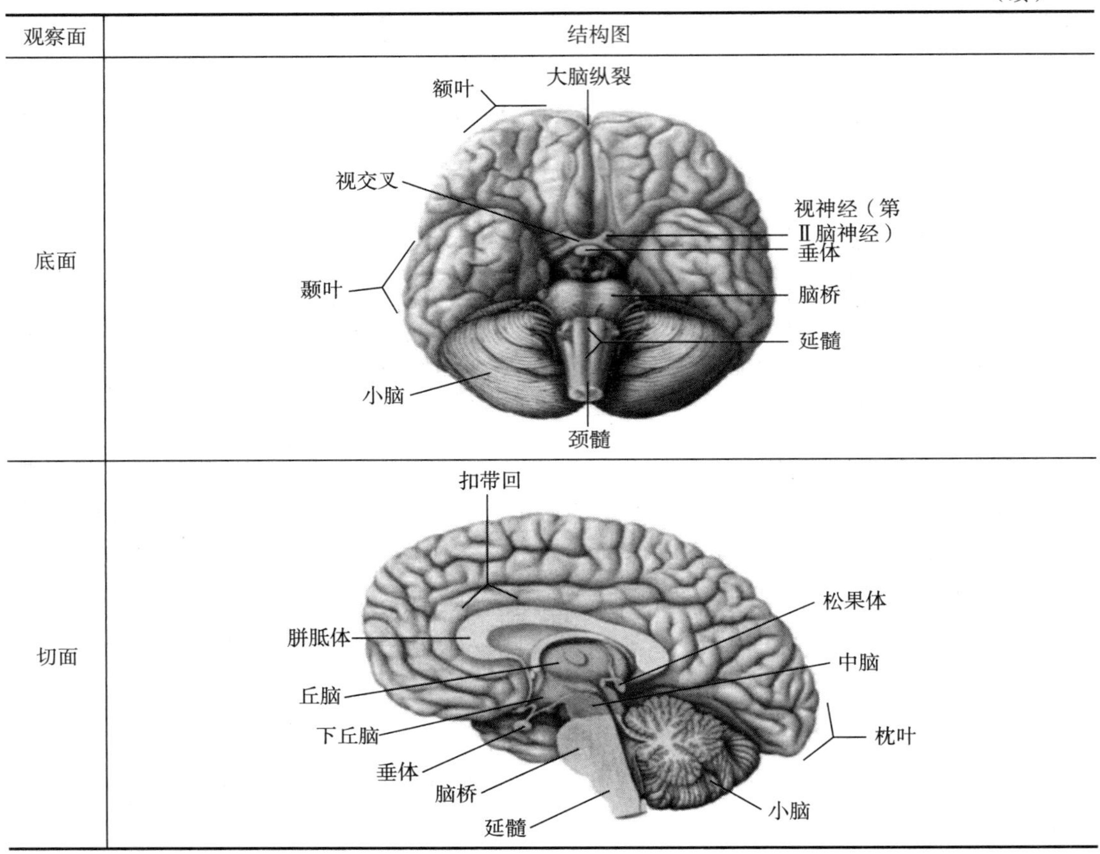
切面	

神经元的组成成分包括细胞体、树突（dendrite）和轴突（axon），如图1-10所示，具体说明见表1-29。简单来说，就是树突与轴突相联系，树突接收信息，轴突发送信息。

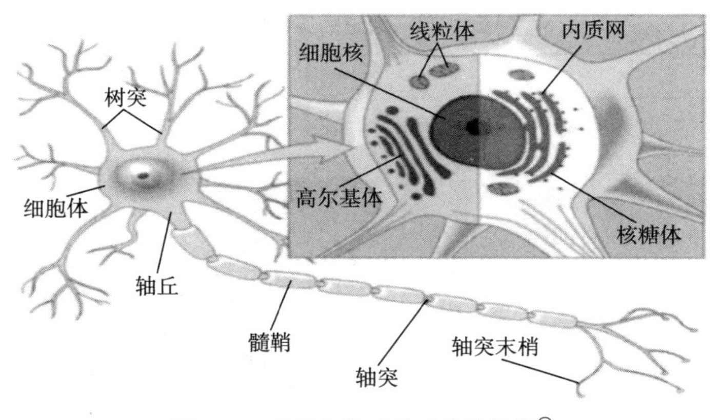

图1-10　理想化的哺乳动物神经元[⊖]

⊖ 加扎尼加，伊夫里，曼根. 认知神经科学：关于心智的生物学 [M]. 周晓林，高定国，译. 北京：中国轻工业出版社，2011：19.

表1-29　神经元的主要构成

构成	详细描述
细胞体	有球形或金字塔形，细胞核内富含遗传物质，可以控制细胞的生长和繁殖 包括了细胞器、细胞浆和细胞膜。细胞器包括了细胞核（控制细胞的代谢和遗传）、内质网（合成、加工和运输蛋白质等大分子）、核糖体（生产蛋白质）、线粒体（细胞有氧呼吸的主要场所）、高尔基体（对来自内质网的蛋白质进行加工、分类、打包、发送）等，这些细胞器悬浮于细胞浆中
树突	像小树枝、天线，接收来自多达10000个其他神经元的信息。具体接收信息的部位被称为突触（包括轴突端末、突触间隙、接收神经元的细胞膜上的受体点）
轴突	将信息从细胞体传递至其他神经元、肌肉或腺体细胞，具体传出信息时是通过轴突末梢的突触实现的。轴突被一层脂肪物质包裹（称为髓鞘），起到绝缘作用，防止相邻细胞的信号相互干扰。髓鞘的结将轴突分割为多个节段，让轴突看起来像一串香肠，每一个结被叫作郎飞结（nodes of Ranvier，也称郎飞氏结）

神经元之间是如何通信的呢？一个神经元是如何与另一个神经元建立联结的呢？其实，神经元就像一个个小的计算机，神经元之间的通信就像计算机与计算机之间的通信，见表1-30。

表1-30　神经元的通信

构成	详细描述
信使	神经递质，一种化学物质，多功能信使。能够让神经元兴奋或者抑制。比如血清素、多巴胺、去甲肾上腺素等都是神经递质
位置	神经元之间并不直接接触，由轴突末梢的微小空间（突触间隙）分开。神经元的轴突可能包括成百上千个末端，因此一个神经元可能与其他很多神经元建立突触联结
过程	神经元内外部还有带正电荷和负电荷的离子。未受到刺激时，神经元处于静息状态，细胞膜两侧电位表现为细胞膜内负电、细胞膜外正电（内负外正） 突触末梢有神经冲动传来，突触小泡（轴突末梢的小囊泡）受到刺激，会释放数千个神经递质分子 神经递质经扩散穿过突触间隙，与接收神经元细胞膜上受体点的相关受体结合（像钥匙与锁一样） 突触后膜离子通道发生变化，引发电位变化，这样，信号就从一个神经元突触传递到了另一个神经元 神经递质被迅速降解或回收，以免持续发挥作用

值得补充说明的是，当前监测脑的技术多种多样，主流的技术包括：①脑电图（electroencephalogram, EEG），将电极贴在头皮上，监测特定脑区中神经元产生的电活动。②事件相关电位（event-related potential, ERP）监测脑对特定事件产生的脑电波反应。③功能性核磁共振成像（functional magnetic resonance imaging, fMRI）基于利用神经元将氧气作为燃料的原理，监测不同脑区的血氧水平。

1.3.2　学习的神经机制

关于脑是如何帮助人们学习，如何帮助创建人类文明，如何用神经元的生物世界服务于人类文化王国，正在逐渐被揭秘，大脑的"黑匣子"已经被打开，关于学习的神经机制的迷雾也逐渐被拨开。从学习的神经机制来看，即使最简单的学习也不是靠单个细胞的互动就可以完成，而是靠大量神经元活动所构成的复杂关系网络完成的㊀。以下从阅读、计算的神经机制介绍来揭开学习的神经机制的一角。

1. 阅读的神经机制

正是因为人类具有阅读能力，所以人类能博览群书；阅读促进了人类社会发展，创造了璀璨文明，提高了人类智慧。随着证据的积累，一种理论正在逐渐成形——阅读实际上是一种神经网络的“再利用”（neuronal recycling），即灵长类动物进化而来的大脑神经回路可以被重新利用，以识别书面文字㊁，我们识别书面文字的脑区是1000万年前负责物体视觉识别的脑区演化而来的。我们拥有的阅读能力，实际上是运用了我们遗传自祖先的物体识别神经回路，见下框。

> **神经系统的“再利用”** 神经回路并不是像白板或者橡皮泥那样完全可塑，或完全受周围环境影响而形成，而是根据不同用途进行少数神经回路的调整。我们学习一项新技能时，就利用了脑原本的神经回路。阅读就是利用了大脑已有的功能区域（尤其是视觉功能区域，用于识别某些性状、线条的能力），并对这一区域进行了调整。

现代的阅读神经机制模型（见图1-11），是一种并行加工的“交错式”模型，在视觉区与语言区之间建立了有效的双向连接㊂。在这个模型中，我们可以看到一个关键的区域，即视觉词形区（visual word form area，VWFA），也称为“文字盒子”，它是每个人脑都存在的区域，位于枕颞叶交界处，左半球左侧枕-颞沟处，与识别面孔、词汇、物体等的脑区相邻近，存储词形和词组的字母结构及其与语音的关系㊃，专门服务于书面文字加工。无论是中文、英文还是日文等，都会激活这个“文字盒子”。阅读能力越强，儿童看到的书面词语越多，“文字盒子”的激活程度就越高㊄。如图1-11所示，在阅读时，首先，枕叶区（即视觉功能区）有视觉输入，继而迅速激活邻近的“文字盒子”（即视觉词形区），对字符串的视觉形态进行辨别，对输入的文字信息进行处理；接着，视觉信息被传递给分布于左半球各处的区域，包括专门负责语音加工，负责词形、语义加工和特定语境中词义处理的脑区，分别对词汇的意义、语音模式和发音进行编码，提取语音和发音，提取意义。比如，当我们看到书上的一个词语——“大象”时，首先就会进

㊀ 张向葵. 学习 [EB/OL].（2022-10-6）[2022-3-25]. https://www.zgbk.com/ecph/words?SiteID=1&ID=26515&Type=bkzyb&SubID=42854.

㊁ 迪昂. 脑与阅读 [M]. 周加仙，译. 杭州：浙江教育出版社，2018：4.

㊂ 迪昂. 脑与阅读 [M]. 周加仙，译. 杭州：浙江教育出版社，2018：74.

㊃ 萨拉，安德森. 教育神经科学的是与非 [M]. 周加仙，陈菊咏，译. 上海：上海教育出版社，2020：65.

㊄ 迪昂. 脑与阅读 [M]. 周加仙，译. 杭州：浙江教育出版社，2018：231.

入“文字盒子”，识别这一词汇的形态、大小、位置等，继而将信息传输到颞叶。

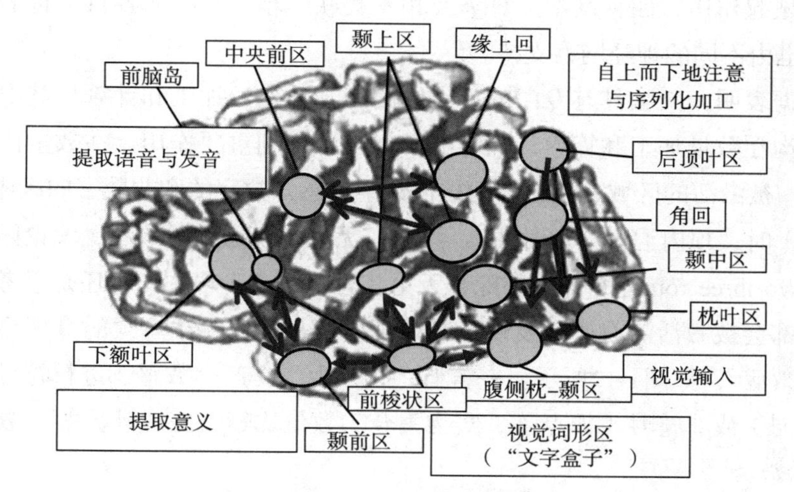

图1-11　现代阅读神经机制模型[⊖]

除此之外，还有一个经典的双路径阅读模型（dual route theory of reading），即脑中存在两条可以同时运行的通路——间接通路和直接通路。这两条阅读通路在生理上相互分离，但是在阅读时往往会不断交互使用。其适用条件和作用见表1-31，其神经网络包括：涉及字音转换的神经网络、涉及词形到意义的直接通达网络，以及涉及语义理解的神经网络[⊜]。

表1-31　双路径阅读模型

通路	适用条件	作用	通路核心神经网络	参与语义理解的主要神经网络
间接通路（语音通路和字形通路）	加工不常见的词汇或新词	将视觉词转化为对应的听觉词，然后知道词汇的意义	字音转换是通过梭状回和语义区域（如下颞叶、后中颞叶和下额叶回）的词前枕颞交界处共同激活	颞中回的后部；腹侧通路内，颞下回后部；额下回的三角形部分
直接通路（词汇语义通路）	加工高频词汇、熟悉的词汇	绕开语音，直接由视觉通达意义	词形到意义的直接通达，核心涉及左侧颞上沟、颞后回	

2. 计算的神经机制

计算是人类学习的重要技能，从结绳计数、刻痕计数、算筹算盘，到阿拉伯数字、计算机、超级计算机。在我们的教育系统中，孩子自小就开始学数数，小学一二年级就

⊖ 迪昂. 脑与阅读 [M]. 周加仙，译. 杭州：浙江教育出版社，2018：74.

⊜ JOBARD G，CRIVELLO F，TZOURIO-MAZOYER N. Evaluation of the dual route theory of reading：a metanalysis of 35 neuroimaging studies [J]. NeuroImage，2003，20（2）：693-712.

开始学习基本的计算。实际上，即使是两个数相减这样的简单任务，也会有至少10个不同的皮层区域起作用，四种基本运算涉及相互关联、相互重叠而各自独特的脑区，而且精算和估算也由不同的神经网络支持。

大量证据表明，人脑具有专门的神经回路用于数量的加工和计算。其中，来自大脑顶叶的顶内沟在数量加工和算术计算等数学加工中起到重要作用。在数量比较试验中，顶内沟是唯一被激活的区域；在感知阿拉伯数字、感知数字的和非数字的次序（如A~Z的字母、月份）时，顶内沟也会被激活[一]。甚至，无论是说还是写数字，无论是一二三四、1234、one two three four还是加减乘除，无论是思考有多少根香蕉，还是思考前面有多少人排队，它都会被激活。有研究发现，与处理语言相比，说出算式的算理会引起双侧顶内沟更强的激活[二]，如图1-12所示。一言概之，顶内沟是产生数感、进行符号（阿拉伯数字、言语数词）或非符号（如点阵、实物集合）数量比较、完成计算等“数与代数”任务的核心区域[三]。

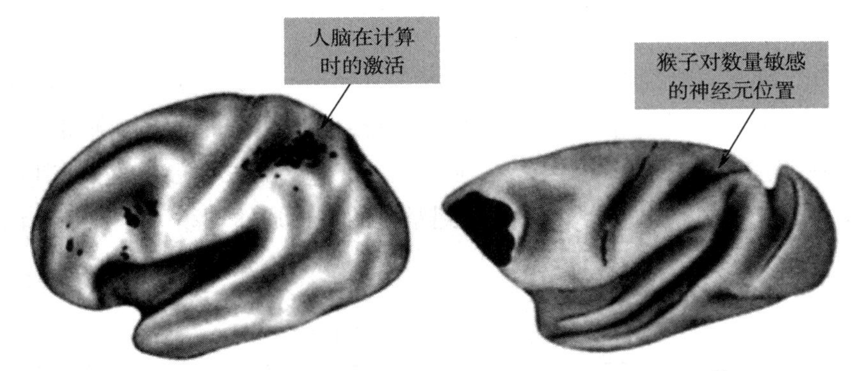

图1-12　人脑的顶内沟和猴子对数量敏感的神经元位置[四]

顶内沟在数量加工中非常重要。有研究发现，当人的顶内沟受损伤时，人在数量加工方面会遇到巨大困难，会妨碍简单的计算，或者影响数量比较（如6是否大于5），甚至造成计算障碍[五]。比如，有研究发现，一位患者切除左顶叶肿瘤后，丧失了算术概念知识，包括加减乘除的基本概念和算术原理（如交换律、结合律），只保留了简单的计算能力[六]。

[一] 萨拉，安德森. 教育神经科学的是与非 [M]. 周加仙，陈菊咏，译. 上海：上海教育出版社，2020：116.

[二] LIU J，ZHANG H，CHEN C，et al. The neural circuits for arithmetic principles [J]. NeuroImage，2017，147：432-446.

[三] 裴蕾丝，尚俊杰，周新林. 基于教育神经科学的数学游戏设计研究 [J]. 中国电化教育，2017（10）：60-69.

[四] 苏泽. 心智、脑与教育：教育神经科学对课堂教学的启示 [M]. 周加仙，译. 上海：华东师范大学出版社，2012：153-154.

[五] 苏泽. 心智、脑与教育：教育神经科学对课堂教学的启示 [M]. 周加仙，译. 上海：华东师范大学出版社，2012：153.

[六] DELAZER M，BUTTERWORTH B. A dissociation of number meanings [J]. Cognitive Neuropsychology，1997，14（4）：613-636.

除了顶内沟区域在算术发展中的基础作用外，其他神经回路的作用毫无疑问也不可忽视。经典的数量加工三重编码模型（triple-code model）有助于我们理解不同的脑区是如何加工数量的。

三重编码模型认为，大脑在完成数量加工任务时，有三种不同的编码表征数量且对应不同的脑区（见图1-13和表1-32）。

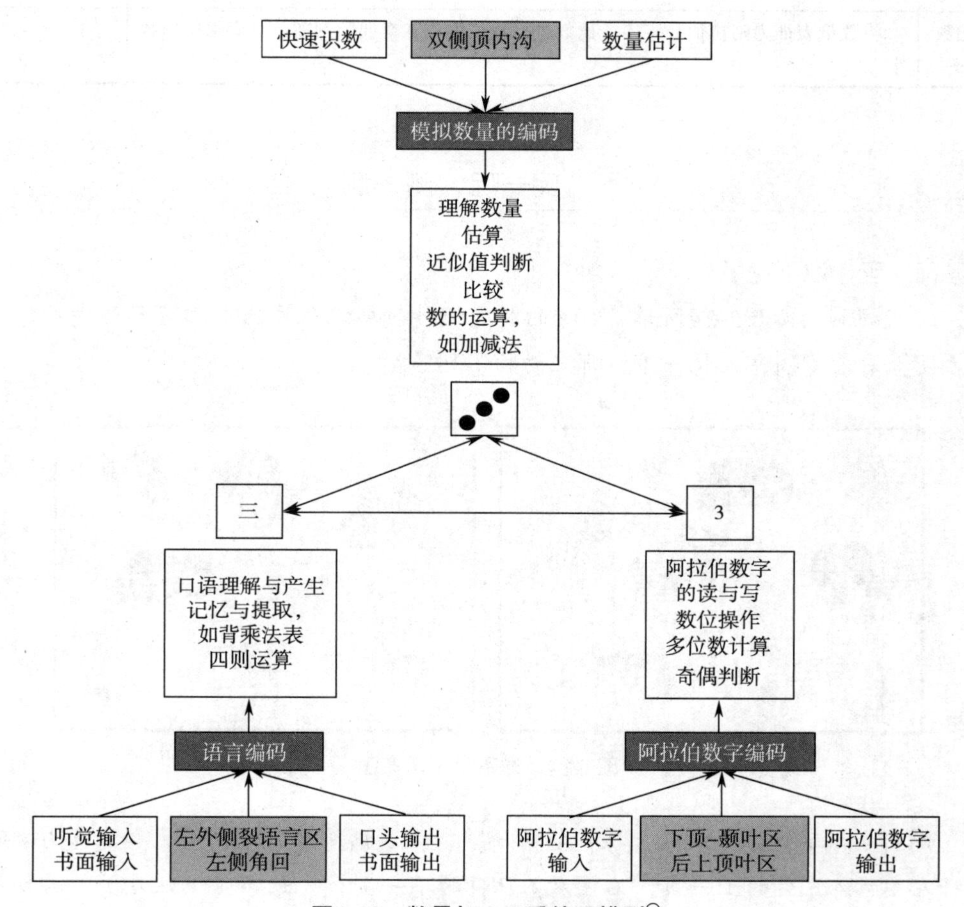

图1-13　数量加工三重编码模型⊖

这三个编码网络相互联结，相互切换。比如，可以根据3行4列豆子，看出来总共有12颗豆子（模拟数量的编码），说出来“三四一十二”（语言编码），并且写出来乘法算式和对应的加法算式（阿拉伯数字编码）。

⊖ 参考绘制：苏泽. 心智、脑与教育：教育神经科学对课堂教学的启示 [M]. 周加仙，译. 上海：华东师范大学出版社，2013：156. 裴蕾丝，尚俊杰. 学习科学视野下的数学教育游戏设计、开发与应用研究：以小学一年级数学“20以内数的认识和加减法”为例 [J]. 中国电化教育，2019（1）：94-105.

表1-32 三重编码

编码类型	解释	脑区
模拟数量的编码	理解数量的意义，表征数量之间的大小和距离。如何根据实物多少或符号多少识别出数量，进行数量估计，对应数量	顶叶的双侧顶内沟
语言编码	数量的语言编码。比如数数，四则运算，回忆算式的答案，背诵乘法口诀表，对应数字词（书写的或朗读的一、二、三或one、two、three）	左外侧裂语言区、左侧角回
阿拉伯数字编码	将数量表征为阿拉伯数字串，比如进行数位操作和奇偶数判断，对应阿拉伯数字	下顶-颞叶区、后上顶叶区

玩一玩，测一测

玩一玩 谁不见了

游戏规则：如图1-14所示，10 s的时间倒计时来记住左图中都有哪些动物，盖住左图，看看右图，回忆一下，哪只动物不见了？

图1-14 谁不见了示意图

说明：谁不见了小游戏，操作非常简单，主要训练短时记忆能力和注意力。可以将左图放入PPT的上一页，右图放入PPT的下一页，先让学生记住左图，再切换到右图，让学生回忆哪个动物不见了。也可以将动物替换为化学元素、植物等。

测一测

1. 在阅读下面诗句时，你认为你的阅读是经过了（ ）通路。

冬夜读书示子聿

〔南宋〕陆游

古人学问无遗力，

少壮工夫老始成。

纸上得来终觉浅，

绝知此事要躬行。

2. 凑十歌实际上是一种（　）编码。

A. 模拟数量的编码　　B. 语言编码　　C. 阿拉伯数字编码

3. 在一个典型的神经元内，（　）接收信息，（　）将信息传递给下一个神经元。

A. 轴突；树突　　B. 树突；轴突　　C. 轴突；突触

1.4　本章结语

有这样一个颇为幽默的故事。一个醉汉在路灯下不停地找东西，路人问他丢了什么，他说钥匙丢了。于是，路人帮他一起找，结果找了几遍也找不到。路人就问：“你在哪里丢的钥匙？”醉汉说：“我在家门口丢的。”路人大怒：“那你到这里来找什么！”醉汉振振有词：“因为家门口太黑没法找，只有这里有光线啊!”在学习科学领域中，通常认为学习发生在“黑夜”中，而神经科学、情境认知、文化历史活动理论等理论和方法论就如同明亮的“路灯”。以往，我们就像故事中的醉汉，不能用光线照亮“门口”（用合适的方法研究学习是什么和如何促进学习），而是跑到他处寻找开门的钥匙（研究教学，研究课堂，而较少关注学生的学）。随着学习科学独有研究方法和理论基础的确立（像找到了钥匙），随着可以借助的认知科学、计算机科学等学科的方法和成果越来越多（像借了很多手电筒一样），我们也获得了进入学习领域开展深度研究的不二法门。本章重新梳理了学习科学的来源和发展，陈述了多种学习的隐喻和类型，揭开了学习神经机制的一角，以期帮您树立全面的学习观。

我们意识到，学习应该被放到一种双向流动中思考，如从生物的学习到社会的学习，从社会的学习到生物的学习。比如，在孩子们没有接触病毒前，他心中的病毒无非就是生病，试着让他们画一画病毒的样子，也许会是长着獠牙的怪兽模样；随着对生物知识的学习，他们会认识到病毒的内部结构，对病毒会有更为深刻、全面的认识。

最后，值得说明的是，本章都在介绍学习科学，学习科学作为一个“科学”的领域，必须强调其“科学”性。那么我们如何判断所见为科学的呢？波普尔（Popper）的《科学发现的逻辑》一书中采取“可证伪性”（falsifiability）作为判断一个理论系统是否属于科学的标准㊀，凡是不具有可证伪性的就是伪科学。通俗来讲，可证伪性就是可以用方法来证明其是错误的。比如，暗物质是可以证伪的，而鬼神说是没办法证伪的，因为暗物质可以通过引力效应证明，而鬼神是没有方法对其存在进行判断的。科学的本质，即科学研究、科学知识所具有的固有属性和规律，比如科学研究建立在可证伪的基

㊀ 波普尔. 科学发现的逻辑 [M]. 查汝强，邱仁宗，万木春，译. 杭州：中国美术学院出版社，2008：60.

础上，科学知识具有暂定性。对科学本质的认识，可以为评判一个观点是否科学提供思路。美国科学促进协会的“2061计划”集中了众多科学家、工程师、数学家、历史学家和教育学家的智慧，提出了3个科学本质的主要部分[㊀]：①科学的世界观，科学观点可能发生变化，科学也不能为所有问题提供完满的答案；②科学的探究方法，科学要求证据，不盲信和依靠权威，集逻辑和想象于一体；③科学事业，科学是一项复杂的社会活动，由不同机构研究，必须用伦理原则引导科学。有人预测，生物学知识量每5~6年翻一倍，科技知识量每7~8年翻一倍，因而，我们在学习的过程中，要以“科学”之尺判定是否能相信，以“发展”之眼来批判性思考，以“学习”之智不断刷新认知。

㊀ 本特利，艾伯特. 科学的探索者 [M]. 洪秀敏，译. 北京：北京师范大学出版社，2008：8.

第2章

基于学习科学的教学设计模式

【本章导入】

教学设计是教师需要在职业生涯中不断修炼的基本功。从分析教材、搜集各种参考资料、解读课标到分析内容、做教学设计、撰写教案，上课、磨课既是保证一节好课所必经的过程，也是教师作为“传道授业解惑者”、作为“授人以渔”的方法传授者、作为将课堂还给学生的“设计师”所必备的技能。教学设计作为一门学科，经历了半个多世纪的发展，与“学习科学”“设计科学”和“系统科学”等领域逐渐融合。课堂是教学设计落实的主战场，课堂革命的号角已经吹响，每位教师要革新自己的课堂，首先要做的就是改变教学设计。

教案天天写，教学设计天天做，课天天上，但是学习是否如愿有效发生了呢？教学设计，实际上就是对如何教和如何学的设计，事关学生能否愿意学，以及学生能否真的学、能否真的学会。到底教学设计是什么呢？

【内容导图】

本章内容导图如图2-1所示。

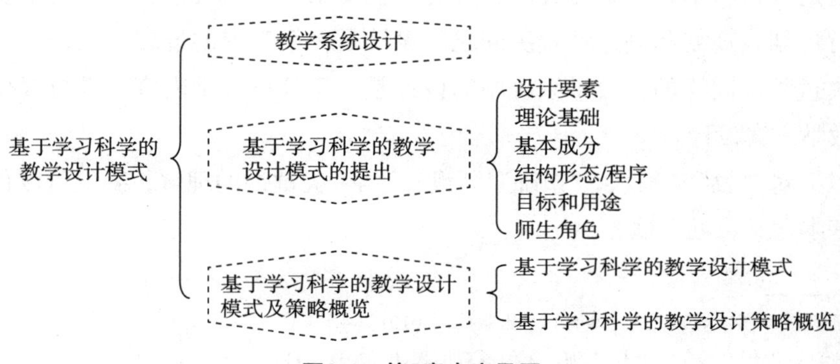

图2-1　第2章内容导图

2.1 教学系统设计

“凡事预则立，不预则废。”在教学中，“预”指的就是教学设计这一环。作为教师，我们对教学设计再熟悉不过了，每位教师都能说出教学设计具体步骤。那么，到底什么才是教学设计呢？

2.1.1 教学系统设计是什么

教学系统设计（instructional system design）由“教”“学”“系统”“设计”4个关键词组成。

“教”是指能够增进人们的知识和技能、影响人们的思想和观念的活动，包括了正式教育环境（学校）中根据一定的社会要求，有目的、有计划、有组织地对学习者身心施加影响的过程[㊀]。根据这一概念，我们就可以推断，未能增进学生知识和技能，未能对学生产生积极影响的活动称不上是在“教”。

“学”通常是指由经验引起的学习者知识、行为的持久变化。这个定义中包含了3个关键点：①学习是由经验引起的，是指所学的是前人的经验，是一种知识，而不是长大了就自然懂得的，或者靠吃喝就能获得的。②学习是一种相对持久的变化，没有变化或者暂时变化，都不是学习。③这种变化可以是知识的，如事实性知识、策略性知识、程序性知识等的，也可以是情感、态度、信念、行为方式、学习策略等，比如学习者通过学习昆虫知识而喜欢上了各种昆虫。（关于学习的定义见第1章1.2.1节）

“系统”来自系统科学，是指将整个教学作为一个完整的系统来看待，对系统的组成要素进行分析，并将系统中的局部和整体、内部与外部环境之间的关系相互协调和配合，以求解决问题的最优方法。

“设计”则是来自设计科学的概念。著名认知科学家、诺贝尔经济学奖得主H. A. 西蒙（H. A. Simon）认为，科学研究包括了自然科学和设计科学。设计科学的目的是生成一定的过程、工具、活动等[㊁]，而设计科学与分析科学就像一张纸的两面，紧密相连。也就是说，通过分析科学，把整体分解为部分，把复杂分解为要素，运用科学规律对部分和整体进行计划、规划和创造性解决问题。设计是一个学习的过程，也是一个目标导向的问题解决过程。同样的，教学系统中的设计是基于分析教学内容、学习规律等开展的创造性的教学方案设计。

基于以上对“教”“学”“系统”“设计”4个关键词的理解，我们可以得出教学系统设计的基本含义，见下框。

㊀ 袁振国. 当代教育学 [M]. 4版. 北京：教育科学出版社，2010：3-4.

㊁ 徐斌艳. 中学数学课程发展研究 [M]. 上海：上海教育出版社，2018：117.

教学系统设计　以促进学习者的学习为根本目的，运用系统方法，将学习理论与教学理论等相关原理转换为对教学目标、教学内容、教学方法、教学策略、教学评价等环节进行具体计划，并创设有效的教与学系统的“过程”或“程序”[一]。

开展教学系统设计的主要意义在于可以建立学习理论、教学理论、心理学、脑科学、信息科学等多学科领域与实践应用的桥梁。比如史密斯（Smith）和雷根（Ragan），就是将教学设计看作把学习与教学的原理转化为教学材料、活动、信息资源、评价的方案的系统化过程[二]。这也就使得在不同的学习理论和教学理论下会发展出不同的教学设计，比如在行为主义学习理论下，形成了以斯金纳的程序教学为代表的操练教学设计，该设计强调小步子进阶、自定步调和强化。因此，有必要根据学习理论的发展变更教学设计的具体做法。

2.1.2　基于学习科学的教学设计模式的提出

你在教学设计中是否遵循过某个教学设计模式呢？教学设计模式就像一份菜谱，虽然每样菜需要自己设计，但是你可以照猫画虎，遵循菜谱，设计出不错的大餐来，这样你的设计至少是完整的，而不是少头短尾的。

在学习一个教学设计模式之前，我们首先要了解什么是模式。

实际上，模式是对现实的概念化表述[三]，是再现现实的一种理论性简约形式。“再现现实”意味着模式可以反映实践，“理论性”意味着模式具有理论基础，“简约”意味着模式呈现出来是简洁的。

教学设计模式的基本含义和构成见下框。

教学设计模式　教学设计模式是构成课程和教材，指导教学活动的一种计划或范型[四]，是教学实践的理论化、简约化概括。教学系统设计模式是一套程序化的步骤，并且在不同的教学条件下应该有不同的教学系统设计过程模式[五]。

通常来说，教学设计模式包含理论基础、目标倾向、实施条件、操作程序、效果评价5个基本构成要素[六]。

[一] 何克抗，林君芬，张文兰. 教学系统设计 [M]. 2版. 北京：高等教育出版社，2016：4.

[二] SMITH P L, RAGAN T J. Instructional design[M]. New York: John Wiley & Sons Inc., 1999: 2.

[三] 斯伯克特. 教育传播与技术研究手册：第4版 [M]. 任友群，译. 上海：华东师范大学出版社，2015：95.

[四] 何克抗，吴娟. 信息技术与课程整合 [M]. 北京：高等教育出版社，2007：139.

[五] 何克抗，郑永柏，谢幼如. 教学系统设计 [M]. 北京：北京师范大学出版社，2002：37.

[六] 钟志贤. 信息化教学模式 [M]. 北京：北京师范大学出版社，2006：2-3.

读到这里，你可能会产生这样的疑惑：教学设计模式、教学方法和教学策略有什么关系？它们是一样的吗？答案是不一样的。三者的共同点在于，都是从教学理论到教学实践的过渡转化。具体来说，是从教学理论到教学设计模式，再到教学策略，再到教学方法，再到教学实践㊀，教学策略是对教学设计模式的进一步具体化，教学方法则是对教学策略的进一步具体化。因此，教学设计模式属于较上位层次，规定了教学策略和教学方法，而教学策略既包含解决某一实际问题的教学理论，也包含解决某一实际问题的带有规律性的教学方法，介于理论和方法之间㊁。三者的关系，如图2-2所示。

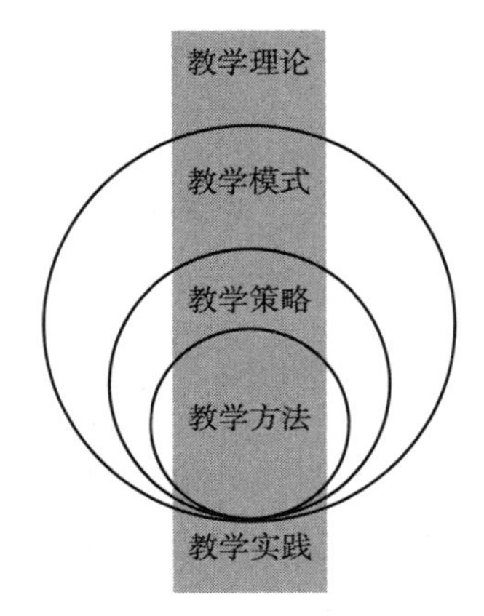

图2-2　教学设计模式、教学策略和教学方法的关系

1. 设计要素

至20世纪80年代，各类教学设计模式得到极大发展，不断涌现。图尔克（Twelker）、乌尔巴赫（Urbach）和巴克（Buck）对5种教学设计模式从分析、方法、评价、实施等方面进行了相同点和不同点的对比分析㊂。安德鲁（Andrew）和古德森（Goodson）对可获得的40种模式，从理论基础、目的和用途、应用等方面进行了比较，并且发现在许多模式中没有明确的理论基础，并且许多教学设计模式都只有线性步骤，缺乏复杂的系统分析㊃。都伯力（Dubberly）收集了来自许多领域的不同的教学设计模式实例，分析了教学设计模式的基本成分、结构、内容等。埃德蒙兹（Edmonds）等提出了教学设计模式的概念框架㊄，认为教学设计模式基本遵循输入—过程—输出的范式，构建的

㊀ 和学新. 教学策略的概念、结构及其运用 [J]. 教育研究，2000（12）：54-58.

㊁ 袁振国. 当代教育学 [M]. 4版. 北京：教育科学出版社，2010：170.

㊂ TWELKE R P A，URBACH F D，BUCK J E. The systematic development of instruction：an overview and basic guide to the literature [EB/OL]. [2023-06-07]. https://files.eric.ed.gov/fulltext/ED059629.pdf.

㊃ ANDREWS D H，GOODSON L A. A comparative analysis of models of instructional design [J]. Journal of Instructional Development，1980，3（4）：2-16.

㊄ EDMONDS G S，BRANCH R C，MUKHERJEE P. A conceptual framework for comparing instructional design models [J]. Educational Technology Research and Development，1994，42（4）：55-72.

教学设计概念框架包括四大类型：目标类型（教学设计是为了描述还是为了形成处方性策略），知识类型（程序性知识还是陈述性知识），专业程度（教学设计是面向新手、中等资历教学设计者，还是专家型教学设计者），理论渊源（模型是具有较强的系统性和理论基础，还是主观臆断的）。易卜拉欣（Ibrahim）发表于2015年的文章对迪克–凯瑞模型、肯普模型（Kemp Model）、ASSURE模型与ADDIE模型进行了对比分析[一]，发现这三种模型都使用了视觉表征方式进行结构和功能的呈现，都包含了ADDIE的五个核心要素。ADDIE的5个核心要素是通用的教学设计概念，可以用于衡量某种教学设计模式是否包含了教学设计的整个过程，或者说仅仅包含了几个重要元素[二]，如图2-3所示。

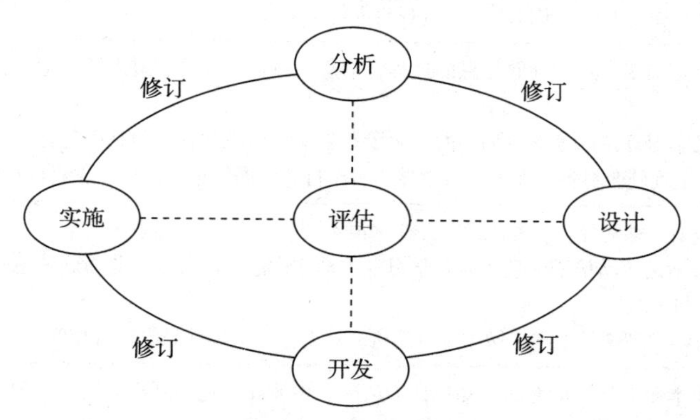

图2-3 ADDIE模式，教学设计的核心概念元素

根据以上对于已有教学设计模型的比较、分析、研究和教学设计要素的观点，不难发现，教学设计模式一般包括六大方面：理论基础、目标和用途、师生角色、基本成分（至少包含分析、设计、开发、实施、评价、修改）、结构形态/程序、教学策略。在学习科学蓬勃发展和教学设计迈入新时代的形势下，面向新时代学生发展的新型教学设计模式应该得到创新。

因此，以下将主要介绍理论基础、基本成分、结构形态/程序、目标和用途、师生角色等方面。

2. 理论基础

1）学习科学（The Learning Sciences）。学习科学是一个研究教与学的跨学科领域，目标有二：更好地理解促进有效学习的认知和社会性过程；更好地设计教室和其他学习环境[三]。因此，学习科学包含多个领域关于学习的理论。用于指导教学设计的学习理论主

[一] IBRAHIM A A. Comparative analysis between system approach，Kemp，and assure instructional design models [J]. International Journal of Education and Research，2015，3（12）：261-270.

[二] 斯伯克特，梅里尔，艾伦，等. 教育传播与技术研究手册：第4版 [M]. 任友群，焦建利，刘美凤，等译. 上海：华东师范大学出版社，2015：96.

[三] SAWYER R K. The new science of learning [M]//SAWYER R K. The cambridge handbook of the learning sciences. 2nd ed. Cambridge：Cambridge University Press, 2014: 18.

要包括行为主义学习理论、认知主义学习理论、建构主义学习理论、情境认知理论、社会文化历史理论、学习共同体理论，见表2-1，具体可见本书1.2.2节。

表2-1 学习科学代表性学习理论

学习理论	核心观点
行为主义学习理论	学习观：学习实质上就是刺激与反应的联结，学习的过程就是试误的过程，强化与消退会影响学习行为 基于行为主义学习理论的教学：要想达成学习目标，必须积极对刺激做出反应（积极反应）；知识分解为难度递增的学习模块（小步子原则）；应该对学习者的反应给予及时反馈（及时反馈）；让学习者根据自身需求决定学习节奏（自定步调）；通过观察进行学习
认知主义学习理论	学习观：学习是加工信息和存储信息的过程，信息经过选择性注意进入短时记忆后，经过编码巩固才能进入长时记忆 基于认知主义学习理论的教学：加涅的九阶段教学法认为教学程序包括引起注意、告知学生目标、刺激回忆先前内容、呈现刺激材料、提供学习指导、引出行为、提供正确性反馈、评价行为、促进保持和迁移
建构主义学习理论	知识观：知识是一种解释和一种假设，并非永恒不变的，存在于情境中 学习观：学习不是被动接受信息，而是学习者主动建构意义的过程，是对新信息的意义建构，也是对原知识经验的改造与重组 基于建构主义学习理论的教学：做中学、随机通达教学、情境性教学、合作学习、支架式教学等
情境认知理论	知识观：知识本质上是情境性的，知识作为活动、情境和文化的副产品出现，知识嵌于情境之中并与情境形成互动 学习观：强调将学习目标和内容情境化，设计真实化的学习活动㊀ 基于情境学习理论的教学：抛锚式教学、认知学徒制、情境教学等
社会文化历史理论	社会文化历史因素（团队合作、群体动力、社会背景等）在人类认知功能的发展中发挥着核心作用；几乎所有的学习都发生在复杂的社会环境中 基于社会文化历史理论的教学：同伴互动教学、课堂讨论、合作学习、计算机支持的协作学习等
学习共同体理论	知识观：知识呈现分布式（不同的人具有不同的知识）、情境化的特点，知识是合作建构的，意义是协商获得的 学习观：学习是实践共同体的意义协商，是学习者在共同体中进行观点共享参与协商的过程 基于学习共同体理论的教学：强调为学习者的学校学习引入真实的社会境脉，基于学习共同体的活动设计应该提供意义协商的机会

对以上六种学习科学理论的核心要点进行梳理，我们可以发现，各种学习理论各有千秋，衍生出各异的教学方法。从行为主义学习理论到学习共同体理论，越来越强调“建构”“群体”和“情境”，每种理论可以解释某些类型的知识学习，也对一些类型的学习具有独特价值。行为主义学习理论中的强化设计、反馈设计适用于操练型学习，如算式练习；认知主义学习理论中的信息加工过程适用于识记类材料的学习；建构主义

㊀ 王美. 情境学习理论及其对博物馆学习设计的启示 [J]. 自然科学博物馆研究，2021，6（4）：5-12；87.

学习理论帮我们理解为什么“一千个读者就有一千个哈姆雷特”，理解如何实现有意义的学习；情境学习理论强调真实情境以促进学生实现知识的迁移、应用；社会文化历史理论和学习共同体理论提倡的社会文化历史因素和共同体协商，帮助学生更好地利用群体智慧和资源促进个人最大化发展，有助于满足信息时代对知识创生的学习需求。因此，我们不应钟情于一种理论，而应根据学习者的能力、学习任务的类型、学习情境等做出理智的选择，判断“哪一种理论在促进具体的学习者掌握具体的学习任务时是最有效的”[㊀]。

2）认知神经科学（The Cognitive Neuroscience）。认知神经科学是从脑神经层面对认知进行研究的交叉学科，是在认知科学、神经科学、计算机科学等多门学科基础上发展起来的，也是学习科学的一个重要领域。那么，认知神经科学与教学设计有哪些相关的要点呢？感知、注意、记忆、思维、语言、动机等的心理机制和神经机制均对教学设计有一定的指导意义。

以记忆为例进行说明。记忆是随着时间推移存储和提取信息的能力[㊁]。认知神经科学发现，内侧颞叶的结构对于记忆功能是必不可少的，对记忆的形成和一段时间后的记忆保持很重要，长时记忆的信息存储于新皮层的不同区域中，呈现分布式特点，即多个区域存储不同的信息，内侧颞叶的作用就是将分布的记忆要素整合成整体[㊂]。因此，根据记忆的3个步骤，精心设计的基于记忆步骤的教学就可以让学习者对内容先进行编码、理解，再进行重复、存储，更为重要的是设计促进记忆提取的练习。根据记忆存储于大脑皮层的分布式特点，可以设计让学习者将相关信息加以联系和整合的活动。

3）设计科学（Design Science）。教学设计本身也是一种设计，为设计学习活动这一任务提供指南。学习科学同样也以设计科学为理论基础，从要素视角上为学习和设计提供基于证据的设计原则，如根据练习效应进行组块化练习和间隔练习，从系统视角上，使用基于设计的研究方法开展迭代设计，最大化地促进有效学习行为发生[㊃]。因此，基于学习科学的教学设计可以说是以设计科学作为耦合点（或称“红娘”），更好地实现了教学设计科学化。

设计科学一直存在于我们的生活中，大到航空母舰，小到鼠标，都凝聚着设计的科学性和艺术性。罗兰德（Rowland）基于大量关于设计的研究，综述得到了设计的以下特点：设计是目标导向的过程，目标是构建和实现新事物；设计要有实际应用价值；设计

㊀ ERTMER P A，NEWBY T J，盛群力. 行为主义、认知主义和建构主义（上）：从教学设计的视角比较其关键特征[J]. 电化教育研究，2004（3）：34-37.

㊁ 夏克特，吉尔伯特，韦格纳，等. 心理学：第3版[M]. 傅小兰，译. 上海：华东师范大学出版社，2016：291.

㊂ SQUIRE L R，WIXTED J T. The cognitive neuroscience of human memory since HM [J]. Annual Review of Neuroscience，2011，34：259-288.

㊃ SAWYER R K. The new science of learning[M]//SAWYER R K. The Cambridge handbook of the learning sciences. 2nd ed. Cambridge：Cambridge University Press，2014：30-33.

包含了问题解决，但是并非所有问题解决都是设计；设计中问题理解和问题解决是同时或相继发生的过程；设计的基本任务是将需求的信息转化为规范化信息；设计作为一种在情境中不断反思、对话的过程来践行；设计可以是一种科学，也可以是科学和艺术的结合，有其独特的方法和价值；设计的过程涉及技术能力、创造力、理性思维和直觉思维；设计的过程是学习的过程[一]。

基于以上特点，我们可以得到与罗兰德同样的发现——教学设计与其他设计是高度契合的（significant overlap）：它们同样都是目标导向的；都要将设计用于实际；都可以看作问题解决的过程；将学习者的需求转化为内容和活动；教师在不断反思中修正教学，因此同样也都是教师不断学习的过程。值得注意的是，当前我们在学习科学的指导下，更重视科学性的设计，而非“经验主导”的设计，教师根据经验主导设计是“前科学阶段”，但是，教学设计同设计科学一样，是艺术与科学的结合，是理性思维和直觉思维兼备的结果。因此，教学设计不应该止步于“科学时代”，以唯理性和自上而下、限制教师创造性的ADDIE模型[二]，应该进入“后科学时代”——将教学设计定位为理性和创造性、科学和艺术的融合，这样才更适应复杂的学习和教学活动，更适应具有社会性和境脉依存性特征的认知[三]，这一阶段，教师可以形成艺术化的教学，把教育教学理论内化为教师自己的教学理念[四]。

设计科学中的设计定律、设计模型等均可以给教学设计带来启发。中国工程院院士谢友柏提出的设计科学四大定律[五]是国内设计科学最有影响力的理论之一，每个定律对教学设计的不同方面都有指导意义。

定律1：设计以已有知识为基础定律。任何设计问题的解决方案或者答案都是由已有知识构成的，个人或团队的已有知识库是创意的知识基础。想一想，教师在自己备课或集体备课的时候，进行的活动设计都是基于已有的经验，或设计为自己开展过/学过的活动形式，或设计为备课组其他老师介绍的活动。所以，丰富教师在教学设计方面的已有知识库也是教学设计创新的基础。

定律2：设计知识不完整性定律。设计的目标对象以及起初的需求总是不完整和不明确的，总是会有未知的存在，无法做到完全明确所有。想想，教师在做教学设计时，是无法完全明确地知道学生所有需求的，只能根据经验或者根据课前测评获得学生对知

㊀ ROWLAND G. Designing and instructional design [J]. Educational Technology Research and Development，1993，41（1）：79-91.

㊁ 刘新阳. 教师教学设计能力研究：理论、方法与案例 [M]. 北京：中国社会科学出版社，2021：30.

㊂ 刘新阳. 教师教学设计能力研究：理论、方法与案例 [M]. 北京：中国社会科学出版社，2021：21.

㊃ 周彬. 教学境界：从“前科学化”到“艺术化” [J]. 人民教育，2006（11）：24-25.

㊄ 谢友柏. 设计科学与设计竞争力 [M]. 北京：科学出版社，2018：35-44.

识的需求，并且教师设计的游戏活动能否在课堂上像想象中一样完美开展，也是不确定的，毕竟，教师不能拒绝课堂上学生的知识生成。因而，与产品设计一样，教师要牢记在自己的教学设计中总有未知的存在，在每一轮教学设计中努力将这些未知转化为已知，如学生可能会问的问题、学生可能会出现的混乱情况等。

定律3：设计以新知识获取为中心定律。每一轮执行的每一个设计方案，都可以获得评价，而这种评价和评价的理由就是新知识，因此设计始终伴随着新知识的获取。想一想，教师的教学设计何尝不是如此呢？但是我们往往会淡化教学设计评价的价值。听评课是教师同伴合作实践的重要活动之一㊀。听评课的专业评价信息，其真正价值就在于改进教学设计，提升教师自身教学能力，促进下一轮更好地做教学设计。

定律4：设计知识竞争性定律。在设计时，方案构想中存在“竞争”——哪一个方案更好，哪一个方案被选中，如果选中A方案，那么A方案就在竞争中获胜。在教学设计中，同样面临这样的竞争性选择情境，对同一个知识点，如“浮力概念的建立”，是采用让学生自己操作观察的方式，还是采用教师演示引导全班同学观察的方式？课堂活动的设计涉及无数的方案选择，采用设计科学的竞争性定律，就可以利用已有知识集，进行自我提问，综合考虑比较不同方案的优劣。比如，在让学生学习地球板块运动时，可以提问自己：是用文字更好，还是用动画效果更好？是老师讲更好，还是学生解释更好？当然，在选择教学策略时，教师还要考虑对学生的适用性。

4）系统科学。教学设计自诞生起就一直坚持将系统观点作为自身研究的主要思维方法，新一代教学设计创新的主要思维方法就是应用全局性、联系性、动态性、开放性、不确定性、复杂性的系统思维㊁。在认识到教学设计与系统科学的关系之后，我们需要先清楚什么是系统科学。系统是由许多相互关联、相互制约的部分所组成的整体，系统科学则研究一切系统的模式、原理和规律㊂。系统科学的基本内容已由原来的“老三论”（即系统论、信息论、控制论）发展为“新三论”（即耗散结构理论、协同学、超循环理论），新三论包含了老三论的方法特征（整体性、动态性、层次性、最优化），并且增加了新特征（开放性、非线性、协同性、涨落性）。何克抗教授从系统科学的整体性、非线性、协同性、涨落性和开放性5个方面对其在教学设计中的应用进行了说明㊃，见表2-2。

㊀ 崔允漷. 论课堂观察LICC范式：一种专业的听评课 [J]. 教育研究，2012，33（5）：79-83.

㊁ 坦尼森. 教学设计的国际观第1册：理论・研究・模型 [M]. 任友群，裴新宁，译. 北京：教育科学出版社，2005：14.

㊂ 查有梁. 系统科学与教育 [M]. 北京：人民教育出版社，1993：184.

㊃ 何克抗. 运用“新三论”的系统方法促进教学设计理论与应用的深入发展 [J]. 中国电化教育，2010（1）：7-18.

表2-2　系统科学的特征及其在教学设计中的应用

系统科学的特征	内涵	在教学设计中的应用
整体性	整体大于各部分之和，各部分之间相互联系、相互作用，构成新的整体	教学设计中要给学生提供来自生活的真实任务，这一任务要是完整的，用整体性的目标代替三维目标或布鲁姆分类目标
非线性	系统内部各组成要素相互关联，形成非线性关系	通过教师主导–学生主体的设计体现师生之间的非线性关系；通过超链接方式组织数字化教学内容，体现教学内容与教学媒体的非线性关系
协同性	原先无序的系统和子系统在支配原理（一方改变或吸纳另一方）作用下，向协调一致的有序状态发展	协作学习、基于计算机或者网络支持的协作学习设计中，小组成员进行知识的碰撞，最终形成对一个概念或原理的共识
涨落性	由于内部或外部原因，系统的状态总会出现起伏涨落，通过非线性系统的协同作用，让系统稳定、有序	教学中的认知冲突就相当于系统中的涨落，可以通过提出有启发性的问题、联系先前错误概念，诱发认知冲突
开放性	系统与外部环境不断进行物质、能量和信息的交换	教学设计中充分发挥网络价值，让教师和学生都可以随时随地获取并创造各种资源和信息

毫无疑问，教学本身作为一个系统，包含了许多子系统，如教学目标子系统、教学内容子系统，以及构成子系统的要素，如构成教学目标子系统的知识与技能目标。教学设计的对象就是教学系统。正如表2-2所列举的，教学设计可以从整体性、非线性、协同性、涨落性、开放性这些特征考虑，将教学作为一个具有开放性、动态性发展的系统，而非静态、封闭的输入—输出结构。国际系统研究所所长巴纳锡（Banathy）教授自20世纪60年代以来，一直倡导将系统科学与教育整合，并且认为当前最新一代的设计应该是“置身其中的设计”（designing within）[一]，即系统由其中的人共同设计，也就是设计者、决策者、使用者协同设计。那么，在教学中，同样也可以鼓励教师与学生共同设计教学活动，要知道，让学生参与创造课程是一种新型的“以学生为中心”的教学理念[二]。对于如何围绕学习者进行教学系统设计，巴纳锡提出了以下原则[三]：系统的功能在于为学习者设计出能够掌握学习任务的条件和资源；需要把大量学习资源库和知识的境脉用于学习，将这些资源和境脉开发成可用于学习者交流和学习的中介。可见，无论系统如何复杂，教学系统设计的初衷和目的依旧是促进学习者的学习。

[一] 坦尼森. 教学设计的国际观第1册：理论·研究·模型 [M]. 任友群，裴新宁，译. 北京：教育科学出版社，2005：16.

[二] 张宝辉，胡立如，李鹏飞，等. “学生作为课程共同创造者”理念的应用实践：基于“教育技术学研究方法”研究生双语课程的设计研究 [J]. 开放教育研究，2017，23（6）：36-48.

[三] 裴新宁. 面向学习者的教学设计 [M]. 北京：教育科学出版社，2005：168.

3. 基本成分

通过遴选出20个教学设计模型，析出各模型的基本成分，采用家庭相似分析法（Family Resemblance Approach）[㊀]的思想，寻找共通要素，并对这些共通要素进行“模式”识别和类别划分，进而获取教学设计的基本成分（见表2-3）。所谓家庭相似分析法，就是寻找家庭成员在某些方面的相似性。

表2-3　教学设计模式的基本成分

编号	教学设计模式	基本成分
1	迪克-凯瑞模型[㊁]	评定教学目标；教学分析；学习者和情境分析；编写表现目标；开发评价工具；开发教学策略；开发和选择教学材料；开发和构建形成性教学评价，开发构建总结性评价；修改教学
2	史密斯-雷根模型[㊂]	分析学习情境、学习者和学习任务；编写测验题目；确定组织策略、传输策略、管理策略；书写和产出教学；实施形成性评价；修改教学
3	皮连生广义知识教学过程模型[㊃]	引起学生注意与告知教学目标；提示叙述回忆原有知识；呈现精心组织的新知识；阐明新旧知识的联系，促进理解；为复习与记忆提供方法指导；提供陈述性知识的提取线索，检查保持
4	学教并重教学系统设计模型[㊄]	分析教学目标（确定教学内容、教学顺序或学习主题）；分析学习者特征（确定学习者基础知识、认知能力和认知结构）；确定教学起点；发现式教学分支：情境创设、信息资源提供、自主学习策略设计、协作学习环境设计、学习效果评价、强化练习设计；传递—接受教学分支：确定先行组织者、选择与设计教学媒体、设计教学内容的组织策略、形成性评价；促进知识迁移；采用其他补充的教学策略；修改教学
5	以脑为导向的教学模式[㊅]	为学习营造情绪氛围；为学习打造良好的物理环境；设计学习体验；教授使掌握内容、技能和概念；教授知识的扩展和应用；评估学习
6	学习的通用设计[㊆]	提供多种表征方式，是指在“教什么”和“学什么”的呈现上提供多种灵活的表征方式；提供多种行动和表达方式，为“如何学习”和“如何表达我们所知”提供选择；提供多种参与方式，为“为什么学习”提供灵活的选择，激发学生的参与兴趣
7	面向课程与教学的整合性主题教学[㊇]	去除威胁（去除让学生感觉到恐惧或焦虑的做法）；有意义的内容（选择的教学内容能够具有实际意义）；选择（为学生提供多种选择）；充足的时间（充足的时间让学生对概念、信息、技能进行理解、建构）；丰富的环境（提供具有丰富资源、丰富学习刺激的环境）；协作（协作学习环境）；即时反馈（反馈指导，修正学习）；掌握/应用（促进学生在真实生活情境中应用）

㊀ IRZIK G，NOLA R. A Family resemblance approach to the nature of science for science education [J]. Science & Education，2011，20（7-8）：591-607.

㊁ 盛群力. 教学设计的基本模式及其特点 [J]. 广州大学学报（社会科学版），2006（7）：32-37.

㊂ 史密斯，雷根. 教学设计：第3版 [M]. 庞维国，译. 上海：华东师范大学出版社，2008：14.

㊃ 皮连生. 教学设计 [M]. 2版. 北京：高等教育出版社，2009：51.

㊄ 何克抗，林君芬，张文兰. 教学系统设计 [M]. 2版. 北京：高等教育出版社，2016：40.

㊅ 哈迪曼. 脑科学与课堂：以脑为导向的教学模式 [M]. 杨志，王培培，译. 上海：华东师范大学出版社，2017：28-30.

㊆ 霍尔，等. 学习的通用设计：课堂应用 [M]. 裴新宁，陈舒，译. 上海：华东师范大学出版社，2018：1.

㊇ 科瓦里克，麦吉翰. 整合性主题教学 [M]//赖格卢斯. 教学设计的理论与模型：教学理论的新范式 第2卷. 裴新宁，郑太年，赵健，译. 北京：教育科学出版社，2011：461.

（续）

编号	教学设计模式	基本成分
8	知识建构中的SOI模型㊀	选择（选择相关教学信息，以便教师进行进一步加工）；组织（教师帮助学生将接收到的图像和声音进行组织）；整合（学生利用已有知识与新组织的知识建立联系）
9	四元教学设计模型㊁㊂	学习任务（基于现实生活任务的真实完整任务）；专项任务练习（提供一定的练习题目，帮助学生将学习任务达到熟练和自动化的程度）；支持性信息（对完成学习任务有帮助的信息，如教学策略、任务的反馈性信息）；即时信息（掌握学习任务所需要的前提信息，包括操作规则的说明、计划、原理等）
10	追求理解的教学设计㊃	确定预期结果（预期学生应该理解什么，需要思考哪些基本问题，学生将会获得哪些知识技能）；确定合适的证据（什么能够证明学生理解了所学知识，什么任务可以评估学生的理解）；设计学习体验（W：将要达到什么目的；H：把握学生情况；E：探究和装备；R：反思和修改；E：展示和评价；T：根据学生需求、兴趣和风格量体裁衣；O：组织教学发挥最大的参与性和有效性）
11	直接教学模式㊄	复习已学旧知识；陈述课时目标；呈现新课内容；提供指导性练习，评估学业，提供纠正性反馈；安排独立练习，评估学业表现，提供矫正性反馈；定期复习，必要时提供矫正性反馈
12	概念获得模式㊅	选择和定义一个概念；生成正例和反例；让学生复习概念获得的过程；介绍这个概念的正反面描述；生成并完善假设；建构概念名称和定义；提供实例检验；班级一起对这个过程进行讨论和反思
13	聚焦教学任务分析的教学设计模型PLANA㊆	精确的学科内容（用于规划教学课程的完整、高质量材料，用于规划教学课程的可供改进的材料）；教学任务；界定表现标准；精确界定的教学目标；确定教与学的任务；确定评价的任务
14	建构主义学习环境设计模型㊇	提问/实例/问题/项目；相关实例；信息资源；认知（知识建构）工具；对话与协作工具；社会的/境脉的支持

㊀ 梅耶. 为建构性学习设计教学 [M]//赖格卢斯. 教学设计的理论与模型：教学理论的新范式 第2卷. 裴新宁，郑太年，赵健，译. 北京：教育科学出版社，2011：184.

㊁ 冯锐，李晓华. 教学设计新发展：面向复杂学习的整体性教学设计——荷兰开放大学Jeroen J.G. van Merrienboer教授访谈 [J]. 中国电化教育，2009（2）：1-4.

㊂ 范梅里恩伯尔，基尔希纳. 综合学习设计 [M]. 2版. 盛群力，译. 福州：福建教育出版社，2015：12.

㊃ 威金斯，麦克泰格. 追求理解的教学设计：第2版 [M]. 闫寒冰，宋雪莲，赖平，译. 上海：华东师范大学出版社，2016：34.

㊄ 埃斯蒂斯，明茨. 十大教学模式：第7版 [M]. 盛群力，徐海英，冯建超，译. 上海：华东师范大学出版社，2019：72.

㊅ 埃斯蒂斯，明茨. 十大教学模式：第7版 [M]. 盛群力，徐海英，冯建超，译. 上海：华东师范大学出版社，2019：99.

㊆ 坦尼森. 教学设计的国际观第1册：理论・研究・模型 [M]. 任友群，裴新宁，译. 北京：教育科学出版社，2005：449.

㊇ 坦尼森. 教学设计的国际观第1册：理论・研究・模型 [M]. 任友群，裴新宁，译. 北京：教育科学出版社，2005：270-281.

（续）

编号	教学设计模式	基本成分
15	协作问题解决㊀	教师和学生对参与协作小组工作进行准备；形成和规范小组；初步界定问题；定义和安排角色；参与循环的协作问题解决过程；把解决方案或项目最终定案；综合和反思；评价产品和方法
16	ADDIE模型	分析（确定教学目标、分析目标受众、确定所需要的资源）、设计（制定任务、生成测试策略）、开发（选择或开发媒体）、实施、评估（确定评估标准、开发评估工具、实施评价）、修订
17	合作学习模式㊁	制定明确的教学目标；考虑和计划小组的规模和组成；明确合作活动；解释任务；合作时，对各小组进行监控并提供反馈；请各小组进行总结；评估
18	探究教学模式㊂	选择问题与实施研究；介绍过程与呈现问题；收集数据；提出假设并予以检验；解释假设并说明相关规则；分析过程；做出评估
19	肯普模型㊃	选择课题和任务；分析学习者特征；分析学科内容；阐明教学目标；实施教学活动；利用教学资源；提供辅导性服务；进行教学评价；预测学生的准备情况；总结性评价；形成性评价；修改
20	Assure教学设计模式㊄	分析学习者（一般能力、初始能力、学习风格）；陈述教学目标；选择教学方法、教学媒体与资源；运用媒体与资源；鼓励学习者参与到学习活动中；评估和修订

观察以上20种教学设计模型的主要成分，可以有如下发现。

1）确定教学目标在多项教学设计中都作为重要步骤，如编号为1、3、4、11、17、19、20的模型，并在模型10“追求理解的教学设计”和模型11“直接教学模式”中，作为预期结果和课时目标被提出。可见，教学目标可以作为教学设计模式的必选成分。

2）学习者分析在模型1、2、4、16、19、20中被明确提出。在模型10“追求理解的教学设计”中，首先需要预期学习者应该理解什么，如果不了解学习者特征，何以确定适当难度的预期目标呢？另外，该模型还提到设计学习体验时需要把握学生的情况，继而吸引学生注意力。其他模型虽然没有明确提出，但是都将学习者分析作为前提条件，比如模型7“面向课程与教学的整合性主题教学”，要为学生提供多种选择，就需要了解学生需要哪些选择。因此，学习者分析可以作为教学设计模型的前提性成分。

3）课前准备在多个模型中均有体现。比如模型5“以脑为导向的教学模式”中，为学习营造情绪氛围、打造良好的物理环境，是课前关于环境空间的准备；模型7“面向课程与教学的整合性主题教学”中，去除让学生感到恐惧或焦虑的做法是促进学生更好地投入课堂学习的准备，在提供给学生有意义的内容和多种选择之前，需要对内容和选择

㊀ 坦尼森. 教学设计的国际观第1册：理论・研究・模型 [M]. 任友群，裴新宁，译. 北京：教育科学出版社，2005：270-281.

㊁ 埃斯蒂斯，明茨. 十大教学模式：第7版 [M]. 盛群力，徐海英，冯建超，译. 上海：华东师范大学出版社，2019：229.

㊂ 埃斯蒂斯，明茨. 十大教学模式：第7版 [M]. 盛群力，徐海英，冯建超，译，上海：华东师范大学出版社，2019：260.

㊃ 何克抗，林君芬，张文兰. 教学系统设计 [M]. 2版. 北京：高等教育出版社，2016：29.

㊄ 张有录. 媒体教学论 [M]. 北京：国防工业出版社，2008：303.

做好课前准备；模型9“四元教学设计模型”中需要为学生提供学习任务、专项任务练习、支持性信息和即时信息，在此之前，对任务的准备、信息的准备同属于课前准备环节。在模型15“协作问题解决”中，也需要首先对参与协作小组工作进行准备。因此，课前准备可以作为教学设计模型的准备性成分。

4）课前导入则基本上可以作为每节课的开端，在多项模型中可以找到明确的内容。模型3“皮连生广义知识教学过程模型”，基于加涅提出的九阶段教学事件，认为开始就应该引起学生注意，回忆原有知识，这隶属于课前导入环节的内容；模型11的“直接教学模式”，第一步便是复习已学旧知识。对于常态化的课堂教学而言，课前导入对于让学生注意力回归课堂、建立新旧知识经验的联系具有巨大意义。因此，课前导入可以作为教学设计模式的基础成分。

5）对不同类型知识的促进环节在多项新型教学设计模式中均有表现。模型8“知识建构中的SOI模型”中提出，对学生接收到的图像、声音等教学信息进行组织和整合；模型10“追求理解的教学设计”则适合于促进理解层次认知的教学；模型12“概念获得模式”适合于概念类知识的学习；模型15“协作问题解决”适合在复杂问题解决过程中综合多种类型知识的学习。可见，对不同类型的知识适合用不同的促进方式，因此，促进不同类型知识的学习，是教学设计模式的核心成分。

6）课堂活动基本可以涵盖每个模型中正式教学相关的步骤。比如模型4“学教并重教学系统设计模型”中的自主学习策略设计、协作学习环境设计；模型5“以脑为导向的教学模式”中的学习体验设计，以及促进学生掌握内容、技能和概念；模型11“直接教学模式”中，提供指导性练习、安排独立练习，提供给学生矫正性反馈；模型15、17、18均可作为主要课堂活动在课上开展。在模型16“ADDIE模型”中的实施环节，恰恰就包含了课堂活动的实施。因此，不同类型的课堂活动设计，可以作为教学设计模式的重要成分。

7）练习和迁移在我国学者皮连生和何克抗的教学设计模式（模型3、4）中均有体现，模型11“直接教学模式”中也明确提出安排指导性练习、独立练习和定期复习。模型7“面向课程与教学的整合性主题教学”提出了掌握/应用的环节，要促进在真实情境中的应用，这实际上就是练习和迁移。另外，为了适应我国课堂教学中对于学业成绩的重视，在教学设计模型中，练习和迁移理当作为环节之一。

8）评价和修改教学几乎是每一个教学设计模式最后一个不可或缺的组成成分。模型1、2、4、5、10、11、13、15、16、17、18、19、20均有明确指出这一成分。这些模式对于评价和修改教学的强调恰恰反映了现代课程理论之父泰勒所说的“课程设计有一个重新设计、重新编制和重新评价的过程；在这种连续环（continuing cycle）中，课程与教学计划就能年复一年地得到改进。只有用这种方式，我们才能期望有一个逐渐的、更加有效的教育计划”。[㊀]因此，评价和修改教学是教学设计模式的必备成分。

㊀ 泰勒. 课程与教学的基本原理 [M]. 施良方，译. 北京：人民教育出版社，1994：90.

4. 结构形态 / 程序

教学设计过程的结构形态有各种样式可供选择，每种形态各具优缺点。直线型（如“史密斯-雷根模型”）虽然流程清楚，一目了然，但往往不能反映真实教学设计实践的复杂程度㊀。嵌套和并行的模型（如“四元教学设计模型”）可以表现出设计过程中某些步骤可能同时开展等特性。而快速原型设计模型（如螺旋式模型）可以表明教学设计过程的递归和高度迭代特性。因此，基于学习科学的教学设计模式，将吸纳多种形态的优点，综合直线、嵌套、螺旋迭代要素。

5. 目标和用途

基于学习科学的教学设计模式目标包括以下几个方面：

1）从实践的角度，将学习科学关于教与学的科学原理、科学教学策略、科学教学流程以模式的形式呈现给教师，供教师在教学中应用。

2）从研究的角度，构建学习科学研究与课堂实践的桥梁，使研究成果成为可接受、可理解、可操作、实用性强的教学指南，在教学中验证研究的有效性。

基于学习科学的教学设计模式用途主要涉及以下几个方面：

1）在常态教学中，改善仅仅依据常识和过往经验的教学，让科学的学习原理和策略应用于教学环节中。

2）在创新教学中，将科学的学习原理和策略与创新教学方式相整合。

3）对教师而言，帮助教师按照教学设计的成分，逐步掌握每个成分包含的学习科学的相关原理和策略，更好地解释学习现象，更好地促进学习发生，就像掌握每道菜、每种调料的特点，继而设计制作出丰盛的“大餐”。

6. 师生角色

在基于学习科学的教学设计模式中，教师是主要设计者、内容组织者、活动引导者和促进者、评价反馈者，学生是知识建构者、活动主体、知识生产者、认知学徒和设计参与者。

教师作为主要设计者，其任务包括对课程教学全过程的设计，从目标制订到结果评价。教师需要对提供给学生的内容资源进行设计组织。课堂中需要体验的情境和活动中，教师是引导者和促进者的角色，并且在整个活动后给予学生反馈和评价，对教学给予反思、评价、反馈和修改。这样学习的主导权就回归到了学生自己身上，学生自己可以决定需要什么。

学生作为主要的知识建构者，在教学中主要进行自我知识的建构，同时是活动的主体，在活动中探究、研讨。此外，学生还充当知识的生产者，生成知识。学生作为认知学徒是指像学徒一样，通过观察模仿教师的思考过程和教师的解决问题过程学习。学生还可

㊀ 斯伯克特. 教育传播与技术研究手册：第4版 [M]. 任友群，译. 上海：华东师范大学出版社，2015：97.

作为设计的参与者，参与教学设计中的决策，参与内容的选择组织以及活动的设计。

玩一玩，测一测

玩一玩　画肖像游戏

游戏规则：将“学习科学”想象为一个人，为它画一张肖像，如图2-4所示，并在旁边标记出它的一些标签，包括基本属性（性别、年龄、地域）、社会属性（和谁一起，受教育程度、工作）和行为属性（做什么）。

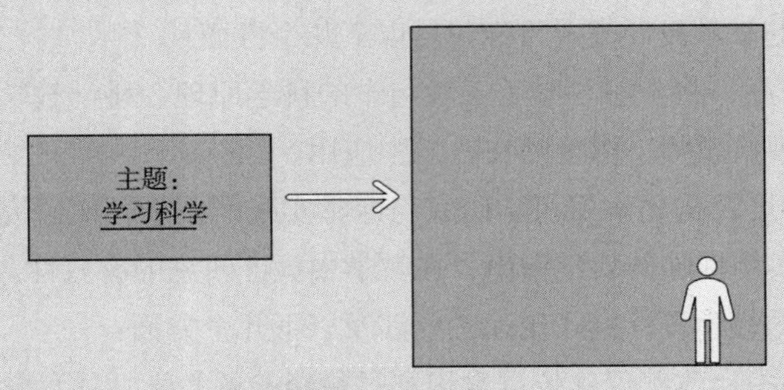

图2-4　画肖像

说明：画肖像游戏中的主题可以变更，换为所学的内容，如“细胞”“土壤”等。在画的过程中，实际上思考了该主题的内容，加深了对主题的理解。这也是用户研究中“用户画像”的方法，可以在理解的基础上发挥个人想象力和创意。

测一测

1. 为了准备一节公开课，孙老师准备了多种课堂活动设计方案，经过多轮磨课，对比分析择优选择了其中一个方案。这样的做法遵循了设计科学四大定律中的（　）。

A. 设计以已有知识为基础定律　　B. 设计知识不完整性定律

C. 设计以新知识获取为中心定律　　D. 设计知识竞争性定律

2. 构建教学设计模式的要素不包括（　）。

A.理论基础　B.结构形态/程序　C.目标和用途　D.教学策略　E.原型设计

2.2　基于学习科学的教学设计模式及策略概览

著名教育家叶圣陶说过“教学有法，教无定法，贵在得法”，就是说，教与学是有一定的规则和方法的，但是在教的时候没有固定的、僵化的方法，教学中要努力寻找最好的方法。本部分的教学设计模式便提供了“法门”，以丰富、更新教师的“技艺宝库”。

2.2.1　基于学习科学的教学设计模式

综合学习科学、认知神经科学、设计科学、系统科学四大学科领域的理论基础，参照学习者分析、教学目标确定、课前准备、课堂导入、促进学习、课堂活动、练习和迁移、评价和修改等丰富课堂的教学设计成分，最终形成下面基于学习科学的教学设计模式——CLAS教学设计模式，如图2-5所示。

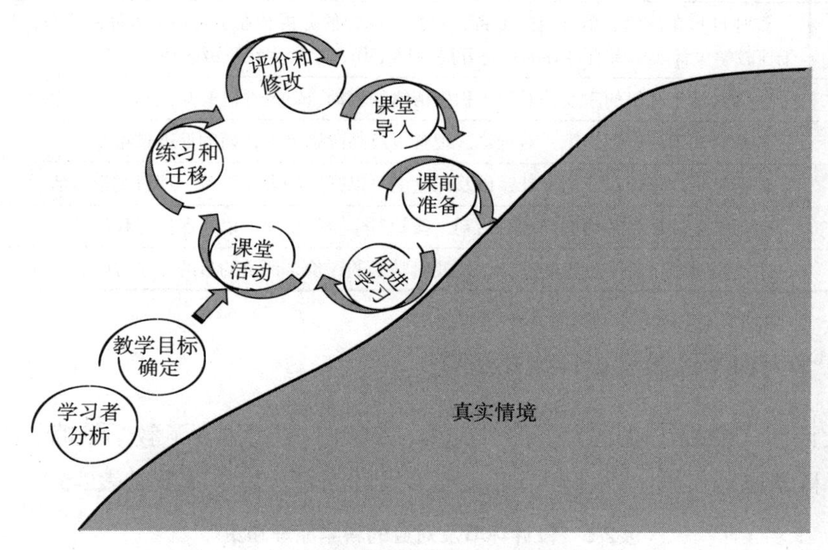

图2-5　CLAS教学设计模式（或称登山模型）

【说明】①CLAS中的C代表课堂（Class），即以课堂教学设计为靶向，L代表学习者分析，A代表教学目标，S代表学习科学、认知神经科学、系统科学、设计科学四大学科贯彻于整个教学设计中。②图2-5中每一个成分均用开放式螺旋形状，代表每个成分都是开放的子系统，可以随时与外界环境发生交互，可适应情境进行调整。从设计科学的角度，设计的过程就是教师不断学习的过程，也是教师在已有知识基础上不断创新进步的过程，教学设计可以通过迭代越来越精进；从系统科学的角度，教学设计的过程就是使整个系统大于部分子系统相加之和，子系统协同起来可以实现更大的跨越。③学习者分析与教学目标确定是相继先后的关系，在学习者分析之后，确定教学目标，或者确定了教学目标后，根据学习者分析的情况进行更改。课堂环节，包括了课前准备、促进学习、课堂活动、练习和迁移、评价和修改的设计，整个过程迭代循环，经过一轮设计后，在评价结果的基础上，分析来自学习者方面或者来自课堂设计方面的原因，修改设计后重新实施。④图2-5中的山峰代表了真实情境，包含两层含义。第一层含义是说，在应用学习科学开展教学设计过程中是需要付出认知努力、情感努力和行为努力的，因此是一个向上攀爬的过程；第二层含义是说，每一个教学设计成分无疑是动态地受真实情境调控的，以解决来自真实情境中的问题为宗旨。

表2-4呈现了该模式中的每一个成分的简要说明。

表2-4　CLAS教学设计模式

教学设计成分	简要说明
学习者分析	包括对学生的生理发展、认知发展、社会性发展、非认知能力、已有知识和经验等方面的特征分析，分析的目的在于选择适配的教学目标和后续课堂教学方案
教学目标确定	主要结合现有的学习目标分类体系和学科核心素养要求，设计教的目标和学生预期达成的目标
课前准备	教师自我在信念、信心上的准备，对教学内容的分析和在学习环境方面的准备。准备的目的在于让教学设计实施者有良好的状态开展后续工作，让学生在积极的环境中学习
课堂导入	包括对学生动机的激发，对学生积极情绪的调动，以及对已有知识和已有经验的激活
促进学习	包括对知识的合理组织，对记忆、理解以及高阶思维等方面的促进策略
课堂活动	包括教师与学生对话的设计，以及课堂上可以开展的合作学习、项目式学习活动
练习和迁移	包括学生开展各种类型的练习活动，教师对学生的反馈，以及保持迁移活动
评价和修改	主要是对整个教学过程的评价，以及对学生的评价，评价的目的在于修改和优化

2.2.2　基于学习科学的教学设计策略概览

教学设计模式的提出就是为了促进应用，因此，模式包含了教学策略，这些教学策略均由学习科学原理支撑。设计环节及主要涉及的问题、对应章节见表2-5。

表2-5　设计环节及对应的科学原理和策略

设计环节	主要涉及的问题	对应章节
学习者分析	学习者的生理发展、认知发展、社会性发展等有何特点 学习者是否具备了已有知识和已有经验	第3章
课前准备	教师自身是否有足够的自我信念 如何分析教学内容 如何准备学习环境 如何管理课堂	第4章
教学目标确定	教学目标包括哪些类型的知识 教学目标包括哪些认知水平 教学目标如何陈述得更科学	第5章
课堂导入	如何激发学生学习动机 如何激活学生已有知识 如何调动学生积极情绪	第6章
促进学习	如何进行知识组织 如何促进记忆与保持 如何促进理解与生成 如何培养高阶思维	第7章
课堂活动	如何进行课堂对话 如何开展合作学习活动 如何开展计算机支持的协作学习 如何开展项目学习活动 如何开展游戏化学习	第8章

（续）

设计环节	主要涉及的问题	对应章节
练习和迁移	如何进行提取练习 如何进行分散练习 如何提供练习反馈 如何促进学习迁移	第9章
评价和修改	什么是学习评价 评价的策略有哪些 如何设计学习评价工具，有哪些评价工具可以用	第10章

读者可按照CLAS教学设计模式的流程，按照章节的顺序依次阅读，也可以进入自己更需要了解的设计问题中，定位到目标章节。

2.2.3 基于学习科学的教学设计模板

教学设计模板为教师提供了实践蓝图和操作指南，见表2-6。

表2-6 基于学习科学的教学设计模板

<table>
<tr><td colspan="6">第一部分 基本信息</td></tr>
<tr><td>教师姓名</td><td colspan="2"></td><td>所在学校</td><td colspan="2"></td></tr>
<tr><td>学段及年级</td><td></td><td>学科</td><td></td><td>教材</td><td></td></tr>
<tr><td>课时数</td><td></td><td>课时名称</td><td colspan="3"></td></tr>
<tr><td colspan="6">第二部分 课前分析</td></tr>
<tr><td rowspan="3">学习者分析</td><td colspan="5">□ 是否做了生理状态分析
□ 是否做了认知发展分析
□ 是否做了社会发展分析</td></tr>
<tr><td colspan="5">分析过程（测评/调查/对话/咨询/查资料）：</td></tr>
<tr><td colspan="5">要点：</td></tr>
<tr><td rowspan="3">课前准备</td><td colspan="5">□ 是否有足够的自我信念
□ 是否完成了教学内容分析
□ 是否准备好了学习环境
□ 是否想好了怎样管理课堂</td></tr>
<tr><td colspan="5">教学内容分析结果（文字+绘图）：</td></tr>
<tr><td colspan="5">时间规划：</td></tr>
<tr><td>教学目标确定</td><td colspan="5">□ 是否设定了高阶思维发展目标
□ 是否考虑了核心素养发展目标
□ 是否使用了ABCD目标陈述模型
□ 是否遵循SMART原则</td></tr>
</table>

（续）

<table>
<tr><td>教学目标确定</td><td colspan="2">学习目标：
□ 目标1：
□ 目标1.1：
□ 目标2：
□ 目标2.1：
□ 目标2.2：</td></tr>
<tr><td>教学思路</td><td colspan="2">思维导图/流程图：</td></tr>
<tr><td colspan="3">第三部分　教学活动和内容设计</td></tr>
<tr><td rowspan="2">课堂导入</td><td>□ 是否激发了学习动机
□ 是否激活了已有知识
□ 是否调动了积极情绪</td><td rowspan="2">依据原理/策略：

来自学习科学、脑科学、学科教学著作/文章</td></tr>
<tr><td>活动设计：
导入语设计：
师：
生（预判）：</td></tr>
<tr><td rowspan="4">课堂活动</td><td colspan="2">□ 是否有促进知识组织的设计
□ 是否有促进记忆与保持的设计
□ 是否有促进理解和生成的设计
□ 是否有培养高阶思维能力的设计
□ 是否设计了关键课堂对话
□ 是否充分调动了身体参与
□ 学习方法：（合作/翻转/项目/游戏化）</td></tr>
<tr><td colspan="2">学习过程/学习任务：</td></tr>
<tr><td colspan="2">主要师生对话设计：
师：
生（预判）：
师：
生（预判）：
师：
生（预判）：</td></tr>
<tr><td colspan="2">课堂总结：</td></tr>
<tr><td>练习和迁移</td><td colspan="2">□ 是否设计了提取练习题
□ 是否已经准备好了给练习的反馈
□ 是否设计了迁移测试的题目</td></tr>
<tr><td></td><td colspan="2">练习设计：</td></tr>
<tr><td colspan="3">第四部分　教学评价设计</td></tr>
<tr><td>评价和修改</td><td colspan="2">□ 是否设计了评价工具
□ 评价方法是：____________（如练习题评价/反思日志/制作海报/表现性评价）</td></tr>
<tr><td></td><td colspan="2">评价设计（可制作评价量规）：</td></tr>
<tr><td>教学自评</td><td colspan="2">自我反思：
优化思路：</td></tr>
</table>

玩一玩，测一测

玩一玩 动态小人书

游戏规则：首先请同学A构思一个想要表演的故事。老师随机拿一本书，每翻一页，同学A就要换一个动作，比如老师翻第一页，学生做出鬼脸的动作，老师翻第二页，学生就要做出小鸟飞的动作，老师翻第三页，学生就要做出喝水的动作。请另一名同学猜测同学A想要表达的是什么故事。

说明：动态小人书实际上是训练人的解读能力、沟通能力，在用姿势传达含义时训练了学生的肢体表达和思维可视化，在口头猜测故事是什么时，训练了学生的口头表达。在教学设计中关键是要了解学生的起点知识、学习状态，据此因材施教，因此教师解读学生的能力也可以在观察学生的表现中得以提升。该游戏可以规定主题，比如表演成语、神话故事、科学家的故事等。

测一测

判断以下哪些行为符合CLAS教学设计的要求，符合的画√，不符合的打×。

（1）赵老师为了准备一节课，事先对本班学生关于这节课的知识进行了测评，了解他们的薄弱点。（ ）

（2）钱老师设计了一个和真实生活完全不相关的故事情节，准备贯穿于整节课使用。（ ）

（3）孙老师的课堂上从来不会让学生做测试和练习，他认为学会了自然就会做题了，不用训练。（ ）

（4）李老师在上一节作文课后，对学生提交的作文进行了详细的点评，也请学生和同行对自己的课堂进行了点评。（ ）

2.3 本章结语

说到教学设计，每位教师都有丰富、宝贵的经验可以分享。本章首先回顾了教学系统设计的定义。我们意识到：首先，有效的教学设计无疑是能够促进学习的，其次，教学设计是一个“设计”的过程，是一项计划、规划、创造性解决问题的活动。结合20项已有教学设计模式的成分分析，本章提出的基于学习科学的教学设计模式具有登山的形态，这意味着教师和学生的“成长”和“进步”。并且每一个环节的形状都类似“风滚草”，期望可以适应各种真实情境，随着各种真实情境而调整，随着各种科学教学策略的融入而拥有向前滚动、不断迭代的力量。也就是说，该模式被用于各个学科的教学实践中时，可以调整其步骤、形态。

第3章

学习者特征分析

【本章导入】

第2章我们学习了基于学习科学的教学设计模式，本章是我们开始教学设计的第一步——进行学习者特征的分析。不同于以往的学情分析，学生不只是带着先前知识进入课堂，而且是带着生活经验、个性、认知水平等个性化特征走进课堂的。因此，我们将全面系统地了解人的“生理”“认知”和“社会”发展。你将感叹于学生的睡眠情况对学生的影响，“啊哈”于学生的先前迷思概念，你也可以掌握如何运用多元智能分析学生特点，认识到学生的自尊、自我概念等的重要性。相信通过本章的学习，你会成为一个能读懂学生的好教师，也可以更有自信地迈向教学设计的下一步。

医生要做病情分析，设计师要做用户分析，商家要做消费者分析，同样，教育教学中教师要做学习者特征分析。学习者是学习活动的主体，学习者的智力和非智力水平、认知发展特征、个体差异等都会影响教学起点设定、教学活动组织和教学效果，因此，对学习者的特征分析是教学设计中必不可少的一环。提到学习者特征分析，除了皮亚杰的认知发展阶段理论外，我们还可以从哪些方面开展分析呢？

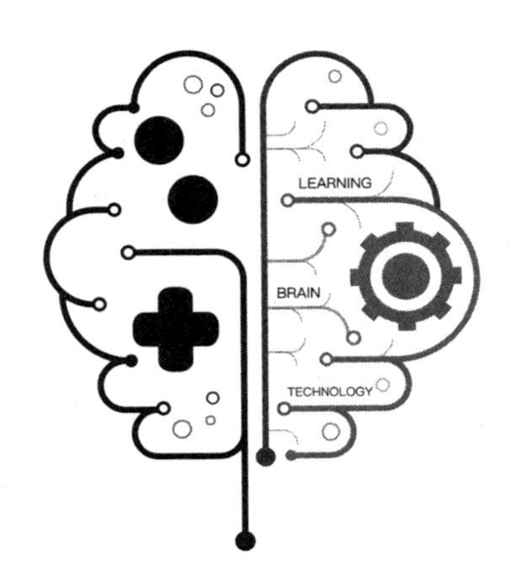

【内容导图】

本章内容导图如图3-1所示。

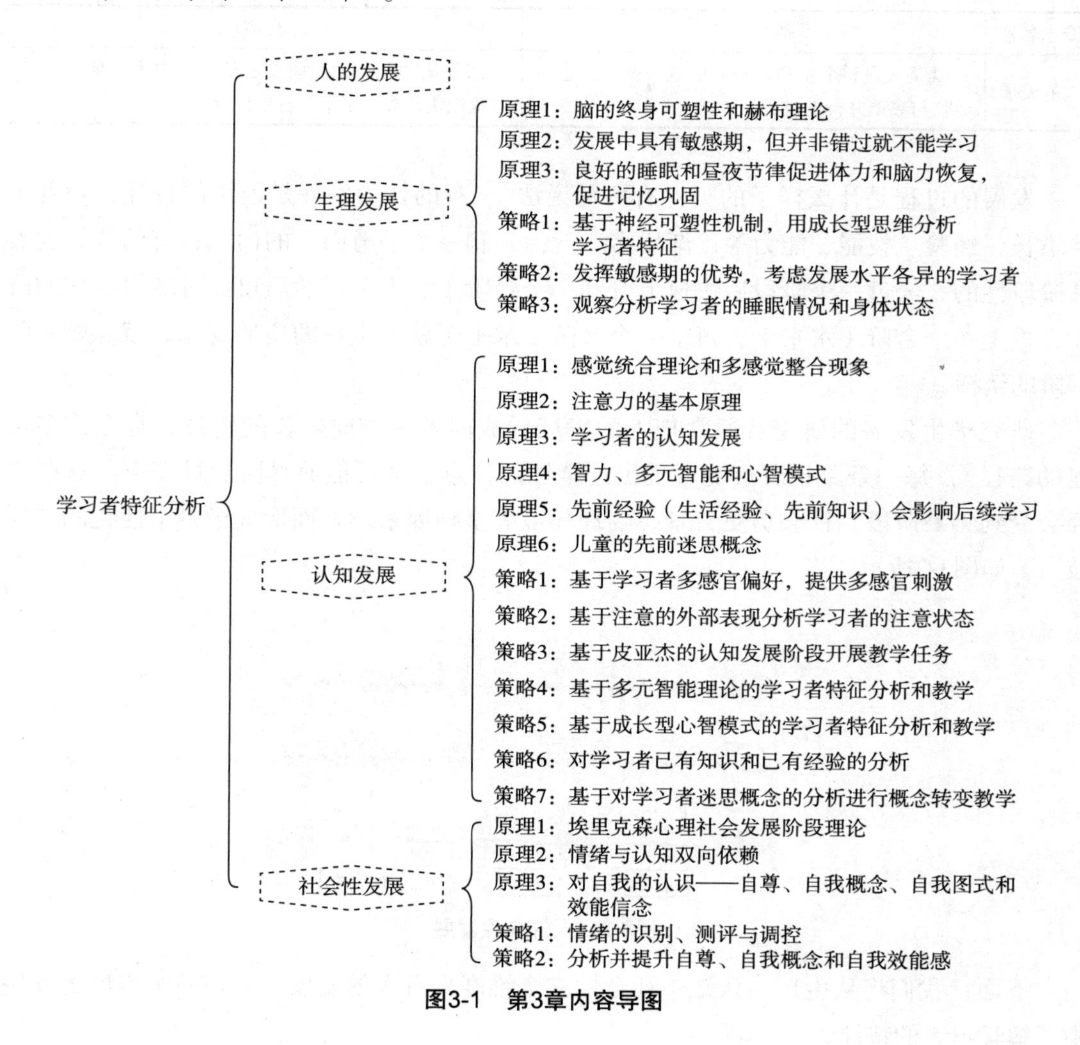

图3-1　第3章内容导图

3.1　人的发展

“什么东西早晨用四条腿走路，中午用两条腿走路，晚上用三条腿走路？”斯芬克斯谜语的答案就是“人”。正如谜语所表述的，人的发展经过多个阶段，每个阶段有各自的特征。你正在经历、见证生命的诞生和发展。

从婴儿到青少年，从青年到老年，人始终处于有序的发展过程中，宛如蜿蜒的长河，时而平静流淌，时而激起奔腾波涛。人脑作为人的中央处理器，其发展贯穿于人的整个生命过程，遵循着一条人类大体一致的轨迹，但也会由于每个学习者独特的环境和经验而富于个性化[1]。人的发展的基本含义和实例见表3-1。

表3-1 人的发展的基本含义和实例

概念名称	基本含义	实例
人的发展	既是人在整个生命期身心的成长变化，也是成长与衰退并行的过程	乐乐从幼儿园的小朋友成长为高中生，他努力学习数理化，放弃了学习音乐技能

发展的过程是什么样子的呢？有两种说法[2]：有的认为发展是连续的过程，随着年龄增长，经验、技能、能力等逐渐增多，就像攀爬一个平滑向上的山坡；有的认为发展是阶段性的，经过一个阶段后快速上升到一个台阶（水平），然后再经过缓慢变化的阶段，再上一个台阶（水平），每上一个台阶（水平）就产生新的质的变化，就像爬一阶一阶的楼梯。

研究毕生发展的研究者通常把人的发展看成向各个方向生长的树枝，存在许多可能的路径[3]，每一条路径既可能表现出连续性的特点，又可能兼具阶段性特点。这些路径会受到年龄阶段、社会历史背景、物理环境等多种因素影响而形成极具个性化的“树枝”，如图3-2所示。

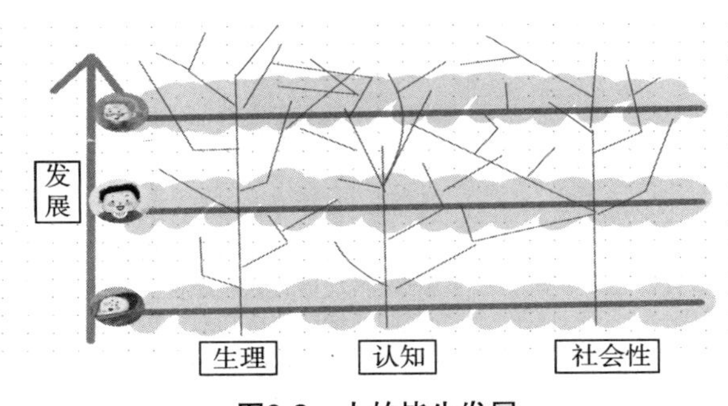

图3-2 人的毕生发展

下面，我们将从生理、认知、社会性三个维度来看人的发展，并在三个维度的发展中了解学习者的特征。

3.2 生理发展

看着身边的孩子越长越高，从牙牙学语到能言善辩，从蹒跚学步到步履如飞。看着一年级的“小豆包”长大成为彬彬有礼的大学生，看着一个个稚嫩的脸庞变得成熟，我

[1] 马雷特. 人是如何学习的Ⅱ：学习者、境脉与文化 [M]. 裴新宁，王美，郑太年，译. 上海：华东师范大学出版社，2021：4.

[2] 伯克. 伯克毕生发展心理学：从0岁到青少年　第4版[M]. 陈会昌，译. 北京：中国人民大学出版社，2014：6.

[3] 伯克. 伯克毕生发展心理学：从0岁到青少年　第4版[M]. 陈会昌，译. 北京：中国人民大学出版社，2014：12.

们不禁感叹时间过得真快。这些实际上都是人的生理发展的体现。

作为生命体的人是遗传和环境混合作用的产物，发展大致经过了婴儿期（0~2岁）、幼儿期（2~6岁）、小学期（6~12岁）、青少年期（12~18岁）、成年早期（18~40岁）、中年期（40~65岁）、老年期（65岁以后）。

首先，我们来看胎儿时期的发展特征。生命伊始，3周半时，神经元开始以每分钟超过25万个的速度生长；第4周，就开始发育出五官、心脏和大脑；第7周，眼睛、鼻子和内脏器官进一步分化；第11周，也就是第3个月，生命迅速生长，脑和肌肉联系得更好，能踢腿、张合手和嘴巴；到第6个月，胎儿器官发育完善，脑部产生了大量神经元，能感觉到视觉和声音刺激；到第9个月，大脑皮层不断增厚，神经组织逐渐完善，觉醒时间越来越长，胎动水平在此时预示人格的倾向，较高的胎动水平预示着出生后更活跃，甚至能更好地应对挫折，胎教音乐可使胎动时间延长。值得注意的是，在怀孕期间，要保证母亲营养充足，母亲焦躁忧虑、情绪极度变化可能会使胎儿身心健康受到牵连。第10个月，呱呱坠地后，一个小生命就开始了它精彩的人生之旅。胎儿时期，脑的最主要特征就是新的神经元、突触和有髓神经纤维，以惊人的速度迅速形成[一]。

从婴儿期到老年期，随着大脑的终身发展和身体机能的变化，不同发展阶段具备不同的发展特征（见表3-2）。

表3-2　不同发展阶段的发展特征[二][三][四]

发展阶段	发展特征
婴儿期（0~2岁）	大脑和身体发育很快，神经纤维[五]和突触[六]以惊人的速度增长，受到周围刺激的神经元[七]会形成突触，建立更精细复杂的交流系统，而很少接受刺激的神经元会丧失突触，产生突触修剪（synaptic pruning）。脑皮层的听觉、视觉和语言区域突触形成速度尤其快。负责神经纤维髓鞘化（myelination，在神经纤维外面形成一层提高信息传递的脂肪鞘）的神经胶质细胞大量增加，使得婴儿期的大脑体积变大，脑重量约达到成人脑重量的75%。2岁时，脑及各部分的相对大小和比例基本类似成人的脑，白质已基本髓鞘化，与灰质明显分开。14~16个月时，幼儿开始理解数的顺序，比如4个比1个多

㊀ 马雷特. 人是如何学习的Ⅱ：学习者、境脉与文化 [M]. 裴新宁，王美，郑太年，译. 上海：华东师范大学出版社，2021：4.

㊁ 伯克. 伯克毕生发展心理学：从0岁到青少年　第4版[M]. 陈会昌，译. 北京：中国人民大学出版社. 2014：8.

㊂ 科克，费希尔，道森. 人类行为、学习和脑发展：典型发展 [M]. 宋伟，梁丹丹，译. 北京：教育科学出版社，2013：58.

㊃ 林崇德. 发展心理学 [M]. 杭州：浙江教育出版社. 2002：160.

㊄ 神经纤维：神经元的延长部分，长短不一，从几μm（1 μm=1/1000 mm）到1 m左右。有的由髓鞘包裹，主要功能是传输神经冲动。

㊅ 突触（synapse）：两个神经元之间相互接触并传递信息的部位。突触修剪则是指轴突和树突的衰退和死亡。

㊆ 神经元（neurons）：一种神经细胞，其功效是接收和传递神经冲动。

（续）

发展阶段	发展特征
幼儿期（2~6岁）	2岁时，脑重量达到成人的75%。大概4岁时，大量神经元[㊀]突触快速生长，脑血流达到顶峰，需要大量能量。5岁时，脑重量约达到成人的90%，6岁时升至成人的95%。身体协调性、感知、注意、记忆、逻辑思维、想象能力、运动技能、语言飞速发展，出现道德感，同伴关系开始建立。小脑与大脑皮层联系的神经纤维髓鞘化的变化，促使了动作协调能力的迅速发展，使得儿童能够以协调的动作玩跳房子和投球游戏。负责保持警觉和意识的网状结构与大脑额叶相联系，在儿童期至青少年期一直进行着髓鞘化，这一变化促进了持续注意的发展。3岁时，幼儿大约能数到5；3岁半到4岁的儿童大多数懂得了10以内数的含义，并懂得了计数中最后一个数代表一个集合的量，即数到第5个苹果就知道苹果一共有5个。2~6岁儿童语言进步很快，从2岁的大约200个词汇到6岁时发展到10000个词汇，幼儿具有快速映射（fast mapping）的能力使其甚至只需一次接触，就能建立新词与其潜在意义的联系
小学期（6~12岁）	随着长时记忆中知识储备的增加，精细的知识结构网络逐渐形成。女孩脑容量在11.5岁达到顶点，额叶的灰质在11岁时达到顶点；男孩额叶的灰质在12.1岁达到顶点。女孩顶叶的灰质达到顶峰的时间大概是10.2岁，男孩则是11.8岁。体育运动能力、逻辑思维能力增强，基本的读写技能、自我理解、道德、友谊得到发展。精细动作能力越来越强，从低年级到高年级所写的字越来越清楚，控笔越来越熟练。在学习上能够运用复述、精细加工等记忆策略，在自我调节能力上也有所发展
青少年期（12~18岁）	通常分为3个阶段：12~14岁，迅速发育；14~16岁发育几乎完成；16~18岁，拥有成人体格。除了身体变化外，青少年的大脑发生重要变化外，神经突触持续修剪，使脑效率更高，额叶与其他脑区的联结增强，使得信息传递更快。男孩脑总容量在14.5岁时达到顶点。女孩的颞叶灰质在16.7岁时达到顶点，男孩的颞叶灰质在16.2岁达到顶点。神经元间联结大量减少，进行突触修剪，使脑效率更高。抑制控制、工作记忆、抽象推理、决策制订等每个方面均有所提高，判断力显著提高，情感控制不成熟，容易喜怒无常而出现冒险和鲁莽行为，思维趋于抽象和理想主义，学习成绩更加重要，关注个人价值观和目标的确立，父母与子女的情感疏远和冲突增加，以同伴为主的社会交往增加
成年早期（18~40岁）	认知、智力进入全盛时期，生理发展趋于稳定，体力和精力均处于鼎盛期，开始逐渐老化，后期加速。开始关注职业发展，职业能力得到发展，解决问题能力提高，创造力达到顶峰。形成亲密的伙伴关系，成年前期表现出适应这个阶段发展的职业能力
中年期（40~65岁）	直接与神经系统状态相联系、较少依赖于后天经验的智力因素，如机械记忆能力、快速反应和注意分配或高度集中注意能力等有下降趋势。依赖于教育和实践经验的智力因素，如词汇、推理能力、解决问题的策略等有上升趋势。处于事业高峰和领导地位，帮助孩子独立生活并赡养父母。一般到55岁左右，个体的角色、兴趣、活动与自己的身心状态取得良好的协调和平衡
老年期（65岁以后）	神经系统上，神经细胞较快死亡，生成新的神经元，减轻衰退程度，到90岁左右脑细胞数目只有中年、青年的70%左右。经常从事一定脑力劳动的老年人智力衰退缓慢。思维呈现自我中心化的特点，解决问题深思熟虑，但又缺乏信心。适应退休生活、体力和健康的渐衰，反思生活的意义，代际关系

㊀ 人的脑有120亿~140亿个神经元（神经细胞），用于传递和储存信息，大部分神经元之间相互联系，神经元之间通过突触（神经元之间的空隙）联结，这种联结通过释放神经递质（传递信息的化学物质）传递信息。所以，脑发育就是神经元发育形成交流系统的过程。

综上，每个发展阶段都各有发展特征，而这些发展特征会与其他因素交互作用影响学习和个人发展。在这些阶段中，从幼儿期一直到青少年期脑内神经元突触联结急剧增加，神经纤维髓鞘化[一][二]，呈现出旺盛生长的特点，但是同时，神经元和神经突触也会被修剪[三]，修剪的过程一直持续到青春期后，修剪的过程也遵循着“用进废退”的原则，即废除不必要或没有使用的突触及神经元，就像园丁修剪多余的树枝，让树木更好地生长一样。这也可以解释为什么我们不记得3岁之前的事情。从发展阶段的特征中，还可以看到，在婴幼儿和小学阶段大脑发展同身体发展变化显著，到了青少年期和成年早期，大脑的结构和功能还在发生变化，即使在中年期和老年期，大脑还会发展。也就是说，我们的大脑拥有发生无数变化的能力，这种变化持续终身。

3.2.1　从生理发展看学习者特征分析的原理

学生的生理发展会制约其认知发展，继而会影响学习，因此，从生理角度来把握学生的发展特征可以从生物层面确保给其提供的学习经验是适切的。从学生生理发展角度来看，我们可以获得哪些学习者特征分析时可遵循的科学原理呢？

原理 1：脑的终身可塑性和赫布理论

所谓的脑的可塑性（brain plasticity）或神经可塑性（neural plasticity）就是指在我们的整个生命过程中，重复性的经验可以改变大脑。具体是指神经元细胞在延展新的树突，生长新的轴突，形成新的突触联结，修正或剪切已经存在的神经联结的过程[四]。可塑性是脑能够根据环境刺激产生改变、适应环境的能力，是脑与生俱来的固有属性以及核心特征[五]。神经可塑性证明，任何持久的活动都会改变大脑和思维，包括体力活动、感官活动、学习、思维和想象活动[六]。你学得越多，你形成的神经元之间的通道越多。当某一通道经常被用到时，它会变得更加强大。大脑中有很多强大的通道意味着神经元可以向彼此更多更快地传递信号——这意味着你会学到并记住越来越多的东西！一篇发表在*Science*期刊上的研究通过比较受教育程度不同的成人的大脑结构，发现读写方面的教育

[一] CRAIK F，BIALYSTOK E. Cognition through the lifespan：mechanisms of change[J]. Trends in Cognitive Sciences，2006，10（3）：131-138.

[二] 髓鞘化（myelination）：绝缘的脂肪鞘（称为髓鞘）包裹神经纤维的过程，保证了神经纤维在传导时彼此绝缘，加快了神经纤维的传导速度，提高了信息传递的效率。

[三] LOW L K，CHENG H J. Axon pruning：an essential step underlying the developmental plasticity of neuronal connections[J]. Philosophical Transactions of the Royal Society B Biological Sciences，2006，361（1473）：1531-1544.

[四] 哈迪曼. 脑科学与课堂：以脑为导向的教学模式 [M]. 杨志，王培培，译. 上海：华东师范大学出版社，2017：12.

[五] 尚俊杰，张露. 基于认知神经科学的游戏化学习研究综述 [J]. 电化教育研究，2017，38（2）：104-111.

[六] 泰勒斯通. 提升教学能力的10项策略：运用脑科学和学习科学促进学生学习 [M]. 李海英，译. 北京：教育科学出版社，2017：18.

改变了大脑相应的脑结构功能[㊀]。一项对120名老年人参与有氧运动的研究表明，参与者每周进行3天有氧运动练习，在12个月后，海马体积增加约2%，而对照组在同一时间内减少约1.4%[㊁]。

在脑中，每一个神经元通过突触联结部位和成千上万其他神经元联结在一起，突触加工在学习中起着重要作用。描述突触可塑性原理的理论就是赫布理论（Hebb's theory），它是神经科学领域中的一个基本理论，由加拿大心理学家唐纳德·赫布（Donald Hebb）提出。该理论是说“当细胞A的轴突足够接近以激发细胞B并反复或持续参与B的激发时，AB或AB中的一个会产生一些生长过程或代谢变化，致使A成为能使B兴奋的细胞之一”。简单地说，就是“一起激活，一起联结”（cells that fire together, wire together）。比如，多次重复“深紫色”单词和茄子的实物，就可以在看到茄子时想到“深紫色”。近几年，赫布理论被几位获得诺贝尔奖的神经科学家所证实[㊂]。

因此，不论学习者处于哪个发展阶段，告诉他们脑的终身可塑性原理，大脑像肌肉一样越练越强大，有助于个体树立自我提升和自我改善的信念。

原理 2：发展中具有敏感期，但并非错过就不能学习

20世纪六七十年代，研究发现语言学习必须发生在早期，否则无法发展。1963年维塞尔（Wiesel）和胡贝尔（Hubel）关于小猫初级视觉皮层的视力剥夺实验，提供了关于关键期的生理模型[㊃]。他们认为在生物发展中存在一定特殊时期，错过了相应的环境刺激，就无法形成相应的神经回路。实际上，在脑发育中存在“关键期”的假设，但是关键期否定了后期刺激或个体努力对脑发展的价值，比如，虽然佩戴人工耳蜗的儿童不能拥有和普通人初级视觉皮层相同的语音感知水平，但是其关联皮层区经过塑造后，可以整合一些低阶听觉功能[㊄]。有两个人工耳蜗的实例可以帮助我们更好地理解[㊅]：实例1，一个4岁的聋哑女孩及时戴上人工耳蜗，并获得了父母语言上的及时培养，在三年级时阅读能力达到了同龄小孩同样的发展水平；实例2，另一个4岁聋哑小孩同样戴上了人工

㊀ DEHAENE S，PEGADO F，BRAGA L W，et al. How learning to read changes the cortical cerebral constraints in reading and arithmetic：Education as a “neuronal recycling” process networks for vision and language [J]. Science，2010，330（6009）：1359-1364.

㊁ ERICKSON K I，VOSS M W, PRAKASH R S, et al. Exercise training increases size of hippocampus and improves memory[J]. PNAS, 2011, 108(7): 3017-3022.

㊂ 吉克. 教育神经科学在课堂 [M]. 周加仙，译. 上海：上海教育出版社有限公司，2020：47.

㊃ WIESEL T N，HUBEL D H. Single-cell responses in striate cortex of kittens deprived of vision in one eye [J]. Journal of Neurophysiology，1963，26（6）：1003-1017.

㊄ FENG G，INGVALSON E M，GRIECO-CALUB T M，et al. Neural preservation underlies speech improvement from auditory deprivation in young cochlear implant recipients [J]. Proceedings of the National Academy of Sciences，2018，115（5）：E1022-E1031.

㊅ 萨斯金德 D，萨斯金德 B，勒万特-萨斯金德. 父母的语言：3000万词汇塑造更强大的学习型大脑 [M]. 任忆，译. 北京：机械工业出版社，2017：5-13.

耳蜗，但是缺少语言输入和培养，他最后能听到声音，却不明白意思，在三年级时的阅读水平仅相当于幼儿园儿童的阅读水平。因此，有学者提出采用“敏感期”来代替关键期，见下框。

> **关键期（critical period）** 大脑的结构或者功能需要特定的、适宜的经验才能得到持续的发展。相反，如果没有特定的、适宜的经验，则大脑某个方面的结构或者功能的发展可能会受到永久的影响。
>
> **敏感期（sensitive period）** 代表某方面的发育窗口。一个阶段内，大脑的结构或者功能对特定的外部刺激非常敏感（窗口较大），可塑性较强。在这个阶段，大脑特别容易接受经验的影响以促进大脑结构与功能的发展。

视觉系统存在关键期。研究者在生命最初几个月的特定时间窗内，通过缝合单眼的眼睑开展单眼视觉剥夺实验[一]，导致初级视觉皮层出现永久性变化，被剥夺视觉的眼睛出现持久的视力障碍，晚年的视觉剥夺不会产生大脑或视力的变化。语言学习存在敏感期（而不是关键期）。我们学习第二语言的能力随着年龄增长逐渐下降，在敏感期内学习第二语言更为简单，但是在此之后变得更具挑战性。对第二语言的最佳年龄截止时间，尚无统一说法。有些学者认为是青春期，有些学者则认为6~7岁是敏感期。有研究表明，6~12个月是婴儿区分各种不同语音的敏感期[二][三]。到1岁半时，婴儿开始发出他们所接触的语言的语音，而发出其他语言语音的能力随年龄增加而降低。*Nature*上的一项研究对3~15岁被试进行2周到4年不等的脑扫描，结果发现，3~6岁胼胝体峡部表现出最快的增长，即负责支配语言功能的部位呈现最快增长，而到了11~15岁，增长速度有所减弱，这可能表示语言敏感度的下降[四]。13岁后语言区的发展速度突然下降，这可能表明语言学习敏感期的结束。对早期和晚期双语者的语言网络进行对比[五]发现：大概青春期前，人主要是通过内隐记忆系统（implicit memory system）获得技能的，几乎是无意识的，很容易被内化和自动化应用，随着发展，内隐记忆系统变得不那么灵活，主要会依靠外显记忆系统（explicit memory system），这是一种有意识的记忆过程，这种差异尤其体现在

㊀ HUBEL D H，WIESEL T N. The period of susceptibility to the physiological effects of unilateral eye closure in kittens [J]. The Journal of Physiology，1970，206（2）：419-436.

㊁ GOPNIK A，MELTZOFF A N，KUHL P K. The scientist in the crib：what early learning tells us about the mind [M]. New York：Harper Collins Publishers，2010.

㊂ 周加仙. 语言学习敏感期的脑与认知机制研究：兼谈我国外语教育政策和实践 [J]. 全球教育展望，2009，38（9）：20-25.

㊃ THOMPSON P M，GIEDD J N，WOODS R P，et al. Growth patterns in the developing brain detected by using continuum mechanical tensor maps [J]. Nature，2000，404：190-193.

㊄ RUBEN R J. A time frame of critical/sensitive periods of language development [J]. Acta Otolaryngol，1999，117（2）：202-205.

语法、发音上[一]。一项脑功能成像研究的元分析以6岁作为敏感期，研究结果发现，晚期双语者会不断地进行认知努力来监控和调节语言运用，尤其是更晚学习时，这种认知努力更强，而早期双语者的这种认知努力情况较少[二]。不过，一项研究对669498位以英语为母语和非英语为母语的人进行调查，结果发现，语法学习能力的敏感期一直持续到17岁左右[三]。

但是值得注意的是，尽管视觉发展、语言等存在关键期，但是绝大多数情况下，学习之窗也只是变窄，而不是完全关闭，即便错过关键期，只是多付出努力，也能取得一定的成果。

原理 3：良好的睡眠和昼夜节律促进体力和脑力恢复，促进记忆巩固

我们每天都需要睡觉，人的一生有大约1/3的时间都在睡觉。随着认知神经科学技术及相关研究的进展，我们对睡眠认识得越来越清楚了，也越来越意识到睡眠的重要性了。有研究使用脑电图（EEG）记录并追踪睡眠中的大脑活动，发现了睡眠的结构和周期。从睡眠的结构来看，一个睡眠周期包括快速眼动睡眠（rapid eye movement sleep，REM）和非快速眼动睡眠（non-REM，NREM），美国睡眠医学会将NREM分为三个阶段：N1（NREM1）、N2（NREM2）、N3（NREM3）[四]（此前是4个阶段，其中第3阶段是第2阶段和第4阶段的过渡阶段，2007年合并了第3阶段和第4阶段）。整个睡眠周期按照这样的顺序进行，即W（Wakefulness，清醒）→N1→N2→N3→REM[五]，再进行周期循环，直到黎明将至，N3的睡眠会逐渐消失。一晚上的睡眠由REM和NREM交替组成，首先出现的是NREM，NREM占整个睡眠总时间的75%~80%，REM占20%~25%。一个睡眠周期大约90~110分钟，良好的睡眠包括4~6个周期（也就是6~9 h）。

睡眠阶段及特征[六]见表3-3。

[一] ULLMAN M T. The declarative/procedural model of lexicon and grammar [J]. Journal of Psycholinguistic Research，2001，30（1）：37-69.

[二] CARGNELUTTI E，TOMASINO B，FABBRO F. Language brain representation in bilinguals with different age of appropriation and proficiency of the second language：a meta-analysis of functional imaging studies [J]. Frontiers in Human Neuroscience，2019，13：154.

[三] HARTSHORNE J K，TENENBAUM J B，PINKER S. A critical period for second language acquisition：evidence from 2/3 million english speakers [J]. Cognition，2018，177：263-277.

[四] SCHULZ H. Rethinking sleep analysis：comment on the AASM manual for the scoring of sleep and associated events [J]. Journal of Clinical Sleep Medicine，2008，4（2）：99-103.

[五] SILBER M H，ANCOLI-ISRAEL S，BONNET M H，et al. The visual scoring of sleep in adults [J]. Journal of Clinical Sleep Medicine，2007，3（2）：121-131.

[六] Institute of Medicine（US）Committee on Sleep Medicine and Research. Disorders and Sleep Deprivation：An Unmet Public Health Problem[EB/OL].（2006）[2022-4-30]. https：//www. ncbi. nlm. nih. gov/books/NBK19956/.

表3-3　睡眠阶段及特征

阶段		时长	睡眠占比（占一夜睡眠的比例）	特征
NREM	N1	约10 min	2%~5%	脑电的主要成分为混合的、频率和波幅较低的脑电波。容易被打断，比如轻轻叫名字或者关门的声音都可以打断睡眠
	N2	10~25 min	45%~55%	心率和体温下降。比N1需要更强的刺激才能醒来，脑电图显示大脑活动的主要特征是偶尔会出现短暂爆发的、频率高、波幅大的脑电波，称为睡眠纺锤波，对于记忆巩固很重要
	N3	20~40 min	13%~23%	肌肉逐渐更为放松，转为慢波睡眠（slow wave sleep，SWS），慢波活动量增加；逐渐过渡到深度睡眠。深度睡眠是睡眠最深阶段，最难被唤醒，出现相比而言不那么生动、连贯、难忘的梦
REM		初次持续大约10 min，后面循环中逐渐延长至1 h	20%~25%	肌肉无力，反射丧失，快速眼球运动，呼吸频率增加，绝大多数梦境出现在这一阶段。脑电波与清醒放松状态时类似

如图3-3所示，第一个REM周期的出现时间通常在入睡后的70分钟，时间很短（大约10分钟）；在第一个REM周期后的大约90分钟，会发生另一个REM周期。第一个REM周期之后的每个REM周期持续时间大约30分钟㊀，而后可能会延长到1小时。

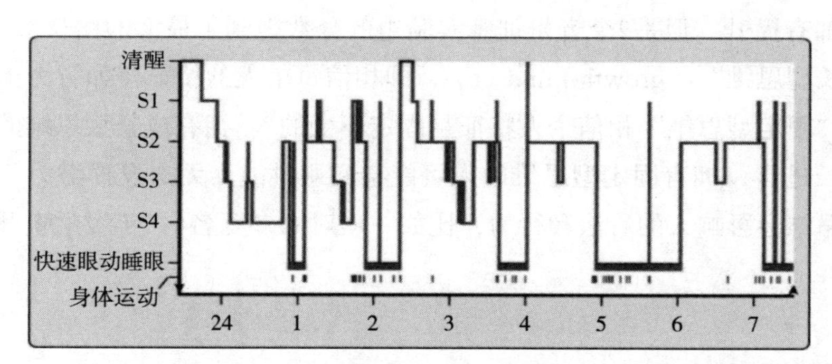

图3-3　睡眠直方图（根据一名正常的19岁男子睡眠的脑电图、眼电图和肌电图绘制）㊁

睡眠的重要性体现在多方面。*Science* 2013年发表的一篇文章从分子水平揭示了睡眠的重要性——睡眠时脑内细胞间隙比清醒时更大，脑脊液（脑内分泌的体液，可以供给脑营养，排出代谢废物）更容易进入脑内与脑组织间液进行交换，增加了睡眠期间β-淀粉样蛋白（β-amyloid，异常聚集可能会导致阿尔茨海默病）的清除率，也就是将代谢废

㊀ MCCARLEY R W. Neurobiology of REM and NREM sleep [J]. Sleep Medicine，2007，8（4）：302-330.

㊁ CARSKADON M A，DEMENT W C. Monitoring and staging human sleep[M]//KRYGER M H, ROTH T, DEMENT W C. Principles and practice of sleep medicine. 5th ed. St. Louis: Elsevier Saunders, 2010: 16-26.

物排出脑外，阻止代谢产物的累积，避免损害脑细胞[1]，就像给大脑洗了个澡一样的，洗掉代谢垃圾。在消除负面情绪方面，睡眠也有一定作用，2009年神经科学家发现，睡眠可以让事件记忆逐渐得到巩固，而情感记忆却不会被加强[2]，这也就是为什么我们遇到不开心的事情，睡一觉起来就觉得好一些。

对儿童和青少年来说，睡眠支持身体和神经系统发展，对促进学业学习和认知功能发展，巩固记忆、学习能力和学习成绩的过程至关重要[3]。比如有研究者使用腕带夜间睡眠活动记录仪对学生的睡眠进行监测，结合父母记录的睡眠日志，结果发现睡眠效率与7~11岁学生英语和数学的学业成绩高度相关[4]。还有研究者发现[5]，13~16岁的青少年为了额外学习牺牲了习惯性睡眠，阻碍了他们理解课堂材料的能力，并且他们在次日作业或考试中表现出更为艰难的状态。

3.2.2 从生理发展看学习者特征分析策略

遵循学习者生理发展规律进行学习者特征分析的策略有哪些呢?

策略 1：基于神经可塑性机制，用成长型思维分析学习者特征

基于人脑的终身可塑性特质，我们完全可以通过一定的活动来锻炼大脑。比如，在音乐领域，研究者将儿童随机分配到4个组，2个实验组接受音乐训练，1个对照组接受戏剧训练，1个对照组没有接受训练，使用第3版韦氏儿童智力量表进行评分，最后发现4组智商分数都有提升，但是2个音乐训练实验组的分数得到了最大的增长[6]。这种可塑性支持了“成长型思维”（growth mindset），即相信每个人的特征（如智力）是可以发展的，相反，“固定型思维”相信个人特征是固定不变的[7]。拥有成长型思维的人在面对困难时不断成长进步，拥有固定型思维的人可能会回避挑战，无法发挥潜力。毫无疑问，这种成长型思维会影响人的看法和行为，比如一项对30多万名4~7年级学生开展的调查发

㊀ XIE L，KANG H，XU Q，et al. Sleep drives metabolite clearance from the adult brain [J]. Science，2013，342（6156）：373-377.

㊁ WALKER M P，HELM E V D. Overnight therapy? The role of sleep-in emotional brain processing [J]. Psychological Bulletin，2009，135（5）：731-748.

㊂ DIMITRIOU D，KNIGHT F L C，MILTON P. The role of environmental factors on sleep patterns and school performance in adolescents [J]. Frontiers in Psychology，2015，6：1717.

㊃ GRUBER R，SOMERVILLE G，ENROS P，et al. Sleep efficiency（but not sleep duration）of healthy school-age children is associated with grades in math and languages [J]. Sleep Medicine，2014，15（12）：1517-1525.

㊄ GILLEN - O’NEEL C，HUYNH V W，FULIGNI A J. To study or to sleep? The academic costs of extra studying at the expense of sleep [J]. Child Development，2013，84（1）：133-142.

㊅ SCHELLENBERG E G. Music lessons enhance IQ [J]. Psychological Science，2004，15（8）：511-514.

㊆ YEAGER D S，DWECK C S. What can be learned from growth mindset controversies?[J]. American Psychologist，2020，75（9）：1269-1284.

现，成长型思维与较高的英语、艺术、数学分数相关㊀。

运用成长型思维和神经可塑性的机制分析学习者特征：①老师要树立自己的成长型思维，相信自己和学生都可以通过训练改变自己的大脑；②用成长型思维来看待每位学生的发展，相信每位学生都可以通过恰当的帮助获得成长和改变，切忌因为学生的一两次成绩就否定他。促进学生形成成长型思维的原理和策略见本书3.3.1原理4和3.3.2策略5。

策略 2：发挥敏感期的优势，考虑发展水平各异的学习者

敏感期在语言学习中体现得最为明显。研究发现㊁，第二语言习得晚的6个被试，其母语和第二语言在布罗卡区（Broca’s area）的两个激活部位中心分离，而第二语言习得早的6个被试，在两种语言的激活部位中心几乎重叠。因此，第二语言学习起始时间的早晚可能导致形成不同类型的语言加工系统㊂。因此，要尽早学习第二语言，这也可以发挥敏感期的优势，提高学习效率。

此外，在大班教学中，难免遇到第二语言水平各异的学生，这可能恰恰是因为学生在开展第二语言学习时的起始年龄不同。尤其对于中学生而言，可能在五六岁的时候并未接受充分的第二语言训练。在这种情况下，教师进行学习者特征分析就要考虑各水平的学生先前知识和先前经验。

策略 3：观察分析学习者的睡眠情况和身体状态

认知神经科学研究发现，睡眠在学习和记忆的过程中扮演重要的角色，因此，充足的睡眠是高效学习的保障，合理的睡眠安排也有助于提高教育教学质量㊃。睡眠不足则可能导致诸多不良表现，比如注意力难集中、不稳定，反应时间变长，工作记忆下降，发散思维表现水平下降等㊄。有研究结果表明，青少年睡眠不足的一种可能解释是他们将游戏机、手机、笔记本计算机和平板计算机带入卧室㊅。那么，我们在分析学习者特征时，先要将学生的睡眠情况和身体状态以及影响学生状态的原因考虑在内。比如在课堂教学中，教师遇到一名学生睡着了的情况，其实可以允许学生睡着，因为确实此刻该学生缺乏睡眠，也可以通过提高自己课堂的趣味性、增加身体参与的活动，来唤醒学生。教师

㊀ CLARO S，LOEB S. Students with growth mindset learn more in school：evidence from California’s CORE school districts.[R]. California: Stanford University, Policy Analysis for California Education (PACE)，2019.

㊁ KIM K H，RELKIN N R，LEE K M，et al. Distinct cortical areas associated with native and second languages [J]. Nature，1997，388（6638）：171-174.

㊂ 周加仙. 语言学习敏感期的脑与认知机制研究：兼谈我国外语教育政策和实践 [J]. 全球教育展望，2009，38（9）：20-25.

㊃ 刘志远，李继利，王亚鹏. 睡眠与学习的关系及其教育启示 [J]. 全球教育展望，2015，44（11）：114-120.

㊄ COLTEN H，ALTEVOGT B M. Sleep disorders and sleep deprivation：an unmet public health problem [M]. Washington (DC) : National Academies Press, 2006.

㊅ DIMITRIOU D，KNIGHT F L C，MILTON P. The role of environmental factors on sleep patterns and school performance in adolescents [J]. Frontiers in Psychology，2015，6：1717.

还需要了解学生的电子设备使用情况以及学业负担情况，分析影响学生晚睡的原因，合理引导。比如，学生下午上课时，可能会因为没有午休导致疲惫、注意力下降，那么教师在做教学设计时就应该把这些因素考虑在内。

此外，研究者发现学习之后接着睡眠是巩固记忆所必需的，睡眠帮助我们保持记忆。罗伯特·史迪克格德（Robert Stickgold）等人开展了一项知名的研究[⊖]，有133名18~25岁的被试参与。被试需要在完成视觉辨别任务后仍然坚持通宵学习30小时，随后测试发现其表现没有明显提高，即使在随后两晚补充了正常睡眠，表现仍然没有改善。这说明了数小时的睡眠剥夺会干扰记忆巩固。因此，一定要让学生保障良好的睡眠。通宵学习虽然貌似时间投入更多，但是完全不利于记忆巩固，所学的东西也不会被记住。

玩一玩，测一测

玩一玩　数独游戏

游戏规则：可以在PPT中呈现题目，也可以借助App，让学生通过填数字或填图画的方式完成数独。入门级学生可以先尝试图片类型的数独，如图3-4所示。可以使用“数独星空”等数独游戏App，内含教学支架设计，难度逐步升级。

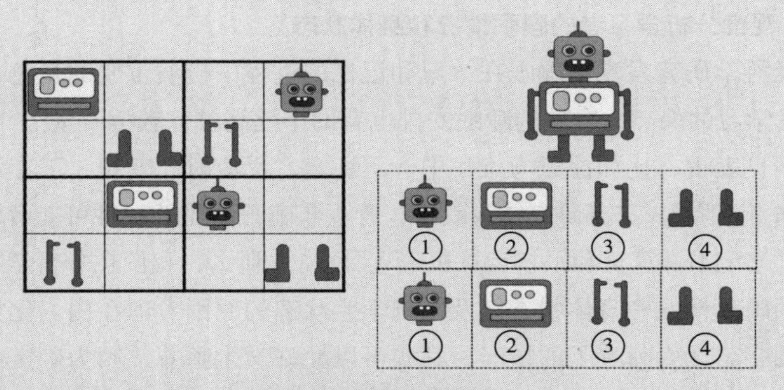

图3-4　数独游戏图片版

说明：学生在完成一个数独后，可以获得极大满足感。通过对推理判断力和观察力的训练，长期做数独可以让学生感觉到自己的完成速度越来越快，自己越来越聪明。

测一测

1. 判断以下说法的对错，对的打√，错的打×。

（1）坚持锻炼，我的身体和大脑都会越来越强。（　）

⊖ STICKGOLD R，JAMES L，HOBSON J A. Visual discrimination learning requires sleep after training [J]. Nature Neuroscience，2000，3（12）：1237-1238.

（2）学英语要趁早。（　）

（3）我现在已经30岁了，再学一门语言根本学不会。（　）

2. 关于睡眠正确的说法有（　　　）。（多选）

A. 睡眠周期包括快速眼动睡眠和非快速眼动睡眠

B. 一个睡眠周期为1个小时

C. 睡眠不足并不会影响记忆

D. 睡眠不足并不会影响注意力

3.3　认知发展

你的意识、注意、记忆、智力、思维、语言等都属于认知的范畴。我们通常很好奇，为什么有的人花力气少、时间短，反而能做得更好，成绩更高。相反，为什么有的人花费大量时间、精力，反而成绩却难以提升。这背后都与认知水平有关。

除了大脑和身体发展外，我们更关心的是认知发展（cognitive development），认知发展的内容包括了感知觉、注意力、基本认知能力、智力等多个方面。接下来我们一一细讲。

3.3.1　从认知发展看学习者特征分析的原理

不同类别的认知发展直接影响学习者的学习行为和学习表现，那么我们需要分析哪些方面的认知特点呢?

原理 1：感觉统合理论和多感觉整合现象

我们的视听嗅味触等感觉系统可以帮我们获得各种类型的信息，这些信息最终整合在一起，例如正是鸟语花香、繁花似锦让我们认识到了春天。

感觉统合（multimodal sensory integration）理论是1972年美国临床心理学家琼·艾尔斯（Jean Ayres）正式提出的。简单来说，感觉统合就是将各种来源的感觉进行统一加工处理，毕竟不同的感觉常常相伴相随。感觉统合的基本含义和实例见表3-4。但是并不是所有儿童都有比较完善的感觉统合功能，有些儿童会出现感觉统合失常（sensory integration disorder）。感觉统合失常是造成中小学儿童学习障碍的常见原因，表现为以下常见症状[㊀][㊁]：在新的环境或刺激过多时，表现出焦躁不安、无所适从、拙笨、手脚不停；手眼协调差，不善于做各种协调动作，身体平衡困难，经常无缘无故跌倒；由于

㊀ 李新成. 感觉统合失常与学习适应不良 [J]. 教育理论与实践，1998（2）：47-49.

㊁ 高峰，李长荣. 3～6岁儿童感觉统合和学习技能训练的探讨 [J]. 中国妇幼保健，2009，24（13）：1804-1805.

视觉和听觉辨别能力较差，难以形成字形和字义的视听觉表象，表现出用词贫乏、说话含糊不清、词不达意，阅读困难，经常跳字跳行，写字时上下或左右结构搞混、漏字漏行，计算粗心，做事或写作磨蹭等现象。因此，在学习者特征分析的过程中，如果遇到以上情况，可以考虑是否因为学习者的感觉统合失常，也就是说，要考虑是否由于进入大脑的各种感觉刺激信息不能在中枢神经系统有效统合处理，导致整个机体运转失调。

表3-4　感觉统合的基本含义和实例

概念名称	基本含义	实例
感觉统合	对多种感觉系统传来的感觉信息进行多次分析、综合处理和决策，从而将信息输入大脑皮层，大脑皮层根据以往经验进行比较、筛选、加工和决策后形成对事物的认知和反应，指挥系统完成相应的动作[㊀]	剥橘子时可以看到橙色的和圆形的外表，可以闻到香味，可以摸到橘子皮的粗糙，可以尝到酸酸甜甜的味道

与感觉统合理论相似的一个现象是认知神经科学中发现的多感觉整合（multisensory integration）。比如，我们只看嘴唇运动就可能知道说的是什么，无须听到声音。那么具体是什么区域促进了感觉整合呢？研究发现[㊁]，顶叶、额叶的大面积区域、海马以及上丘（中脑区域）都会表现出对多种感觉的整合，比如上丘中单个细胞对联合了视觉、听觉和躯体感觉的刺激的反应大于3种刺激单独呈现时的反应，并且上丘中的许多细胞联合了不同感觉通道的信息，使得感觉输入之和比单个通道得到的信息更加有用，实现了一加一大于二的效果。实际上，我们在生活中自然而然地对多种感觉线索进行整合，比如看电影时自动整合声音、画面，赏花时自动整合花香、花的颜色和形态以及听到的鸟叫声。

原理 2：注意力的基本原理

在课堂上我们经常会说“注意，孩子们”“注意力集中”，但是我们对注意了解多少呢？注意、注意力和专注力的基本含义和实例见表3-5。

表3-5　注意、注意力和专注力的基本含义和实例

概念名称	基本含义	实例
注意（attention）	是心理接受信息的过程，是我们选择去留意、关注一些东西，而忽视另一种东西的过程，是视、听、嗅等感受器官对外界事物的关注	站起来看物理老师拿的一面鼓
注意力（attention ability）	是把自己的心理活动指向和集中于对象或活动的心智能力	学生能长时间听讲
专注力（concentration）	是指长时间将注意力维持在一个对象或活动上的能力	学生对机器人编程非常专注

㊀ 张炼.感觉统合研究综述 [J]. 中国特殊教育，2005（12）：60-63.

㊁ 加扎尼加，伊夫里，曼根. 认知神经科学：关于心智的生物学 [M]. 周晓林，高定国，译. 北京：中国轻工业出版社，2011：171.

专注力相关研究发现，童年期的注意力问题与青少年期的思维技能呈负相关，儿童幼年时期注意力问题越多，青少年时期思维技能越差⊖。

按照不同的分类标准可将注意分为不同种类，见表3-6。

表3-6 注意的种类

分类标准	类型	释义
信息加工过程	主动注意	自上而下的加工，积极主动的注意，也叫内源性注意。目标、个人预期、动机、情绪状态等都会影响主动选择信息的过程。比如学生预习后带着问题听讲
	被动注意	外部刺激引起自下而上的加工，也叫外源性注意。新异、动态的刺激会捕获注意，强烈的对比也能吸引注意。比如，老师播放的动画吸引了学生的注意力
是否有预定目的、意志努力程度	无意注意	没有预定目的，不用付出意志努力，不由自主地注意。比如，上自习的时候突然响起"砰"的一声，学生会看向发出声音的地方
	有意注意	有预定目的，付出了意志努力的注意，是积极主动发生和主动维持的。比如为了改正一道错题，学生努力集中注意看老师写解题过程
	有意后注意	有预定目的，但是无须付出意志努力。比如熟悉键盘后可以盲打
注意指向的对象	外部注意	对外部事物或环境的注意
	内部注意	对个体内部思想情感和体验等的关注，是对自我的注意

注意力具有指向性、集中性两个基本属性（见表3-7），基本属性也决定了个体在注意上的差异。

表3-7 注意力的基本属性

属性	释义
指向性	心理活动或意识朝向目标对象，目标对象位于注意中心，其他对象位于注意边缘或者注意之外。比如黑板是注意中心时，周围的同学都在视野之中，在注意边缘之中，而教室的窗户就在注意范围之外
集中性	心理活动或意识集中在被选择的对象之上的强度或紧张度，无关刺激则会被避开或抑制

注意的功能主要包括三种，见表3-8。

表3-8 注意的功能释义

功能	释义
选择	同时呈现两种或两种以上的刺激，从中选择一种而忽略其他刺激。比如学生听老师说话，而有意忽略同伴所讲
维持	把已经选择的信息保持在意识之中
调节和监督	根据需要适当分配注意，适当切换和转移注意。比如迅速地将注意从游戏中切换到课堂上

⊖ FRIEDMAN N P，HABERSTICK B C，WILLCUTT E G，et al. Greater attention problems during childhood predict poorer executive functioning in late adolescence [J]. Psychological Science，2007，18（10）：893-900.

注意品质的衡量指标见表3-9。

表3-9　注意品质的衡量指标释义

指标	释义
注意的持续性	注意在一段时间内保持在某个对象或某个活动上，是注意力稳定性的体现。比如学生在1 h的考试时间内，将自己的注意力始终保持在试卷的题目上
注意的分配性	同一时间内对两种或两种以上的刺激进行注意，同时进行的两种活动的相似性、活动难度、个人技能水平都会影响注意分配性。比如低年级学生很难一边听讲一边做笔记，但是高年级学生就很容易做到
注意的转移性	能够主动地、有目的地将注意从一个对象或活动上调整到另一个对象或活动上。比如能迅速地将注意从教室外转移到教室内
注意的稳定性	把心理活动长时间集中在某个对象或某个活动上。比如在教室里专心致志地写作业而对窗外无关声响置若罔闻
注意的整合性	注意负责把不同特征整合起来，形成完整的整体
注意的广度	注意广度即注意范围，同时注意到的对象数量。比如一目十行

通过对1000名健康年轻人进行fMRI研究，发现了注意力有关的主要脑区域[⊖]。

额顶叶网络：额顶叶网络是认知控制系统，也负责工作记忆功能，当需要规则或信息完成认知任务时，或者追求目标时，就会被激活。

背侧和腹侧网络：背侧网络参与空间注意和注意转移，参与执行控制；腹侧网络参与转移注意，中断正在进行的行为。

视觉网络：视觉网络由枕叶和外侧颞叶和顶叶区域组成，初级视觉皮层接收来自视觉和听觉的信息输入。视觉网络与腹侧和背侧网络相互作用，参与维持注意，抑制无关刺激的作用。

原理 3：学习者的认知发展

第1章中我们学习了皮亚杰的发生认识论和建构主义观，皮亚杰当仁不让是认知发展领域影响力最大的心理学家之一，他所提出的认知发展阶段理论被公认为20世纪发展心理学上最权威的理论之一。

皮亚杰依据一系列实验，在图式、同化、顺应、平衡、组织等概念（见本书第1章）基础上，提出了认知发展的四阶段，即感知运动阶段（the sensorimotor stage）、前运算阶段（the preoperational stage）、具体运算阶段（the concrete operational stage）、形式运算阶段（formal operational stage），见表3-10。需要说明的是，通常儿童的发展遵循以上阶段的顺序，但皮亚杰也承认可能在一个阶段内存在很大的个体差异，而且认知发展速

⊖ YEO B T T，KRIENEN F M，SEPULCRE J，et al. The organization of the human cerebral cortex estimated by intrinsic functional connectivity [J]. Journal of Neurophysiology，2011，106（3）：1125-1165.

度会受到文化和环境因素的影响，所以每个阶段的年龄只是粗略估计。

表3-10　皮亚杰的认知发展阶段

阶段	描述
感知运动阶段（出生~2岁）	通过抓握、吮吸、观看等动作探索外界环境，通过眼、耳、手和嘴进行思维，发展图式。出现有目的的行为，发现各种方式解决简单的问题，如拿出被藏的物品。对客体恒常有所理解，后期开始使用语言。这一阶段表现出以下重要特征： 延迟模仿（deferred imitation）：模仿过去看到的行为，比如在24 h后模仿大人按下玩具的按键发出声音 客体恒常性（object permanence）：当客体从视野中消失，知道该客体并不是不存在了；物体可以独立于他们的行为和知觉而存在或运动。比如把恐龙玩具藏起来，大约9个月大后的孩子就能够知道玩具是被藏起来了，而不是消失了 表象思维（representational thought）：对外界刺激形成了心理表征，比如无论恐龙玩具是否在他眼前，都能回忆起它 合乎逻辑的目标定向行为：能够对动作和动作的结果进行区分
前运算阶段（2~7岁）	发展了运动技能，通过词语进行交流，思维表现出自我中心特点，对他人的思维有了基本的了解，对不在眼前的物体有了更好的心理表征，符号功能有所发展 符号功能（symbolic function）：使用符号表征事物和经验，如用关于动物的词汇表示一个动物 自我中心（egocentrism）：倾向于根据自己的想法和观点判定他人和世界的经验，只能从自己的角度思考，比如在空间方面，认为自己看到的就是别人看到的；在时间方面，认为10 min就是非常长的时间；在社交方面，认为自己的需求就是别人的需求 泛灵论：给无生命物体赋予生命或生命特征，比如认为布娃娃有生命
具体运算阶段（7~11岁）	在心中产生逻辑推理思维活动。理解了物理特征的守恒性，具有分类、顺序排列运算、推理能力，对因果原理有了较好的理解，还不能进行抽象思维 守恒（conservation）：即使物体的外表发生了改变，但如果不增加或减少，其物理性质不会改变。比如同样量的黏土拉长或缩短不会改变黏土的多少 可逆（reversible）：能够进行逆向思考。逆向思考两个不同形状容器的液体置换，比如理解除法是乘法的变式 关系推理：能够按照顺序排列队伍，进行传递性推理，比如A=B，B=C，那么A=C
形式运算阶段（11岁以上）	具备抽象、系统化的思维能力，能够根据逻辑推理、归纳和演绎的方式解决问题；能理解符号的意义、隐喻和直喻，能做一定的概括，思维水平接近成人 假设演绎推理：根据假设的命题做出思考和推理，能够进行从一般到特殊的推理。例如计算$2x+4=8$ 归纳推理：从特殊到一般的思维，生成假设，然后通过实验进行系统检验，比如探究哪些因素影响了绳子摆动的速度，是绳子的长度、物体重量、推动物体的力，还是释放物体的高度，抑或是两个或两个以上因素共同影响 青春期自我中心：开始关注自己的观点，分析自己的信念和态度 假想的观众：感觉每个人都在看着自己，这种情感在14、15岁达到顶端

当然皮亚杰的认知发展阶段实验得到了大量的验证，但也受到了质疑，我们简要列举部分。第一，如果研究者设计出难度适当的任务或者引入训练程序，再做皮亚杰的实验，年幼儿童就能表现出原来被认为缺乏的认知能力。第二，近年来的研究表明，皮亚杰的几个实验存在偏差，涉及复杂口语对话，这些对话超出一些儿童的理解范围。如果

使用更简单的非言语测试，3岁甚至2岁儿童都成功表现出数量守恒的概念[一]。第三，皮亚杰未能区分表现和能力，即使4~5岁的儿童知道生命和非生命的区别，也不能完成皮亚杰的实验，因为皮亚杰要求他们说出原理，此时儿童表现出来的就像是不能区分生命和非生命，这是否可以等同于认知能力是需要质疑的。第四，也是最重要的一点，皮亚杰忽视了社会、文化背景的影响，而最新的学习科学观点则一致认为“学习并不以同样的方式发生在每一个人身上，因为文化影响从生命的开端便渗入人的发展之中”。[二]因此，皮亚杰在当时基于儿童研究得出的结论是否适用于现在的儿童也是值得再思考的。新皮亚杰主义者在形式运算的基础上提出了后形式思维（postformal thinking），认知发展在青少年或成人阶段还会继续进行，比如问题发现和辩证思维的发展。尽管如此，皮亚杰认知发展阶段与学业成就之间有非常高的相关性，尤其在数学方面、阅读方面[三]。

在皮亚杰认知发展观基石之上，维果茨基的社会文化历史理论认为认知发展受社会文化背景影响，儿童许多重要认知技能是在与父母、老师及同伴的交往中发展的。比如，汉语和英语的数字表示存在差异，如十一、十二、十三是有规律的，而eleven、twelve、thirteen缺少规律，这就导致中国儿童能够更早数到20。

最近发展区是维果茨基所提出的最具代表性的思想。如图3-5所示，现有发展（existed developmental）水平是已经达到的发展水平，也就是已经到手的“桃子”；而最近发展区（zone of proximal development）水平是在有指导的情况下通过别人的帮助所能达到的问题解决水平，也就是踮起脚尖就能摘到的“桃子”；潜在发展（potential development）水平则是即使在他人的帮助下也无法完成的，也就是给了梯子也无法摘到的“桃子”。可见，我们的理想状态是在最近发展区提升学习者的水平，逐步靠近潜在发展水平。为了促进学习者达到最近发展区水平，在最近发展区内得到提升，可以借助教学支架（scaffolding），即提供适当的、小步调的帮助或线索提示，让学习者通过这些支架一步一步地攀升。

简言之，皮亚杰告诉我们儿童在认知发展上是一个主动积极的探索者和建构者，维果茨基告诉我们儿童生长的环境会影响他们如何思考和思考些什么。汲取两个认知发展理论的精华，我们可以知道，儿童的认知发展在不同的年龄段表现出不同的特点。教师在教学中不仅要注意适合该阶段儿童的认知情况，在儿童所能接受的最近发展区进行教学，并且不可忽视社会环境和社会合作对认知发展和学习的重要性。

㊀ DEHAENE S，COHEN L. Cerebral pathways for calculation：double dissociation between rote verbal and quantitative knowledge of arithmetic [J]. Cortex，1997，33（2）：219-250.

㊁ 马雷特. 人是如何学习的Ⅱ：学习者、境脉与文化 [M]. 裴新宁，王美，郑太年，译. 上海：华东师范大学出版社，2021：21.

㊂ 哈蒂. 可见的学习：对800多项关于学业成就的元分析的综合报告 [M]. 彭正梅，邓莉，高原，等译. 北京：教育科学出版社，2015：52.

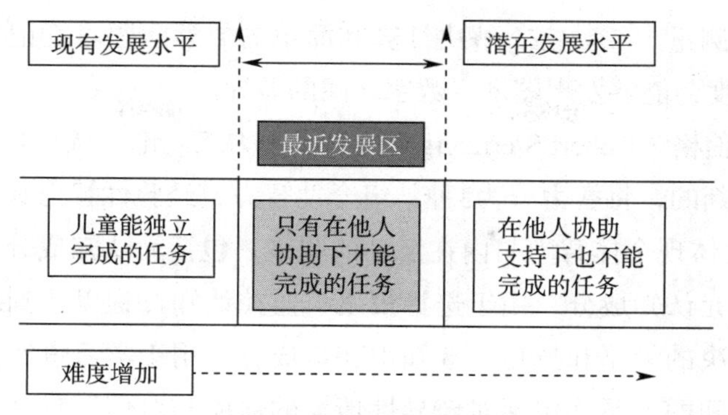

图3-5　最近发展区示意图

原理 4：智力、多元智能和心智模式

提到智力，你会想起什么？诺贝尔奖？科学家？我们会说某个学生很聪明、智商高，我们认为学习成绩和智力分不开。那么智力究竟是什么呢？

首先我们可以回顾一下以往科学家是怎么看智力的。

心理学家查尔斯·斯皮尔曼（Charles Spearman）认为智力分为g（general）因素和s（test-specific）因素。g因素是一般智力，即智力的基础核心部分，会影响个体在所有智力测试题目中的表现；s因素是特殊智力，只影响个体在某种智力测验中的表现，比如词汇、算术计算或者记忆测验。

心理学家雷蒙德·卡特尔（Raymond Cattell）将斯皮尔曼的g因素（即一般智力）分为两个智力——晶体智力（crystallized intelligence）和流体智力（fluid intelligence）。晶体智力根植于经验，是“经验的沉淀”，既包括了所获得的知识，还包括了获得、保持和使用知识的能力，通常由语词、算术和一般知识测验来测定。流体智力很少依赖于先前知识积累，是无形的，像水一样可以“流入”各种认知活动中，能够随机应变，是发现复杂关系、解决问题、理解抽象关系、进行逻辑推理的能力，一般由解决新异和抽象的问题进行评估。以一道鸡兔同笼问题为例：小鸡和小兔在一个笼子里，数头有16个，数脚有44只，小兔和小鸡共多少只？面对这道问题，晶体智力较高的学生因为具备了相关知识和方法，可能会列出“$x+y=16$；$2x+4y=44$”，而流体智力较高的学生可能会按照……这样画图的方式解答。这两种智力在智力金字塔的顶层。智力金字塔的中间层包括8种能力，如记忆、写作、处理速度、反应速度等；智力金字塔底层包括70种细分能力，容易通过学习掌握和提高，如拼写的能力、写化学方程式的能力等。

路易斯·瑟斯顿（Louis Thurstone）提出了基本心理能力理论（theory of primary mental ability），认为智力由7个相互关联的因素组成：①言语理解，理解词汇和一般表达。②言语流畅性，通过一个给定词，尽可能迅速想出更多词汇。③归纳推理，能够完成类比（律师-当事人；医生-?）和数列填空（2，5，8，11，?）。④空间视觉化，通过心理旋转测试来测量。⑤数字，解决计算和简单的数学问题。⑥记忆，能够回忆图片和词语。⑦知觉速度，能够发现图形、数字之间的差异。

罗伯特·斯腾伯格（Robert Sternberg）提出了智力三元论，认为智力是在一定社会文化背景下发展和评判的，将智力分为3种：组合性智力、经验性智力和适应性智力（见图3-6）。组合性智力体现个体智力与内在活动的关系，包括元认知成分、具体操作成分和知识获取成分：①元认知成分，用于选择策略、监控认知过程以达到成功；②具体操作成分，作为问题解决的策略和技巧；③知识获得成分，用于学习事实。经验性智力体现个体智力与经验之间的关系，包括对新异性情境的适应和对信息自动化加工的能力。适应性智力是个体智力与外部环境的关系，包括适应能力、选择能力和改变能力。

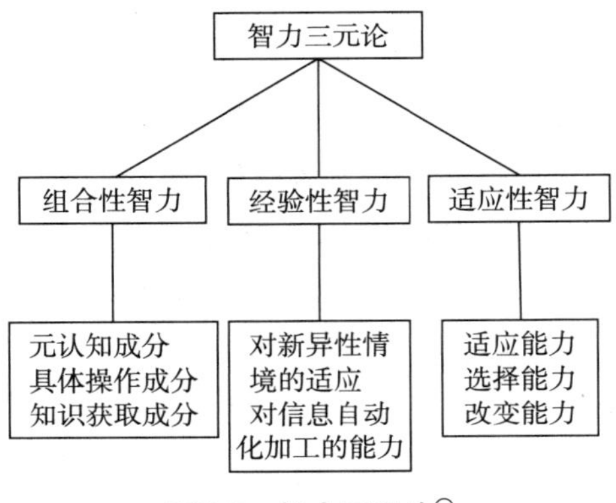

图3-6 智力三元论㊀

戴斯（Das）和内吉莱利（Nagilieri）等人认为智力就是认知加工过程，提出了智力的PASS模型。PASS其实是4个单词的首字母缩写，分别是Planning—Attention—Simultaneous—Successive，即规划—注意—同时处理—连续处理。智力活动包括了3个相互作用、相互影响的认知功能系统：注意—唤醒系统（激活唤醒作用）、编码—加工系统（对外界刺激信息进行接收、解释、转换、再编码和存储，整合活动分为同时性加工和继时性加工过程）、计划系统（计划安排，确定目标、制订和选择策略，对操作过程进行监控调节）。

爱德华·加德纳（Howard Gardner）则不认为通过各种测验获得的评分就能代表智力水平，他认为智力是在一定的文化背景下处理特定信息的能力，是解决问题、创造产品的能力。加德纳在对智力建立新认识的基础上，提出了多元智能理论（multiple intelligence theory），认为包含8种智能（见图3-7），这8种智能相对独立的同时也以组合的方式运作。我们每个人表现出来的智力是由这些智能像“长短不一的板”一样组合起来的。专才就是像“激光灯”一样，某一种智能表现得特别突出，全才就像“探照灯”

㊀ 梁宁建. 心理学导论 [M]. 上海：上海教育出版社，2006：477.

一样，多种智能都比较强，没有弱势智能。另外，研究者对318项神经科学的研究进行了详细分析，发现了强有力的证据表明8种智能中的每一种都拥有自己清晰、独特的神经结构[⊖]。

智能	描述
言语智能（linguistic intelligence）	· 对声音、韵律、语义、不同语种的敏感能力，在听说读写任务中体现出优势 · 作家、记者、编辑、翻译等职业通常可以体现
逻辑–数学智能（logical–mathematical intelligence）	· 对数字、逻辑的敏感能力，在算术、推理、逻辑、发现和建立模型等方面表现出的能力 · 数学家、科学家、工程师等职业通常可以体现
空间智能（ spatial intelligence）	· 对空间位置的敏感能力，在解决空间位置问题，感受、记忆、修改物体空间关系等方面表现出来的能力 · 建筑师、雕刻家、画家、司机等职业通常可以体现
身体运动知觉智能（ bodilykinesthetic intelligence）	· 控制自己身体运动，灵活掌握物体的能力 · 运动员、舞者、手工艺者等职业通常可以体现
人际交往智能（interpersonal intelligence）	· 与他人交往相处的能力，觉察体验他人情绪、需求、意图并作出反应的能力 · 教师、公关、主持人、销售等职业通常可以体现
自省智能（intrapersonal intelligence）	· 关注、认识、反省自身，正确自我认知和判断评价，自尊、自律、自控的能力，妄自菲薄、妄自尊大就是欠缺自省智能 · 哲学家、作家等职业通常可以体现
音乐智能（musical intelligence）	· 欣赏节奏、旋律、音高的能力，感受、认识、理解、创造、表达声音和音乐的能力 · 歌唱家、音乐家、作曲家等职业通常可以体现
自然探索智能（natural intelligence ）	· 对生物种属差异的敏感能力，认识动植物、自然环境，与生物互动的能力 · 生物学家、考古学家、农民等职业通常可以体现

图3-7　多元智能

基于以上多元智能的发展特征，教师可以对学生的智能有基本的判断，根据不同学生的智能优势开展个性化教育。教师使用多种设计教学活动去吸引那些在某一种或某几

⊖ SHEARER C B，KARANIAN J M. The neuroscience of intelligence：Empirical support for the theory of multiple intelligences?[J]. Trends in Neuroscience and Education，2017，6：211-223.

种智能上表现出优势的学生时，可以提高学生的信心、内在动机、参与度和标准化考试中的表现㊀。

那么智力可以改变吗？当然是可以的！人有两种心智模式——固定型心智模式（fixed mindset）和成长型心智模式（growth mindset）。两种不同的心智模式对应了完全不同的学习目标、学习行为和学习结果，心智模式对学习的影响见表3-11。

表3-11　心智模式对学习的影响㊁

心智模式	固定型心智模式	成长型心智模式
特点	智力生来就是固定的	智力可以通过努力获得
学习目标	表现目标——努力让自己看起来比别人更好	掌握目标——努力学习，掌握材料或技能
学习行为	回避挑战——优先选择自己高度胜任的领域	面对挑战——优先选择需要新知识的领域
	面对失败选择退出——付出更少的努力	面对失败更加努力——付出更多的努力
	寻找机会增强自尊——寻求肯定性的社会比较	寻求机会多学习——寻求更多的问题解决策略
学习结果	回避挑战，无法发挥潜力	在困难面前茁壮成长，不断进步

研究发现，心智模式会影响学习成绩。比如一项对七年级学生的纵向研究发现，更多拥有成长型心智模式的学生在中学阶段获得数学成绩的提高㊂，而拥有固定型心智模式的学生则没有。此外，对学生进行成长型心智的干预，有助于改变其心智模式㊃。

原理5：先前经验（生活经验、先前知识）会影响后续学习

每个学生都不是空着脑袋，而是带着先前经验走进教室的，这是因为先前已有的图式、结构框架会促进对新的相关信息编码和记忆㊄。

首先，学生的先前生活经验会影响课堂中的正式学习。早在1993年，就有学者对405名成年人进行了调查和访谈，结果发现生活经验显著影响着学习者的学习㊅。比如：一直

㊀ YAGHOOB R A, HOSSEIN Z P. The correlation of multiple intelligences for the achievements of secondary students [J]. Educational Research and Reviews，2016，11（4）：141-145.

㊁ 马雷特. 人是如何学习的Ⅱ：学习者、境脉与文化 [M]. 裴新宁，王美，郑太年，译. 上海：华东师范大学出版社，2021：122.

㊂ BLACKWELL L S，TRZESNIEWSKI K H，DWECK C S. Implicit theories of intelligence predict achievement across an adolescent transition：a longitudinal study and an intervention [J]. Child Development，2007，78（1）：246-263.

㊃ YEAGER D S，DWECK C S. What can be learned from growth mindset controversies?[J]. American Psychologist，2020，75（9）：1269-1284.

㊄ KESTEREN M T R V，RIJPKEMA M，RUITER D J，et al. Building on prior knowledge：schema-dependent encoding processes relate to academic performance [J]. Journal of Cognitive Neuroscience，2014，26（10）：2250-2261.

㊅ MERRIAM S B，CLARK M C. Learning from life experience：what makes it significant?[J]. International Journal of Lifelong Education，1993，12（2）：129-138.

生活在乡村，没有见过镜面建筑反光的现象，就很难理解光污染；生活在城市中心的孩子在学习城市热岛环流时会更容易理解；见过西北高原雪景的学生会更容易对“山舞银蛇，原驰蜡象”的比喻产生共情。

其次，学生的先前知识库是影响学习的最重要因素㊀，学生的已有知识会促进或者会阻碍其学习㊁。学生知道哪些，不知道哪些，知道的对不对，知道的能否被激活，都会影响其新知识的学习，也决定了教学起点知识水平。比如：如果不知道地球绕太阳运行的精确周期，没掌握好倍数，对时间换算不熟练，那么就很难搞清“四年一闰，百年不闰，四百年再闰”的算理。需要强调的一点是，学生知道的程度会更加影响后续学习，知道什么（事实）与知道如何（技能、程序）、知道何时（应用条件）、知道为什么（原理）是不同的，如图3-8所示。

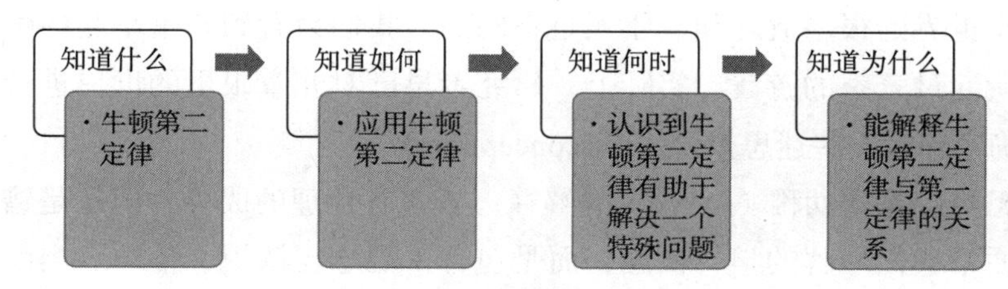

图3-8　所“知道”的程度示例

每个学生并不是像摄像机一样简单地记录、收集、积累知识，不是对客观事物做镜像反映，而是会在头脑中生成意义，新学习的知识会和之前所学的知识相互作用。学生在应对一项新任务的时候，会将自己拥有的先前个人经验带入学习境脉中，尽可能地关联已经知道的东西，并以现有的知识、经验或方法作为探寻新材料的切入点㊂。这种将过去经验和新线索相结合的过程就是重建记忆的过程，也是学习的过程。比如建构主义心理学中经典的故事“青蛙向鱼介绍鸟”（见图3-9），鱼根据青蛙的描述，形成的是自己想象中鸟的形象。经典的心理学实验都证明了先前知识对记忆新信息和认知过程的影响，神经科学的研究也表明了腹内侧前额叶皮层和海马在先前知识的形成以及与新信息的整合中发挥了关键作用㊃。

㊀ KALYUGA S. Effects of learner prior knowledge and working memory limitations on multimedia learning [J]. Procedia-Social and Behavioral Sciences，2013，83：25-29.

㊁ 安布罗斯. 聪明教学7原理：基于学习科学的教学策略 [M]. 庞维国，译. 上海：华东师范大学出版社，2012：14.

㊂ 马雷特. 人是如何学习的Ⅱ：学习者、境脉与文化 [M]. 裴新宁，王美，郑太年，译. 上海：华东师范大学出版社，2021：141.

㊃ BROD G，WERKLE-BERGNER M，SHING Y L. The influence of prior knowledge on memory：a developmental cognitive neuroscience perspective [J]. Frontiers in Behavioral Neuroscience，2013，7：139.

图3-9 鱼结合自己的经验建构关于鸟的形象

原理 6：儿童的先前迷思概念

儿童关于世界的很多概念和成年人是不同的，我们会看到儿童拿起两个布娃娃、几个小车就能玩起过家家的游戏。实际上，研究者早已对儿童眼里的世界进行了研究，并且发现儿童确实存在一些迷思概念（misconception）。

所谓迷思概念是指幼稚（naive）的解释，虽含有合理的成分，但还是错误的。这里的概念不是通常我们理解的学科概念，而是包含了观念、认识、信念。当前关于儿童的迷思概念有多种发现。

皮亚杰就发现10岁以下的儿童用个人的主观感受解释物理世界，比如，6岁的儿童解释为什么太阳是热的：因为太阳想让人们温暖，所以它是热的。对儿童关于“有生命”（alive）的含义的研究，发现儿童会认为有活动的事物就是有生命的（比如，蜡烛是有生命的，因为它发光；山没有生命因为山不做任何事情）㊀。凯瑞（Carey）的研究发现了大量儿童在生命领域的迷思概念。比如有些9岁及以下的儿童只知道一点点心脏的生理功能，并且将心脏认为是产生社会意义的器官，比如认为“心脏可以让你能够爱他人”；一些儿童从行为的角度解释，认为“当你跑得很快时它会跳动”“你可以听到心脏的跳动”；只有1/5的儿童解释心脏是与血液有关的㊁。当被问及有关死亡的概念时，儿童会认为死亡与睡觉和分离是相似的，比如儿童会说“死者只是像睡着了一样，睡在地上”，当研究者问：“那你怎么知道一个人是睡着了还是死去了呢？”儿童则会回答：“当他们睡觉后不会起床，不会睁开眼睛就是死去了。”㊂

沃斯尼阿多（Vosniadou）和布鲁尔（Brewer）对儿童关于地球形状的心智模型进行研究㊃，发现一年级、三年级和五年级学生被问及关于地球形状的问题时，他们的回答是

㊀ CAREY S. Conceptual change in childhood[M]. Cambridge，MA：MIT Press，1985：16.

㊁ CAREY S. Conceptual change in childhood[M]. Cambridge，MA：MIT Press，1985：46.

㊂ CAREY S. Conceptual change in childhood[M]. Cambridge，MA：MIT Press，1985：62.

㊃ VOSNIADOU S，BREWER W F. Mental models of the earth：a study of conceptual change in childhood [J]. Cognitive Psychology，1992，24（4）：535-585.

不一致的：有的认为地球是圆盘形状的；有的认为地球是扁平的；有的说地球是圆形的但是有端点和边沿，走到边沿人就会掉下去。最终研究者总结出儿童的5种关于地球的心智模型，即球体、扁平球体、空心球体、双重地球、圆盘地球和矩形地球，如图3-10所示。我们可以想想自己小时候对地球的认识是什么样的？是否认为海平线就是地球的末端？

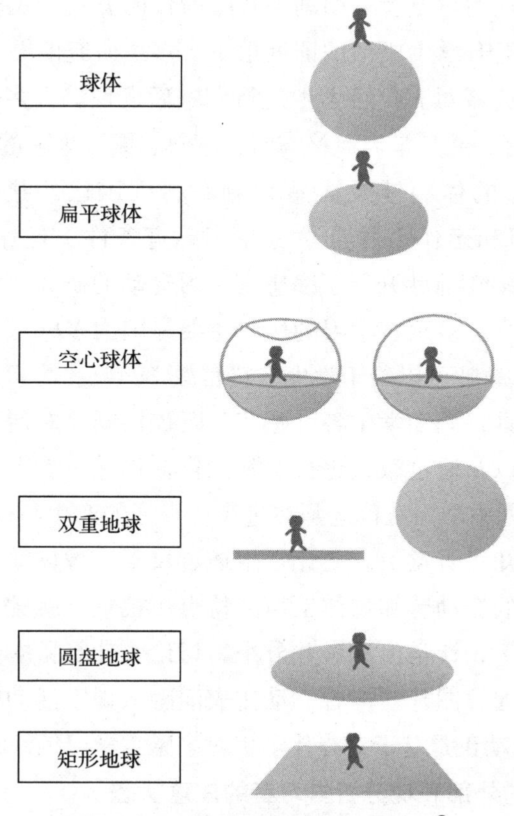

图3-10 儿童关于地球的心智模型㊀

可见，学生进入课堂之前，头脑中就积累了很多缺乏科学性的迷思概念，如果教师忽略学生存在的先前迷思概念而进行教学，即使在当时看来学生会接受老师的新授概念，过后，先前的迷思概念仍然可能占据学生的大脑。即使是班级上最聪明的学生也会有长期积累的迷思概念，而这种迷思概念是无法通过传统教学改变的㊁。

3.3.2 从认知发展看学习者特征分析的策略

基于以上感觉统合、注意力、认知发展、智力、先前经验和迷思概念六大方面的原

㊀ VOSNIADOU S，BREWER W F. Mental models of the earth：a study of conceptual change in childhood [J]. Cognitive Psychology，1992，24（4）：535-585.

㊁ DISESSA. A history of conceptual change research：threads and fault lines [M]// SAWYER R K. The Cambridge handbook of the learning sciences. Cambridge: Cambridge University Press，2006：265–281.

理，我们可以对学习者开展多方面的特征分析。

策略 1：基于学习者多感官偏好，提供多感官刺激

以往我们会按照学习风格对学习者进行分类，对不同学习风格的学习者采用与之相适应的教学策略。比如对听觉型学习者采用讨论法开展教学，对视觉型学习者采用绘图的方式开展教学，对动觉型学习者采用动手实际操作的方式开展教学。但实际上，依据学习风格开展教学后能提升学生成绩的证据很少，多项研究的结果都在质疑基于学习风格的教学[一][二]，甚至有研究者对五年级学生进行调查后发现，大多数学生（68%）甚至都没有明确的学习风格偏好，并且学习风格与听力理解、阅读理解的成绩没有相关关系[三]。

我们在这个世界上的体验涉及多感官刺激，人脑已经进化为在多感官环境中以最佳方式发展、学习和运作，并且学习在多感官条件下运作最佳。其实蒙台梭利（Montessori）早在100多年前就开展了多感官学习运动的研究，将视觉、听觉、触觉和动觉多种感官刺激相结合。多感官学习的优势主要是因为多感官的大脑区域是相互交互的[四]。因此，在教学中，教师可以给予学生多感官教学策略，尽可能地利用图片、实物、音视频、模型等直观教具，调动学生各种感官。既提供同伴对话、小组讨论，也提供通过视觉化解题的方式，以及通过教具进行实际操作，让学生看得见、听得到、摸得着。比如，黑龙江绥化市第九中学王玉伏老师在进行“声音的产生与传播”[五]一节课时，通过播放各种声音让学生感知（听觉），还让学生通过尺子、橡皮筋等制造声音（动觉），通过看和摸鼓面和音叉的振动感知物体发声的特点（视觉、触觉），并且播放声波动画类比水波（视觉、听觉），让学生思考并分小组讨论为什么雷电时先看到闪电，后听到雷声。又如，通过将童谣、图片、声音、动作表演融入识字活动中来提升儿童的识字效果[六]。丰富的感官刺激活动正是基于对当代学生对多感官学习偏好的了解而设计的。

策略 2：基于注意的外部表现分析学习者的注意状态

通常教师通过对学生外在行为表现和表情状态进行观察来了解获取学生的注意力情况，比如看到学生交头接耳，就知道他们注意力不集中了。实际上，我们的确可以通过注意的外部表现来判断注意的状态。注意的外部表现包括适应性运动、无关运动的停止、呼吸运动的变化等，见表3-12。

㊀ KNOLL A R，OTANI H，SKEEL R L，et al. Learning style，judgements of learning，and learning of verbal and visual information [J]. British Journal of Psychology，2017，108（3）：544-563.

㊁ ROGOWSKY B A，CALHOUN B M，TALLAL P. Matching learning style to instructional method：effects on comprehension [J]. Journal of Educational Psychology，2015，107（1）：64-78.

㊂ ROGOWSKY B A，CALHOUN B M，TALLAL P. Providing instruction based on students’ learning style preferences does not improve learning [J]. Frontiers in Psychology，2020（11）：164.

㊃ SHAMS L，SEITZ A R. Benefits of multisensory learning [J]. Trends in Cognitive Sciences，2008，12（11）：411-417.

㊄ 教育部科技司2020教育信息化教育应用实践共同体 “学习科学与游戏化学习实践共同体”项目（教科技司〔2020〕215号）阶段性成果。

㊅ 陈美婷. 运用多感官教学提高识字障碍儿童的识字效率 [J]. 现代特殊教育，2018（13）：58-59.

表3-12 注意的外部表现及释义

外部表现	释义
适应性运动	感觉器官会朝向正在注意的刺激物。比如看到学生身体前倾、眼睛睁得比较大，就可以判断这个学生正在注意当前内容
无关运动的停止	多数无关的动作会暂时停止
呼吸运动的变化	注意力高度集中时，会出现呼气时间变长，吸气时间变短，甚至暂停呼吸，即屏气凝神

随着网络媒体的发展，我们被海量信息所包围，一睁眼就能接触到各种信息。学生早已习惯于画面生动、色彩丰富的视频、动画、图片，而对课堂上相对单一的信息呈现方式会感到厌倦。因此，教师应该擅长于利用多媒体设计吸引学生的注意，比如，通过简单的动画和配音制作课件，通过一些有趣的活动、讲故事、动手动脑的教具、富有挑战性和悬念的任务等吸引学生的注意。

策略3：基于皮亚杰的认知发展阶段开展教学任务

认知水平是随着年龄、在外界环境影响下不断发展的，因此，每个年级的学生会有认知发展的阶段性特点，把握每个阶段学生的认知特征并结合最近发展区开展相应教学，有助于促进学生的认知发展。

比如，伦敦国王学院研发了“基于认知发展的学科教育”（Cognitive Acceleration Across the Curriculum）项目，发现：5~6岁的儿童是从不可逆思维向形象思维过渡的关键期，可以通过数学任务训练其序列、分类、因果关系、守恒、空间感知、数字感知、演绎、衡量、逆向思维等；12~14岁是从形象思维向抽象思维过渡的关键期，通过科学探究，着重培养其变量控制、类比、组合、建模、相关性、可能性、抽象、辩证思维等[一]。

根据皮亚杰认知发展阶段理论，小学阶段的儿童多处于具体运算阶段，思维具有守恒和可逆性等特点。使用具体教学任务来训练儿童守恒观念和可逆思维的形成具有重要意义。比如，在幼儿阶段就可以训练简单的守恒任务，用不同拼摆方式的方块表示同一个数；小学低年级可以通过让学生在两个形状不同的量杯中倒入同一体积的水，比较哪个量杯所装的水更多，并让学生借助第三个量杯实际操作获得对体积守恒的感知；在中年级用等量代换的学习任务训练学生更为复杂、抽象的守恒思维。需要注意的是，学生的认知发展存在差异，一旦发现学生无法实现当前难度的思维任务，就可以提供更为基础的训练，再逐渐提升难度。此外，在具体运算阶段，需要继续使用具体的道具和视觉上的帮助[二]，在处理复杂问题时更应如此，比如利用时间轴来讲授历史。

[一] 李伟. 基于认知发展的学科教育：英国认知干预项目及其启示 [J]. 山东师范大学学报（人文社会科学版），2011，56（4）：147-151.

[二] 伍尔福克. 伍尔福克教育心理学：第12版[M]. 伍新春，张军，季娇，译. 北京：中国人民大学出版社，2015：46.

策略 4：基于多元智能理论的学习者特征分析和教学

基于多元智能对学生进行的评价是注重过程的评价，而非一纸试卷就可以测评出来的；基于多元智能对学生进行的评价是注重多元的评价，而非用一条分数线量化所有能力；加德纳打破了心理测量学的传统，认为对学生智能的评估是在课堂环境的活动中完成的，通过收集有关个人智能的信息来进行评估[㊀]。因此基于多元智能对学习者特征开展分析，要求收集学生在课堂学习过程中的表现，在解决问题过程中的表现，以及平时提交的作业、作品等，作为评价的证据来源。各种智能对应的评价证据来源和常用教学活动见表3-13。

表3-13　各种智能对应的评价证据来源和常用教学活动[㊁㊂]

智能领域	评价的证据来源	常用教学活动
言语智能	写作稿件、随笔、反思日记、讨论和争论的录音、讲故事的录音、字谜完成情况等	运用讲故事来……进行一场关于……的辩论；写一篇关于……的新闻故事、诗歌、神话、传奇；为……叙述一个小故事；为……创制标语口号；进行一次对……关于……的采访；运用术语写……
逻辑-数学智能	计算和数学问题解决的过程记录、科学实验记录、所编写的计算机程序等	为……创编应用题；将……转换为一个公式；创制一个关于……的时间脉络；设计实施一个关于……的实验；发明一种……的策略游戏；运用文氏图（也称韦恩图）来解释……用类比来解释……为……编写一段代码
空间智能	三维实物/虚拟模型、图示、流程图、草图、思维导图、完成空间想象题目的情况等	用图表、地图、柱状图、曲线图……制作一个关于……的幻灯片展示；设计一个关于……的海报；创作艺术作品……为……设计广告；发明一个示范……的游戏
身体运动知觉智能	动手项目的记录、参加体育或舞蹈活动的情况等	角色扮演或模仿……创编一段关于……的舞蹈；创作一系列动作来解释……发明一种棋类游戏或桌游来……为……制作拼图卡；搭建或建构……为……进行简单的动手操作；运用动手操作材料来……
音乐智能	音乐演出、音乐创作、演奏等	进行一个有音乐伴奏的关于……的展示；为……写歌词；写一首歌曲解释……将一首歌的歌词与……相联系；运用背景音乐来促进学习……收集并表演关于……的歌曲
自省智能	自我评价的文章、兴趣爱好记录、对自我反思的笔记等	描述将帮助你成功完成……的品质；为……做出类比；描述你对……的感受；解释你关于……的个人价值；写一个关于……的日志；实施一个你选择关于……的方案；获得另一个人给你关于……的反馈；在……方面，对你的工作进行自我评价

㊀ ALMEIDA L S，PRIETO M D，FERREIRA A I，et al. Intelligence assessment：Gardner multiple intelligence theory as an alternative [J]. Learning and Individual Differences，2010，20（3）：225-230.

㊁ 胡小勇，回俊青，罗端娥. 多元智能教学实训教程 [M]. 南京：南京师范大学出版社，2008：8.

㊂ 坎贝尔 L，坎贝尔 B，迪金森. 多元智能教与学的策略：第3版 [M]. 霍力岩，沙莉，孙蕾蕾，译. 北京：中国轻工业出版社，2015：301-303.

（续）

智能领域	评价的证据来源	常用教学活动
人际交往智能	小组报告、同伴或其他教师的反馈、合作学习记录、公益项目参加资料等	和一个同伴一起，运用“大声说出来解决问题”的方法来……参加一个小组来……教其他人……运用你的优势之一，在小组中扮演一个角色来完成……
自然探索智能	野外自然观察记录、照顾动植物的记录、表达对大自然兴趣和爱护的作品、自然采集的照片（昆虫、植物标本）等	收集并将数据分类；记录关于……的观察日志；解释某一种植物或动物物种如何相像；运用显微镜、放大镜、望远镜来……识别……二者的关系是……喂养动植物来学习……将……的特征细化；参加户外田野旅游来……

表3-14是结合多元智能的单元计划设计实例——“光合作用：将阳光转化为食物”中学习活动的设计。

表3-14　基于多元智能的单元计划活动实例㊀

智能领域	具体要求
言语智能	预习关键词汇并阅读光合作用的内容
逻辑-数学智能	制作光合作用步骤的时间线，标注物质和能量的流动
空间智能	用水彩绘制光合作用的步骤
身体运动知觉智能	对光合作用涉及的“主角”进行角色扮演
音乐智能	用精选曲目创编音乐短剧表现光合作用涉及的步骤
人际交往智能	在小组中讨论叶绿素在光合作用中的转换作用，并和学生的生活进行横向类比
自省智能	撰写一篇反映个人概念转化经历的日志，并把它和光合作用进行比较
自然探索智能	比较光线充足环境中成长的种子和缺乏光线环境中的种子

在针对学生的多元智能评价方面，加德纳于1984—1988年发起了光谱项目（spectrum project）。该项目是哈佛大学和塔夫茨大学合作的经历了10年的早期儿童研究项目，为学前教育和小学早期的儿童评估和课程开发提供了方法，项目中设计了7个不同知识领域的评估活动，将评估嵌入有意义的动手活动中展开。这7个评估活动既可以作为评估技术，也可以作为课程活动，在活动过程中可以对儿童进行观察、提问和评价。7个评估活动包括：①“语言活动”（言语智能），有配乐讲故事、采访朋友、新闻报道等。②“数学活动”（逻辑-数学智能），有估算游戏、厨房中的数学、仿搭积木等。③“机械与构建活动”（空间智能），使用工具和小器械组装和解决简单的机械问题。④“运动活动”（身体运动知觉智能），有镜像动作游戏、跳舞表演故事、热身操等。⑤“社会理解活动”（人际交往智能、自省智能），有了解自我的情感车轮、了解他人的找朋友、班级

㊀ 坎贝尔 L，坎贝尔 B，迪金森. 多元智能教与学的策略：第3版 [M]. 霍力岩，沙莉，孙蕾蕾，译. 北京：中国轻工业出版社，2015：307.

人口调查等。⑥“音乐活动”（音乐智能），有音乐感知的游戏、演奏音乐、作曲等；“科学活动”（自然探索智能），使用显微镜观察指纹、头发，设计实验并记录实验，探究光和影子的关系。⑦“视觉艺术活动”，有画卡分类、多视角绘画、身边的形状等㊀㊁。

当然，除了应用光谱项目的评价活动外，教师还可以对学生或者家长进行简单的提问和访谈，以了解学生的多元智能发展情况。比如：“列举几个你/您的孩子最感兴趣的活动，这些活动可以是你/您的孩子擅长的，也可以是不擅长的。”“有没有什么活动是让你/您的孩子非常兴奋的？有没有什么活动或话题是你/您的孩子在课外常常谈到的？说了些什么？”

策略5：基于成长型心智模式的学习者特征分析和教学

心智模式就像大脑中默认的程序，会自然而然地执行，要改变默认程序，首先要对其有所了解。教师可以根据学生的表现和自己的表现判断心智模式，见表3-15。

表3-15　心智模式判断㊂

情况	成长型心智模式的表现	固定型心智模式的表现
面对挑战：一天上课，你意识到这个课程比你的预期难很多	“值得一试，最坏的情况无非就是我学到的东西少一点”	“我不想上了，我就只适合简单的”
面对困难：这个作业看上去很难	“这比我想象的难得多，我必须重新调整下，在这上面投入更多时间”	“我想并不是每个人都擅长做这个”
面对努力：一个大项目需要你熟悉一些新概念，练习新技能	“这对我来说要做很多，但是如果我能理解这些技能和概念，就打开了这个领域的门”	“我就把我已经知道的做了吧，其他的不必理会，没必要为此陷入烦恼”
面对批评：老师对你完成这个项目的策略有一些批评性的反馈	“老师对于我怎样提高给出了很好的观点，我想知道是否随后可以有更多讨论帮助我修改”	“反正我也不是很重视，从一开始，他就讨厌我”
面对他人的成功：同伴在项目上拿到了A，而你没有	“同伴的项目独具一格，面面俱到，我得向她好好学习下，她是帮我提高的最好资源”	“同伴拿到A是多不容易呀，她显然没有那么聪明”

值得注意的是，几乎所有人都同时具有两种心智模式，在不同情况下会倾向于不同的心智模式，如某个人可能学英语时采用成长型心智模式，而在体育锻炼时采用固定型

㊀ 陈杰琦，艾斯贝格，克瑞克维斯基. 多元智能理论与儿童的学习活动 [M]. 何敏，李季湄，译. 北京：北京师范大学出版社，2015：23-342.

㊁ 克瑞克维斯基. 多元智能理论与学前儿童能力评价 [M]. 李季湄，方钧君，译. 北京：北京师范大学出版社，2015：1-178.

㊂ 布洛克，亨得利. 成长型思维训练：12个月改变学生思维模式指导手册 [M]. 张婕，译. 上海：上海社会科学院出版社，2018：219.

心智模式。

针对具有固定型心智模式的学生，具体干预方式包括：①通过隐喻告诉学生“大脑像肌肉，越锻炼越强壮，越强壮越聪明”，可以用黏土制作大脑的结构并介绍大脑可塑性的原理。②介绍拥有成长型心智模式的科学家、知名人士的故事[㊀]，比如爱迪生如何从一个普通的男孩成长为发明灯泡的天才，真相是他与多名化学家、数学家等协作，以及自始至终的好奇心和成长型心智模式。③让学生主动体验，比如写一封信，介绍自己如何利用成长型心智模式实现目标，写一封信鼓励还有固定型心智模式的学生[㊀]。④自我对话改变自己的心智模式，比如，当想到“这太难了”，可以换个想法改为“不管怎样，我努力做好，就可以从这个经历中学到东西”，当想到“我永远也学不好物理”，改为想“我要用更多时间来学好物理”。⑤就像诺贝尔经济学奖获得者丹尼尔·卡尼曼（Daniel Kahneman）提到的，人有快思考和慢思考两种系统，快思考系统不怎么费脑力，无意识且快速出现，慢思考系统需要耗费脑力和专注力、选择判断后做出论证，固定型心智模式的想法正如快思考的结果一样。可以把自己头脑中冒出的固定型心智模式的想法命名为“自大、贪婪、阴暗的狼”，把成长型心智模式的想法命名为“乐观、谦虚、友爱的喜羊羊”，努力让自己头脑中的“喜羊羊”出现，而非“狼”。

策略6：对学习者已有知识和已有经验的分析

以往判断学生已学知识的掌握情况，大都是教师通过课标和教材来判断学生已经学了哪些，然而课标和教材要求学生达到的，学生是否达到了是未知的。学生是学习的主体，只有从学生身上才能了解其已有知识的掌握情况。分析学生已有知识和已有经验的策略包括：①使用（电子）问卷或答题器收集学生关于某些问题的答案，以及请学生填写相关经验。②使用这样的表述引导学生说出已经学了哪些，“我学习了……”“我可以把所学的应用在……”“我仍旧存在的问题包括……”“我感到混乱不清的地方是……”“关于这个主题，我想到了……（生活经验）”。③使用图形组织器评估学生的已有知识，如让学生画出关于某个知识点的思维导图。

学习科学之所以称为“科学”，是因为它建立在实证依据的基础上，而非专家的意见、口号或引文[㊁]。因此，基于学习科学开展教学的教师同样可以根据实证的依据开展教学，在分析学生已有知识经验时尤其可以遵循实证依据。比如北京市海淀区育鹰小学蒋振东老师在讲授小学三年级科学“运动与位置”[㊂]前，就围绕单元核心问题“怎样描述物体运动”进行了前测：让学生描述教师展示的情境，“教师展示两种玩具降落伞的玩

㊀ YEAGER D S，DWECK C S. What can be learned from growth mindset controversies?[J]. American Psychologist，2020，75（9）：1269.

㊁ 梅耶. 应用学习科学：心理学大师给教师的建议 [M]. 盛群力，丁旭，钟丽佳，译. 北京：中国轻工业出版社，2016：18.

㊂ 教育部科技司2020教育信息化教育应用实践共同体 “学习科学与游戏化学习实践共同体”项目（教科技司〔2020〕215号）阶段性成果。

法：抛出带降落伞的小人玩具，取下塑料小人；手拿降落伞直接松手”。学生的回答如图3-11所示。教师对学生的回答进行分析，发现“学生描述的方法并不科学，学生知道运动方式有不同，但是没有运动类型这一概念，更不能将运动类型归类说明，所以需要将运动方式逐步建构为科学认识和系统认识。学生更关注运动的方式（80%），针对本课很少学生将物体的位置与物体的运动相关联，大部分学生没有关注到位置变化，也说明学生通过生活经验知道位置的意思，但是因为不知道运动是物体相对某一参照物位置变化，所以没有将运动与位置关联。学生描述物体运动速度时，大部分学生用快慢描述，少数学生用速度描述”。

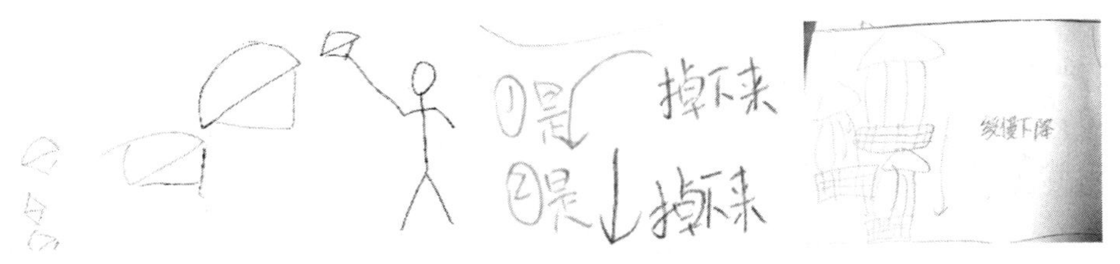

图3-11　学生已有知识测评示例

除了对已有知识进行测评外，学生的学科相关能力也是影响学习的因素，同样可以通过实证测评的方式开展。比如蒋振东老师对学生的科学建模能力进行测试，测试内容为根据一个迷宫图，设计一条走出迷宫的路线。通过测试和对学生答案的分析，发现“部分学生（30%）可以准确将方向与距离结合描述位置（见图3-12），也有部分学生（20%）方法正确但是结构错误，还有学生（20%）尝试通过坐标的方法对位置进行描述。但是在设计行进线路时，没有学生描述参照物”。根据该发现，蒋振东老师得出进一步教学策略为“这节课要发展学生借助抽象概念表达具体事物的能力”。

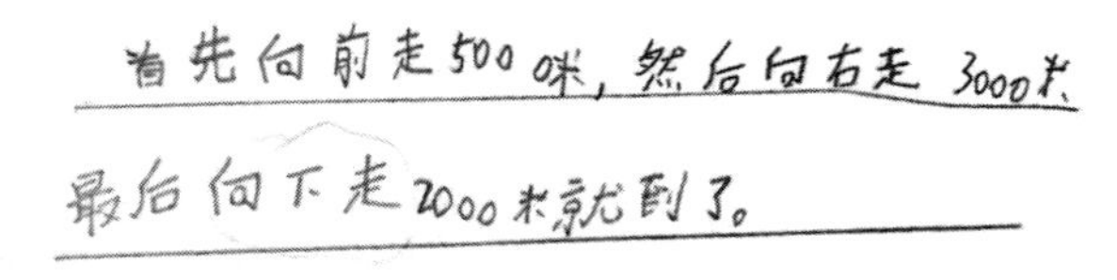

图3-12　学生描述路线的方法示例

策略7：基于对学习者迷思概念的分析进行概念转变教学

对学习者已有的迷思概念进行分析和预估是学习者特征分析中不可缺少的一环。教师可以通过提问、对话等方式获取学生的已有迷思概念，然后基于此开展后续教学。将迷思概念转变为科学概念的过程就是概念转变（conceptual change），因为学生建立新概念的过程必须以已有概念为基础，因此强调的是改变，而不是简单的累积或获得过程[⊖]。

⊖ DISESSA A. A history of conceptual change research：threads and fault lines[M]// Sawyer R K. The Cambridge handbook of the learning sciences. Cambridge ：Cambridge University Press，2006：265-281.

波斯纳（Posner）等人提出必须满足4个条件才会发生概念转变[一]：其一，就是要创设情境让学生意识到已有的概念是不足以解决现有问题的，即已有的概念是不满足的，需要吸收接纳新的概念；其二，新的概念一定要让学生感觉到是可以理解的；其三，新的概念是合理的，可以接受的；其四，新的概念是富有成效的，可以解决当下问题的。

当前国际上有多种教学策略可以促进学生的概念转变[二]：①合作学习、探究学习、问题学习被证明是促进学生概念转变的最有效方法。②通过教学媒体如实物模型、动画、概念图等进行教学，也可以促进学生建立科学的概念。③有效的类比也被证明能够建立新旧概念之间的关系，克服迷思概念。比如在生物中关于"光合作用"的教学，对于"种子成长为参天大树所需的物质主要来源有哪些？"这一问题，大多数学生会本能地认为土壤或水是植物所需物质的全部来源。针对这一迷思概念，教师如果直接否定，用水培植物的生长不需要土壤，或者用实例（科学家赫尔蒙特种植柳树前后5年，发现柳树增重74.47kg，而土壤重量几乎不变）来反驳，学生可能仍然难以接受。教师如果对这一迷思概念进行详细分析，会发现学生的困惑可能来自对植物生长所需营养以及土壤能够给植物提供哪些营养成分不清楚，继而设计问题链："植物根尖有哪些结构?""根尖主要吸收土壤中的哪些成分?""回顾这些成分分别在植物的生长过程中起什么作用?""秸秆燃烧时是什么物质在燃烧，剩下的灰烬主要含有什么成分?"引导学生产生"植物中的有机物来源于哪儿?"的疑问，然后探究光合作用的产物[三]；抑或引导学生开展对照实验，比较土壤贫瘠与土壤肥沃的不同条件下植物的生长长度和土壤重量的差异。

玩一玩，测一测

玩一玩　右小指和左耳垂游戏

游戏规则：老师说"左手和右眼"，学生就要用左手遮住右眼；接下来增加难度，老师说"右食指和左耳垂"，学生就要立马用右食指指向左耳垂；还可以变换口令为"左小指和右耳垂""左拇指和右肩膀"等。

说明：这个简单、快速的游戏可以快速让学生注意力回到课堂上，还可以训练学生快速反应能力，在听指令控制肢体的过程中训练感觉统合。

[一] POSNER G J，STRIKE K A，HEWSON P W，et al. Accommodation of a scientific Conception: toward a theory of conceptual change [J]. Science education，1982，66（2）：211-227.

[二] 竺丽英，王祖浩. 科学概念转变教学的效果论证：基于元分析的国际比较视角 [J]. 化学教育（中英文），2020，41（7）：44-50.

[三] 陈烟兰，禹娜. 生物学教学中概念转变常见问题的应对策略：以"光合作用的研究历史"为例 [J]. 生物学教学，2020，45（12）：7-8.

测一测

1. 根据下列行为的描述来判断学生是否注意力集中，集中的画√，不集中的画×。

（1）屏气凝神。（　　）

（2）眼神飘忽。（　　）

（3）左顾右盼。（　　）

（4）目不转睛。（　　）

2. 以下（　　）属于具体运算阶段儿童具备的能力。（多选）

A. 数量守恒　B. 逆向思考　C. 假设演绎推理　D. 自我中心　E. 关系推理

3. 8种多元智能分别是________________________________。

3.4　社会性发展

每个人都难逃社会关系，学生也是同样的。我们可以观察下，基本上不存在永远不与任何人交流的学生。人始终是相互影响、相互联系，并在相互关联的社会群体中获得自我发展。

人的毕生发展始终受社会文化境脉的影响。想想如果在古代，为了榜上有名，你也许会成为满腹经纶、饱读诗书的士大夫。所谓社会性发展（social development）就是在社会背景下，在社会群体之中，在与他人关系中表现出来的情感、态度、观念等的变化。那么，在学习者特征分析时，我们要主要考虑哪些方面呢？

3.4.1　从社会性发展看学习者特征分析的原理

本部分的内容包括经典的心理社会发展阶段理论、情绪与认知的双向依赖、对自我的认识。其中，情绪是环境影响下的产物，对自我的认识则是受他人评价、他人影响的个人对自己的判断。

原理 1：埃里克森心理社会发展阶段理论

精神分析学家埃里克·埃里克森（Eric Erikson）基于临床观察和实践，提出了心理社会发展阶段理论。该理论认为人的心理社会发展贯穿一生，分为8个连续的阶段，每个阶段都有不同的任务，发展成功就形成积极的品质，否则就形成消极的品质。每个阶段的核心事件以及如何帮助个体度过的策略见表3-16。教育的意义就在于发展积极的品质。

表3-16　埃里克森心理社会发展八阶段[⊖]

大约年龄	心理社会发展阶段	核心事件	如何帮助个体顺利度过的策略
出生~18个月	信任对怀疑	婴儿从温暖的养育中发展信任感、安全感和自信感；若不能及时得到舒适或被严厉对待，则会产生焦虑感和不信任感	积极、始终如一地满足婴儿需求
18个月~3岁	自主对羞愧	儿童身体技能获得发展，希望自主选择和决策，体验意志的实现；如果不能较好控制自己的行为，则容易缺乏信心，发展出羞愧	多给儿童提供独立完成任务的机会。对儿童的尝试行为和成功行为多加表扬。在儿童遇到挫折和困难时，不贬低和羞辱
3~6岁	主动对内疚	儿童对周围世界更加主动和好奇，更具自信和责任感；如不顺利，比如父母过分要求儿童自我控制，则表现出退缩或过于主动，引起内疚感	多给儿童提供自己做决定的机会。比如讲故事的时候让他们自己选择一本书；做游戏的时候让他们自己选择玩法，自己挑选手工材料等
6~12岁	勤奋对自卑	儿童开始形成学习能力并发展为人处世的能力；在学校、家庭、同伴关系中的负面体验会产生自卑感和失败感	儿童每完成一个任务或一部分内容的学习就予以表扬。鼓励儿童将自己目前的水平与以前相比较，避免与他人比较
12~18岁	同一性对角色混乱	青少年开始思考“我是谁”“我在社会上是什么样的地位”等问题，在职业、性别、角色等方面获得同一性，方向明确；如发展不顺利，则容易丧失目标，失去信心	鼓励青少年进行自我认同
成年初期	亲密对孤独	逐渐建立与他人的亲密关系；如果发展不顺利，则容易被社会疏离而感到孤独寂寞	给该阶段的个体树立榜样，鼓励该阶段的个体处理好人际关系
中年	繁殖对停滞	成年中期关爱家庭，养育子女，具有社会责任感；如果发展不顺利，则体验不到成就感和意义	分享家庭的温馨事件和养育经验，促进他们有意识地维持好家庭关系
老年	完美无憾对悲观绝望	反思自我，如果自我接受感和满足感达到顶点，会体验到完整感；如果对自己一生不满，则固着于陈年往事，虚度时光，恐惧死亡	处在这一阶段的教师可以总结教学经验，并终身学习

其中，学前教育学生处在3~6岁“主动对内疚”阶段，小学生处在6~12岁“勤奋对自卑”阶段，中学生处在12~18岁“同一性对角色混乱”阶段。埃里克森的心理社会发展阶段理论有助于我们了解学生在这几个阶段的普遍发展特征。我们可以看到学前儿童普遍具有好奇心，要保护和保持儿童这种好奇心，减少因为过度控制带给他们的受挫感和内疚感。小学阶段学生在关系相处中的失败会影响态度，让他们产生自卑感和失败感，所以要避免同辈比较，培养其勤奋习惯，克服自卑感是主要任务。如果学生因为在考试中失利而被划归为比较差的等级，或者缺乏正确的引导，则会产生自卑心理和逆反心理。中学生对自我的认识尚不清楚，会因挫折而自卑甚至颓废，教师要鼓励他们做出积极的自我评价，肯定自我价值，始终保持对学习的期待；同时，中学生希望独立自主，教师

⊖ 陈琦，刘儒德. 当代教育心理学[M]. 2版. 北京：北京师范大学出版社，2007：42-44.

首先要避免将学生看作孩子，要将他们当作成人看待。

原理 2：情绪与认知双向依赖

情绪时刻伴随着我们。学生做坏事时，我们会生气，学生考得好成绩，我们会开心。那么情绪是怎么产生的？人有哪些情绪？情绪与认知的关系是什么？

（1）情绪的产生。讲到情绪的产生，不得不提到一个经典的心理学故事："盖奇出生于美国，在某铁路工地负责爆破岩石。1848年的一天，发生了意外，一根铁棍从他的左颧骨下方穿入头部，但是并未伤及性命。他在医生的治疗下，一段时间后就出院了。出院后盖奇仍然像正常人一样，然而却变得容易缺乏耐心、反复无常、傲慢、粗野，难以控制自己的情绪。140多年后，神经科学家通过对盖奇的头骨进行CT扫描，发现盖奇损伤了眶额叶区域、腹内侧前额叶，言语和运动部分毫无损伤，这些部分对人的决策行为和情绪反应控制至关重要。"后来大量神经科学研究发现，负责情绪的脑区包括主要边缘系统（杏仁核、扣带回、下丘脑等，负责情绪和记忆）和额叶皮层（负责思考、决策、计划等），大脑在边缘系统产生情感，额叶则会进行情绪调节和控制。杏仁核是像杏仁形状的结构，在颞叶内侧，与海马前部相连。杏仁核会对感知到的危险产生恐惧情绪，并且杏仁核会率先获得快通道中丘脑的信息，所以即使人不知道是什么东西也会感觉害怕，而且只要看到恐怖表情的图片，杏仁核就会被激活[㊀]。眶额叶皮层（眼眶上面的皮层）会参与决策[㊁]，也会参与愤怒的情绪检测和加工[㊂]，正所谓"眉头一皱，计上心来"。对于积极情绪，腹侧被盖区、伏隔核以及部分前额叶形成了奖赏回路，特别是伏隔核，在体验到的奖励多于预期时，就会释放更多多巴胺（一种神经递质）[㊃]，让人开心。有趣的是，奖赏回路受预期影响，倘若想要的东西都在自己预期中，一旦获得奖赏了，奖赏回路就会恢复平静，因此，我们常说的"付出最大的努力，做最低的预期"是有道理的。

关于情绪的产生目前有3种经典的理论，即詹姆斯–兰格理论、坎农–巴德理论、认知评价理论，如图3-13所示。

詹姆斯-兰格理论认为刺激先引发自主的唤醒和行为，然后再去解释行为，再产生情绪感受。比如有的学生在路上碰到了班主任，本能地赶紧躲起来，躲了之后才分析、解释，自己是因为太紧张所以才会躲避。

坎农-巴德理论认为刺激作用于大脑，大脑会分别产生唤醒、行为和情绪感受，三者是独立的路径。比如有的学生看到了很久不见的一位自己很喜欢的老师，一会很开心，二会赶紧跑去跟老师说话，三会产生相应的生理表现，如心跳加速。

㊀ 吉克. 教育神经科学在课堂 [M]. 周加仙，译. 上海：上海教育出版社，2020：106.

㊁ 顾凡及. 脑科学的故事 [M]. 上海：上海科学技术出版社，2011：172.

㊂ 加扎尼加，伊夫里，曼根. 认知神经科学：关于心智的生物学 [M]. 周晓林，高定国，译. 北京：中国轻工业出版社，2011：330.

㊃ 施塔，卡拉特. 情绪心理学：第2版 [M]. 周仁来，译. 北京：中国轻工业出版社，2015：124.

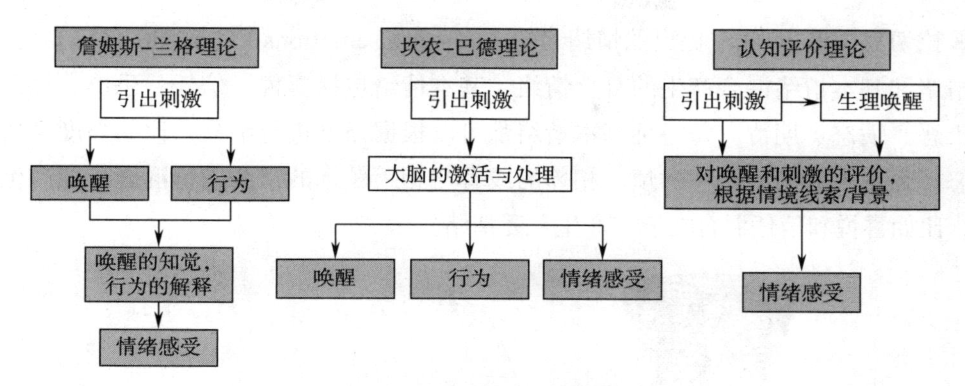

图3-13 三种经典的情绪理论㊀

认知评价理论则认为刺激和生理唤醒之后，会根据评价和情境线索/背景的判断，产生情绪感受。也就是说，先有一定的理解才判断产生的情绪是什么。比如教师大老远就听到班里学生大喊大叫，这时他没有立刻发脾气，而是想了想，这会儿是体育课刚下课，他就理解了学生为什么这么兴奋，就不会生气了。

（2）情绪的类型。情绪有正负性（或积极与消极）和唤醒两个维度，即情绪是正性（积极）的还是负性（消极）的，以及对身体的唤醒水平。詹姆斯·罗素（James Russell）绘制了情绪条目（见图3-14），从生物进化角度，把情绪分为基本情绪和复合情绪。

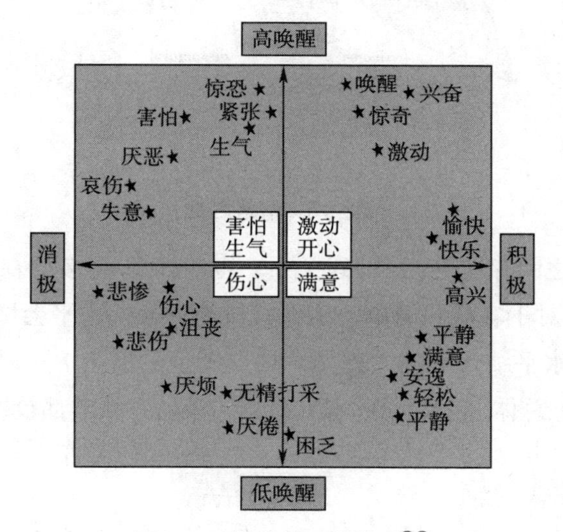

图3-14 情绪的两个维度㊁㊂

㊀ 格里格，津巴多. 心理学与生活 [M]. 王垒，王甦，译. 北京：人民邮电出版社，2003：358.

㊁ POSNER J，RUSSELL J A，PETERSON B S. The circumplex model of affect：an integrative approach to affective neuroscience，cognitive development，and psychopathology [J]. Development and Psychopathology，2005，17（3）：715-734.

㊂ SEO Y S，HUH J H. Automatic emotion-based music classification for supporting intelligent IoT applications [J]. Electronics，2019，8（2）：164.

普拉切克（Plutchik）提出的情绪之轮（wheel of emotions）（见图3-15），包括8种基本情绪和基本情绪混合产生的复合情绪。基本情绪包括喜悦、信任、恐惧、惊讶、悲伤、厌恶、愤怒、期待。每一种基本情绪都可以根据强度进行细分，比如强度高的愤怒是暴怒，强度很低的就是不耐烦。相邻的或者与相距较远的情绪进行混合可能产生复合情绪，比如喜悦和信任混合在一起产生友爱情绪。

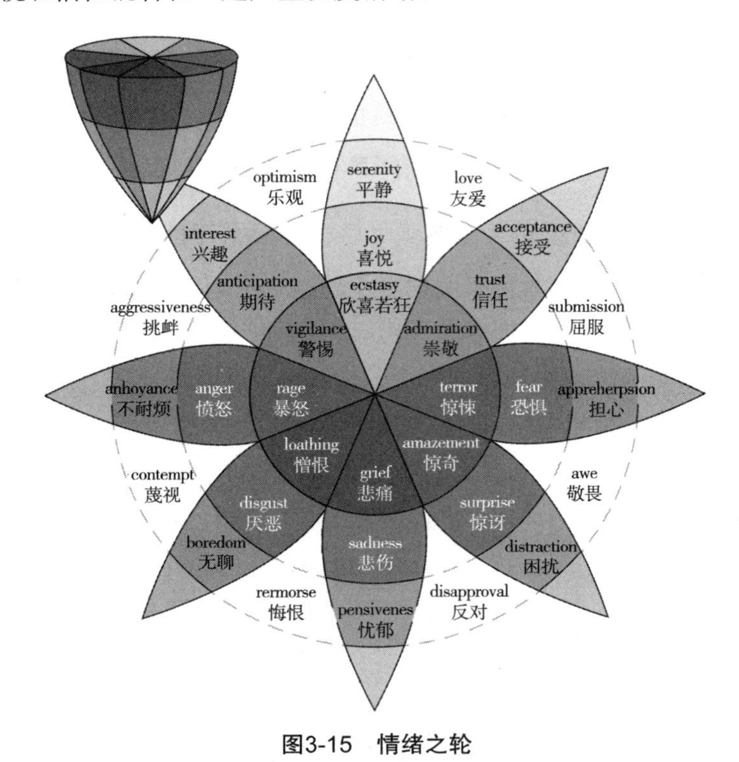

图3-15 情绪之轮

唤醒水平与绩效之间存在倒U形曲线关系，也叫耶基斯-多德森定律（Yerkes-Dodson law）（见图3-16）：对于容易和简单的工作；较高的唤醒水平会增加绩效；对于中等难度的工作，中等唤醒水平绩效最佳（比如愉快、满足的情绪）；对于困难和复杂工作，较低的唤醒水平最优。总体上来说唤醒水平最低和最高，绩效都较差。

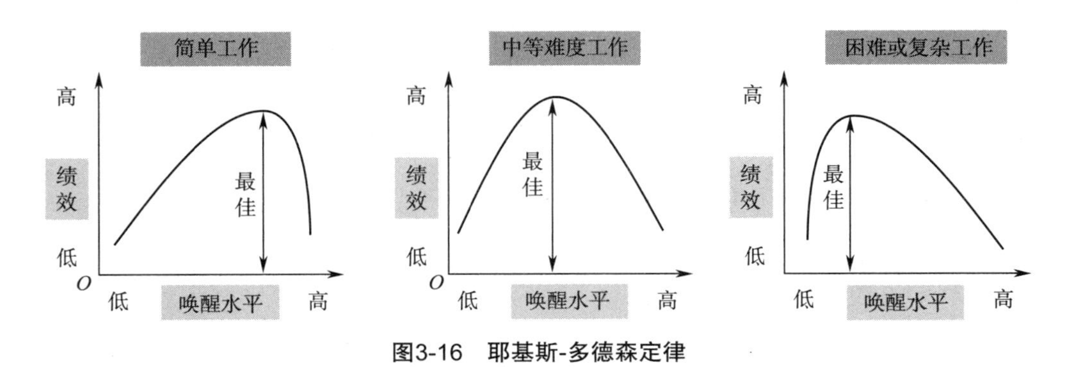

图3-16 耶基斯-多德森定律

（3）情绪与认知的关系。情绪和认知是双向依赖的，情绪依赖于认知，认知也依赖于情绪。积极情绪，如快乐、高兴、轻松、乐观、自信、希望等，可以增强注意力，促进认知加工，提高内部和外部动机[㊀]，并且可以拓宽个人的注意力广度，让人可以看到“森林”；消极情绪则让人只见“树木”不见森林[㊁]。动机是认知和情感的整合，认知和情感都依赖于背外侧前额叶皮层。具有情绪意义的事件能更好地被记住，这是因为参与情绪的杏仁核同时也参与记忆工作，尤其是与海马相互作用参与记忆工作，在记忆巩固的早期和情绪回忆的早期，杏仁核、前额叶、内侧颞叶构建了综合的记忆系统[㊀]。

原理 3：对自我的认识——自尊、自我概念、自我图式和效能信念

“我是谁？来自哪里？要到哪里去？”是关于自我的终极追问，这实际上可以回归于对自我（self）的相关理解。神经科学家发现大脑右半球在探索自我感觉中有重要作用（通过麻醉剂让右半脑处于睡眠状态，很可能人就无法识别自己的脸了），内侧前额叶皮层（眼睛后面）在思考自我的时候会变得很活跃，帮助我们将自我的感觉整合起来[㊂]。促进青少年对自我的认识，从实践上可以帮助青少年顺利度过心理危机，走向成熟。正如埃里克森的心理社会发展阶段理论将青少年时期看作“同一性对角色混乱”时期，认为青少年必须获得自我认同感，统一现实的我和理想的我，即“我应该是什么样子”和“真实的我是什么样子”的协调统一。如果我们总认为自己是完美的，是“别人家的孩子”，难以接受自己的不完美，就会焦虑、恐慌、痛苦，这就是没有建立起同一性。反映自我意识核心概念有自我概念、自我图式、自尊和效能信念，这些都会影响学生的行为和学业表现，在教育中至关重要，见表3-17。

表3-17　反映自我意识的核心概念简介

概念名称	基本含义	实例
自我概念（self-concept）	是对自己的一般观念，是对自身存在、能力、性格、态度和思想等方面的认知，是偏客观判断的	我是健康的，我很擅长生物，我很善良，我很独立，我是一名教师
自我图式（self-schema）	是自我概念的一种，是对自我的特殊信念，是在以往经验基础上对自己的概括性认识	我是严厉的教师，我是追求完美的教师
自尊（self-esteem）	是对自我的尊重，是对自己的主观评价	我对自己感到很满意，我很相信自己
效能信念（efficacy belief）	包括自我效能感（self-efficacy）和集体效能感（collective efficacy），是对自己和所在集体完成学习任务、获得学业成就、调节学习的信念	今天我们小组和我在政治课的辩论中表现得非常好

自我概念与自尊的区别在于，自尊是我们对自己的感受和对自己价值的评价，是偏

㊀ LI L，GOW A D I，ZHOU J. The role of positive emotions in education：a neuroscience perspective [J]. Mind，Brain，and Education，2020，14（3）：220-234.

㊁ HUNTSINGER J R. Does emotion directly tune the scope of attention?[J]. Current Directions in Psychological Science，2013，22（4）：265-270.

㊂ 迈尔斯. 社会心理学：第11版 [M]. 侯玉波，乐国安，张智勇，等译. 北京：人民邮电出版社，2016：37.

主观的。简单来说，填写这样的句子“我是 ______”，所有的答案综合起来，就是自我概念。自我概念与学业成就有密切的关系，有的研究表明学生的自我概念是学业表现的预测指标[1]，是学业成就的决定性因素[2]，而对39项研究的元分析发现自我概念和学业成就是相互影响的，并且这种关系随着时间推移依然保持稳定[3]，也就是说自我概念影响学业成就，学业成就也会影响自我概念。

自我图式整合了信息、信念、记忆和印象，甚至你想象的未来自己的样子[4]，会基于过去经验，组织、指导与自我有关信息的加工过程[5]。自我图式像“模具”“模板”，可以帮助我们快速做出反应，但是同时也会限制我们自己。比如，某学生数学学得很好，刚好有一个数学竞赛的机会，那么他的自我图式就会影响他，让他积极参加竞赛。又如，如果某学生的自我图式中自己是个没有价值的人，一旦老师对他的作业提出意见，他就会认为自己真的没有价值，什么都做不好。

我们常常会说，对自己有信心、对自己满意、肯定自己、接受自己、相信自己、为自己感到骄傲，这些都反映了自尊的不同侧面。如果一个人对自己评价不高，会感到自卑，就是自尊水平比较低；相反，一个人对自己评价比较高，表现得自信，就是自尊水平比较高。但是高自尊不同于过度自信和自我膨胀，是一种自我接纳的感觉。自我主观评价不一定能够反映个体的客观才能，也不一定能够反映一个人如何被他人评价，正如心理学家威廉·詹姆斯（William James）提出的公式——自尊=成功/自我要求，也许看起来很优秀的人会因为对自己要求更高，而自尊水平低，不自信。根据纵向研究的证据，自尊往往从青春期到成年中期增加，在50~60岁达到顶峰，然后加速下降[6]。自尊对人的价值体现在多个方面。高自尊者认为自己比低自尊者在心智、技能、愉悦性和道德水平上都更高，而且对中国、美国、冰岛、加拿大、新西兰、挪威几个国家的大规模研究发现，低自尊与焦虑、抑郁、辍学率、工作中的困难相关[7]。一些精心设计的纵向研究结果证明，自尊可以预测一个人在重要生活领域的成功和幸福[8]。同时，自尊也是一种普遍性

㊀ SÁNCHEZ F J P，RODA M D S. Relationships between self-concept and academic achievement in primary students [J]. Electronic Journal of Research in Educational Psychology and Psychopedagogy，2003，1（1），95-120.

㊁ MARSH H W. Causal ordering of academic self-concept and academic achievement：a multiwave，longitudinal panel analysis [J]. Journal of Educational Psychology，1990，82（4）：646-656.

㊂ GUAY F，MARSH H，BOIVIN M. Academic self-concept and academic achievement：developmental perspectives on their causal ordering [J]. Journal of Educational Psychology，2003，95（1）：124-136.

㊃ 阿尔科克. 社会心理学入门 [M]. 张志超，程雨凡，李园园，译. 北京：中央编译出版社，2020：12.

㊄ 周天梅. 论自我的发展：青少年发展心理学研究 [M]. 成都：西南交通大学出版社，2007：135.

㊅ ORTH U，ROBINS R W，WIDAMAN K F. Life-span development of self-esteem and its effects on important life outcomes [J]. Journal of Personality and Social Psychology，2012，102（6）：1271-1288.

㊆ 舒尔茨 D P，舒尔茨 S E. 人格心理学：全面、科学的人性思考：第10版 [M]. 张登浩，李森，译. 北京：机械工业出版社，2016：164.

㊇ ORTH U，ROBINS R W. The development of self-esteem [J]. Current Directions in Psychological Science，2014，23（5）：381-387.

动机[一]，与学业成绩有显著关系[二]。

效能信念感中的自我效能感是个体完成某些任务的感知能力，比如“我相信我会在数学上取得高分”，比自我概念更具有任务、情境的特异性，是自我概念发展的前兆[三]。有研究发现，自我效能感与学业成就是显著相关的[四]。集体效能感则会影响小组的表现水平、小组的凝聚力和在计算机辅助学习环境中的坚持[五]。

关于以上几个概念我们在实践中不做过多区分，对它们的理解有助于我们意识到要帮助学生建立对自己良好的认知。自尊、自我概念、自我效能感都涉及认知和情感部分，也都涉及描述成分和评价成分，“我擅长物理”就是既有描述成分也有评价成分。自我概念整合了自尊，自尊是自我概念的一部分[六]。自尊、自我效能感可以用高低来形容，我们认为高自尊、高自我效能感是有利的，但自我概念没有好坏、高低之分。

3.4.2　从社会性发展看学习者特征分析的策略

既然情绪和对自我的认识如此重要，那么具体来看如何分析情绪和对自我的认识。

策略 1：情绪的识别、测评与调控

学生的情绪状态会影响其学业成就：积极的情绪会对学业成绩产生积极影响；消极的情绪则会降低动机和对信息的处理，继而对学业成绩产生消极影响[七]。在消极情绪中，已有研究发现焦虑情绪对数学成绩的影响尤为重要[八]。因此，有必要对学生的情绪进行识别、测评和调控。

识别学生的情绪，我们主要依赖“察言观色”，识别语言中的情绪词，识别身体语言和表情蕴含的情绪。比如，开心时会更多使用“我们”，悲伤时会更多使用“我”，愤怒时更多用“你”“他”。对面部表情的解读是我们判定情绪的最为重要的途径，真实的微笑被叫作“杜氏微笑”，既要有提升的脸颊，还有眼角的细纹和上扬的嘴角，否则就可

㊀ 吉克. 教育神经科学在课堂 [M]. 周加仙，译. 上海：上海教育出版社，2020：118.

㊁ ARSHAD M，ZAIDI S M I H，MAHMOOD K. Self-esteem & academic performance among university students [J]. Journal of Education and Practice，2015，6（1）：156-162.

㊂ BONG M，SKAALVIK E M. Academic self-concept and self-efficacy：how different are they really?[J]. Educational Psychology Review，2003，15（1）：1-40.

㊃ HONICKE T，BROADBENT J. The influence of academic self-efficacy on academic performance：a systematic review [J]. Educational Research Review，2016, 17：63-84.

㊄ WANG S L，LIN S S J. The effects of group composition of self-efficacy and collective efficacy on computer-supported collaborative learning [J]. Computers in Human Behavior，2007，23（5）：2256-2268.

㊅ MARSH H W，O’MARA A. Reciprocal effects between academic self-concept，self-esteem，achievement，and attainment over seven adolescent years：unidimensional and multidimensional perspectives of self-concept [J]. Personality and Social Psychology Bulletin，2008，34（4）：542-552.

㊆ LÜFTENEGGER M，KLUG J，HARRER K，et al. Students’ achievement goals，learning-related emotions and academic achievement [J]. Frontiers in Psychology，2016, 7：603.

㊇ PUTWAIN D W，WOOD P，PEKRUN R. Achievement emotions and academic achievement：reciprocal relations and the moderating influence of academic buoyancy [J]. Journal of Educational Psychology，2022, 114（1）：108–126.

能是假笑。除此之外，从动作姿态中也可以看出情绪：人在开心时会尝试很多活动，注意范围也更大；人在恐惧、愤怒的时候则会把注意力集中在让自己恐惧的事物上。

除了主观判断外，也可以使用测评工具测评情绪类型。“情绪词检查表”是比较常见的主观报告工具。使用情绪形容词测评情绪的主观报告表见表3-18[㊀]，可以用于测评学生的情绪状态。表3-17中有12个描写情绪的形容词，每个情绪形容词后面有6个表达情绪感受的等级，0代表一点感受也没有，1表示只有一点点情绪感受，2表示比较低的情绪感受，3表示中等程度的情绪感受，4表示比较高的情绪程度，5代表在以往生活中感受过的最大量。

表3-18　情绪主观报告表

情绪形容词	评定等级					
快乐	0	1	2	3	4	5
愤怒（恨）						
厌恶（恶心）						
兴趣						
悲伤						
惊奇						
恐惧（害怕）						
蔑视						
尴尬						
满意						
痛苦						
紧张						

接下来，我们如何诱发学生的积极情绪呢？如何帮助学生识别自己的情绪呢？又如何帮助学生提升情绪管理能力呢？我们可以采用以下策略：

1）音乐不仅可以用来诱发积极的或消极的情绪，还可以帮助学生调节情绪。有研究发现，充满活力和节奏的音乐与积极情绪的提升、消极情绪的降低，以及唤醒增加有关[㊁]。

2）让学生建立学习内容的情绪联结[㊂]。因为负责情绪的杏仁核和负责记忆的海马是协同作用的，情绪性事件的记忆比其他记忆更具持久性和生动性[㊃]，所以情绪性内容更容易被记住，可以通过把学习内容与学生的生活和兴趣联系起来，让学生有感情地朗读课

㊀ 黄敏儿，郭德俊. 情绪调节方式及其发展趋势 [J]. 应用心理学，2001（2）：17-22.

㊁ COOK T，ROY A R K，WELKER K M. Music as an emotion regulation strategy：an examination of genres of music and their roles in emotion regulation [J]. Psychology of Music，2019，47（1）：144-154.

㊂ 舒飒. 心智、脑与教育：教育神经科学对课堂教学的启示 [M]. 周加仙，译. 上海：华东师范大学出版社，2012：62-65.

㊃ PHELPS E A. Human emotion and memory：interactions of the amygdala and hippocampal complex [J]. Current Opinion in Neurobiology，2004，14（2）：198-202.

文等方式，联结学习内容与情绪。

3）通过改变外在表现改变情绪状态。面部表情和姿态不仅能够表达我们的内在状态，还可以影响情感在我们大脑中的记录方式[1]。比如当学生情绪低落时，通过让他做振奋精神的表情和动作，如挺胸抬头、面带微笑，就可能转变低落为愉悦了；当学生愤怒时，让其舒展眉头，做出放松的动作和表情，可能愤怒就消失了；当学生消沉时，让其挺直肩膀向后坐着，就可能变得更有自信。

4）通过小游戏或游戏化活动诱发情绪。比如基于对面部检测的研究发现，基于游戏的学习任务增加了学生的积极情绪和消极情绪，并且这种丰富的情绪参与有助于学习[2]。

5）通过正念冥想（mindfulness meditation）的训练帮助学生进行情绪管理。正念冥想被证明可以训练个体注意和观察情绪，提高调节情绪的能力，减少负面情绪，改善情绪记忆[3]，还可以减少学生的注意力问题[4]。具体的做法就是让学生将注意力带回到呼吸上，专注于呼吸的流动。对于年龄小的学生，可以让他们将玩偶放在腹部，让他们感受深呼吸带来的玩偶起伏。

6）通过表达性写作（expressive writing）帮助学生表达情绪。表达性写作实际上是精神科医生发现的，让病人写下表达创伤事件的相关情绪感受，就能改善负面情绪（注意：这里是写情绪感受而不是事件）[5]。我国学者开展了一项对高中生的研究，让高中生每天进行20分钟的积极情绪表达写作，对照组则仅记录日常事件，连续30天，结果实验组与对照组相比考试焦虑得到显著降低。因此，我们可以让学生撰写表达个人情绪的日记，鼓励学生撰写感恩、积极正向的事件感受[6]。

7）使用詹姆斯·格罗斯（James Gross）的情绪调节过程模型。该模型认为，情绪发生过程有5个阶段，每一阶段都可以进行情绪调节。5个阶段分别是：①情境选择（situation selection）。人们产生情绪前会遇到各种情境，选择情境可以避免消极情绪，比如选择有阳光的位置学习让自己更开心，有社交恐惧的人则可以躲开社交场合以减少焦虑。②情境修正（situation modification），人们已经处在情境中，可以通过做一些改变来避免消极情绪，比如当和同伴讨论问题、双方争执不下都很生气时，可以求同存异，

---

[1] 贝洛克. 具身认知：身体如何影响思维和行为 [M]. 李盼，译. 北京：机械工业出版社，2016：10.

[2] NINAUS M，GREIPL S，KIILI K，et al. Increased emotional engagement in game-based learning：a machine learning approach on facial emotion detection data [J]. Computers & Education，2019，142：103641.

[3] WU R，LIU L L，ZHU H，et al. Brief mindfulness meditation improves emotion processing [J]. Frontiers in Neuroscience，2019，13：1074.

[4] CRESCENTINI C，CAPURSO V，FURLAN S，et al. Mindfulness-oriented meditation for primary school children：effects on attention and psychological well-being [J]. Frontiers in Psychology，2016，7：805.

[5] ERNST A. Self-disclosure as therapy：the benefits of expressive writing [J]. Current Psychiatry，2017，16（10）：33-34.

[6] SHEN L，YANG L，ZHANG J，et al. Benefits of expressive writing in reducing test anxiety：a randomized controlled trial in Chinese samples [J]. PLoS One，2018，13（2）：e0191779.

认可对方以缓解矛盾。③注意分配（attention deployment）。情境中有很多可以注意的事物，当某个事物让自己不愉快时可以更换注意对象，比如当老师与家长沟通学生作业情况，家长的说辞很激烈，让老师感到生气的时候，老师可以更换下话题，转而说一些赞扬孩子的话题，等情绪缓和后再沟通作业问题。④认知改变（cognitive change）。改变我们对事物的评价方式可能会得到不同的结果，所谓横看成岭侧成峰，比如当学生说自己一回家就被父亲无缘无故训斥时，引导他换个方式看问题，可能是父亲太劳累或者在工作上遇到了什么问题，并不是自己真的有错，可能学生就不会生气了。⑤反应调整（response modulation）。在情绪产生之后，我们可以通过改变行为反应来调整情绪，比如两个学生在争吵，这时可以先调整行为、反应，让学生安静下来，双方握手，再辅以言语规劝，从而引导他们改变情绪状态。

8）使用ABC情绪模型调节情绪。ABC情绪模型中的A（antecedents）是前因、诱发事件，B（belief）是关于诱发事件的认知和信念，C（consequence）是情绪反应。该模型告诉我们，我们对一个事件产生的情绪反应很多时候是由我们对这个事件的认知信念所决定的，而不是事情本身所决定的，甚至我们解读到的他人的表情也是自己内心的投射。比如，中学生的很多情绪问题，可能是因为课堂上表现不好，以致一整天无法投入学习，在这种时候，就可以帮助学生写出A、B、C分别是什么，通过分析看出：前因是课堂上回答问题错误；情绪反应是自己感到沮丧，甚至自我怀疑；真正引发消极情绪的是自己的看法——觉得同学会嘲笑自己。通过这样的方式实现对情绪的调节。

除此之外，调节情绪的策略还有很多，比如笑话、幽默、班级庆祝仪式、体育活动等，当前还有专门为学生设计开发的社会与情绪学习课程[㊀]。这些策略对促进学生情绪智力的发展很有意义。

策略 2：分析并提升自尊、自我概念和自我效能感

学生的自尊水平可以通过观察行为和语言来发现。面对同伴的夸奖，具有稳定高自尊的学生可能会说“非常感谢”，不稳定高自尊的学生可能会说“继续，继续”，稳定低自尊的学生可能会说“你别说了，哪有”，不稳定低自尊的学生可能会说“我这次也就是运气”。还可以通过罗森伯格（Rosenberg）自尊量表（self- esteem scale，SES）测量自尊，该量表具有信效度高、简明方便等诸多优点，成为目前使用最广泛的自尊测量工具[㊁]之一。

请仔细阅读表3-19，选择最符合您情况的选项，请保证对每个问题都做了回答，且只选择一个选项。

㊀ 陈权. 社会与情绪学习及其实施策略：基于美国中学课堂的教学与实践 [J]. 比较教育研究，2015，37（2）：91-95.

㊁ 闫艳，谢笑春，盖笑松，等. 中国大中学生的罗森伯格自尊量表测评结果 [J]. 中国心理卫生杂志，2021，35（10）：863-868.

表3-19　罗森伯格自尊量表

题目	A非常符合	B符合	C不符合	D很不符合
我感到自己是一个有价值的人，至少与其他人在同一水平上	4分	3分	2分	1分
我感到自己有许多好的品质	4分	3分	2分	1分
归根结底，我倾向于认为自己是一个失败者*	1分	2分	3分	4分
我能像大多数人一样把事情做好	4分	3分	2分	1分
我感到自己值得骄傲的地方不多*	1分	2分	3分	4分
我对自己持肯定态度	4分	3分	2分	1分
总的来说，我对自己是满意的	4分	3分	2分	1分
我希望我能为自己赢得更多尊重	4分	3分	2分	1分
我确实是时常感到自己毫无用处*	1分	2分	3分	4分
我时常认为自己一无是处*	1分	2分	3分	4分
你的总分是（　）				

改善自我认识的策略包括：

1）用正向、具体、真实的反馈提升学生自尊水平，促进学生建立积极的自我概念。古语说“以人为镜可以正衣冠”，他人对我们的评价往往会影响我们对自己的看法。如果我们称赞某学生很刻苦、很努力，那么这个学生就会把这些评价融入自我概念和行为中；相反，如果我们总说某学生很淘气、不爱学习，那么很可能他就会发展为不爱学习的人。具体领域或具体事件的自我知觉更容易引发期待行为，比如研究发现，学生对于“你是否认为自己在学校表现得更好？”这一问题的回答，能预测学业表现[1]。所以如果想要鼓励学生或想要鼓励自己，最好给予具体表扬[2]，比如称赞“你很擅长数学推理”，而不是泛泛地说“你好棒啊”，并且这种反馈要确实能反映真实能力和表现，有证据来支持自己的表扬，如“你在数学推理方面的成绩比之前高很多”，避免降低反馈的可信性，以免让人觉得摸不着头脑。

2）通过降低自我要求、正确归因、社会比较，塑造恰如其分的自尊。自尊水平过高，如果转变为自我膨胀、自恋、自负，就会有很多问题，比如不关心他人、听不进别人的意见、盲目追求不现实的目标。自尊水平过低，则会焦虑、不自信、没有安全感、总觉得别人看不起自己。但是，我们追求的还是高自尊水平。因为高自尊水平确实有很多优势，有利于获得主动、乐观和愉快的感觉，而且面临失败时也会更有胜任力，维持自我价值，从失败中站起来再继续前进[3]。那么怎么样帮助学生建立合适的高自尊水平

[1] MARSH H W，O’MARA A. Reciprocal effects between academic self-concept，self-esteem，achievement，and attainment over seven adolescent years：unidimensional and multidimensional perspectives of self-concept [J]. Personality and Social Psychology Bulletin，2008，34（4）：542-552.

[2] 迈尔斯. 社会心理学：第11版 [M]. 侯玉波，乐国安，张智勇，等译. 北京：人民邮电出版社，2016：50.

[3] 迈尔斯. 社会心理学：第11版 [M]. 侯玉波，乐国安，张智勇，等译. 北京：人民邮电出版社，2016：52；55.

呢？具体策略包括：第一，鼓励学生努力，但是不鼓励过高的自我期待和自我要求，付出最大努力，最做坏的打算；第二，引导学生通过归因改变对自我价值的认识，将失败归为外因，不总认为是自己的错，将自我批评具体化，但是不全盘否定自己，比如考试成绩不理想，不是所有都没考好，而是几道题、几个知识点没掌握；第三，人自然而然地会有社会比较倾向，或比较成就，或比较财富、聪明、胖瘦，对学生而言，使用“比上不足、比下有余”向上向下相结合的比较方法可以避免低自尊，使用“人外有人、天外有天”的想法可以避免过高的自尊；第四，引导学生不要过于在意个人外貌，更多关注精神满足，一项对加拿大7年级、9年级和11年级1362名学生的研究发现，35%的青少年承认外貌决定着他们的自尊水平，与不太关注自己外貌的青少年相比，更关注自己外貌的青少年自尊水平更低㊀。

3）**促进学生自我概念发展。**教师每一天都可以对学生的自我概念产生影响，日积月累、水滴石穿的互动无疑可以帮助学生形成良好的自我概念。具体的策略包括：第一，认识到每位学生的优势和独特价值，这有利于学生建立起自我价值感，否定学生则无疑会对其自我概念产生消极影响。第二，一些学习之外的外部事物也有助于学生发展自我概念，比如叫学生的名字，或者夸奖学生按时上学，夸奖学生干净整洁的书桌和课外游戏的表现。第三，通过4个阶段（鉴别、优缺点、培养、保持）帮助学生建立起积极自我概念㊁。鉴别，即让学生了解自己和认识自己，用尽可能多的词汇来描述自己，可以描述性格，也可以描述爱好和习惯等。优缺点，即让学生明确自己的优点和缺点，教师对学生的优缺点提供有证据支持的反馈，可以让学生制作自己优点和缺点的表格。培养，即利用“天道酬勤”“功夫不负有心人”“有志者事竟成”此类观点，让学生体会到个人努力对成就的价值，帮他们获得更多成功体验，从而使他们获得更多积极的自我概念。保持，即要观察学生自我概念的变化，因为自我概念可能会因为挫折和他人而受到影响，教师可以做适当的引导。

玩一玩，测一测

玩一玩　谁是大侦探

游戏规则：老师请同学们转过身，迅速改变教室前面一件物品的位置或者更换一个物品，比如将粉笔盒的一支红色粉笔换为绿色粉笔，或者给班里的绿植贴一个小贴画。请同学们找一找发生了什么变化。这个游戏也可以在同桌之间开展，请同伴闭上眼睛，迅速改变身上衣服领子或课桌上的物品，请同桌猜测哪里发生了变化。

㊀ SEIDAH A，BOUFFARD T. Being proud of oneself as a person or being proud of one's physical appearance：what matters for feeling well in adolescence?[J]. Social Behavior and Personality：An International Journal，2007，35（2）：255-268.

㊁ 麦金太尔，奥黑尔. 教师角色 [M]. 丁怡，译. 北京：中国轻工业出版社，2002：252.

说明：该游戏考察了学生的观察能力和记忆力，需要学生对周围的环境进行细微观察。该游戏也可以迅速将学生的注意力吸引到课堂上。

测一测

1. 负责情绪的主要脑区分别是（　）系统和（　）皮层。

2. 更有利于学习的情绪包括（　）。

A. 开心　　B. 悲伤　　C. 生气　　D. 紧张

3. 用横坐标表示自尊水平，纵坐标表示学业成就，画出自尊水平与学业成就可能的关系。

3.5 本章结语

人类有两大千年难解问题：认识世界和认识自己。苏格拉底也说："认识你自己。"作为教师，认识学生、"读懂学生"更为必要。对学习者特征进行分析的初心和目的在于根据不同学情提供个性化教学、差异化教学，继而推动习近平总书记提出的"更好更公平"的教育愿景。真正的教育公平不是提供一模一样的资源，而是根据个体需要提供相应支持。

目前已经进入互联网+教育时代，教师对学生的了解不局限于自己的主观判定，大数据分析、生物电分析、脑电分析等都是当前学习者特征分析的热点，也将成为未来学习者特征分析的常态化方法。然而，无论用什么分析方法，什么分析工具，最重要的都是明确要分析的内容。本章系统地梳理了生理发展、认知发展、社会性发展，遵从"以人为本"的思想，较为全面地对人的感觉、注意、智力、情绪等多方面原理和策略做了介绍。但是人是非常复杂的，本章尚未涉及兴趣、身份认同和在线学习行为等内容。兴趣（interest）表示人对一定事物的关心或关切、喜欢或爱好[1]，一般我们会用"有意思""有趣""好玩"表示兴趣，兴趣甚至可以化枯燥为享受，化苦为乐。首先，兴趣是注意的条件，学生对自己感兴趣的东西，容易给予关注。其次，兴趣影响记忆效果，学生对感兴趣的东西，愿意花费努力去记忆。身份（identity）是个体对自己是谁的感觉，涉及自己在社会中对自己的定义，在塑造个体目标和动机方面发挥重要价值[2]，我们更愿意参加将自己与身份相联系的群体活动，以增加归属感和自尊。读到这里，您肯定很困惑，要分析这么多学习者特征，怎么做得到呢？实际上，您都是从日常与学生相处的点滴中感知到每个学生的特点。在开展教学设计和课堂教学时，最重要也最实用的是对学生先前知识和先前经验的分析（本书3.3.1节原理5）以及情绪的分析（本书3.4.1节原理2）。

---

[1] 德加莫. 兴趣与教育：兴趣学说及其具体运用 [M]. 诸惠芳，译. 北京：人民教育出版社，2016：1.

[2] 马雷特. 人是如何学习的Ⅱ：学习者、境脉与文化 [M]. 裴新宁，王美，郑太年，译. 上海：华东师范大学出版社，2021：129.

第4章

课前准备

【本章导入】

不知道您是否会有同感：如果一节课准备妥当，开始上课后会十分有把握，自信满满，即使有教研员或领导听课，也会绽放自信的光芒；但是如果自己没有准备好，一上课便心惊胆战，总怕被学生问住或者被别人发现。“博观而约取，厚积而薄发”，充分的课前准备，对于实际授课环节的成功起着至关重要的作用。那么，到底怎样进行课前准备？课前准备应该从哪些方面进行呢？

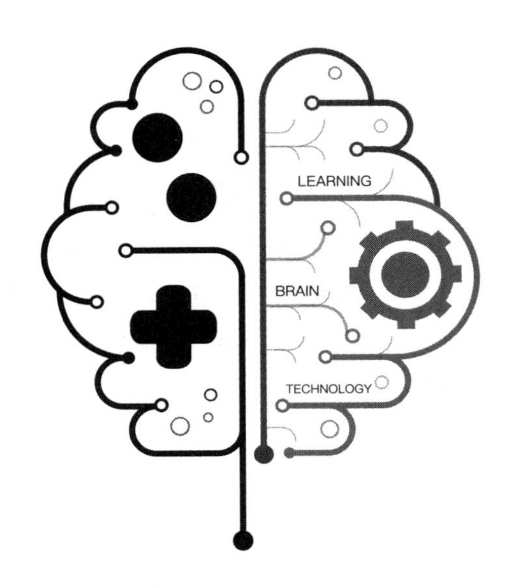

【内容导图】

本章内容导图如图4-1所示。

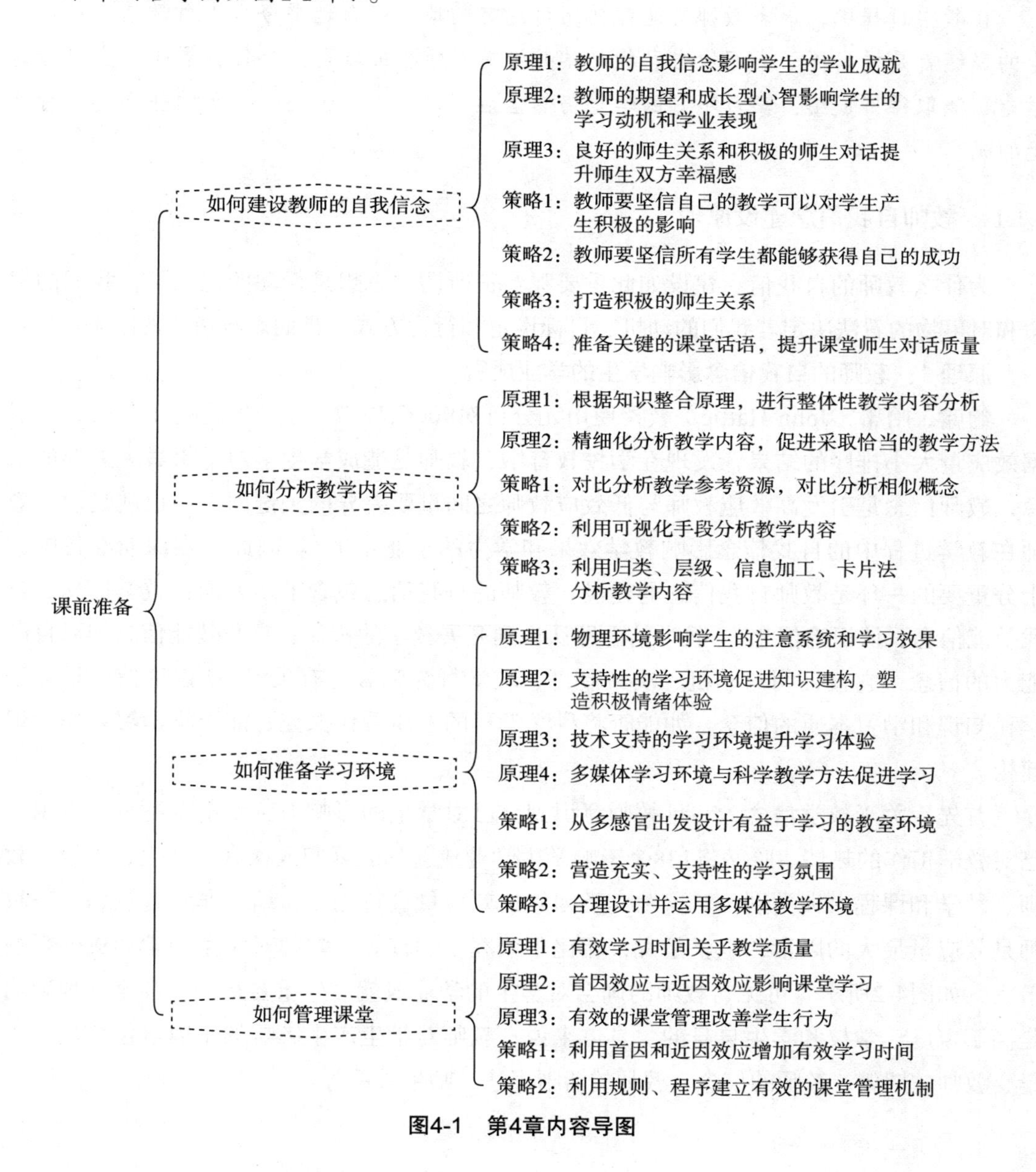

图4-1　第4章内容导图

4.1　如何建设教师的自我信念

皮格马利翁效应（罗森塔尔效应）告诉我们，教师对学生的殷切希望能戏剧性地得到预期效果。罗森塔尔（Rosenthal）和他的同事对学生进行了伪装为“预测未来发展测验”的测试，然后随机抽取20%的学生，告诉教师，这些学生会取得巨大进步，8个月后的测试果真发现，随机抽取的这20%的学生在智力测试上得到了更大的进步。

在教学过程中，很多教师可能都遇到过这样的情况：自己很努力进行教学，可是学生的成绩就是提高不了，好像自己的教学并没有对学生的学习产生任何影响，学习好的学生仍能取得好成绩，学习不好的学生仍然落后。这是不是说明，自己的教学是可有可无的呢？

4.1.1 教师自我信念建设原理

为什么教师的自我信念建设如此重要呢？正所谓“思想是行动的先驱”，我们的信念和对事物的看法决定着我们的动机、目标设定和行为方式，进而影响最终的结果。

原理 1：教师的自我信念影响学生的学业成就

约翰·哈蒂（John Hattie）教授使用元分析对900余项教与学研究进行了分析，并根据效应量大小排序的结果，发现在学校教育中，教师是造成学生学习结果最大差异的来源，教师信念是引发高效应教师与低效应教师之间重要差异的关键因素。也就是说，教师在教学过程中的自我信念影响教学效果和学生的学业水平[1]。因此，在课前准备中，十分重要的一环是教师自我信念的建设。教师的自我信念包含了多方面：教学信念、自我效能信念、认识论信念[2]。教学信念即认识到开展教学的价值；自我效能信念即对自己能力的信念，它被证明与动机、决策制订、教学行为和毅力有关[3]；认识论信念是关于学科知识和学习本质的信念，如能否将科学学科的本质看作探究，能否将学习看作知识建构。

首先，关于教学信念，一旦教师意识到自己对学生的影响力，就不得不重新审视自己对教学工作的热情。哈蒂将138个影响学生学业成就的因素归入家庭、学生、学校、教师、教学和课程六大类别，对这六大类因素的效应量进行比较，结果非常有意思——教师是效应量最大的因素，也就是说，相比于家庭、学校等，教师对学生的学业成就影响最大，如图4-2所示。可见，教师的确会对学生的学业成就产生重要影响，甚至这种影响是高于家庭、学校和学生自身的。具体来说，教师对学生产生影响的子因素包括教学质量、教师的期望、教师的信念、教师的清晰表达、师生关系等。

---

[1] 哈蒂. 可见的学习：最大程度地促进学习 教师版 [M]. 金莺莲，洪超，裴新宁，译. 北京：教育科学出版社，2015：25.

[2] THURM D，BARZEL B. Effects of a professional development program for teaching mathematics with technology on teachers’ beliefs，self-efficacy and practices [J]. ZDM，2020，52：1411–1422.

[3] TSCHANNEN-MORAN M，HOY A W. Teacher efficacy：capturing an elusive construct [J]. Teaching and Teacher Education，2001，17（7）：783-805.

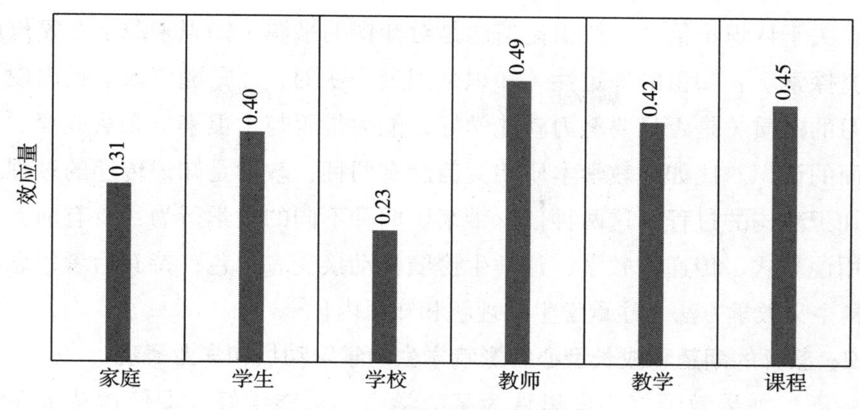

图4-2　六大类因素的效应量㊀

其次，关于自我效能信念。近30年里，涌现了大量关于教师自我效能感的研究。越来越多的证据表明，教师的自我效能感与教师的成果（如更高的工作满意度、更低的工作倦怠感）、课堂教学（如更好的教学管理、更好的学生支持）、学生成果（如学生更高的积极性和学业成就）紧密相关㊁。一项澳大利亚的研究，对6000多名四年级学生和450名教师进行调查，经过多层次结构方程模型分析发现，教师的数学教学自我效能信念与教师的工作满意度、班级数学成绩水平和互动质量均为显著正相关㊂。这意味着，教师的自我效能信念与课堂教学、学生学习息息相关，与教师的教学实践及教学质量密切相关㊃。既然自我效能信念如此重要，那么，影响自我效能信念的因素包括哪些呢？主要包括四大因素㊄，见表4-1。

表4-1　影响自我效能信念的四大因素及实例

影响因素	实例
胜任经验	曾经的成功经验
间接经验	看到与自己条件类似的人取得过成功
社交劝导	听到别人说自己能行
生理信号	感知到自己的投入精力和时间

㊀ 哈蒂. 可见的学习：对800多项关于学业成就的元分析的综合报告 [M]. 彭正梅，邓莉，高原，等译. 北京：教育科学出版社，2015：5.

㊁ ZEE M，KOOMEN H M Y. Teacher self-efficacy and its effects on classroom processes，student academic adjustment，and teacher well-being：a synthesis of 40 years of research [J]. Review of Educational Research，2016，86（4）：981-1015.

㊂ PERERA H N，JOHN J E. Teachers’ self-efficacy beliefs for teaching math：relations with teacher and student outcomes [J]. Contemporary Educational Psychology，2020，61：101842.

㊃ 安奕，李莉，韦小满. 教师自我效能感的影响因素及启示：基于TALIS 2018上海样本的多水平分析 [J]. 教育测量与评价，2021（10）：19-26.

㊄ BANDURA A. Exercise of human agency through collective efficacy [J]. Current Directions in Psychological Science，2000，9（3）：75-78.

其三，关于认识论信念。认识论信念是对知识的来源（知识来源于专家权威，还是来源于研究探索）、知识的确定性（知识是固定不变的，还是随着新证据出现不断更新的）、学习的本质（是否只要努力就能学好，能力是否与生俱来、无法改变）、教学的本质等方面的认识。比如，教学本质相关信念有两种：教学是知识传递的过程，教学是促进学生知识建构的过程。这两种信念带来了两种不同的教学行为：持有前者信念的教师通常采用说教式、传递式教学，让学生扮演被动接受者角色；持有后者信念的教师，会采用建构主义教学方法，注重学生的理解和知识内化[一]。

原理 2：教师的期望和成长型心智影响学生的学习动机和学业表现

试想一下，如果教师打心底里认为某个学生不可能学好，即使他从未在言语上或其他方面表露过自己的这一想法，这个学生就不会感受到教师的想法吗？学生能够感受到教师的热忱，也能感受到教师的不认可和不信任。当学生认为教师相信自己能够学好时，他往往会表现得更好。研究表明，除了对学习目标的主观价值的认识外，期望即对成功达成目标的期望也影响着个体从事目标导向行为时的动机水平，进而影响其学习和学业表现[二]。也就是说，如果学生觉得自己在这门课上很难取得成功，他就不会积极参与必要的学习活动；如果教师能够给予学生充分的信任，并明确告诉学生如何取得成功，就能提升学生对成功的期望，进而提升其学习动力。因此，教师表现出来的教学热忱和对学生的信心是非常重要的。从神经生物学基础来看，这种期望产生的效应依赖于前额叶皮层，其具有将积极的社会体验与好的感受和乐观的意识状态相联系的能力[三]，正如我们自己学生时代体会到的——“虽然我们可能不会记住老师所说的，但是会记住老师带给我们的感受”。

通过本书3.3.1我们了解到，人有两种心智模式——固定型心智模式和成长型心智模式，不仅学生的心智模式会影响其学习，教师的心智模式也被证明会影响学生的学习。有研究探究了教师心智模式对学生的影响，结果发现[四]：拥有固定型心智模式的教师认为学生数学成绩不好是因为“不够聪明”“缺乏数学智能”，而不是“缺乏努力”；拥有固定型心智模式的教师，更有可能根据单一考试成绩诊断学生能力低下，更可能采用安慰为主的方法对待学生（比如，别担心，不是每个人都能学好数学），继而给学生带来负面的影响；拥有成长型心智模式的教师会采取策略，教会学生一些切实可行的提升方法。因此，我们要意识到，教师要对每一位学生“抱以厚望”，视每一位学生为“待飞

[一] CHAI C S，TEO T，LEE C B. The change in epistemological beliefs and beliefs about teaching and learning：a study among pre-service teachers [J]. Asia-Pacific Journal of Teacher Education，2009，37（4）：351-362.

[二] 安布罗斯. 聪明教学7原理：基于学习科学的教学策略 [M]. 庞维国，译. 上海：华东师范大学出版社，2012：69-90.

[三] 科佐林诺. 优化课堂中的依恋与学习：大脑神经可塑性带来的启示 [M]. 杨安博，姜雪，译. 上海：华东师范大学出版社，2019：111.

[四] RATTAN A，GOOD C，DWECK C S. “It’s ok—not everyone can be good at math”：instructors with an entity theory comfort（and demotivate）students [J]. Journal of Experimental Social Psychology，2012，48（3）：731-737.

雏鹰”，相信每一位学生都能够做最好的自己，活出精彩人生。

原理 3：良好的师生关系和积极的师生对话提升师生双方幸福感

很多教师之所以选择成为教师就是因为喜欢孩子，的确，与学生建立人生联结，成为经师、人师是教师这一职业的神圣之处，与学生建立健康的关系是有效教学的先决条件。师生关系是影响教师自己、影响学生的关键因素。研究者对60名教师进行了深入访谈，发现，无论在中学还是小学，教师与学生的关系都是最重要的快乐和动力来源，并且疏远的、冲突紧张的关系会对个人职业和个人幸福感造成威胁[一]。师生关系的形成需要教师的情感参与，需要教师对学生有情感投入，这也是影响教师幸福感的很大因素[二]。元分析发现，师生关系的情感质量是影响学生的学校参与度、幸福感和学业成功的重要因素[三]。更重要的是，积极的社交关系不仅有利于我们的身心健康，还能帮助我们抵御压力带来的消极影响，比如，与和自己关系较好、支持自己的人在一起，有利于心血管健康（降低血压、减少“压力荷尔蒙”、减少心血管对压力的反应），提高免疫功能，带来更好的综合精神健康（如低焦虑、低抑郁较高的情感稳定性等）[四]。那么，师生关系到底包含哪些类型呢？一项为期25年的中学课堂师生关系研究提出了师生关系行为模型（见图4-3），该模型包含两个维度：影响力（influence），从支配到服从（dominance-submission）；接近度（proximity），从反对到合作（opposition-cooperation）。影响力即由教师主导还是学生自己主导；接近度即关于教师支持学生还是反对学生。两个维度相互交织产生了多种行为。

师生关系具体可以通过师生对话得以体现。首先，教师的话语是否积极会对学生的自我概念等方面产生影响。一项对269名三至七年级小学生进行的调查研究发现，教师的积极话语与学生的积极自我对话、数学成绩、自我概念相关，而教师的负面陈述可以预测女孩如何看待自己的数学能力，以及与男孩的消极自我对话相关[五]。其次，教师的话语方式会对学生的思考产生影响，有效的师生对话能启发和引导学生思考[六]。比如，研究发现，教师通过提问“为什么”，让同学反思“你是否同意”，促使学生敢于质疑和表

㊀ HARGREAVES，A. Mixed emotions：teachers’ perceptions of their interactions with students [J]. Teaching and Teacher Education，2000，16（8）：811-826.

㊁ SPILT J L，KOOMEN H M Y，THIJS J T. Teacher wellbeing：the importance of teacher–student relationships [J]. Educational Psychology Review，2011，23：457-477.

㊂ ROORDA D L，KOOMEN H M Y，SPILT J L，et al. The influence of affective teacher–student relationships on students’ school engagement and achievement：a meta-analytic approach [J]. Review of Educational Research，2011，81（4）：493-529.

㊃ 科佐林诺. 优化课堂中的依恋与学习：大脑神经可塑性带来的启示 [M]. 杨安博，姜雪，译. 上海：华东师范大学出版社，2019：81.

㊄ BURNETT P C. Children’s self - talk and academic self - concepts：the impact of teachers’ statements [J]. Educational Psychology in Practice，1999，15（3）：195-200.

㊅ 郑太年，胡华. 社会情感学习中的活动设计和师生对话：基于课堂视频案例的分析 [J]. 西北师大学报（社会科学版），2022，59（2）：20-28.

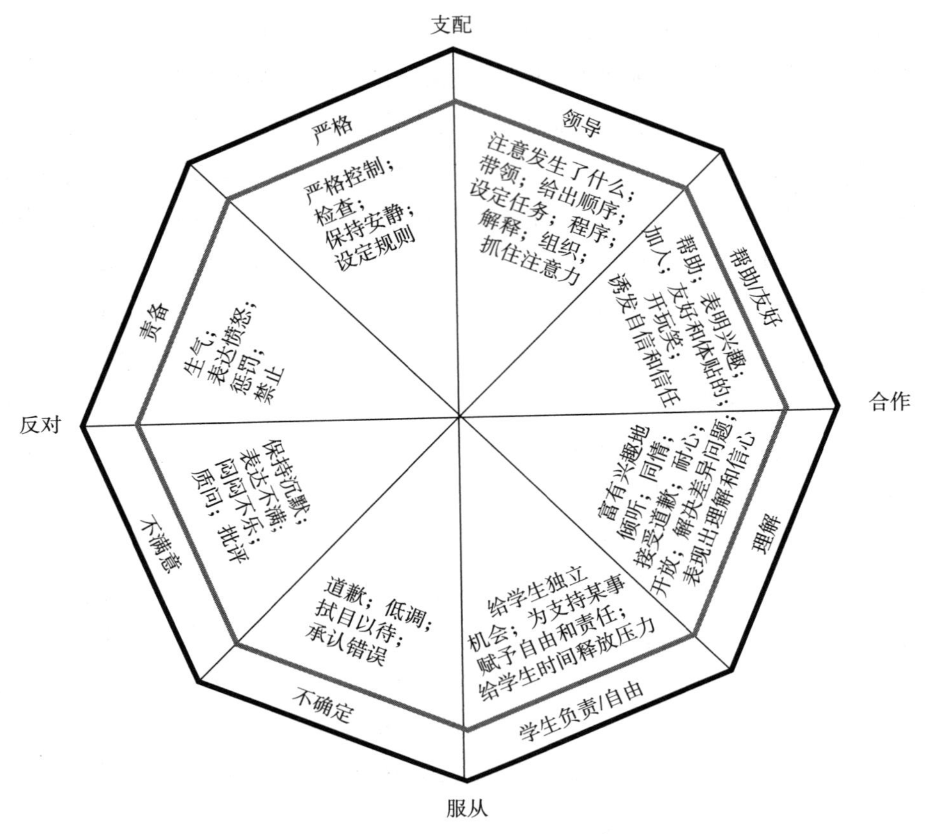

图4-3 师生关系行为模型㊀

达不同的观点，并且促进学生的自我理解，有利于构建合作型师生、生生关系㊁。有人对2225名七至八年级的来自中国16所中学的学生进行调查，结果发现，控制性别、家庭和学业成绩后，学生所能感知到的教师富有成效的对话（协调学生参与、促进学生推理的对话，如“想一想”“你为什么这样认为”“你不同意/同意，为什么”“谁能重述刚刚他说的话”），与学生自己的话语正相关，而且与积极的学业情绪紧密相关㊂。

4.1.2 教师自我信念建设策略

教师的自我信念建设至少包括两个方面：一是教师对于自己的教学能力，要坚信自己的教学可以对学生产生积极的影响；二是教师对于学生的学习能力，要坚信大部分学生都是渴望学习的，所有学生都能够发挥自己的主观能动性并达到成功标准。

㊀ WUBBELS T，BREKELMANS M. Two decades of research on teacher–student relationships in class [J]. International Journal of Educational Research，2005，43（1-2）：6-24.

㊁ 张光陆. 探究式交谈对学生深度学习的影响：基于课堂话语分析 [J]. 全球教育展望，2021，50（5）：3-14.

㊂ CHEN G，ZHANG J，CHAN C K，et al. The link between student - perceived teacher talk and student enjoyment，anxiety and discursive engagement in the classroom[J]. British Educational Research Journal，2020，46（3）：631-652.

策略 1：教师要坚信自己的教学可以对学生产生积极的影响

教师应当建立起对自己教学的信心，并提高自我效能感。但是信念的建设绝对不是空口说说就会有的，信念的产生来源于真正的能力和实力，这包括教育教学知识的增长、对学科知识认识的加深和扩展，以及教学实践的积累。

专家型教师和经验型教师在课程内容或教学策略的知识量上没有不同，但是专家型教师在如何组织和使用这些内容和知识方面是不同的，专家型教师拥有的知识更为综合：他们能够将学生先前知识融入对新的学科知识的导入当中；他们能够将当前课上内容与课程中其他学科内容相联系；他们依据学生的需要和自己的教学目标来变换、融合和添加课程内容，这使得他们的课程变得独一无二。因此，教师的专业知识储备和教育学知识的储备是必要且重要的，只有这些知识作为基础，教师才可能发展建构对教学知识的浅层与深层表征。在此基础之上，教师需要跳出具体知识的束缚，站在更高的层面思考教学组织方式，准确判断学生学习过程中遇到的问题并及时给予引导。这需要教师具备及时思考、提炼、归纳的教学思维，需要经验积累，以及扎实的学科知识与教育学知识的深层次理解。可以说，教师的自我信念建设与教师的教学能力是相互促进、互为因果的，教师只有先建立起自我信念，才能更好地去发展自己的教学能力，而教学能力发展起来之后，又能更好地促进自我信念的建设。

教师提升自己自我效能感的策略除了以上所说的专业能力提升外，还包括：为自己创造成功经验；找到替代性强化榜样；用自我效能感反思小问题引导正向思考。为自己创造成功经验是说通过日常小任务的完成，积累更多成功经验，比如，给自己设定小目标，每次有耐心地引导一位小朋友修改完错题，便是自己的小成功，每在一次大会上有一次发言、提问，也是自己的小成功。找到替代性强化榜样就是说，找到身边和自己水平相当，但是成功地做成了某件事的榜样，比如，一位师姐是和自己教育背景相当的，她经过努力，获得了多项公开课的奖项，继而，进行自我说服，相信自己也可以做到。用自我效能感反思小问题引导正向思考，即使用一些小问题，促进自己正向思考，并反思哪里做的还不足，行动或调整策略。教师自我效能感反思的小问题见表4-2。

表4-2　教师自我效能感反思的小问题

一节课前，你对以下选项的自信心如何？1~5代表非常不自信到非常自信

小问题	得分
能够激励学生学习	1 2 3 4 5
能够向学生展示多种思路（或多种解决问题的方法）	1 2 3 4 5
能够为表现较好的学生提供更有挑战性的任务	1 2 3 4 5
能够满足学生的兴趣	1 2 3 4 5
能够帮助学生感受到学科的价值	1 2 3 4 5
能够对学生所学进行评价	1 2 3 4 5

（续）

小问题	得分
能够提升学习困难学生的理解	1 2 3 4 5
能够让所教与学生的生活相关	1 2 3 4 5
能够发展学生的高阶思维	1 2 3 4 5
总得分	

以上问题在课前准备中可以作为自我反思的清单，也可以作为引导自己从低效能感走向高效能感的牵引线。

策略 2：教师要坚信所有学生都能够获得自己的成功

所有学生都能达到成功标准，不得不承认，这是一个很难达到的标准。但是教师需要有这样美好的期盼，这代表着教师在教学的起始阶段给了所有学生同样的机会。在教师熟知每位学生的学习习惯和学习能力的时候，教师能够一视同仁地面对所有学生，这本身就是一件很难的事情，也是很有必要的一件事情。教师要相信每一位学生都能达到成功标准，本质是要帮助学生建立起积极的预期，提高学生的自我效能感。为实现这一目的，教师可以采取以下策略：

1）让学生清楚地感知到你的关心和奉献。要相信所有学生都能够成功，因为成功并没有唯一标准，战胜自己，一天比一天更努力，每一次考试都在进步，就是成功。让学生也能感受到这一成功观和这一信念，这就要求教师高度尊重学生，同时表现出相信所有学生都能达到成功的热忱。教师在对待学生和与学生的互动中，尊重学生作为学习者和人的身份，表现出对学生的关心和奉献，接纳学生的需要，给学生提供帮助，在学习过程中表现出责任心。

2）明确表达你的期望，明确说明可能存在的问题和可以提供的支持。首先，教师可以向学生指出，自己对该学生的期望，比如期望该学生能够在新一次的考试中取得名次进步，或者说出对该学生在某方面表现的期待。其次，教师明确在哪些地方学生可能会遇到学习困难，从而帮助学生设置现实的预期；教师可以向学生表明自己的信心和期望，告诉他们一定会克服这些困难并取得成功。同时，教师还要让学生知道，在追求目标的过程中，可以从自己这里得到哪些支持，比如获得单独辅导，或者师生谈心，或者提供资料，等等。

3）引导学生建立正确的归因方式，做“打不死的小强”。教师应该引导学生学会把成功归因于恰当的学习策略、良好的时间管理、努力学习等，把失败归因于学习方式等可控因素，而要避免将失败归因于诸如“不擅长”“没条件”或者“不聪明”等不可控因素，继而帮助学生调整策略，调整学习习惯，以此增强学生的耐挫力、承受力。

策略 3：打造积极的师生关系

一项关于师生互动的元分析发现，诸如眼神接触、微笑、鼓励、触摸、表扬、互动频率、互动持续时间等都对师生关系具有调节作用[㊀]。因而，教师可以借助这些饱含积极情感的行为、更多的互动，培养与学生的积极关系。比如，可以向学生微笑，适当的时候拍拍学生肩膀，通过眼神接触，对学生所说的话表现出极大的兴趣。并且，教师可以借助多种策略，营造积极的师生关系，比如放下刻板印象、正向鼓励、真诚地谈心、深入了解、小幽默和欢笑、仪式感、传递热情、个性化学习活动。

建立积极的师生关系，首先，需要放下刻板印象。也就是说，不能给学生贴上永久的标签，尤其避免对学生产生偏见，减少自己的无意识偏见和对孩子的消极期望，可以时刻以“士别三日，当刮目相待”等能够体现发展性眼光的俗语或自我暗示来提醒自己。其次，给予学生正向鼓励，教师可以有效地鼓励学生专注于学习而非自身表现，帮助他们形成一种关注学习本身的取向[㊁]。

真诚地谈心是指，教师能够利用课间时间，了解学生的实际学习情况和表现，真诚地分享自己的感受，与学生进行情感交流，倾听学生的分享，比如了解以下关于学生的问题：他有什么兴趣爱好？他对自己的哪些事情感到自豪？他敬佩的人是谁？他家里有几个兄弟姐妹？他放假了会做什么事情？如果他想要获得好成绩，会做些什么？等等。在此基础上，了解学生的背景、地方文化、流行语、口头禅、喜欢的影视剧、同学之间的关系，等等。

小幽默和欢笑是指通过小故事、新闻、笑话等帮助学生减轻焦虑，教师也可以在课前准备小游戏、戏剧、表演艺术等。仪式感则是指可以通过在教室门口迎接孩子，做学生的个性化照片墙，参与学生的课余游戏，课前演讲，“你一言我一语”的班会等仪式活动让学生能够融入集体。传递热情是说，当教师展示出对学科、学习的积极且热情洋溢的行为时，学生也会有相同的表现，这也会对学生的参与和成绩产生积极影响[㊂]。个性化学习活动是指可以将学习任务、作业与学生的爱好、生活相关联，比如将学生的姓名编入应用题，让学生用类比的方式将所学与自己所知道的事物建立关联。

策略 4：准备关键的课堂话语，提升课堂师生对话质量

课前，教师对上课所要说的话语可以有所准备，尤其是关键性的引导问题和学科术语。

㊀ HARRIS M J，ROSENTHAL R. Mediation of interpersonal expectancy effects：31 meta-analyses [J]. Psychological Bulletin，1985，97（3）：363-386.

㊁ 马雷特. 人是如何学习的 Ⅱ：学习者、境脉与文化 [M]. 裴新宁，王美，郑太年，译. 上海：华东师范大学出版社，2021：109.

㊂ 马扎诺. 教学的艺术与科学：有效教学的综合框架 [M]. 盛群力，唐玉霞，曾如刚，译. 福州：福建教育出版社，2014：130-131.

首先，教师应该向学生提出具有认知挑战性的问题，与学生进行高质量讨论，给予学生更多的时间和机会做出自我解释。师生之间的交互应该是双向的，而非单向的，不能只有教师滔滔不绝地说，学生被要求仅倾听和回应，重申教师所讲。在师生对话中，要突破传统的启动—回应—反馈（initiation—response—feedback，IRF）课堂话语结构，而是产生师生之间的持续对话，产生更多学生为主体的、丰富的对话。我国学者发现，课改之后的课堂出现了大量“回音”（revoicing）结构[一]，即类似于对着大山说话产生的回音，也就是教师转述学生的话语，引导学生重新思考，重新表达观点。以下实例[二]是学生学习长方形周长计算的课堂片段：

教师：你是怎么得出这个数字的？（启动）

学生：我就是把它的长度加上宽度，然后乘以二。（回应）

教师：所以你不同意小黑的观点，你的意思是不用把四条边的长度都量出来，是吗？（回音）

学生：是的，只需要测量和计算两个边。（回答）

其次，教师可以用问题来检查学生的课堂理解，并鼓励学生讨论，例如：“你同意还是不同意，为什么？”“你能详细说明他/她刚才说了什么吗？”在提出问题之后，教师要给学生留出思考的时间，让学生有机会拓展和形成更有深度和复杂的想法[三]。

玩一玩，测一测

玩一玩　抢字母游戏

游戏规则：教师首先举手并说出“A”，接下来请学生接龙，抢着依次说出B~Z，顺序不定，学生需要眼观六路、耳听八方，看周围人的反应，如果两个人或多人同时报出相同的字母，则需要迅速反过来说出对方姓名（如红小张）。

说明：抢字母游戏可以迅速营造积极的班级氛围，训练学生的专注力和快速反应能力。该游戏还可以加以改动，比如，将喊字母改为喊“质数”；当喊到相同字母时，两人反过来说出对方所代表的化学元素、词语等。

测一测

下列哪些说法是正确的（　　）。（多选）

A. 课堂教学中，直接讲是最高效的，不需要留出时间让学生去表达

[一] 张娟娟，陈旭远，范会敏，等. 新课改改了什么：基于课堂话语变革的探索——以J省D小学30年课堂教学视频分析为例 [J]. 全球教育展望，2022，51（3）：78-93.

[二] 肖思汉. 转轴拨弦三两声：探索中国课堂上的“回音”话语 [J]. 全球教育展望，2022，51（10）：45-58.

[三] MICHAELS S，O'CONNOR C，RESNICK L B. Deliberative discourse idealized and realized：accountable talk in the classroom and in civic life [J]. Studies in Philosophy and Education，2008，27：283-297.

B. 为了提升班级的整体学习，可以减少对差等生的关注

C. 每个学生都是渴望学习并能达到成功标准的，教师要坚信这一点，做到公平公正

D. 教师要不断提升自己的教学能力和丰富自己的学科知识，不断总结和反思自己的教学

E. 家庭、父母才是最影响学生学习的因素，教师不是

F. 有一些学生确实是不擅长学习，无法学会，永远无法取得好成绩的

G. 教师和学生的关系就要像上司与下属，将军与士兵

4.2　如何分析教学内容

在上课之前，你是否已经清楚：这节课的教学重难点是什么？知识的组织结构是怎样的？如何使教学内容与学生的思维水平和已有知识结合起来？相信找到这些问题的答案是每一位教师必做的功课，因为教学内容分析是课前准备中最核心的部分。

教学内容分析是每一位教师在课前准备中要做的必要活动之一。教师只有明确了教与学的内容，才能进一步展开后续的教学工作。教学内容分析指的是对教学目标中规定的需要学生习得的内容进行范围、深度、关系的确立，回答“学什么”的问题。另外，教师只有明确了教学内容的组织结构，才能为学习顺序的安排和教学条件的创设提供依据。在开展教学内容分析之前，我们首先需要明确什么是教学内容，其基本含义见表4-3。

表4-3　教学内容的基本含义

概念名称	基本含义
教学内容	根据教学目标，有目的地选择一系列直接经验和间接经验的综合，是从人类的经验体系中选择出来的，按照一定的逻辑序列组织编排而成的知识体系和经验体系[㊀]

教学内容既有来自教材、书本的间接经验，也有来自现实生活、自然事物的直接经验。因而，教学内容分析过程中，也要考虑到教材之外的资料、生活经验。

4.2.1　教学内容分析原理

接下来，我们将重点介绍如何进行教学内容分析，以此来实现科学教学和有效学

㊀ 钟启泉.课程论[M].北京：教育科学出版社，2007：141.

习。为什么教学内容分析如此重要？因为教师只有全面深刻地把控了教学内容，才能明确课程的目标定位，从而明确自己的教学思路，进而促进学生对知识的深度理解。在教学常态化工作中，教师对教材知识点都是非常熟悉的，教师一般都能够根据课程大纲以及历年考试的侧重点，确定教学重难点。但是，教学内容分析不仅要做内容层次的梳理，还要考虑知识类型、认知加工过程、教学情境等，这些看不到、摸不着的内容也是需要教师注意的。

原理 1：根据知识整合原理，进行整体性教学内容分析

大脑总在寻求最近出现的想法与存储于记忆中的信息之间的相似模式和关联[一]，比如，我们看到一个人，总会联想与他相关的事情。也有研究表明，系统化地呈现所学习的内容联系时，学生对概念的理解、记忆和学业成绩都得到了提升[二]。根据图式理论，对事物不同方面、不同角度信息的整体理解，有助于我们对内容编码，从而帮助我们更有效地记忆信息，建立更系统的认识，更深入地理解概念，更高效地解决问题。此外，根据记忆整合原理（见下框），人会自然而然地对相关的信息进行整合，从4岁开始，儿童就可以整合离散的、相关的学习事件片段，生成新的事实性知识，而且这一整合能力会随着年龄增长而显著提升[三]。

> **记忆整合原理** 新的记忆痕迹中与旧记忆相同的元素会激活旧记忆，在巩固新记忆的时候，旧的记忆也会得到重建和重新巩固，连在一起的记忆痕迹会帮助学习者整合相关信息[四]。

记忆整合原理的神经机制研究发现，海马体负责将当前经验与先前记忆进行比较、整合，内侧前额叶皮层负责重新激活与目标相关的知识[五]。图4-4所示故事，可以更好地帮助我们理解该原理。

因此，在教学内容分析时，注重知识联系，注重整体分析，是顺从人的认知规律的。我们肯定都有体会，在进行教学内容分析时，如果只看到一个点，往往会有“不识庐山真面目”的感觉，而如果从整体进行分析，就能看到一节课的内容在整体教学中所处的位置，明了知识的来龙去脉和前后知识之间的关联。通俗来说，教学内容分析不

㊀ 哈迪曼. 脑科学与课堂：以脑为导向的教学模式 [M]. 杨志，王培培，译. 上海：华东师范大学出版社，2017：76.

㊁ 哈迪曼. 脑科学与课堂：以脑为导向的教学模式 [M]. 杨志，王培培，译. 上海：华东师范大学出版社，2017：77.

㊂ 马雷特. 人是如何学习的Ⅱ：学习者、境脉与文化 [M]. 裴新宁，王美，郑太年，译. 上海：华东师范大学出版社，2021：89.

㊃ 马雷特.人是如何学习的Ⅱ：学习者、境脉与文化[M].裴新宁，王美，郑太年，译.上海：华东师范大学出版社，2021：88.

㊄ SCHLICHTING M L，PRESTON A R. Memory integration：neural mechanisms and implications for behavior [J]. Current Opinion in Behavioral Sciences，2015，1：1-8.

仅要精细化的分析，还要有整体性的分析。即便是将一节课放置于一个单元内，对本节课学习所需要掌握的先决知识进行必要的分析，确定教学起点，也需要综合学生后续章节学习所需掌握的先决知识，对本节课的教学内容进行适当考虑与补充。这样的分析与思考有益于将学生当前所学知识嵌入其认知图谱中，易于进行知识的提取与迁移。将一节课的内容放置于一个单元一本教材内、不同学段内，更要从单元学习目标、学科思维培养等角度进行整体性分析，这样才能更加准确定位一节课的核心任务与教学目标。

图4-4　记忆整合示意图㊀

说明：有一天，你在公园散步，遇到了左图穿黑色衣服的女士和她的小狗，此时，你大脑中同时激活的一组神经元建立了联结（如A网络），小狗与女士建立了关联。几天后，你在城里遇到了同样的狗，这次是一位男士牵着它（如B网络），此时，这只小狗作为交叠元素，帮你建立起男士与狗、黑色衣服的女士之间的神经表征联系（A和B网络交叠）。

原理 2：精细化分析教学内容，促进采取恰当的教学方法

首先，对教学内容的精细化分析、精细化加工，可以促进教师采取合适的教学方法。精细化就是对信息进行深层次的编码和存储，可以促进后续的记忆和提取，促进意义建构㊁。有研究表明，教师对教学内容的知识类型、组织结构和知识表征方式进行深入剖析后，往往能够更多地、更容易地采用类比、对比、联想等教学方法，将教学内容设

㊀ SCHLICHTING M L，PRESTON A R. Memory integration：neural mechanisms and implications for behavior [J]. Current Opinion in Behavioral Sciences，2015，1：1-8.

㊁ BARTSCH L M，SINGMANN H，OBERAUER K. The effects of refreshing and elaboration on working memory performance，and their contributions to long-term memory formation [J]. Memory & Cognition，2018，46（5）：796-808.

计成易于学生理解的教学活动，促进学生高阶思维的培养[1]。

其次，精细化的分析过程，可以尽可能详细地剖析出所有从属知识点，剖析出成分技能。很多教学内容、教学任务是一系列技能的复杂整合，比如，在问题解决中就包含了一系列成分技能：表征问题、确定恰当的解决策略、为执行策略进行必要的计算、评价解答的结果等[2]。一旦学生未掌握成分技能，那么完整的任务完成质量以及学习效果就会大打折扣。通过将内容加以拆解，不遗漏任何成分知识点、成分技能，便可以采取有针对性的练习策略，强化这些子任务，提升学生在整体任务上的表现。比如，学驾驶的时候，我们往往是将转弯、侧方位停车、倒车入库等技能分别逐一攻破的。又如在解决应用题时，无论是计算的步骤，还是读题的步骤，抑或是思考公式、概念，每一步都需要掌握到位，这样才能完整、正确地解答。

4.2.2 教学内容分析策略

我们都知道教学内容分析的重要性，那么到底怎样进行教学内容分析呢？

策略 1：对比分析教学参考资源，对比分析相似概念

教师在确定教学思路时不仅要注重结合自己的教学经验，发挥自己的教学风格，还要注重参考借鉴相关教学资源，以此来不断优化自己的教学内容分析框架。教师可以对教学参考书及相关的网络资源进行收集分析，通过调研、评价、借鉴多样的教学思路、典型的教学实例、优质的多媒体教学资源，以及使用非正式学习环境中的资源（如博物馆的资源），来反思、完善自己的教学内容。此外，教师对相关、相似的知识点、概念，要做到了然于胸。

具体思路如下：①收集、梳理教学相关的资源。②选取优质的教学参考书、优课实例、教学课件、教学设计文档。③通过梳理、比较、评价不同教学资源的教学内容，对比分析教学内容的相同点和不同点，分析教学内容能否支持达成教学目标，是否适用于当前的教学现状。④结合学生情况，借鉴实例、习题、教学资源或教学策略等内容，最终确定适合自己班级学生的教学内容组织结构。

如图4-5所示，北京一零一中的物理教师杨双伟在进行大单元教学时，首先对各版本教材中关于电磁波的知识内容进行了对比，以建立全面、完整的知识体系，在此基础上，对相似的概念——磁场、电场进行了对比分析，建立起了知识的内在联系和区别，继而确定了课程教学内容和目标。

---

[1] 安布罗斯. 聪明教学7原理：基于学习科学的教学策略 [M]. 庞维国，译. 上海：华东师范大学出版社，2012：20-30.

[2] 安布罗斯. 聪明教学7原理：基于学习科学的教学策略 [M]. 庞维国，译. 上海：华东师范大学出版社，2012：63.

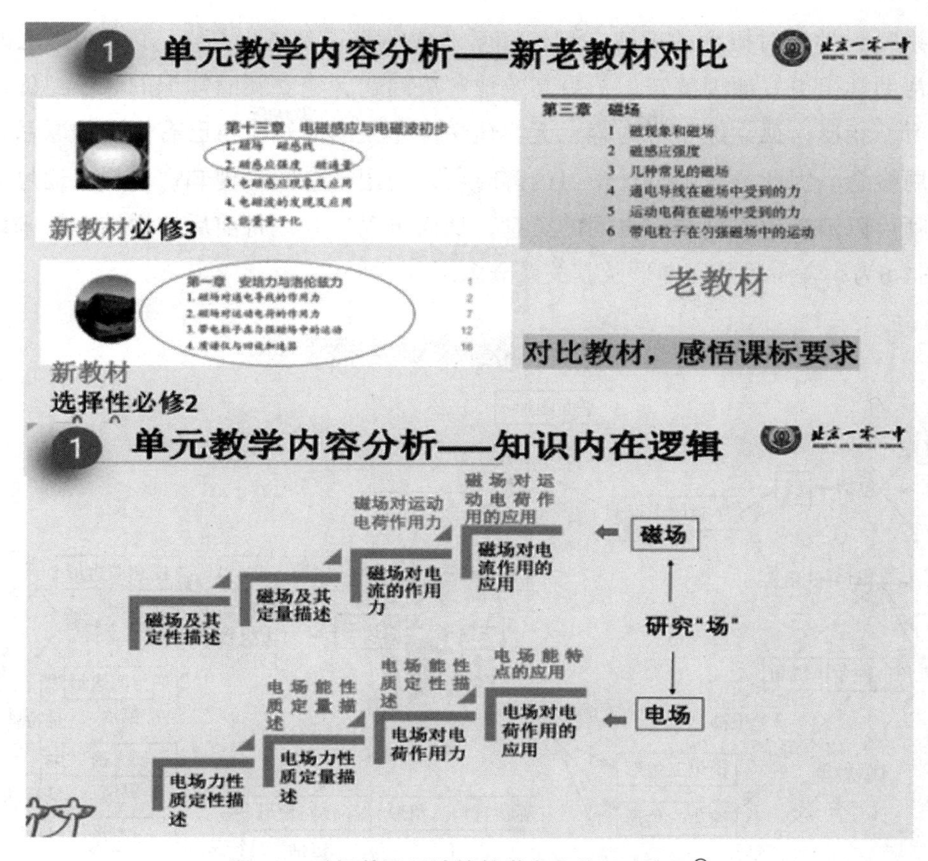

图4-5 磁场单元设计的教学内容分析示意图[㊀]

策略 2：利用可视化手段分析教学内容

可视化手段是使用视觉表征的手段，它将知识内容以图的方式表征出来，比如制作概念图（表示概念之间的关系）、思维导图（表示关键词、主题之间的关系和发散思维）、流程图、思维地图（思维可视化）、简笔画等。可视化基于图文双通道的原理——图像编码系统和言语编码系统在前语义阶段存在差异，但在语义加工阶段共享语义系统[㊁]，也就是说，在理解之前，图像编码和言语编码是分开的，但是在意义理解阶段，图像编码和语言编码是有共通的系统的，因而，绘图是有助于辅助言语理解的。

思维导图或概念图的一个重要作用就是可以将教学内容进行整体性的逻辑架构，有助于教师厘清教学内容的知识类型、组织结构与知识表征方式，从而厘清教学思路，确定教学的重难点，以及教学顺序。有研究表明，使用思维导图来说明学习目标与活动之

㊀ 教育部科技司2020教育信息化教育应用实践共同体 “学习科学与游戏化学习实践共同体”项目（教科技司〔2020〕215号）阶段性成果.

㊁ 李松清，赵庆柏，周治金，等. 多媒体学习中图文加工的认知神经机制 [J]. 心理科学进展，2015，23（8）：1361-1370.

间的联系时，学生对概念的理解、记忆和学业成绩都得到了提高[一]。了解知识之间的联系可以帮助学生更好地理解知识，更高效地解决问题，建立新旧知识的联系，促进有意义的学习。相反，孤立地学习内容，无法让学生建立当前知识与已有知识的联系，无法建立全局概念。因此，教师设计学习内容时可以使用概念图呈现知识联系。通过思维导图，教师可以清晰地看到知识之间的关系，从而可以更好地将前后知识结合起来设计教学[二]。图4-6为小学阶段平面图形及其关系概念图。

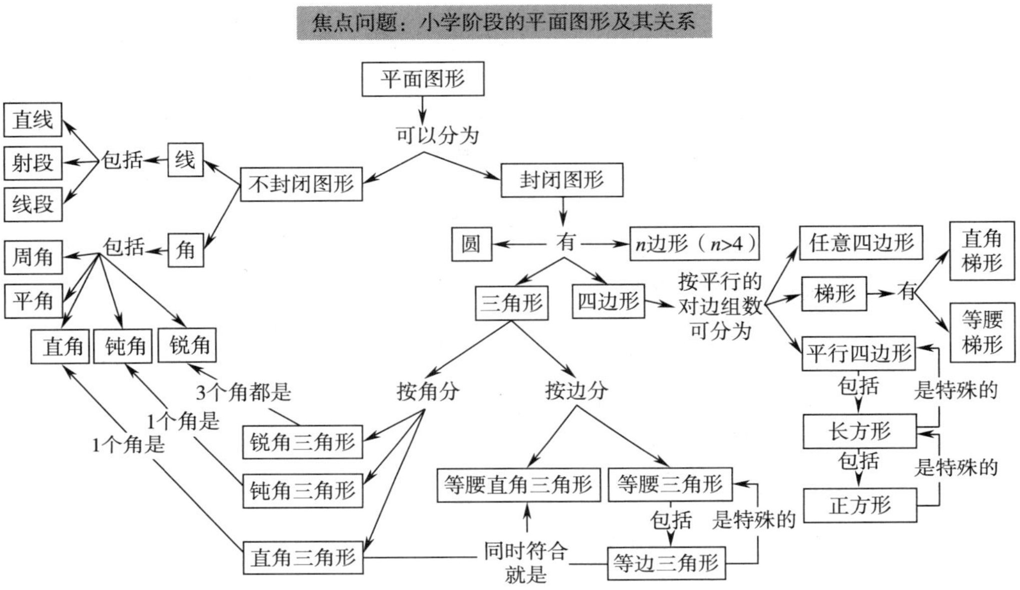

图4-6 小学阶段平面图形及其关系概念图[三]

思维地图则是一组思维可视化工具，包括了8种思维图示法，即圆圈图、气泡图、多气泡图、树状图、括号图、流程图、副流程图和桥形图[四]，如图4-7所示。每一种图对应着一种思维过程：圆圈图，帮助定义上下文的单词或事物并呈现观点；气泡图，描述情感、感觉和逻辑；多气泡图，比较和对比；树状图，主要观点和支持细节的关系；流程图，展示事件的顺序；副流程图，呈现原因和结果，并帮助预测结果；括号图，展示现实物理结构和部分整体关系；桥形图，有助于迁移或形成类比和隐喻。

㊀ 哈迪曼. 脑科学与课堂：以脑为导向的教学模式 [M]. 杨志，王培培，译. 上海：华东师范大学出版社，2017：76-77.

㊁ 徐晓雄，叶婉婷. 思维导图在大学生协作学习中的应用研究：以“学习科学与技术”课程为例 [J]. 电化教育研究，2008（10）：74-77.

㊂ 赵国庆，熊雅雯. 应用概念图评价小学数学教师学科知识的实证研究 [J]. 电化教育研究，2018，39（12）：108-115；128.

㊃ HYERLE D. Thinking maps：seeing is understanding [J]. Educational Leadership，1995，53（4）：85-89.

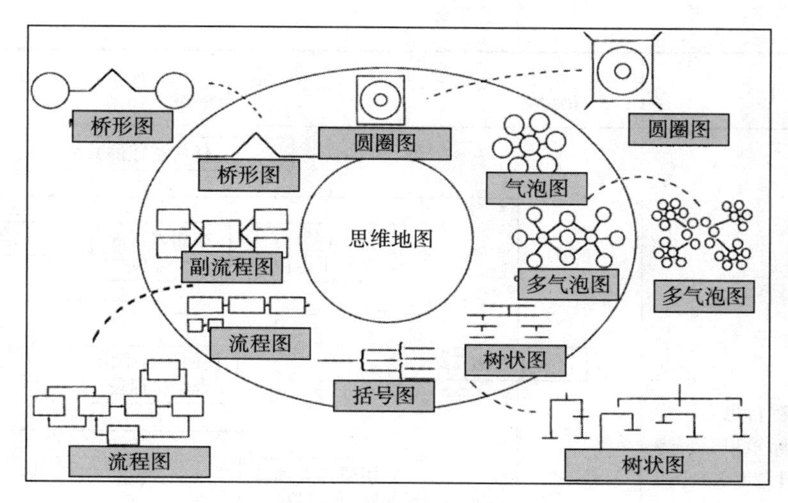

图4-7　思维地图

许多研究者证明了思维地图对于促进学生思考的有效性[⊖⊜]，思维地图能够帮助学生建立知识点之间的联系，使他们能够更好地理解概念，对知识有更深刻的认识。

策略 3：利用归类、层级、信息加工、卡片法分析教学内容

归类、层级、信息加工、卡片法都是传统的教学内容分析方法，但是也是值得尝试和经典的方法，具体说明见表4-4。

表4-4　传统的教学内容分析方法

分析方法	释义	图示
归类	把知识点进行归类，然后用组织结构图呈现	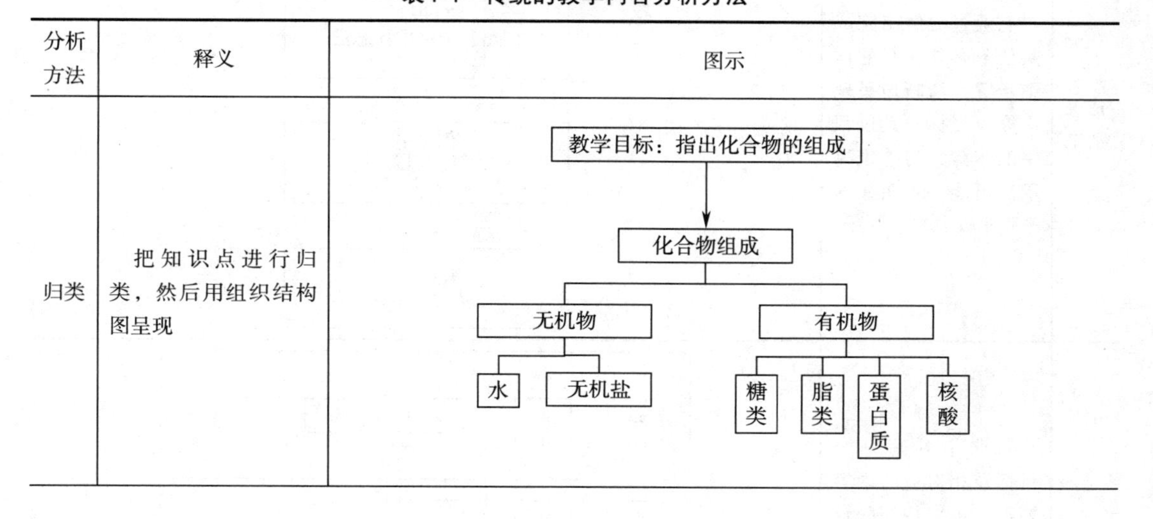

⊖ HAKIM M L I. Thinking maps-an effective visual strategy EFL/ESL for learners in 21st century learning [J]. LET：Linguistics，Literature and English Teaching Journal，2018，8（1）：1-14.

⊜ LONG D J，CARLSON D. Mind the map：how thinking maps affect student achievement [J]. Networks：An Online Journal for Teacher Research，2011，13（2）：50-65.

（续）

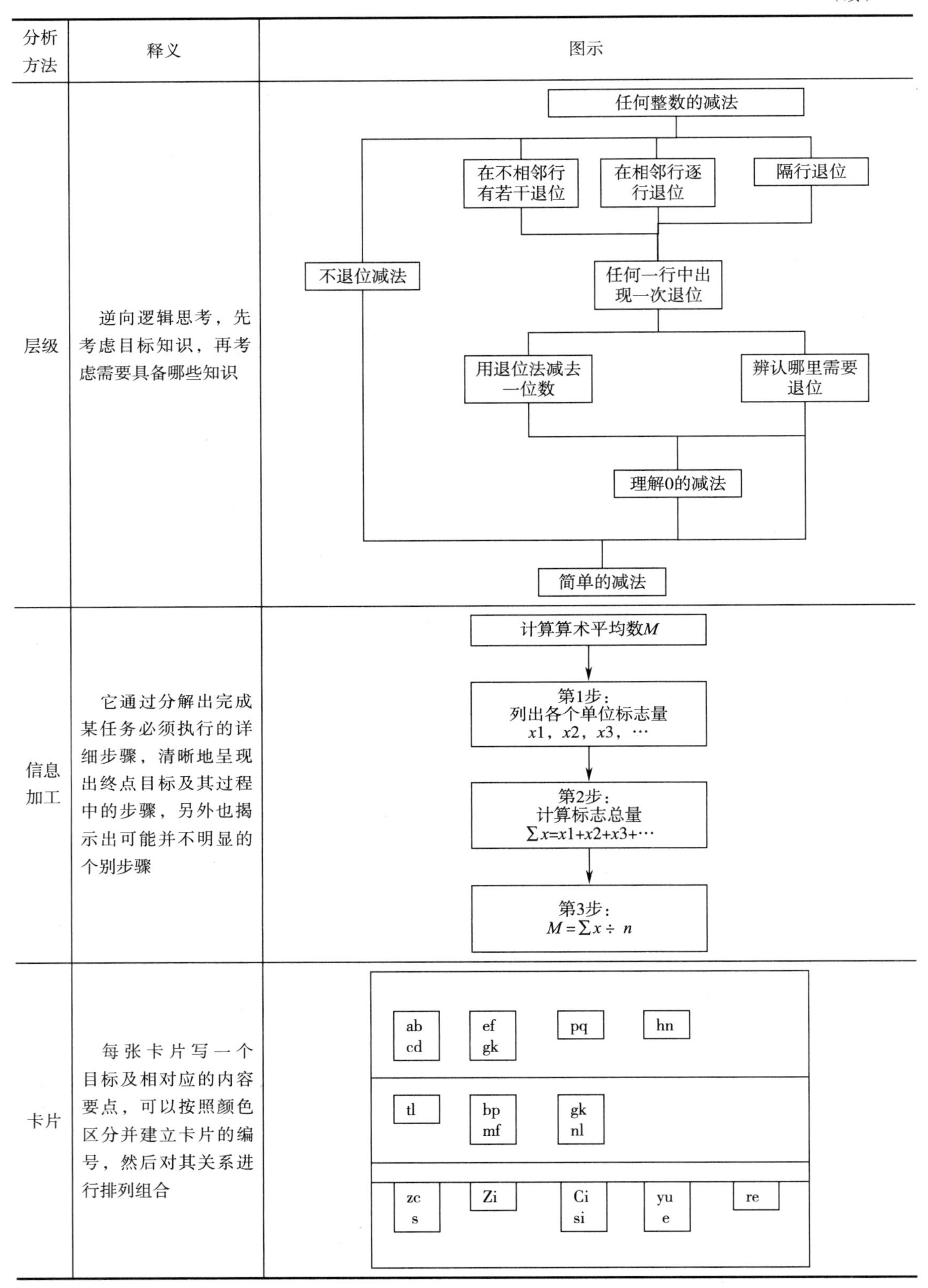

分析方法	释义	图示
层级	逆向逻辑思考，先考虑目标知识，再考虑需要具备哪些知识	任何整数的减法 在不相邻行有若干退位 在相邻行逐行退位 隔行退位 不退位减法 任何一行中出现一次退位 用退位法减去一位数 辨认哪里需要退位 理解0的减法 简单的减法
信息加工	它通过分解出完成某任务必须执行的详细步骤，清晰地呈现出终点目标及其过程中的步骤，另外也揭示出可能并不明显的个别步骤	计算算术平均数M 第1步：列出各个单位标志量 $x1$，$x2$，$x3$，… 第2步：计算标志总量 $\sum x=x1+x2+x3+\cdots$ 第3步：$M=\sum x\div n$
卡片	每张卡片写一个目标及相对应的内容要点，可以按照颜色区分并建立卡片的编号，然后对其关系进行排列组合	ab cd ef gk pq hn tl bp mf gk nl zc s Zi Ci si yu e re

玩一玩，测一测

玩一玩 笛卡尔坐标系分类

游戏规则：在纸上或黑板上制作一个笛卡尔坐标系，拿出一堆杂乱物品的图片或名字，请学生将物品按照一定类别归置到笛卡尔坐标系中，如图4-8所示，并说明理由。可以分组PK，看哪组更为合理。

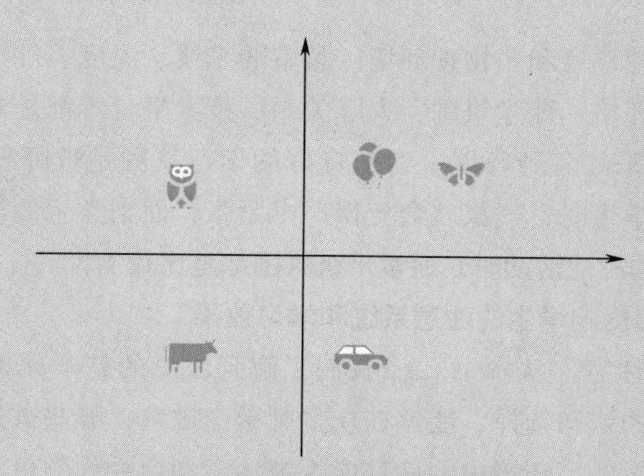

图4-8 笛卡尔坐标系分类游戏示意图

说明：笛卡尔坐标系分类游戏是典型的训练人的分析能力和归类能力的小游戏。游戏规则可以更改为放置词语、化学元素、生物等。

测一测

1. 进行教学内容分析时，可以采用以下（ ）方法。（多选）

A. 利用思维导图梳理教学内容

B. 对比分析不同版本教材的教学思路和教学实例

C. 分析教学内容中蕴含哪些学科核心素养

D. 分析教学内容中哪些部分可能是学生理解起来较困难的

E. 画流程图

F. 直接照搬教辅

2. 使用信息加工分析法，绘制出计算加权平均数的教学内容分析。

4.3 如何准备学习环境

你是否有这样的经历：在一个光线昏暗的环境中会感到疲乏困倦，在一个嘈杂吵闹的环境中会感到烦躁无法静心；而在明亮舒适的图书馆里会感到平和宁静，走进花店时会因扑面而来的清香感到愉悦和开心。这些都是环境带给我们的生理和心理感受，好的环境有助于我们的身体和大脑焕发活力。

我们置身于环境中，环境与我们相生相伴，无时无刻不在承载、传递着有力的信息，无论是物理环境还是气氛都会影响人的感受，影响人的注意。学习环境为学习者提供了开放的学习空间、必要的学习支持。积极的学习环境可以提高学习效率和学习质量。想想，孟母之所以要三迁，就是为了给孩子创造良好的学习环境。

4.3.1 学习环境准备原理

学习环境包括物理环境和非物理环境。教室的光线、温度、气味、声音、含氧量、座位布置等都是物理环境；课堂氛围、人际关系、技术平台等都是非物理环境，是由教师和学生共同创造出来的一种环境。营造良好的学习氛围是教师教学过程中重要的一环，当教师严厉批评学生时，气氛就会变得严肃紧张，而当学生参与集体活动，譬如一起做一些简单且有趣的游戏活动时，通常班级氛围都是比较愉悦的。

原理 1：物理环境影响学生的注意系统和学习效果

物理环境会影响注意。从本书3.3.1我们了解到注意的基本原理，我们知道注意是对感觉、想法或事件的认知选择，能够在众多刺激中挑选：哪些被过滤掉，哪些进入意识。人脑的注意是有限的，环境中的信息能否被注意到会受到颜色波长、光、黑暗、移动、形式和深度等的影响，而这些因素提供了吸引学生注意的基础[一]。有研究对比了学生在白色书写纸和绿色书写纸上书写时的心理差异，结果发现，绿色书写纸比白色书写纸更有利于注意的保持，更能引起正向、积极的心理体验[二]。

物理环境还会影响学习效果。一项有21000名学生参与的研究发现[三]，在最多自然光的教室中学习的学生在数学测试中的成绩高出20%，在阅读测验中的成绩高出26%。相关研究表明，在最接近自然日光的教室中学习的孩子身体更健康，到校率更高，学习成绩更好。另有研究表明，教室的环境条件、空间布局、功能会显著影响学生的认知评价、情感评价及课程满意度[四]。还有学者让276名被试在同一时段先后3次分别在图书馆自习室、专业班教室进行英语单词记忆，随后用听写的方法检验记忆效率，结果发现在图书馆自习室学习的学生单词听写正确率显著更高[五]。

㊀ 詹森. 基于脑的学习：教学与训练的新科学 [M]. 梁平，译. 上海：华东师范大学出版社，2008：49-50.

㊁ 卢家楣，卢盛华，贺雯，等. 绿、白两种颜色书写纸对学生心理影响的对比研究 [J]. 心理科学，2003（6）：1000-1003.

㊂ HESCHONG L，Daylighting in schools：an investigation into the relationship between daylighting and human performance [R]. [S. I]：Heschong Mahone Group，1999.

㊃ HAN H，KIATKAWSIN K，KIM W，et al. Physical classroom environment and student satisfaction with courses [J]. Assessment & Evaluation in Higher Education，2017，43（2）：1-16.

㊄ 阮鹏，彭成静，刘隆祺. 两种学习环境下个体记忆效率研究 [J]. 现代预防医学，2006（1）：103-104.

原理 2：支持性的学习环境促进知识建构，塑造积极情绪体验

作为教师，尽管我们无法控制学生课堂之外的环境，但是我们可以控制学生每天在班级中的课堂环境，使课堂环境发挥积极影响，而其中最核心的便是非物理环境，即班级氛围。

首先，可以构建支持性的学习氛围以促进知识建构。在本书1.2.2我们学习了建构主义理论的基本内容，实际上，建构主义理论对学习环境有一系列指导性的设计原理，见表4-5。

表4-5　建构主义理论下学习环境设计原理的关键词及要点简介㊀

关键词	要点
探究	强调如何帮助学生积极地探究复杂的主题或环境，并且像领域专家一样思考问题
理解	强调管理学生建构自己的理解，并通过社会协商证明见解的合理性
境脉	强调将学习内容置于有意义的境脉中进行分析
控制	强调学生控制、操纵、运用信息和所学
多种方式呈现	强调用多种不同方式，在不同的时间、情境、视角下呈现内容
问题解决	强调鼓励学生运用问题解决技能解决问题，探究表征和解决问题的不同方式
评价迁移	强调对知识和技能的迁移情况进行评估，在评价中呈现与初始学习不同的问题和情境

其次，环境会影响人的情绪体验，继而影响认知。有研究发现，敌意或危险的环境使人体内皮质醇水平上升，而皮质醇水平过高会对额叶皮层的功能和发展产生负面影响，从而影响人的注意、工作记忆等，因此，当儿童处于敌意或危险的家庭环境或学校环境中，学习会很差㊁。（关于情绪的理论和认知机制见本书3.4.1。）在陌生的学习环境中（如在线学习），也可能由于教师缺乏对学生的关怀，导致学生的焦虑、压力、沮丧、不满等情绪反应㊂。相反，积极的课堂氛围有助于学生在合作时养成积极的、友善的、自信的态度，且被证明可以提升学生的社会情绪能力（即包含负责任、制订决策、自我意识、人际关系、情绪管理、理解他人的情绪和反应等方面）㊃。

原理 3：技术支持的学习环境提升学习体验

当前，我们的学习环境已经不仅仅是能摸到的“真实”物理环境了，还包括虚拟

㊀ 高文. 学习科学的关键词 [M]. 上海：华东师范大学出版社，2009：119.

㊁ 吉克. 教育神经科学在课堂 [M]. 周加仙，译. 上海：上海教育出版社，2020：110.

㊂ GE X. Emotion matters for academic success：implications of the article by Jarrell，Harley，Lajoie，and Naismith（2017）for creating nurturing and supportive learning environments to help students manage their emotions [J]. Educational Technology Research and Development，2021，69（1）：67-70.

㊃ AHMED I，HAMZAH A，ABDULLAH M. Effect of social and emotional learning approach on students' social emotional competence [J]. International Journal of Instruction，2020，13（4）：663-676.

的、技术支持的学习环境。

技术支持的学习环境可以为学生创设逼真、有趣的情境体验，促进更充分的课堂参与，增强学生对内容的理解。比如在学习“心脏器官”这一主题时，虽然心脏的组织结构和工作原理属于学习重点，但是由于现实条件限制，人体心脏在真实情境中难以被直接操控与观察，这时，教师就可以用虚拟模型表示和呈现，带给学生真实的体验㊀。又如，有研究者发现，借助技术，整体学习成果得到了改善，同时，技术环境也带来了更高的参与度、更积极的态度、更频繁的协作和更少的课堂沉默㊁。

技术支持的学习环境还可以提升学习效果。比如对56项包含9943名参与者的医学教育研究进行元分析，结果表明，混合式学习与传统学习、纯在线学习相比效果均明显更好，在知识获取方面有更积极的成效㊂。所谓混合式学习，就是结合了在线学习环境和传统学习环境，允许学生按照自己的进度复习电子材料，同时也受益于面对面教学的指导。

原理 4：多媒体学习环境与科学教学方法促进学习

技术支持的学习环境中有一种类别最具代表性，也在一线教学中广泛应用——多媒体学习，即应用基于计算机的媒体技术开展学习，比如使用动画、教学视频、插图、教育游戏或教育模拟等。但是仅依靠多媒体是不能促进学习的，学生往往会由于需要处理多个来自外部的信息，而产生认知负荷，因此多媒体学习环境是需要与教学方法相配合才能促进学习的。

梅耶基于信息加工模型（见本书1.2.2）和双重编码理论，提出了多媒体学习认知理论（cognitive theory of multimedia learning）。双重编码理论认为大脑中存在两个功能独立但又相互联系的认知系统：言语系统和非言语系统。言语系统加工字符、文字。非言语系统加工图像。多媒体学习认知理论的模型包含认知过程的5类表征：多媒体呈现的文字和画面；感觉记忆中的听觉表征和视觉表征；工作记忆中的声音和图像；工作记忆中的言语模型和图像模型；长时记忆中的先前知识。多媒体学习认知理论认为多媒体学习包括3个阶段，如图4-9所示：①感觉记忆阶段，文字、图片在感觉记忆阶段进行选择；②工作记忆阶段，对语词和图片进行组织，形成视觉表征；③信息整合阶段，将言语和图片以及先前知识整合。脑成像研究中，早期对脑损伤病人的研究发现，一位病人可以识别视觉物体，但不能命名物体，另一位病人可以确认物体名称，但是不能进行视觉表

㊀ 钟柏昌，刘晓凡. 论具身学习环境：本质、构成与交互设计 [J]. 开放教育研究，2022，28（5）：56-67.

㊁ CHUANG Y T. Increasing learning motivation and student engagement through the technology-supported learning environment [J]. Creative Education，2014，5（23）：1969-1978.

㊂ VALLÉE A，BLACHER J，CARIOU A，et al. Blended learning compared to traditional learning in medical education：systematic review and meta-analysis [J]. Journal of Medical Internet Research，2020，22（8）：e16504.

征，可见视觉和言语系统的独立性㊀。对健康被试的脑成像研究同样发现了在前语义加工阶段，图片和文字加工所激活的脑区存在差异㊁。在语义加工上，图片和文本存在很多共享的加工网络㊂。因此，脑成像研究支持了多媒体学习认知理论，脑对图片、文字的加工在前语义阶段存在差异，图片激活与物体识别有关的右外侧枕叶，文字则激活与语音及拼字法有关的左侧颞顶皮层，在信息整合阶段，图片和文字都激活了左侧颞下回和颞叶皮层㊃。简单来说，多媒体学习认知过程：首先从所呈现的文本或听到的话语中选择相关语词，或从所呈现的画面中选择相关图片，接着，将所选择文字组织成连贯有意义的言语表征，将所选择的图片组织成有意义的图片表征，继而将言语表征、图片表征及长时记忆中调取的先前知识进行整合。

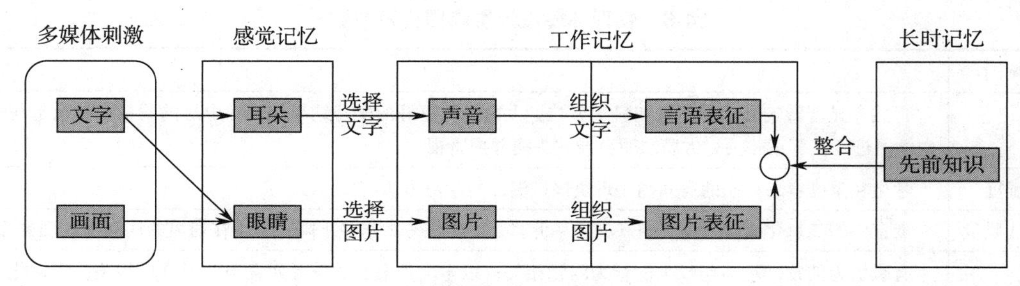

图4-9　多媒体学习认知理论模型㊄

有研究对比了传统教学环境和多媒体教学环境的学习效果，发现使用多媒体学习材料有助于学生按照自己的节奏学习，并且学生的学习成绩也得到了增强，对于科学概念有了更好的理解㊅。另有研究对比了交互式多媒体学习材料和传统教科书对学生学习效果的影响，结果发现，应用多媒体学习材料开展教学的方式比传统教科书方式更能提高学生的数学学习态度㊆。

㊀ WARRINGTON E K，SHALLICE T. Category specific semantic impairments [J]. Brain，1984，107（3）：829-854.

㊁ MOORE C J，PRICE C J. Three distinct ventral occipitotemporal regions for reading and object naming [J]. NeuroImage，1999，10（2）：181-192.

㊂ DEVEREUX B J，CLARKE A，MAROUCHOS A，et al. Representational similarity analysis reveals commonalities and differences in the semantic processing of words and objects [J]. The Journal of Neuroscience，2013，33（48）：18906-18916.

㊃ 李松清，赵庆柏，周治金，等. 多媒体学习中图文加工的认知神经机制 [J]. 心理科学进展，2015，23（8）：1361-1370.

㊄ MAYER R E. Thirty years of research on online learning [J]. Applied Cognitive Psychology，2019，33（2）：152-159.

㊅ KIAT T Y，JUMINTONO J，KRISWANTO E S, et al. The effectiveness of multimedia learning on academic achievement in reproduction topic science subject [J]. Universal Journal of Educational Research，2020，8（8）：3625-3629.

㊆ MUTHULAKSHMI P，VELIAPPAN A. Effectiveness of an interactive multimedia learning package in developing attitude towards mathematics [J]. I-Manger's Journal on School Educational Technology，2016，11（3）：40-46.

4.3.2 学习环境准备策略

我们都知道学习环境对学习具有很大的影响，那么究竟应该如何准备物理学习环境、非物理学习环境呢？

策略 1：从多感官出发设计有益于学习的教室环境

在教室的物理环境设计上，可以参考影响物理环境的因素来开展设计。英国的一项研究对27所学校、153间教室、3766名学生的学业情况进行了评估，确定了7个关键物理环境设计影响因素（可以作为设计参数，见表4-6），可以共同解释学生学业进步的16%的变化[㊀]。

表4-6 物理环境设计影响因素及参数[㊀]

影响因素	参数
光	自然光显著影响阅读词汇量和科学分数，大窗户与更好的学习结果相关；电灯的质量和数量都与学生学习进度显著正相关；劣质照明会导致头痛并损害视力
温度	学生在温度容易控制的房间内表现更好；温度与学习进步有关
空气质量	教室中的二氧化碳含量高、空气交换率低时，学生注意力水平下降；学生在通风的房间里表现更好
所有权	有吸引力的物理环境与较少的行为问题相关；以学生为中心的设计元素与学习进步相关；个性化、主人翁感的展示与学习进步相关；学生艺术作品增强学生的主人翁意识，对学生的自尊有积极影响
灵活性	空间物品的摆放影响学生的探索行为、社会互动和合作；简单的空间布置促进年长孩子学习；复杂的空间布局促进年幼孩子的灵活性学习
复杂性	教室的陈列多样性水平适中时对学习进步产生积极影响；抗视觉干扰能力低的儿童会受到过多陈列品影响
颜色	对3~5岁的儿童来说，冷色比暖色更受欢迎；浅色、白色墙壁与学习进步相关性更高；色彩鲜明的家具、地毯和其他元素与学习进步相关

因此，我们可以按照以上有关自然（光、温度、空气质量等）、个性化（所有权、灵活性等）、适当程度刺激（复杂性、颜色）3方面的因素为学生打造最适宜的学习环境。此外，对于教师来说，可以调控的环境因素还包括座位布置、教室布置、声音、气味等。

教室中的座位安排对教学、课堂互动、学业成绩都会有影响，比如有研究发现，坐在靠近多媒体屏幕位置的学生比坐在教室中间几排的学生表现得更好[㊁]。教师可以有策略地规划座位安排，比如，让班上活跃的学生分散在教室各个小组，带动其他同学参与课

㊀ BARRETT P，DAVIES F，ZHANG Y，et al. The impact of classroom design on pupils' learning：final results of a holistic，multi-level analysis [J]. Building and Environment，2015，89：118-133.

㊁ JOSHI G P，JHA S，CHO S，et al. Influence of multimedia and seating location in academic engagement and grade performance of students [J]. Computer Applications in Engineering Education，2020，28（2）：268-281.

堂[一]。此外，适当的时候，调整桌椅布置也有助于学习，有研究发现，儿童在半圆形排列的座位中比行列排列的座位中提出的问题更多[二]。此外，坐得近的同学之间也会因为较小的人际距离和较多的合作机会，而更喜欢对方[三]。教师可以定期调整座位，让班级同学有更多与其他同学交互的机会，比如通过拉近距离，减少互不喜欢的学生之间的不喜欢[四]。也可以根据教学任务调整座位，让学生面对面落座，产生更多的社会互动，让学生按照组别落座，可以产生更多任务导向的合作行为[四]。传统的按照学习名次排座位的方式是一种“落后的等级制度”，教育工作者应定期调整座位顺序，以改善由于不同座位区域视线不均的问题，以提高每位学生对课堂活动的参与度和被关注感。

在教室布置方面，可以围绕所学的内容，给教室中增加与教学内容相关的物品。比如学习生物基因和遗传学知识时，收集学生的生物作品，或者制作有丝分裂的某个阶段模型[五]，并且将学生的作品布置在教室内，以提升学生的成就感，增强对相关内容的记忆。当然，也可以带学生去室外，比如学习一篇以自然环境为背景的作文写作时，到室外进行简短的野外游览，观察和记录环境，又如学习关于中国共产党的发展史时，可以前往党史纪念馆，学习真实的史料。

在声音方面，在比较紧张、烦躁的环境下，可以播放音乐让学生放松，可以是自然的声音，也可以是风铃的声音。但要注意，在需要高级认知处理时，如学生需要深度思考时，背景音乐，哪怕是轻松的音乐可能也会成为一种干扰，这时“寂静时刻”可以让学生保持注意力，实现认知控制。

在气味方面，一般来说，丘脑是负责处理感官信息的，嗅觉输入却另辟蹊径，嗅觉刺激会绕过丘脑，直接输入脑的边缘系统，继而被情绪和记忆相关的脑结构处理，因此气味在记忆和情绪中有着重要的作用。橘子和薰衣草的香味能降低焦虑；铃兰和薄荷味的受试者在没有气味的环境中表现得更好[六]。

策略 2：营造充实、支持性的学习氛围

课堂氛围实际上是“教师看不见的手”。一些要素有助于创建充实的、支持性的学习氛围，比如：归属感，高水平支持，权力感，选择通道，培养学生的意志力。营造充实、支持性学习环境的要素及策略见表4-7。

[一] BANKS T. Creating positive learning environments：Antecedent strategies for managing the classroom environment & student behavior [J]. Creative Education，2014，5（7）：519-524.

[二] MARX A，FUHRER U，HARTIG T. Effects of classroom seating arrangements on children’s question-asking [J]. Learning Environments Research，1999，2（3）：249-263.

[三] BERG Y H M，CILLESSEN A H N. Peer status and classroom seating arrangements：a social relations analysis [J]. Journal of Experimental Child Psychology，2015，130：19-34.

[四] BRAUN S S，BERG Y H M，CILLESSEN A H N. Effects of a seating chart intervention for target and nontarget students [J]. Journal of Experimental Child Psychology，2020，191：104742.

[五] 哈迪曼. 脑科学与课堂：以脑为导向的教学模式 [M]. 杨志，王培培，译. 上海：华东师范大学出版社，2017：68.

[六] 哈迪曼. 脑科学与课堂：以脑为导向的教学模式 [M]. 杨志 王培培，译. 上海：华东师范大学出版社，2017：67.

表4-7　营造充实、支持性学习环境的要素及策略㊀

要素	含义	策略
归属感	让学生感觉被尊重、被接受，具有安全感的环境氛围	应用积极的语言激发期待行为，表扬积极的表现，激发学生见贤思齐、从善如流的倾向；学完一个单元或完成一个项目，可以嵌入庆祝的仪式，比如合唱歌曲，巩固积极成就，营造温馨的课堂氛围
高水平支持	帮助学生，并明确为学生提供鼓励，为每一位学生提供指导	组建合作团队，团队内相互协作；学习前，鼓励学生设定现实的学习目标，教师对这些目标进行可行性调整，明确对学生的期望；定期检查目标，提供反馈，证实学生的进步状况；个性化、具体的作业反馈；提供不同梯度的学习材料、问题以及相应的教学脚手架，在学生需要时提供
权力感	赋予学生权力，让学生参与制订班级规则	班干部轮流制；学生当小老师；学生策划班级活动；设置纪律小组，监督班级纪律；调动学生为班级环境创设做出贡献的积极性
选择通道	为学生提供多种选择	学生可以选择学习任务或项目；学生可以选择作业或作品的形式；让学生了解在遇到失败之后可以有哪些解决方法
培养学生的意志力	帮助学生正确认识困境	鼓励学生撰写个人学习日志，在日志中写思考过程和对遇到的困难的思考；与沮丧的孩子谈话，引导其学会正确归因；帮助学生建立成长型心智模式

最有益于学习的班级氛围是产生信任的氛围，平等、公正、民主的氛围。在这样的环境中学生知道他们是可以犯错的，是可以失败的，是可以从失败中学习，将失败转化为“有效失败”的；在这样的环境中，学生可以从教师、同伴的表情、语言、肢体互动中感受到被尊重和平等；在这样的环境中，学生可以得到教师有针对性的帮助和指导。此外，课堂氛围是带有传染性的，师生之间通过音乐、舞蹈等方式营造的和谐欢乐的氛围将对师生都产生积极的影响。

策略3：合理设计并运用多媒体教学环境

在技术支持的学习环境设计中，使用多模态融合技术，可以提升认知多样性，促进认知灵活性，比单单依靠单一媒介——如书本或PPT，更具备课堂吸引力。梅耶提出了12项实证支持的多媒体学习原则，见表4-8，可用于设计或选择多媒体技术。

表4-8　多媒体学习设计原则及主要要求㊁㊂

设计原则	主要要求
多媒体原则	图文并茂比单独呈现文字，学生学得更好
一致性原则	排除无关的词语、图片、声音时，比囊括这些，学生学得更好

㊀ 泰勒斯通. 提升教学能力的10项策略：运用脑科学和学习科学促进学生学习 [M]. 李海英，译. 北京：教育科学出版社，2017：11-16.

㊁ 马雷特. 人是如何学习的Ⅱ：学习者、境脉与文化 [M]. 裴新宁，王美，郑太年，译. 上海：华东师范大学出版社，2021：193-194.

㊂ MAYER R E. Multimedia learning [J]. Psychology of Learning and Motivation，2002，41：85-139.

（续）

设计原则	主要要求
凸显原则	突出显示重要材料的组织线索时，学习者可以注意所呈现的关键材料，从而学得更好
空间邻近原则	当屏幕上的文字和相应图片离得近时，学生学得更好
时间邻近原则	文字和图片同时呈现，而不是先后相继出现时，学生学得更好。图片应该靠近图片或图形
分段原则	多媒体课上，内容的呈现按照学生学习节奏分段，而不是连续的单元内容时，学生学得更好
预训练原则	学生在接触主要课程前，学习材料的一些内容，可以加速和改善对课程的学习；课前学生知道主要的概念名称和特征时，学得更好
通道原则	图示结合听觉叙述，比动画和屏幕文本效果更好，尤其在学习节奏快且学习者难以控制的情况下
冗余原则	使用图示结合听觉叙述的方式，学习效果更好，图示、叙述加上文本的方式效果不如图示加叙述，同时呈现听觉叙述和视觉文本可能会分散学生注意力
人格化原则	多媒体课上，当语言表达是会话方式时，学生学得更好
声音原则	多媒体课上，当叙述是友善的人的声音，而不是机器的声音，学生学得更好
图像原则	多媒体课上，将授课者的图像加到屏幕上，不一定学得更好，可能会分散注意力

举例来说明以上原则。就一致性原则来说，在做教学课件的过程中，我们经常会想着要不要加点好看的图片或动画效果，加点好听的音效，再加点花边儿作为点缀，最好加上孩子们最喜欢的动画人物。这一切真会如愿吸引学生吗？答案是对的，它们会吸引学生的注意力，但是带来的负面影响也是明显的，这些无关的信息会夺取认知资源，分散注意力，干扰核心材料的认知加工。梅耶的一系列实验研究发现，加入花边材料（有趣但与内容无关）的带解说动画、带注释的插图组中学生的正确率和保持率都显著低于不加花边材料的组[一]。那么加入一些背景音乐会有好的效果吗？有研究对比了只有解说的动画和加入音乐的解说动画，发现加入音乐的组保持测试和迁移测试成绩都更低[二]。除此之外，对比带注解的插图组和有文本和注解的插图组，发现只有注解的插图组保持测试和迁移测试的成绩更高[三]。因此，无论是多媒体课件设计还是教材设计，要尽可能地不采用与内容无关的花边材料和音乐，避免学生分散注意力。为减少认知负担，减少多余的信息呈现，记住：少就是多。

就多媒体原则来说，图文整合呈现，帮助学生把来自双通道的图像信息和文字信息进行整合。实验研究表明，图片即使出现很短的时间也有助于学生将其与语言信息整合，促进理解[四]，带插图文本或有动画解说的组别在记忆保持测验和迁移测验中的成绩都高于只有文本或只有解说的组别[五]。因此，在课件设计、视频、动画、教材设计中要注意

[一] 迈耶. 多媒体学习 [M]. 牛勇，邱香，译. 北京：商务印书馆，2006：154.

[二] 迈耶. 多媒体学习 [M]. 牛勇，邱香，译. 北京：商务印书馆，2006：163.

[三] 迈耶. 多媒体学习 [M]. 牛勇，邱香，译. 北京：商务印书馆，2006：167.

[四] EITEL A，SCHEITER K，SCHULER A. How inspecting a picture affects processing of text in multimedia learning [J]. Applied Cognitive Psychology，2013，27（4）：451-461.

[五] 迈耶. 多媒体学习 [M]. 牛勇，邱香，译. 北京：商务印书馆，2006：81-103.

同时呈现图片和文字，当然所呈现的图片应是旨在促进理解，而非无意义的。

就空间邻近原则来说，在同一个画面中，但是间隔一点儿空间呈现，这样“留白”显得美观，效果会不会更好呢？有实验对比了文本与动画或插图组合呈现以及分离呈现的4个组的学业成绩，结果发现，组合呈现实验组的记忆保持测验和迁移测验的正确率更高[1]，可见，组合设计时要把图像和相应的文字位置尽可能接近，融为一体效果更好。

就时间邻近原则来说，两个通道的信息在前意义阶段要建立起联系必经过工作记忆，如果两个信息的呈现间隔时间较久，就难以将文字和画面建立联系，多次实验研究都表明，同时呈现材料的实验组在记忆保持测验和迁移测验中成绩都更高[2]，可见，在一个画面中同时呈现图文信息效果更好。

玩一玩，测一测

玩一玩　快速触摸物体

游戏规则：请参与的学生站在教室的一个位置。由教师先发布指令，如“触摸一个黑色的物体”，然后学生快速去触摸。最慢的学生接着发布指令“触摸一个圆形的物体”，多轮之后，最后剩下的学生获胜。

说明：快速触摸物体游戏可以让学生迅速认识教室内部和周围的环境，增进学生之间的关系。该游戏操作简单，规则灵活，教师也可以将所触摸的物体与所学的内容相结合，比如学到水果的单词时，可以将各种水果布置在教室内，又如学到关于形状的知识时，可以用形状的特征作为指令。

测一测

1. 以下遵循了多媒体学习设计原则的有（　　）。（多选）

A. 白老师在设计自己的多媒体课件时放了大量的文字

B. 方老师在上课前为学生准备了导学案，让学生提前对一些基本知识进行了解

C. 朱老师在设计多媒体课件时，上一页放置图片，下一页放置匹配的文字

D. 袁老师在设计多媒体课件时，将讲解的内容设计为两个角色对话的方式

E. 黄老师在设计多媒体课件时，插入了各种好看的花边和闪烁的小动画

2. 如果有一次偶然的机会，你可以设计一个新教室，那么你会从（　　）方面进行设计来促进学生的学习。（多选）

A. 窗户和光线　B.室内温度　C.空气流通　D.桌椅摆放

E. 墙壁和地板等的颜色　F.教室中的陈列品　G.灯具　H.绿植

---

[1] 迈耶. 多媒体学习 [M]. 牛勇，邱香，译. 北京：商务印书馆，2006：115-117.

[2] 迈耶. 多媒体学习 [M]. 牛勇，邱香，译. 北京：商务印书馆，2006：133-136.

4.4　如何管理课堂

观察一下你的班级里学生们上课时的状态，看看他们是否每一分钟都在集中注意力听老师的讲解，或者认真思考、回答问题和参与小组讨论？你可能会发现，在一节课中，你有一部分时间被用于课堂纪律管理了，学生一部分时间可能因为感到厌倦疲乏而走神，或者跟其他同学聊一些与学习无关的事情，还有一部分时间可能因为没有理解教学内容而不知道怎么办……总之，学生真正参与到课堂中进行有效学习的时间是有限的，我们需要最好的课堂时间管理和课堂纪律管理，使学生的有效学习时间最大化。

无论是新手教师还是专家教师，如何应对调皮捣蛋的学生，如何把握课堂时间，如何维护个人权威，如何对待课堂上的问题行为，如何更多地关注教学内容而不是维持纪律、平息混乱，都是不小的挑战。教师对课堂管理、时间规划的一些策略也要做到有规划、多筹谋，了然于胸。

4.4.1　课堂管理原理

课堂管理是建立在积极的学习环境、课堂氛围基础之上的。在课堂管理中，教师的角色不是独裁者和统治者，而是作为经验长者和“大家长”，与学生协商协作，完善好课堂管理制度。

原理 1：有效学习时间关乎教学质量

学生在学校的时间可被分为4个紧密联系的组成部分，即学校分配的时间、实际的教学时间、学生参与的时间和有效学习的时间，如图4-10所示。学校分配的时间就是通常我们看到的课程表、学期安排计划。学校分配的时间在具体落实中，减掉因为组织纪律、等待学生安静，教师真正开始上课的时间，就是实际的教学时间。在实际的教学时间之中，再减去学生不知所云、迷迷糊糊、吵吵闹闹的时间，就是学生参与的时间；学生参与的时间中，减掉“形在神不在”的表面参与时间，减掉似懂非懂、不懂装懂的时间，就是有效学习的时间，即学生参与学习之中，且产生学习成效的时间。

在传统的讲授式教学中，教师占用大量时间进行“填鸭式”授课，从表面上看教学时间大大增加，实际上学生并没有从中收获多少，教学质量也未必得到提高。究其原因，是教师的授课没能调动学生参与其中，学生没有从中得到收获。真正与教学质量有关的则是学生的有效学习时间，即学生积极学习、高效完成学习任务所花费的时间。有研究表明，有效学习时间与总分配时间无必然联系，但与学生参与率成正比，与成功学习率成正比[⊖]。影响学生有效学习时间的因素有目标因素、学习内容的选择与任务安排、

⊖ 哈蒂. 可见的学习：最大程度地促进学习　教师版 [M]. 金莺莲，洪超，裴新宁，译. 北京：教育科学出版社，2015：52-55.

班级规模、教师能力等[1]。因此，教师不能盲目地增加课时或者教学时间，而应考虑如何提高学生的参与率、如何设置合理的教学任务、如何促进学生对知识的理解和记忆等问题，以提高学生的有效学习时间。

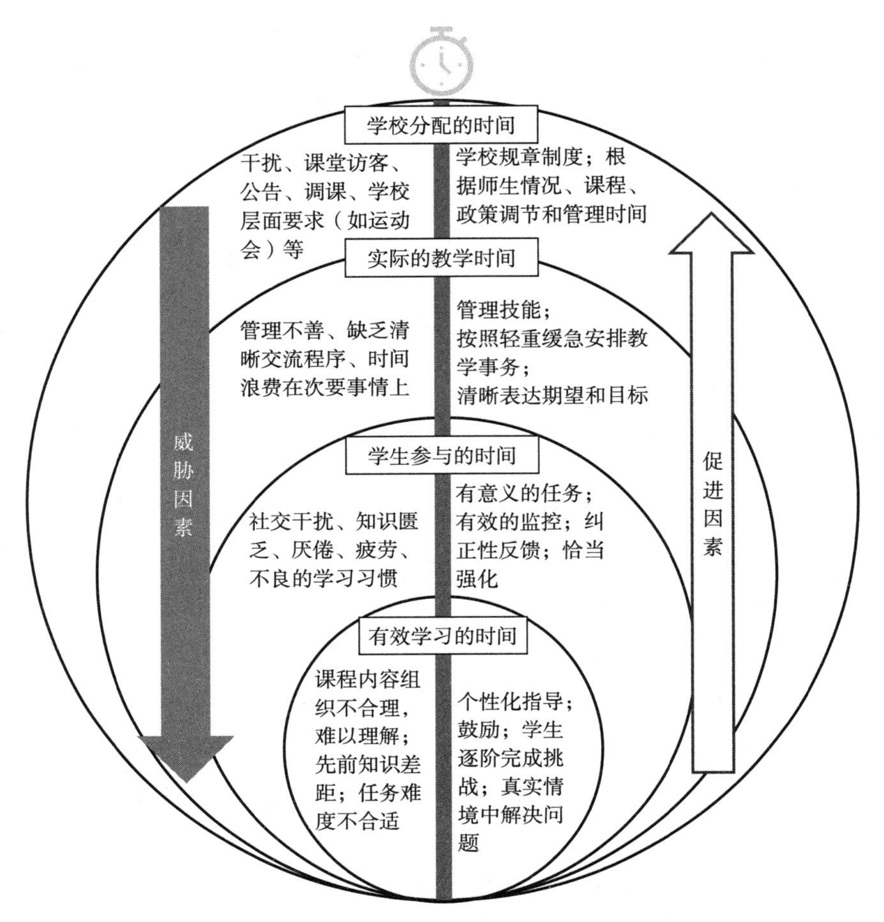

图4-10　4种关键的时间概念及其影响因素[2]

原理 2：首因效应与近因效应影响课堂学习

我们都有这样的体验，看节目表演时，往往印象最深的是第一个和最后一个节目，学英语单词书时，往往记得最牢靠的是前几页和后几页的单词。这就是“系列位置效应”（serial positioning effect）或称首因（primacy effect）和近因（recency effect）效应。首因效应是指在社会认识过程中，最早的印象对人的认识具有极其重要的影响，也就是我们常说的“第一印象”； 近因效应是指当人们识记一系列事物时，对末尾部分的记忆

[1] 白益民. 学习时间与学习结果关系模型研究述评 [J]. 外国教育研究，1999（6）：1-7.

[2] 参考绘制：哈蒂，耶茨. 可见的学习与学习科学 [M]. 彭正梅，邓莉，伍绍杨，译. 北京：教育科学出版社，2018：47.

效果优于中间部分的现象，所谓“近因”其实就是指人们最近获得的事物信息。近因效应强调的是识记内容的时间性，在我们的认识过程中，如果连续做几件事情，那么后面的信息在形成总印象中将起着更大的作用。

从社会认知的过程看，我们接触到的新知识的特点和新事物的“顺序”都在不同程度上影响我们对于事物的认知。1962年加拿大学者默多克（Murdock）向被试呈现一系列无关联的词，如肥皂、氧、枫树、蜘蛛、啤酒、火星、山、炸弹、木偶等，让被试以任意顺序自由回忆，结果发现，回忆出的词与词所处的位置有关，开始和末尾的词更容易被记住[一]。也就是说，对于一系列处于不同位置的信息或材料，人们的记忆效果大不相同，其中首尾信息或材料记忆效果最好。如图4-11所示，无论是要求学生按照序列回忆（即按照听到的顺序背诵单词），还是自由回忆不同长度的单词序列（6个、10个和15个单词），学生都对单词系列的开始（首因效应）和末尾（近因效应）有更好的记忆。

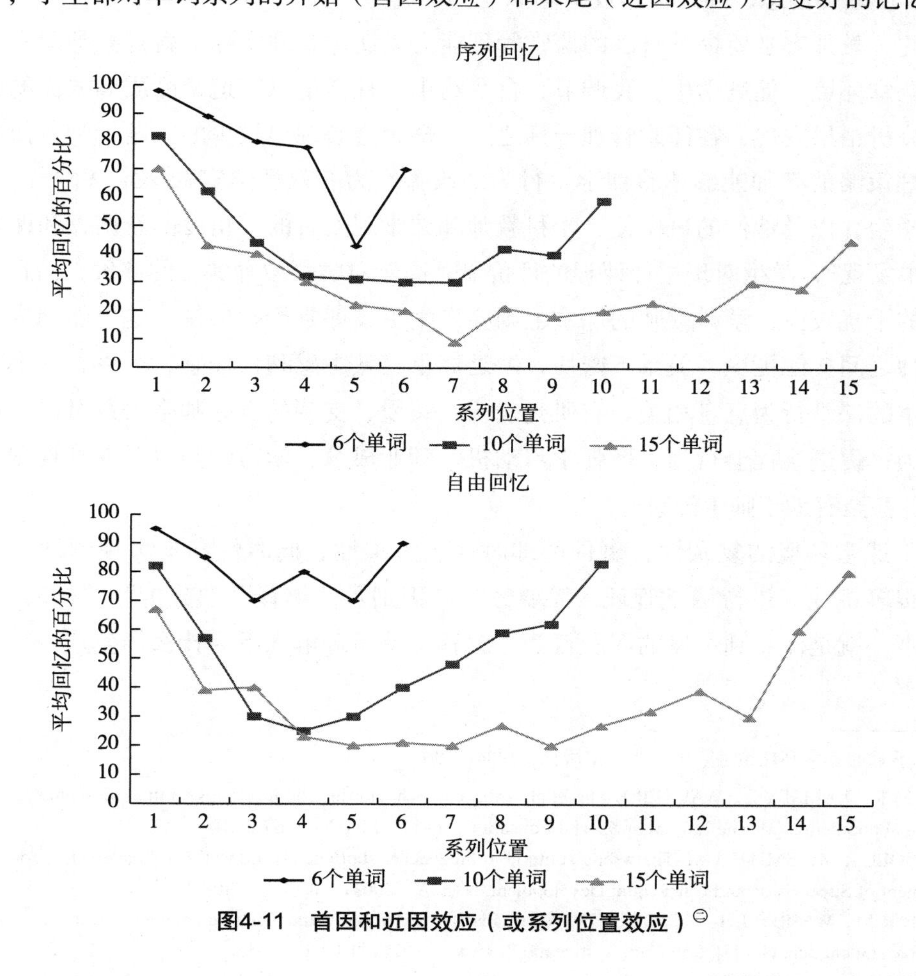

图4-11　首因和近因效应（或系列位置效应）[二]

[一] 孟昭兰. 普通心理学 [M]. 北京：北京大学出版社，1994：189.

[二] 格里格，津巴多. 心理学与生活 [M]. 王垒，王甦，译. 北京：人民邮电出版社，2003：204.

学者认为之所以存在首因效应是因为：开始的信息有较多的复述机会，末尾的信息是刚刚学过的，仍然保存在工作记忆中，更容易被提取[1]。因此，在课堂教学中，首先，要把握开始和结尾的时间，提供最准确和最重要的信息，以促进学生对信息的记忆。其次，可以分段，这样可以使学生更容易地记住更多信息量。

原理 3：有效的课堂管理改善学生行为

在一个大的班集体中，难免会出现扰乱班级规则或不符合教师期望的学生行为，而一两个学生的破坏性行为会妨碍其他学生学习，影响课堂教学时间，并且，课堂上经常出现破坏性行为的学生其学业参与度较低，学业成绩也较低[2]。因此，鼓励适当行为，减少不当行为的发生对于课堂管理是必要的。大量研究证明，课堂组织和行为管理能力显著影响新教师的教学生涯[3]，并且，行为管理和课堂纪律方面的问题往往会带给教师很大的压力，使教师倦怠，导致工作效率低下[4]。

因此，教师有必要提升自己的课堂管理能力。课堂管理实际上就是教师建立、维持有序的课堂环境，促进学生自我调节、自我约束、社会情感、道德品质等方面的成长。一项元分析结果发现，在课堂管理干预之下，学生会表现出较少的问题行为，使用有效课堂管理策略的教师能够体验到学生行为的改善，为有效教学实践奠定基础[4]。一项对1290名学生，以及他们的班主任、学科教师和课堂观察者的多角度问卷调查和课堂视频观察结果发现[5]，学生对班主任课程的评价显著高于对学科教师课程的评价，而且对班主任授课的干扰较少，学科教师的课堂上则会发生更多课堂干扰事件，这可能因为学生与学科教师之间接触更少，关系不密切，缺乏尊重、熟悉感和信任感，可见，师生关系质量与学生的课堂行为息息相关。有研究表明，关爱、支持的良好师生关系可以降低课堂干扰行为，促进亲社会行为，增强学习动机、学业成绩、学习参与以及课堂规则和规范的遵守，甚至有助于师生健康[5]。

由于课堂环境的复杂性，事件的即时性、多维性、同时性和不可预测性，课堂管理面临很多挑战。进行课堂管理，需要经过“识别”“解释”“分析”“行动”4个阶段。识别，就是注意到突发的问题行为；解释，就是理解当下为什么产生这一行为（学

---

[1] 孟昭兰. 普通心理学 [M]. 北京：北京大学出版社，1994：190.

[2] SHINN M R，RAMSEY E，WALKER H M，et al. Antisocial behavior in school settings：initial differences in an at risk and normal population [J]. The Journal of Special Education，1987，21（2），69-84.

[3] INGERSOLL R M，SMITH T M. The wrong solution to the teacher shortage [J]. Educational Leadership：Journal of the Department of Supervision and Curriculum Development, N. E. A，2003，60（8）：30-33.

[4] OLIVER R M，WEHBY J H，RESCHLY D J, et al. Teacher classroom management practices：effects on disruptive or aggressive student behavior [J]. Campbell Systematic Reviews，2011，4（1）：1-55.

[5] SCHERZINGER M，WETTSTEIN A. Classroom disruptions，the teacher–student relationship and classroom management from the perspective of teachers，students and external observers：a multimethod approach [J]. Learning Environments Research，2019，22（1）：101-116.

生产生的一些问题行为并非毫无意义，可能在释放某种信号）；分析，就是判定对这一行为如何干预，是否要干预；行动，就是采取语言或者行动干预。这4个阶段需要在很短的时间内快速决策，因此，教师需要课前多进行课堂管理问题的预判和课堂管理策略的学习。值得注意的是，并非所有不当行为都会干扰课堂，有一些行为可以通过忽视来解决，如一些非攻击性的行为（如插话、煽动），而一些攻击性的行为（如威胁、羞辱、嘲笑）可能会干扰教学过程，中断注意力，带来不安的课堂氛围，则需要及时干预。

4.4.2　课堂管理策略

学生在课堂中的有效学习时间应该最大化地发挥作用，教师应该如何合理规划课堂时间？应该如何做好课堂管理，避免干扰性事件中断课堂呢？

策略 1：利用首因和近因效应增加有效学习时间

学生的有效学习时间是包含在教学过程中的，因此教师应该做好高效的课堂时间管理。首因和近因效应带给课堂两个高效期和一个低沉期，如图4-12所示，第一个高效期涉及首先接触的信息或材料，在开始上课的阶段；第二个高效期涉及最后接触的信息，即快下课的时间；低沉期就是课程中段，两个高效期之间，记忆效果最差，并且，课程时间越长，低沉期越长。因此，教师应合理安排教学顺序，充分利用课堂的高效期，打破低沉期。

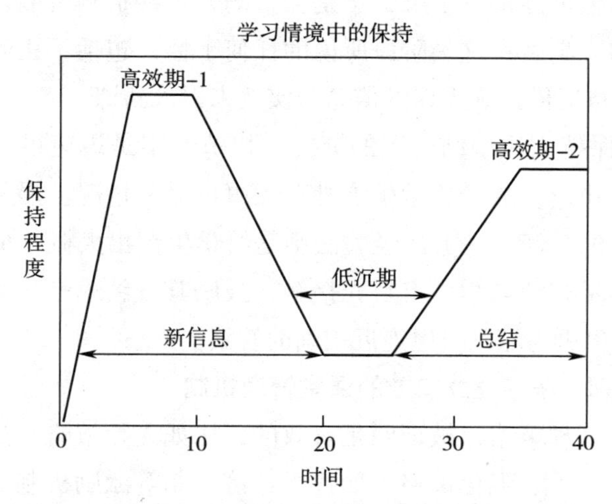

图4-12　课堂上的高效期和低沉期[⊖]（图中的时间为近似值）

⊖ 苏泽. 脑与学习 [M]. “认知神经科学与学习”国家重点实验室脑与教育应用研究中心，译. 北京：中国轻工业出版社，2005：72.

下面是有关在课堂上增加有效学习时间的一些建议：

1）第一个高效期，首先教授新知或复习旧知，这是记忆保持的最佳时间，尽量将重点知识安排在课堂的前段，从而让学生对课程的重点知识有清晰的认识，以便在听课过程中高度关注这些知识的讲解与运用。在第二个高效期做总结。可以在课堂结束之前，留出一部分时间，帮助学生回顾和总结本节课的知识。在低沉期，即教学中段，可以让学生练习、强化、巩固新学习的内容，或者穿插合作、交流的小组活动，或者将新学习的内容和过去所学进行对比分析。

2）可以尝试按照问题链的方式，逐个解决问题，以达到时间分段、内容组块化的目的，或者将教学任务分为子任务，逐个完成子任务，或者将每15~20分钟作为一个时间段，每个时间段中间穿插让学生迅速活跃起来的活动，以此来增加课堂上高效学习的机会。比如，深圳市福田区外国语学校（香蜜校区）的江瑞芝老师，在开展一年级下册“数的认识”复习课时，将学习任务分为数数、读数、写数、比大小、猜数、找数等子任务，并将这些子任务打包为以学生为主体进行探究的5个子情境——数数岛、拨数岛、摸数岛、猜数岛、百数岛[㊀]。

3）开始上课后，很快会进入高效期，学生的注意力会从课下转到课上，此时学生的唤醒水平较高。因此，不宜将时间浪费在点名、维持纪律、交作业这些与教学内容和认知发展无关的事情上。可以通过开门见山、回忆旧知、情境创设、热身游戏等方式快速导入新课。避免在课程开始时提问学生是否了解今天要学习的内容——因为如果是新的主题，那么大多数学生可能都不了解，于是会猜测，这些猜测可能是与学习内容不相关的，也可能是错误的。学生在这一阶段所说的任何事情，包括不正确的信息，都会被记住。所以，教师应亲自提供正确无误的信息和实例来引入新课。

4）教师在课中保持“快慢结合”的节奏。快节奏不是语速很快，而是说，不同活动切换时能够流畅、快速，减少让学生走神、无事可做的情况。慢节奏是说，在提问之后，给学生留有思考的时间。一般的经验法则是给学生留出大概3~6秒的等待时间[㊁]，等待时，看着学生，尽量多地与学生有目光接触，鼓励其继续思考，可以给学生一些提示性话语，引导学生给出更为深刻、更逼近正确的答案。

策略 2：利用规则、程序建立有效的课堂管理机制

当前有一些课堂管理策略，被证明是有效的，比如先行策略（如提前发布规则、在教室内移动、明确要求）、强化策略（如代币经济机制等激励机制）、惩罚策略（如不

㊀ 教育部科技司2020教育信息化教育应用实践共同体 “学习科学与游戏化学习实践共同体”项目（教科技司〔2020〕215号）阶段性成果。

㊁ 费德恩，沃格尔. 教学方法：应用认知科学，促进学生学习 [M]. 王锦，曹军，徐彬，译. 上海：华东师范大学出版社，2006：164.

及时的反馈）可以有效减少破坏性行为[一]。还可以通过“良好行为游戏”进行管理[二]，设定规则为，能否赢得比赛，取决于团队中每个成员的行为，教师在黑板上标记观察到的任何团队成员的违规行为（例如，离开座位、乱说话）。分数超过5分的队伍赢得比赛，并在一天结束时获得额外30分钟的自由时间。如果团队没有获胜，他们将在这30分钟内继续完成任务。规则和程序作为预防课堂纪律混乱的隐形“警戒线”和“路线”，应当充分发挥其作用。在开学之初就设定好班级公约，即对某些行为的鼓励和对某些行为的禁止。教师可以与学生协商制订班级公约，比如“没有举手就不要说话”“在同学回答问题时耐心听和思考，不要插嘴”。程序就是学生开展活动时要遵循的一系列步骤，比如在小组合作活动时，首先小组长领取任务卡，其次小组成员迅速分工投入讨论，讨论中进行问题记录。为了让规则和程序更为有效，教师必须与学生沟通清楚，说明他们为什么需要这样做，以及如果违反规则和程序，明确的后果是什么[三]。最初阶段，对规则和程序进行训练，表扬遵守规则和程序的学生，对不遵守规则和程序的学生进行惩罚和批评[三]。有研究表明，开学前两周针对学生的课堂行为建立明确的期望是非常重要的[四]。以下为一组六年级的班级公约[五]：

别人说话的时候，我们会倾听。那意味着：看着说话的人；不要玩铅笔或分心；不要打断或和邻座的人讲话。

我们会在小组中相互支持。那意味着：回答队友的问题；分享我们的想法，而不是直接让同学抄作业或直接告诉别人怎么做；互相问好的问题。

我们会在教室认真准备，努力学习重要的知识。那意味着：当铃声响起，我们会做好准备；我们会准备合适的物品（课本、笔记本、铅笔、草稿纸）；我们会完成练习，并对不理解的地方提出问题。

在面对问题行为时，教师可以有多种方法。首先，针对问题行为，在行为还没发生前，就主动避免其发生，这种纪律管理措施比在问题行为发生后再去被动地减少行为发生更有优势[六]。其次，可以运用行为主义的强化理论（见本书1.2.2），比如在向学生清晰说明行为规则后，强化符合规则的行为，比如表扬正确的行为，“第一组同学在听讲中最安静”，及时纠正不符合要求的行为，“你这次没有交作业”（而不是“你太懒

[一] OLIVER R M，WEHBY J H，RESCHLY D J，et al. Teacher classroom management practices：effects on disruptive or aggressive student behavior [J]. Campbell Systematic Reviews，2011，4（1）：1-55.

[二] BARRISH H H，SAUNDERS M，WOLF M M. Good behavior game：effects of individual contingencies for group consequences on disruptive behavior in a classroom [J]. Journal of Applied Behavior Analysis，1969，2（2）：119-124.

[三] 安德森. 提高教师教学效能 [M]. 杜丹丹，译. 福州：福建教育出版社，2018：33.

[四] EVERTSON C M. Improving elementary classroom management：a school-based training program for beginning the year [J]. The Journal of Educational Research，1989，83（2）：82-90.

[五] 哈蒂，费希尔，弗雷. 可见的学习：K-12数学版 [M]. 徐斌艳，王鸯雨，译. 北京：教育科学出版社，2021：35.

[六] American Psychological Association. Top 20 principles from psychology for preK-12 teaching and learning [EB/OL]. [2023-06-09]. http：//www. apa. org/ed/schools/cpse/top-twenty-principles. pdf.

了”这样的将某一次行为归结为品质问题，这样会让学生潜意识认为自己就是很懒）。最后，需要强调的是，教师应该明确传达给学生，他们应该对自己的学习和作业质量负责，对自己的人生和行为举止负责。教师可以作为培养良好习惯的助手，可以在有限的时间内监督学生，但是最终还是要培养学生的自我调控能力。

玩一玩，测一测

玩一玩　招牌动作接龙

游戏规则：请几个同学站成一排（或者分组开展）。第一个同学做出一个自己的招牌动作，比如左手捏右耳朵，右手捏左耳朵，并介绍自己。第二个同学模仿第一个同学后，再加一个自己的招牌动作，比如左手捏右耳朵，右手捏左耳朵之后，单脚站立转一圈，并介绍自己。依次接龙。

说明：招牌动作接龙游戏可以让同学们迅速熟悉，并且在接龙中他们还需要观察并记住前面同学的动作，这可以训练学生的观察力和记忆力。该游戏可以改编为做出教学内容相关的动作，比如做出踢、蹲、踩、踏等足字旁的动作。

测一测

1. 进行课堂时间规划时，下列做法正确的有（　　　）。（多选）

A. 增加教学时间一定能提高学习质量，所有要多多占用其他课时进行教学

B. 为高效利用课堂时间，应压缩等待学生回答问题的时间

C. 为了让学生知道交作业的重要性，在一节课的开始批评那些没有交作业的学生

D. 在课程结束之前，留出5~10分钟时间引导学生进行课程内容的回顾和总结

E. 把一节课按任务分为多个时间段

2. 白老师制订了以下课堂规则，判断以下哪些是合理的。合理的打√，不合理的打×。

（1）先听后想，先想后说。（　）

（2）如果发生矛盾，先自己努力克制情绪，站在对方立场思考。（　）

（3）按时完成课堂作业、按时进行课前预习，获得奖励章。（　）

（4）别人发言时要认真倾听。（　）

（5）上课时，只要有想法就直接说出来。（　）

（6）同学之间发生矛盾，直接回去找家长。（　）

（7）铃声一响，做好上课准备，不随便离开座位。（　）

4.5 本章结语

课堂准备是在上课之前所要做的环境准备工作、教学内容分析工作、教学材料准备工作、课堂管理准备工作。在这里，我们还将教师的自我信念建设放到了课前准备的第一个环节，这可能听起来有些“虚”，但不可否认，信念是产生动力和实现最终目标的最根源的东西，教师应该对自己的教学能力和对学生的学习能力给予充分的信任和支持。当完成了第一步信念建设之后，我们需要继续脚踏实地准备教学材料和学习环境等，在第3章“学习者的发展特征”中我们已经说明了如何对学习者进行分析，本章我们了解到教学内容分析、学习环境准备和课堂时间规划的几种策略。教学内容分析是课前准备中最为重要的部分，关系着教学目标和学习任务的确定。教师可以采用多种方式从多个角度对教学内容进行分析，以厘清教学内容的知识类型、组织结构以及知识表征方式，同时也需要根据学生的认知水平和思维方式对教学内容进行恰当的组织。学习环境包括物理学习环境、非物理学习环境，对学生的学习起着潜移默化的作用。在课堂时间规划方面，首先需要认识到的是，盲目地延长教学时间并不能提升学习效果，提高学生的参与率和学习效率才能真正提高学生的学习效果。因此，教师需要进行高效的课堂教学管理，保证充足的等待时间以加强学生的参与。

我们常说，教学不仅仅是一门学科，更是一门艺术，是教师与学生相处的艺术。在本章中，我们尤其可以感受到师生相处、学习氛围营造、课堂管理处处都需要教师的智慧、经验和为人处世的艺术。毫无疑问，教师的有效教学不仅包括教学设计，还包括教学策略，以及不可逃避的课堂管理设计。无论是传统课堂，还是在线直播教学，如果不能将学生的注意力吸引到课堂上，如果不能让学生的行为围绕学习发生，如果不能让学生参与到学习活动中，无可厚非，学习就无法发生。课堂管理不仅需要一些来自书本、文章、经验中的策略，更需要教师自身“明察秋毫”“日积月累”“未雨绸缪”地树立自己的权威，提升自己的课堂管理能力。

第5章

设定目标

【本章导入】

回忆你的中学时代，你会专门用一个小本子记录每月、每周甚至每天的学习目标，达到了就在目标旁画上一个小勾吗？如今作为教师的你，也许已经编写过导学案和教案了。导学案是教师们经过集体研究，为引导学生自主学习而编写的教学辅助材料，是关于学生如何学的材料；教案是写明教学目标、教学过程、教学评价等如何教的计划方案。在编写导学案时，你需要从学生的角度出发，为学生设计学习目标。从“教案”到“导学案”的转变，也是教学目标到学习目标的转变，体现了以学生为中心的教学理念。学习目标之所以重要，是因为它能够指导学生接下来的整个学习过程，所有的教学设计是服务于学习目标和学生需要的。在学习中，目标尤为必要，就像指南针，是学生通过一段时间的学习之后，应达到的知识水平，也是预期的学习结果。在教学中，目标更为重要，因为教学是一项有目的的理性行为，教师总是为了某一目的而教，是为了帮助学生学习——目标规定了要教什么，要怎么教，要教到什么程度。到底应该怎样为学生设计学习目标呢？在设计学习目标时，我们需要考虑哪些因素呢？

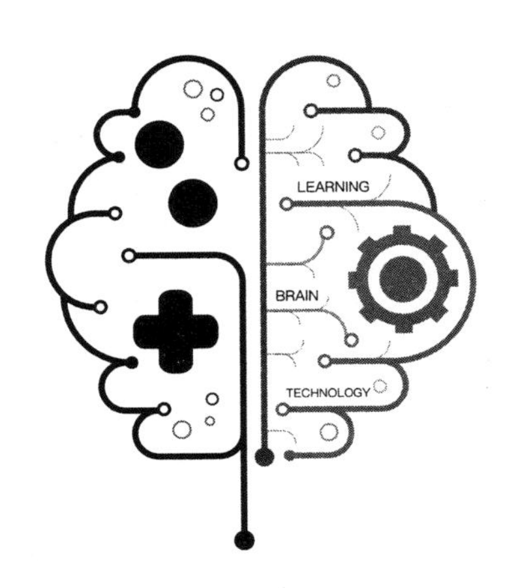

【内容导图】

本章内容导图如图5-1所示。

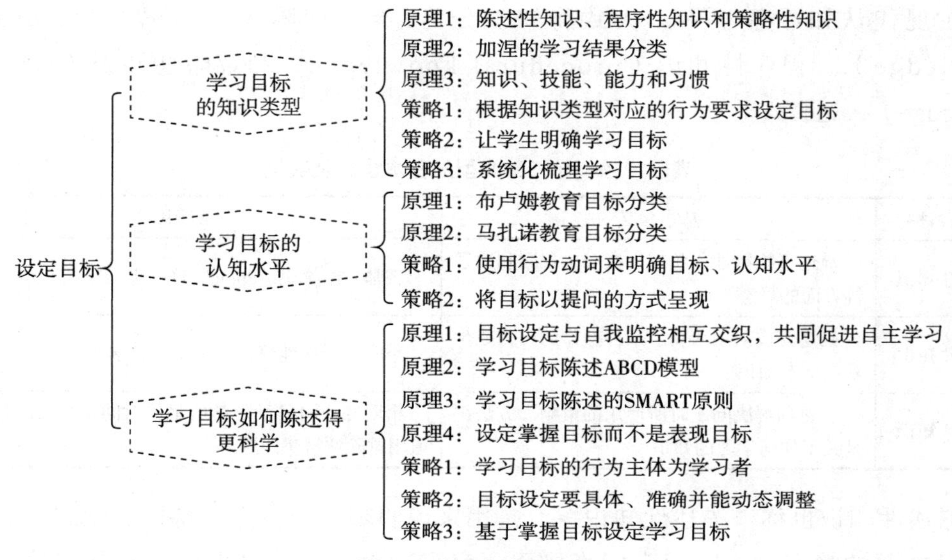

图5-1　第5章内容导图

5.1　学习目标的知识类型

课堂教学离不开知识传授，生活实践离不开知识应用。信息时代的到来，让我们开始思考“什么样的知识最有价值、最值得被教授”。在教师分析认知结果和制订学习目标的过程中，区分知识类型这一环是必不可少的。

现代课程之父拉尔夫·泰勒（Ralph Tyler），在《课程与教学的基本原理》中提出，教育目标的来源包括：对学生本身的研究（如学生的需要、学生的兴趣）、校外当代生活的研究（如生产生活的需求、社区发展的需求）、学科专家对目标的建议（如专家对学科的分析）。实际上，无论教育目标来源于哪里，都要将不同来源的需求对应到不同类型的知识，继而设定目标，比如需要培养创新型人才，那么就需要创造力相关课程内容，就要设定关于创造力课程的目标。因而，分析知识的类型，从纷繁复杂的知识类型中梳理学习目标便是从无序中找到有序的方法。

5.1.1　知识类型相关学习目标设定原理

我们以往在撰写教学目标时，都会按照三维目标——知识与技能、过程与方法、情感态度与价值观进行撰写，但实际中知识的分类不止这三维。了解更多关于知识的分类有助于我们用更加系统的视角了解知识，以更加全新的视角设定目标。在学习如下知识分类时，可以思考，这些分类与三维目标的分类有何异同。

原理 1：陈述性知识、程序性知识和策略性知识

在现代认知心理学中，大致将知识分为3类，即陈述性知识（declarative knowledge）、程序性知识（procedural knowledge）和策略性知识（strategic knowledge），见表5-1。

表5-1　知识的3种类型的基本含义及实例

概念名称	基本含义	实例
陈述性知识	描述事物特性、状态、概念、规则和原理等方面的静态知识	教师教给学生“apple”这一英文单词
程序性知识	描述完成某项活动、某种操作的过程或步骤的动态知识	小明能轻松地骑自行车从家到学校
策略性知识	学习和解决问题时所使用的策略、方法，是关于如何学习的知识	小明知道自己学数学的最佳时间是什么时候，知道用排除法解决问题

陈述性知识也称“描述性知识”，是用来说明事物的概念、特性、状态、规则、原理等方面的静态知识，通常能直接用语言表述出来。简单来说，它是有关“是什么”“为什么”“怎么样”的知识。程序性知识也称“操作性知识”，是用来描述完成某项活动、某种操作的具体过程或行为步骤的动态知识，通常与具体情境有关，不太容易用语言清晰地表述出来。简单来说，它是有关“做什么”“如何做”的知识。除了陈述性知识和程序性知识外，还有一类有关“如何学习”和“如何思维”的知识，称为策略性知识，它是“学习者为影响其如何加工信息所使用的各种行为”，是关于如何使用陈述性知识和程序性知识去学习、记忆、解决问题的一般方法和技巧㊀。策略性知识与程序性知识的习得过程相似，其本质是一种程序性知识，它在掌握事物概念和规则的基础上，将概念和规则应用于与先前相似或不同的情境之中。但是策略性知识涵盖且侧重人们内在的对学习方法的选择和对学习过程的自我调控，是学习者用来调控其学习和认识活动本身的，其目标是更有效地获取新知识和运用已有的知识来解决问题，一般来说，程序性知识的获得和运用都要受到策略性知识的指导和支配㊁。

陈述性知识与程序性知识虽在表现形式和基本结构上有所不同，但在实际的学习和实践活动中却存在一定的联系。学生的学习通常从陈述性知识开始，掌握陈述性知识是学习程序性知识的前提，而程序性知识则是陈述性知识的应用；对陈述性知识掌握得越牢固，越有助于程序性知识的学习，程序性知识的形成也会对掌握新的陈述性知识有所帮助。

㊀ 张承芬. 教育心理学 [M]. 济南：山东教育出版社. 2000：110.

㊁ 张承芬. 教育心理学 [M]. 济南：山东教育出版社. 2000：212.

陈述性知识和程序性知识之间既有区别，又有联系，见表5-2。

表5-2　陈述性知识和程序性知识的区别与联系

		陈述性知识	程序性知识
区别	功能	陈述性知识用于说明事物的状况、特点及关系	程序性知识用于发出行为的指令，从而对某些信息进行识别或转换出某些动作
	学习难度	陈述性知识学习速度快，但遗忘也较快	程序性知识学习速度较慢，需要大量练习才能熟练掌握，且遗忘也慢
	测量方式	陈述性知识通过“陈述”或“告诉”的口头或书面的形式进行测量	程序性知识通过观察具体行为的实施间接测量
联系		掌握陈述性知识是学习程序性知识的前提，同时，对陈述性知识掌握得越牢固，越有助于程序性知识的学习。相应地，程序性知识形成后也会对新的陈述性知识的掌握有帮助	

在确定学习目标时，可以判定知识到底是属于陈述性知识、程序性知识还是策略性知识，依据每种类别的特点来决定应该怎样描述目标，比如陈述性知识就需要学生能够说出来，而程序性知识就需要学生能够做出来。

原理 2：加涅的学习结果分类

学习目标实际上就是对期盼的学习结果的描述。在本书1.2.2中我们了解到加涅提出的5种学习类别——智慧技能、认知策略、言语信息、动作技能和态度，见表5-3。其中，加涅强调，“个体要成为解决问题的人，就必须在一定程度上掌握大量的有组织的智慧技能”[1]，可见将智慧技能作为分类的第一个是有其道理的。

表5-3　加涅的学习结果分类[2]

学习结果分类	解释	子类别	
智慧技能	使个体能够用符号或概念与环境进行相互作用。比如：能识别出矩形的对角线，能用比喻造句	辨别	如辨别等腰三角形和等边三角形
		具体概念	将硬币、月亮、盘子看作“圆形”，将上下左右看作“位置”
		定义性概念	如学生能够根据对物理概念“质量”的理解说出质量、加速度之间的关系
		规则	如使用被动语态造句，比如会计算 $\frac{3}{4}\times\frac{2}{4}$
		高级规则/问题解决	可以使用很多规则解决复杂的问题，如根据土壤成分、植物营养、蒸发时间，为平均湿度为65%的地面配置混合土壤

⊖ 舒尔曼. 实践智慧：论教学、学习与学会教学 [M]. 王艳玲，王凯，毛齐明，等译. 上海：华东师范大学出版社，2014：34.

⊜ 参考绘制：加涅. 教学设计原理 [M]. 皮连生，庞维国，译. 上海：华东师范大学出版社，1999：55-95.

（续）

学习结果分类	解释	子类别	
认知策略	使个体会学习、记忆、思考的策略。比如能通过逆推法解决问题，又如能通过不断提问的策略阅读	复述策略	比如按顺序说出中国的朝代
		精细加工策略	比如给文章分段，概括，做笔记，写疑问和总结
		组织策略	比如按照类别对单词分类，根据描述做出两个对象的对比表格
		理解监控策略	比如阅读中自问自答，解题中验算
		情感策略	比如维持注意，意识到自己是否焦虑、紧张、生气，调整自己的情绪
		其他策略	设计实验，做笔记，列提纲，画线标注，组块，类比，记忆术，分类，对比，画概念图，等等
言语信息	是我们能够“陈述”的知识，是“知道什么”或“陈述性知识”比如，能叙述一个历史事件	名称	如“化合物”“催化剂”等名称
		事实	如圆周率的值，钠元素的化合价
		有组织的知识	比如长征的起因、路线和影响
动作技能	表现为动作、技巧。比如能书写“垒”字，能溜冰、用钳子	行为表现	比如写字的速度、准确性、流畅性、力量
		内部条件	比如给汽车掉头，需要先会倒车和转弯等子技能
		外部条件	比如给出明确的言语指导和反馈，或者给出示意图、分解动作视频
态度	是情感领域的反映、兴趣、行为倾向。比如，选择阅读散文	对事物的态度	比如学生对待早恋的态度
		行为选择	比如选择完成作业的时间
		世界观、价值观、人生观	比如看待金钱的态度、看待公平的态度、看待职业的态度

在设定目标时可以思考这些目标体现了哪类学习结果，比如“解决关于速度、时间、加速度之间关系的问题”是智慧技能中的高级规则，又如“引起工业革命的各种原因”就是言语信息中的事实，“设计一个实验进行科学论证”显然就是“认知策略”，“尊重科学研究”则是“态度”，以便可以在相同性质的目标之间建立联系，继而确定教学内容、教学活动的组织方式。

原理 3：知识、技能、能力和习惯

我们常说要培养学生某方面的能力，那么能力具体是什么呢？能力与知识、技能有什么关系呢？加涅认为所谓的“能力”是在特定条件下表现出特定功能的能力，可以是计算数字的能力，也可以是解决几何问题的能力，这种能力最终表现为完成一个一个任务，做出一个一个行动后搭建起来的“金字塔”[一]。经济合作与发展组织（OECD）在2030学习框架中提出了关于知识、技能、态度、价值观和行动的关系框架[二]，在该框架中，知识、技能和态度相互交织，产生了能力，而能力实际上是知识、技能、态度、价值观在行动中的体现。其中，知识包括了学科知识、跨学科知识、认识论知识、过程性知识，技能包括了认知和元认知技能、社会和情感技能、身体和实践技能，态度和价值观包括了个人、地方、社会、全球的态度和价值观。

在以上学习框架基础上，英国温切斯特大学教授比尔·卢卡斯（Bill Lucas）提出了知识进阶的分类（见图5-2），包括知识（知道是什么）、技能（知道如何做）、能力/特质（知道是什么+如何做+能做成）、习惯/个性（知道是什么+如何做+为什么做+何时做+经常做）[三]。这一分类在“知识—技能—能力—素养”之间形成了一个连续体[四]。

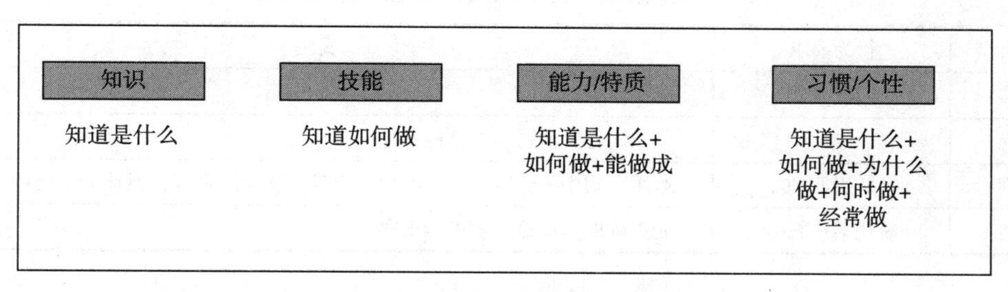

图5-2 知识—技能—能力—习惯[三]

由此可见，能力/特质是综合了知识技能的表现，而习惯/个性则是通过知识技能和能力的累积形成的。习惯是一定境脉中根深蒂固的、流畅自如的行为和思维模式[五]，可能是有益的，也可能是有害的。有益的习惯一旦养成，就会发展成良好的学习行为模式，帮助学习者取得成功；相反，坏习惯则很难改掉。

5.1.2 面向不同知识类型的学习目标设定策略

当今，互联网带来知识大爆炸，我们每个人都会接触到海量、碎片化的信息。对于新一代莘莘学子来说，在纷繁复杂、耳濡目染的海量信息中进行知识分辨，构建系统化

㊀ 舒尔曼. 实践智慧：论教学、学习与学会教学 [M]. 王艳玲，王凯，毛齐明，等译. 上海：华东师范大学出版社，2014：30.

㊁ OECD. The future of education and skills：education 2030 [R/OL]. (2018-05-04) [2023-06-09]. https：//www. oecd. org/education/2030/E2030%20Position%20Paper%20（05.04.2018）. pdf.

㊂ LUCAS B. Why we need to stop talking about twenty first century skills [R/OL]. (2019-05-04) [2023-06-09]. https：//www. researchgate. net/profile/Bill-Lucas/publication/332864663_Why_we_need_to_stop_talking_about_twenty-first_century_skills/links/5ccde87392851c4eab834ef7/Why-we-need-to-stop-talking-about-twenty-first-century-skills. pdf.

㊃ 盛群力，崔昕. 知识领域分类再探讨及其教学应用价值 [J]. 现代远程教育研究，2022，34（5）：10-19.

㊄ WOOD W，QUINN J M，KASHY D A. Habits in everyday life：thought，emotion，and action [J]. Journal of Personality and Social Psychology，2002，83（6）：1281-1297.

知识体系显得尤其具有挑战性。这种情况下，了解知识的类别，就像了解可以用哪些容器来盛装所看到的信息，继而可以为分门别类地存储知识提供线索。以上介绍了几种知识分类的理论，那么，它们对设定学习目标有什么启示呢？

策略 1：根据知识类型对应的行为要求设定目标

每一种我们希望学生掌握的知识类型，都可以通过外化的行为表现出来，比如我们希望学生掌握打羽毛球的技能，那么设定的目标就可以是“能做出正手高远球的动作”。因此，我们可以根据知识类型来分析学习目标可以通过哪些动词来描述，这些动词都对应着我们行动的能力。表5-4是以事实、概念、原理、技能为例来说明不同知识类型对应的行为要求和实例。

表5-4　根据知识类型对应的行为要求设定目标㊀

知识类型	行为要求	实例
事实	回忆事实	回忆物质的构成
概念	鉴别某一概念的实例	鉴别出脊椎动物和无脊椎动物
原理	应用原理	运用食物中的营养成分、消化与吸收、均衡膳食等，设计一份合理的膳食
技能	表现某一技能	能正确地使用显微镜进行观察

在设计每一类知识对应的学习目标时，可以回答这样几个问题：是什么？为什么？相关的还有什么？按照什么样的顺序来完成目标？比如，可以按照如下问题设计目标的思路㊁：

是什么：本节课，你将学会关于______的事实/概念/原理/技能等。

为什么：何时何地需要回忆/理解/操作关于______的事实/概念/原理/技能？是否正确回忆/理解/操作对于______有什么结果或影响？

相关的还有什么：想彻底理解______，还需要能回忆/理解/操作______的知识和技能。

按照什么顺序完成目标：

关于______的事实/概念/原理/技能是什么？实例有哪些？

关于______的先决支持条件有哪些？

关于学习______的原因是什么？

可以在______时候______情况下用这个事实/概念/原理/技能。

关于______的练习和反馈修正。

㊀ 耶伦. 目标本位教学设计：编写教案指南 [M]. 白文倩，任露铭，译. 福州：福建教育出版社，2015：76.

㊁ 部分参考：耶伦. 目标本位教学设计：编写教案指南 [M]. 白文倩，任露铭，译. 福州：福建教育出版社，2015：102-103.

以上思路实际上是对学习目标的拆解，在拆解中，可以将目标进行细分。同时，通过回答为什么，可以激发学生掌握该目标的动机。

策略 2：让学生明确学习目标

让学生适时地知晓学习目标，不仅包括知识的内容，也包括知识的类型、相关的学习策略和能力素养目标，从而使学生能够明确学习任务和要求，把注意力集中到与学习目标相关的课堂活动中，确保学习更有效。一项对学生如何使用学习目标进行学习的调查发现，部分学生会将学习目标作为要回答的问题、要学习的资源（如学习指南、清单）、自我评估的工具（如监测自己是否理解了）等，然而也有学生认为学习目标用处不大。因此，要想使学习目标发挥作用就要从学生的角度明确地陈述[1]。

学习目标不同于教学目标，教学目标是教师用于设定教学设计的，学习目标则是呈现给学生的，因此要站在学生的立场来表述，让其明确自己需要达到什么样的目标，知道自己应该学习什么。比如，教学目标为理解杠杆原理，那么学习目标就可以将“理解”这一心理变化明确为可外显的行为表现，转述为：能举出3种生活中采用杠杆原理的实例；能用自己的话说一说杠杆的平衡条件；能写出杠杆中力臂和力矩的关系式。又如，教学目标为能让学生理解课文中对人物性格、感情的描述，那么学习目标可以陈述为能用自己的话说一说课文中的主人公是怎样的人，能在课文中找出体现主人公感情的句子。

需要说明的是，给学生设定的学习目标可以进一步拆分和细化。有研究指出[2]，当学习目标较少、学习内容相对简单时，可以在课堂教学开始时展示目标，使学生明确学习任务和要求；当学习目标较多时，或学习目标较难时，可以先对学习目标进行拆分和细化，在教学过程中逐步展现各个子目标，循序渐进，使学生始终处于可掌控的目标监控和自我反思之中。

策略 3：系统化梳理学习目标

预期的学习目标得以确定之后，如果只是逐条罗列，缺乏系统化，教学流程势必缺乏逻辑。在本书4.2.2中，我们了解到分析教学内容时可以采用归类分析、层级分析，同样，在学习目标系统化过程中，也可以采用图示的方法，将目标归类，分析目标之间的层次关系、因果关系。

可以借助终点目标和使能目标，将学习目标按逻辑排列。终点目标即学生学习的最后结果，使能目标则是为了达到终点目标而需要预先掌握的一系列子目标。圆锥体积的学习目标系统化梳理见表5-5。

---

[1] OSUEKE B，MEKONNEN B，STANTON J D. How undergraduate science students use learning objectives to study [J]. Journal of Microbiology & Biology Education，2018，19（2）：19.2.69.

[2] 张玲俐. 沉浸理论视角下的课堂学习目标设定原则初探 [J]. 新课程，2021（9）：113.

表5-5　圆锥体积的学习目标系统化梳理

起点能力	使能目标一	使能目标二	使能目标三	终点能力
学生已掌握体积的概念；学生会进行分数乘法；学生会计算圆的面积	能辨别圆锥体	能理解并画出圆锥体的高	理解并会用圆锥体的体积计算公式	能计算任一已知高、底面半径、底面周长的圆锥体的体积

由上表我们可知，在分析使能目标和终点目标之前要考虑学生的起点能力，也就是说，目标的确定是建立在对学习者分析基础之上的（关于学习者先前知识的分析见本书3.3.1）。分析起点能力的关键在于唤醒学生脑中与新目标相联系的一些东西，以做好学习新内容的准备。

玩一玩，测一测

玩一玩　问答卡片对对碰

游戏规则：老师准备好问题卡和答案卡，如图5-3所示，将问题卡贴在教室的黑板上，将答案卡贴在教室对面的墙上。每组需要选一个问题卡，然后迅速跑去找到对应的答案卡，将答案卡贴在问题卡下面，每正确完成一个配对，则获得该卡牌，最后卡牌最多的小组获胜。

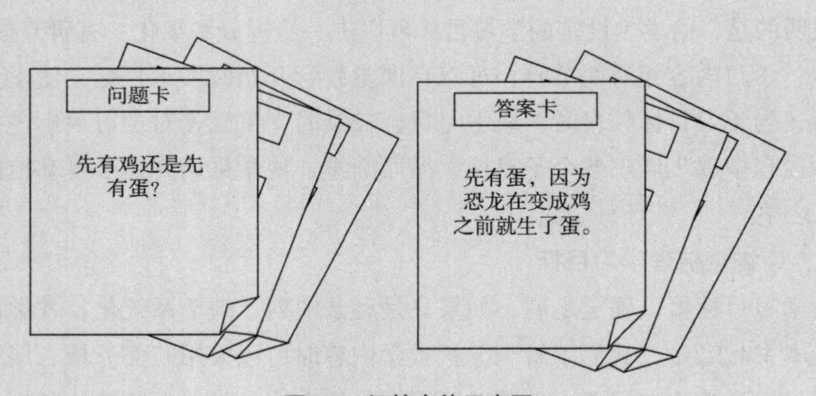

图5-3　问答卡片示意图

说明：该游戏还可以将规则更改为将答案卡和问题卡随机发给不同的组，需要组与组之间交换才能匹配问答卡，还可以在卡牌中准备一些小“彩蛋”，比如脑筋急转弯问题。不同难度的题目还可以设定不同的积分，难度越高的题目得分越高。该游戏过程就是根据目标来解决问题的过程，学生需要非常清楚地知道并理解目标是什么，才能顺利达成目标。

测一测

判断以下目标分别对应加涅学习结果分类中的哪一类？

（1）能规范地做眼保健操。（ ）

（2）能根据句子主语判定动词应该用单数还是复数。（ ）

（3）能说出《辛丑条约》的条款。（ ）

（4）能辨别三角形和正方形等几何图形。（ ）

（5）能选择做完试卷中的附加题。（ ）

（6）能自己出测试题，考一考自己本单元所学的欧姆定律。（ ）

5.2 学习目标的认知水平

面临大考小考，我们难免有这样的困惑：明明学生该记住的都记住了，但是考的东西每次还是不会；明明投入了大量时间，但是学生只能答对前面的基础题，一遇到需要迁移、需要转个弯的题，就两眼抓瞎。这些问题实际上源于学生没有打通各个层级的认知，所能达到的仅为低层级，这可能源于学生自身，但很大程度上我们需要反思是否我们将学生向“高处”带了。

认知水平指的就是思维能力水平。比如，我们熟知的“批判性思维”“创造性思维”“问题解决”就需要较高的认知水平。学习以下认知相关的学习目标设定原理后，试试分析下近几年的升学考试卷子，看看考查高级认知水平的占到百分之多少。

5.2.1 认知水平相关学习目标设定原理

根据认知水平可以将教育目标分为不同的层次，最为知名的就是布卢姆教育目标分类和马扎诺教育目标分类。

原理1：布卢姆教育目标分类

本杰明·布卢姆（Benjamin Bloom，也译作布鲁姆）的教育目标分类最早诞生于1956年，是在泰勒观点基础上搭建的分类框架。布卢姆将学习分为3个领域——认知、情感、动作技能，并针对每个领域确定了相应的教育目标分类分册，出版影响了半个世纪多的教育专著。在布卢姆看来，学习目标是学生在学习之后所能达到的行为表现，较简单的行为被包含在复杂的行为当中，简单行为的组合可以带来较复杂和高级的行为[⊖]，因此布卢姆的学习目标分类中每一个领域的认知水平都像阶梯一样逐步进阶。为了弥补布卢姆分类面临的批评和其他不同的分类，布卢姆的学生洛林·安德森（Lorin Anderson）组建了团队，对布卢姆的分类体系进行了修正，将知识分为事实性知识、概念性知识、程序性知识和元认知知识（见表5-6），并将认知维度分为记忆/回忆、理解、应用、分析、

⊖ 布卢姆. 教育目标分类学：第一分册 认知领域 [M]. 罗黎辉，译. 上海：华东师范大学出版社，1986：29.

评价、创造（相比于布卢姆最初提出的认知过程的六个水平——知识、领会、运用、分析、综合、评价，看看发生了什么变化），还提出了认知过程维度和知识维度的二维类目表，可更加清晰地呈现学习目标。

表5-6　知识的主要类别及亚类[㊀]

主要类别及其亚类	实例
A.事实性知识——学生通晓一门学科或解决其中的问题所必须了解的基本元素	
Aa.术语知识	科学术语（如细胞各部分的名称）、绘画术语、音乐符号
Ab.具体细节和要素的知识	事件、地点、人物、日期等
B.概念性知识——在一个更大体系内产生的基本要素之间的关系	
Ba.分类和类别的知识	地质时期、文学体裁、名词、动词、形容词、动植物类别
Bb.原理和通则的知识	勾股定理、加法互换律和结合律、锂离子电池的化学原理
Bc.理论、模型和结构的知识	进化论、板块构造学说、基因模型
C.程序性知识——做某事的方法、探究的方法、使用技能、算法、技术和方法的准则	
Ca.具体学科的技能和算法的知识	整数除法的算法、水彩绘画的技能、跳高的技能
Cb.具体学科的技术和方法的知识	访谈技巧、质性研究方法、用数学方法解决排队问题
Cc.确定何时使用适当程序的准则知识	确定何时运用牛顿第二定律的准则、说明文的写作准则、实验数据统计的准则知识
D.元认知知识——关于一般认知的知识以及关于自我认知的意识和知识	
Da.策略性知识	知道通过概述和思维导图总结课文的结构、各种记忆策略
Db.关于认知任务的知识	知道总结和复述等精细加工策略能够获得深刻理解，知道哪本参考书更有利于自己学习，知道考试题考察了自己的哪些知识和能力
Dc.关于自我的知识	知道写作是自己的短处，知道自己做几何证明题更花时间，知道自己在考试前必须得通过自问自答的方式复习，意识到自己的兴趣

通过对比加涅的学习结果分类和布卢姆教育目标的知识分类，我们可以发现：加涅的智慧技能与布卢姆的概念性知识是相互对应的，包含了概念、规则；加涅的言语信息与事实性知识相呼应；加涅的认知策略是与布卢姆的元认知知识相对应的，布卢姆在加涅的认知策略基础上还补充了对认知任务的知识和对自我的知识，见表5-7。

㊀ 安德森，布卢姆. 教育目标分类学：分类学视野下的学与教及其测评　完整版 [M]. 蒋小平，张琴美，罗晶晶，译. 北京：外语教学与研究出版社，2009：22-37.

表5-7 认知、情感、动作技能的过程类别及实例[1][2][3]

类别	过程类别	实例
认知	1.记忆/回忆——从长时记忆中提取相关知识	
	1.1识别	一个五边形有（ ）条边 A.4 B.5 C.6 D.7
	1.2回忆	1 m=（ ）cm
	2.理解——从口头、书面和图像等交流形式的学习中建构意义	
	2.1解释	写出“男生是女生人数两倍”对应的数学算式
	2.2举例	下面是无机物的有（ ） A.铁 B.蛋白质 C.血液 D.盐
	2.3分类	将各种动物进行分类
	2.4总结	用一句话总结所阅读的文章段落
	2.5推断	学习外语时从实例中推断语法规则
	2.6比较	比较沙质土、黏质土、壤土的不同特征
	2.7说明	说明为什么向上拉打气筒的手柄，空气会进入打气筒
	3.应用——在给定的情境中执行或使用程序	
	3.1执行	根据密度=质量/体积，解答“一个冰块的质量是0.9kg，它的体积是（ ）cm^3”
	3.2实施	在适当的问题情境中运用牛顿第二定律
	4.分析——将材料分解为组成部分，确定部分之间的相互关系，以及各部分与总体的关系	
	4.1区别	区分数学应用题中的相关数字和无关数字
	4.2组织	将历史事件按照时间线组织起来
	4.3归因	作者写这篇文章的目的是什么
	5.评价——基于准则和标准做出判断	
	5.1检查	确定科学家的结论是否与观察数据吻合
	5.2评论	判断解决某个问题的两种方法中哪种更好
	6.创造——将要素重新组织成新的模型或体系	
	6.1产生	提出解释观察现象的假设
	6.2计划	撰写研究报告、研究方案、论文提纲
	6.3生成	撰写短篇故事，设计物种栖息地，设计校园地图

[1] 安德森，布卢姆. 教育目标分类学：分类学视野下的学与教及其测评 完整版 [M]. 蒋小平，张琴美，罗晶晶，译. 北京：外语教学与研究出版社，2009：23-24.

[2] 克拉斯沃尔，布卢姆. 教育目标分类学：第二分册 情感领域 [M]. 施良方，张云高，译. 上海：华东师范大学出版社，1989：36-196.

[3] 哈罗，辛普森. 教育目标分类学：第三分册 动作技能领域 [M]. 施良方，唐晓杰，译. 上海：华东师范大学出版社，1989：37-110.

（续）

类别	过程类别	实例
情感	1.接受/注意——愿意接受或注意到某些现象	
	1.1觉察	意识到绘画作品的颜色、线条、构图
	1.2愿意接受	愿意学习英语
	1.3有控制的或有选择的注意	注意阅读不同题材的文学作品，比如传记、小说、戏剧
	2.反应——积极地注意	
	2.1默认的反应	完成家庭作业
	2.2愿意的反应	经常阅读杂志或报纸
	2.3满意的反应	对周围的自然环境，如树、鸟、岩石、物理过程产生浓厚兴趣
	3.价值的评价——认为某一现象、行为或事物有其价值	
	3.1价值的接受	渴望增强体质
	3.2对某一价值的偏好	愿意对所读的文章做出评判
	3.3信奉/坚信	将全心全意为人民服务作为自己的理想和信念
	4.组织——将各种价值组织成一个体系，确定价值之间的相互关系	
	4.1价值的概念化	通过阅读得出如何对待生活的观念
	4.2价值体系的组织	形成占主导地位的价值，比如在阅读、看电影、旅游等项目中选择将周末的时间花在阅读上
	5.由价值或价值复合体形成的性格化——个体根据内化的价值行事	
	5.1泛化心向	相信自己获得成功的能力；是否向朋友借钱
	5.2性格化	能够尽可能地从生活中感受到更多乐趣
动作技能	1.反射动作——学习者没有意识的情况下，对刺激做出的反应	
	1.1分节反射	面对逼近的物体，做出急忙低头、弯曲手臂等防护动作
	1.2节间反射	奔跑时四肢动作的协调
	1.3节上反射	大脑中枢、脊髓通路、四肢共同参与，如单腿站立时会调整身体姿势保持平衡
	2.基本-基础动作——为复合的技巧性动作奠定基础的动作	
	2.1位移动作	爬行、滑动、步行、跑、跳、滚、攀登等
	2.2非位移动作	推、拉、摇摆、弯腰、伸腰等
	2.3操作动作	弹钢琴、打字、绘画、拼图、搭积木、用起子等
	3.知觉能力——对接收的刺激进行加工、解释	
	3.1知觉辨别	觉察前后左右以及身体的移动、平衡和肌肉的感觉
	3.2视觉辨别	区分细微差别，视觉追踪，记忆舞步
	3.3听觉辨别	辨别各种乐器的声音，辨认声音的方位
	3.4触觉辨别	通过触觉了解粗糙、光滑、软、硬、锐、钝
	3.5协调能力	手眼协调

（续）

类别	过程类别	实例
动作技能	4.体能——健康的、有效发挥作用的身体生理特征	
	4.1耐力	肌肉耐力、心血管耐力，如长跑
	4.2力量	臂力，如能做5次引体向上和5次俯卧撑
	4.3韧性	柔韧性，如坐位体前屈
	4.4敏捷性	体操、拉小提琴、蹲踞冲刺
	5.技巧动作——控制动作形式，高度发展的知觉能力	
	5.1简单适应技能	跨栏跑，踢足球，每分钟打字至少30个
	5.2复合适应技能	将网球准确地发到适当的接球区内
	5.3复杂适应技能	表演一套体操
	6.有意沟通——动作表情、动作解释	
	6.1表情动作	面部表情、手势
	6.2解释动作	配合音乐节奏创造自己的动作序列

从以上认知过程的类别中，我们不难发现，记忆回忆、理解是最为基础的，而应用、分析、评价和创造则需要更高的认知水平。你可以回想在自己的教学中，大多数时间是花在哪些认知过程上了。一项学习任务可能会涉及多个认知过程，比如写一篇作文，会涉及回忆相关词汇、信息的过程，涉及计划文章的大纲，涉及生成文字，涉及评论自己的文章是否言之凿凿。又如，解答一道数学应用题，可能涉及解释题干的意思，回忆题目需要的相关事实性知识，根据要求执行相关公式或换算，生成完整的解题过程，最后可能还包括对自己想到的多种方法进行评论。因而，该认知过程分类为教学目标的设定提供了细化和进阶的设计思路，见表5-8。

表5-8 目标分类表⊖

知识维度	认知过程维度					
	记忆/回忆	理解	应用	分析	评价	创造
事实性知识						
概念性知识						
程序性知识			*X*			
元认知知识						

在设定目标时，首先判定它属于知识维度中的哪一具体类型，再判定它属于认知过

⊖ 安德森，布卢姆. 教育目标分类学：分类学视野下的学与教及其测评　完整版 [M]. 蒋小平，张琴美，罗晶晶，译. 北京：外语教学与研究出版社，2009：25.

程的哪一具体维度，假如表5-8中的目标*X*为“学生将学会应用‘节约-重复使用-循环使用’的方法保护自然资源”，那么它就属于对程序性知识的应用。

原理 2：马扎诺教育目标分类

美国知名教育家罗伯特·马扎诺（Robert Marzano）综合了心理学的最新研究成果，提出了学习过程模型。该模型可以解释人是否决定开启一项新的任务以及如何加工信息，认为人的学习过程包括了知识以及对知识的操作。学习过程模型包括了3个主要的系统，分别是自我系统、元认知系统、认知系统和知识（见图5-4）。首先，自我系统在面临新任务（如：做科学实验）时，首先会判定是否参与：如果不参与，则会继续自己当前正在做的事情（如：正在玩）；如果选择参与，那么将由元认知系统设定目标和策略（如：我首先设计实验，然后再准备实验材料，做实验并记录数据，分析数据），接着由认知系统加工相关信息（如：根据变量和实验材料设计实验方案），在整个过程中，认知系统会调取知识，比如在设计实验时需要回想相关的概念以及实验中仪器的操作等。马扎诺对涉及123700个被试、4000个效应量进行元分析，结果发现[一]，自我系统对知识获取的影响幅度最大，次之为元认知系统，认知系统对新知识获取的影响最小。可见，这的确应了一句俗话——“可以带着马儿到河边喝水，但是不能代替马儿喝水”。

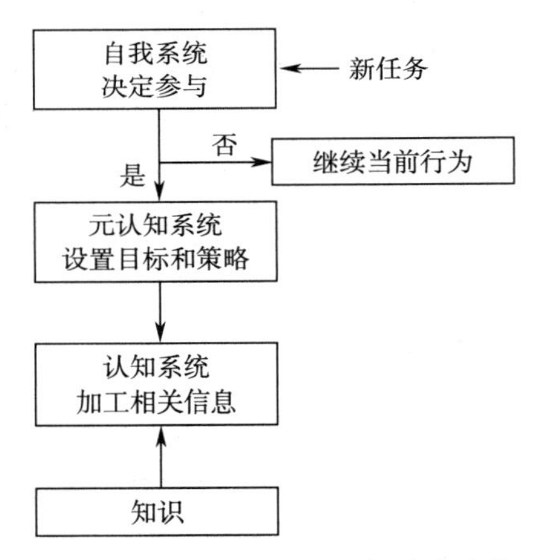

图5-4　学习过程模型（马扎诺教育目标分类法的理论基础）[二]

在该模型基础上，马扎诺提出了新近的学习目标分类体系——一个两维的评价模型，其中一个维度是知识领域，另一个维度是加工水平，如图5-5所示。

[一] MARZANO R J. A theory-based meta-analysis of research on instruction [R/OL]. [2023-06-09]. https://files.eric.ed.gov/fulltext/ED427087. pdf.

[二] 马扎诺，肯德尔. 教育目标的新分类学：第2版 [M]. 高凌飚，吴有昌，苏峻，译. 北京：教育科学出版社，2012：11.

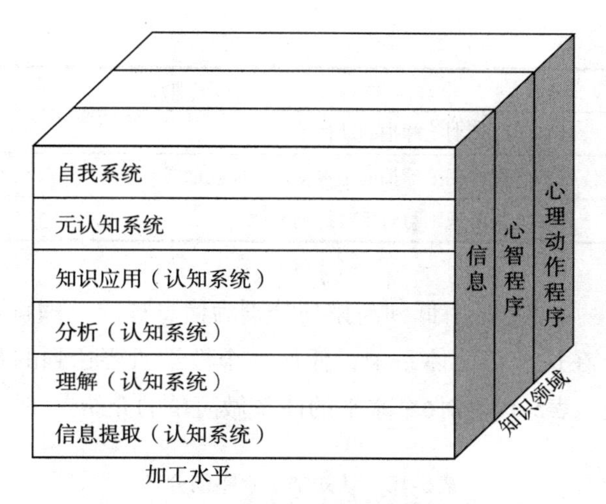

图5-5 马扎诺教育目标新分类法[㊀]

首先，知识领域维度。知识被分为信息、心智程序、心理动作程序，见表5-9。信息里包括：具体的事实，比如北京是中国的首都；发生在两个时间点之间重要的事件，比如2008年8月8日北京举办奥运会开幕式，2008年8月24日北京举办奥运会闭幕式；得到证明支持的一种说法，比如世界杯是一流的体育赛事；对特定关系类型的概括，比如物价水平是由供需关系决定的。其中，信息中的概括和原则囊括了“概念”。心智程序包括在头脑中构建技能并产生结论，比如快速阅读的要领。心理动作程序的模式和心智程序相似，但是更为复杂，比如打羽毛球高远球的技能。

表5-9 知识领域维度的构成及要点[㊁]

构成		要点
信息	词汇术语	准确知道词汇、术语的含义
	事实	人、地点、生命体、事件等的信息。如亚热带地区气候特征
	时间序列	比如土地革命战争、长征、抗日战争、解放战争等历史事件的序列
	概括	对具体实例的总结、抽象，如成绩好的学生都非常专注于学习
	原则	对因果、相关等关系的总结。比如结核杆菌引起结核病，肺癌概率与吸烟相关
心智程序	单一规则	比如知道一句话开头首单词的首字母就要大写
	算法	比如会进行多位数减法
	要领	比如会读直方图，能识别图中的要素，判断每个轴的含义
	宏程序	“宏”指程序复杂，宏程序包含很多子程序，比如写作的程序

㊀ 马扎诺，肯德尔. 教育目标的新分类学：第2版 [M]. 高凌飚，吴有昌，苏峻，译. 北京：教育科学出版社，2012：13.

㊁ 马扎诺，肯德尔. 教育目标的新分类学：第2版 [M]. 高凌飚，吴有昌，苏峻，译. 北京：教育科学出版社，2012：22.

（续）

构成		要点
心理动作程序	基础性程序	比如手臂挥羽毛球拍的动作
	简单组合程序	比如掌握挥羽毛球拍的基本动作，能发球
	复杂组合程序	比如能按照规则与对手对打羽毛球

其次，加工水平。6个水平由低到高排列分别为信息提取、理解、分析、知识运用、元认知和自我系统。在这个框架体系中，任何一个教学所要达到的具体目标，都能够在其中找到合适的位置。表5-10是对6个水平的体系做简单的介绍⊖。

表5-10　认知加工水平简介⊖

水平	基本含义	实例
信息提取	把知识从长时记忆提取并转移到工作记忆。涉及再认、回忆和执行的认知过程	看到“柳树”想起“不知细叶谁裁出，二月春风似剪刀”
理解	对信息进行转化、加工，涉及整合和象征两个认知过程。整合就是汇总、概括，象征就是把知识转化为符号、公式或图像	用流程图画出计算机程序的执行过程
分析	将知识细化，延伸，甚至对知识产生新的见解、重构。涉及匹配、分类、差错分析、概括和认定的认知过程	能够解释为什么500−65=565是错误的
知识运用	运用所学的知识来完成某项任务。涉及决策、问题解决、实验和调查的认知过程	能运用阻力的含义和控制变量的思想，设计实验，以探究不同阻力大小下物体运动的距离
元认知	负责监控、评价和规范其他水平思维的运作。涉及的过程包括目标设定、过程监控、清晰度监控和准确度监控	在考完一次试后，学生发现自己还需要再好好理解下多项式
自我系统	由态度、信念和情感的相互关系的排列而构成。自我系统一旦确定了要做什么，就会影响其他系统的运作，包括重要性检验、效能检验、情绪反应检验和动机检验	学生相信自己能学好语文（效能检验），对学数学有负面的情绪反应（情绪反应检验），认为数学知识很重要（重要性检验），认为自己很想学好数学（动机检验）

将以上马扎诺的认知过程与布卢姆教育目标分类进行对比，我们可以发现：信息提取类似于布卢姆教育目标分类中的记忆/回忆层次，但是不同的是，信息提取还包括了对信息的处理；理解类似于布卢姆教育目标分类的理解，但是布卢姆将分类、推断、比较也归于理解的范畴，马扎诺却将分类、推断归于分析的范畴；分析综合了布卢姆目标分类中的分析和评价；知识运用与布卢姆教育目标分类中的应用及创造相对应；元认知和

⊖ 马扎诺，肯德尔. 教育目标的新分类学：第2版 [M]. 高凌飚，吴有昌，苏峻，译. 北京：教育科学出版社，2012：31-51.

自我系统则是布卢姆教育目标分类中所没有的，是作为创新点进行补充的维度。

5.2.2　认知水平相关学习目标设定策略

既然我们已经知道认知水平的不同层次，那么单纯地设计低水平的学习目标必然不能满足当下学生的发展要求。根据学生的认知水平设定学习目标有助于学生更好地实现认知的发展、能力的跃迁、知识的积累，也可以为学生提供更有意义的学习体验，帮助学生在学业中取得更好的成果。根据不同认知水平设定学习目标时，可以采取哪些策略呢？

策略 1：使用行为动词来明确目标、认知水平

在设定目标时，我们可以根据目标分类，选择使用明确的行为动词来对学生的行为进行表述。另外，在陈述学习目标时，还要避免使用“知道”“理解”“欣赏”“感觉”等含糊的词汇，因为它们没有说明如果学生在达到了这个学习目标后还能够做什么。

表5-11为布卢姆教育目标修订版提供的行为动词，可以用更为具体的动词替换我们常说的“能理解……”等过于宽泛的说法，以使得学习目标对学生“更为可见”。

表5-11　布卢姆教育目标修订版的行为动词

层次	行为动词样例	举例
记忆/回忆	排列、定义、讲述、陈述、复写、识别、标记、列出、列表、定位、命名、回忆、背诵、再认、再现、呈现、选择、挑选、描绘等	能背诵乘法口诀
理解	联系、分类、比较、对比、描述、区别、讨论、举例、解释、推断、阐释、释义、改述、概括、翻译、描述理由、判定原因等	能解释“张冠李戴”的含义
应用	计算、建造、证明、开发、使用、运用、应用、估价、考察、执行、规划、实施、修改、概述、解决等	能利用“光合作用”的原理栽培植物
分析	分解、组合、比较、对照、区分、辩论、图解、考察、实验、推算、阐述、阐明、组织、列举、预测、质疑等	能判断动词的时态
评价	估价、辩论、评估、检查、总结、批评、检测、评判、判定、判断、赞成、反对、监控、评级、评定、推荐、选择、测试、权衡等	能总结出文章的中心思想
创造	组合、建造、创作、构建、设计、规划、生成、整合、制作、计划、重置、创立、转换	能设计一个以梅花为主题的书签

根据马扎诺的教育目标框架，每个水平的教育目标一般形式及对应动词见表5-12，该框架中的心理操作、动词可以作为布卢姆教育目标分类的补充，尤其是元认知和自我系统。

表5-12　马扎诺教育目标框架[⊖]

水平	心理操作	含义	动词	实例
水平6：自我系统	重要性检验	学生能够确定信息、心智程序或心理动作程序的重要程度，以及得到这一看法的过程是否合理	确定重要性，分析道理	能意识到学会散点图对统计的重要性
	效能检验	学生能够确定直接对提高与信息、心智程序或心理动作程序有关的能力或理解的信念以及得到这一看法的过程是否合理	确定理解/改进的程度，分析原因	认为自己能很好地学会统计
	情绪反应检验	学生能够确定直接对提高与信息、心智程序或心理动作程序的能力或理解的动机的总体水平以及得到这一看法的过程是否合理	识别关联，分析道理	意识到自己对统计软件跃跃欲试
水平5：元认知	目标设定	学生能够建立起针对信息、心智程序或心理动作程序的目标，以及实现这一目标的计划	建立并规划	能规划自己学习编程的步骤
	过程监控	学生能够对实现有关信息、心智程序或心理动作程序的特定目标的进程实施监控	监控	能确定自己是否掌握了循环语句
	清晰度监控	学生能够确定对信息、心智程序或心理动作掌握的清晰程度	确定	能确定自己是否可以独立编程
	准确度监控	学生能够确定自己对信息、心智程序或心理动作掌握的准确程度	确认准确程度，并加以辩护	能确定自己对方差的计算方法是否准确
水平4：知识运用	决策	学生能够利用信息、心智程序或心理动作程序进行决策，或做出关于信息、心智程序或心理动作程序的决策	做出决策	能根据等高线地图选择净水厂的最佳位置
	问题解决	学生能够利用信息、心智程序或心理动作程序来解决问题，或解决关于信息、心智程序或心理动作程序的问题	解决问题	能利用Excel计算进出账情况
	实验	学生能够利用信息、心智程序或心理动作程序来提出和检验假设，或提出和检验关于信息、心智程序或心理动作程序的假设	提出假设	能够根据元素周期表提出两个元素发生反应的假设，并做实验验证假设
	调查	学生能够利用信息、心智程序或心理动作程序来进行调查，或对信息、心智程序或心理动作程序进行调查	调查	能搜集数据，调查北京成为首都的原因

⊖ 马扎诺，肯德尔. 教育目标的新分类学：第2版 [M]. 高凌飚，吴有昌，苏峻，译. 北京：教育科学出版社，2012：100-101.

（续）

水平	心理操作	含义	动词	实例
水平3：分析	匹配	学生能够识别与信息、心智程序或心理动作程序有关的重要异同	识别	能识别中位数、平均数的异同
	分类	学生能够识别与信息、心智程序或心理动作程序有关的上位和下位类别	类	能够根据数据特征对一组数据进行分类
	差错分析	学生能够识别表述或使用信息、心智程序或心理动作程序中的差错	确定、找出	能发现一组数据统计结果的错误
	概括	学生能够基于已掌握的信息、心智程序或心理动作程序建构新命题或原理	概括、建构	能总结出一组数据的规律
	认定	学生能够识别信息、心智程序或心理动作程序的合乎逻辑的结果	确认、判定、推断	能判断自己的统计方法是否适合一组数据
水平2：理解	整合	学生能够识别信息、心智程序或心理动作程序的基本结构，区分关键和非关键的特征	识别、描述	能描述中位数的定义性特征
	象征	学生能够构建准确的符号表征来区分信息、心智程序或心理动作程序的关键和非关键因素	呈现	能用一些图形或抽象的方式表征中位数的重要特征
水平1：信息提取	再认	学生能够确认关于信息特点的正确说法（但不一定理解知识的结构或区分关键与非关键因素）	验证、确认	能确认关于中位数的正确说法
	回忆	学生能够列出信息的特点（但不一定理解知识的结构或区分关键与非关键因素）	描述、呈现、列出	能列出关于中位数的正确说法
	执行	学生能够执行一个程序而没有出现重大差错（但不一定明白该程序如何运作和为什么要这样运作）	展示	能计算出一组数据的中位数

在以上目标分类框架中，每一个水平的心理操作都涉及信息、心智程序、心理动作程序3个知识领域，以再认为例：再认信息如“下列哪一项是长征的原因”；再认心智程序如“用word做简历的步骤中，哪一项表述正确”；再认心理动作程序如“某同学的八段锦动作中哪一个是错误的”。在依据马扎诺的教育目标框架设定学习目标时，可以灵活采用动词，重在对高阶认知水平的训练。

策略 2：将目标以提问的方式呈现

使用提问作为呈现学习目标的策略，也就是让学生在解答问题的过程中潜移默化地达成目标，提出的问题可以体现所要达成的是哪个认知水平的目标。比如，如果问题是“你能区分磁场和电场吗”，那么，该题目必然就涉及对磁场和电场的理解，同时也涉及对两个知识点的分析。可以借鉴表5-13提供的问题示例，结合学科提出一节课上拟让学生解决的问题。

表5-13　基于布卢姆目标分类设定学习目标的问题示例㊀

学习目标	问题示例
记忆/回忆	……之后发生了什么 有多少…… 是谁…… 你能说出…… 描述一下在……发生了什么 谁对……说了…… 你知道为什么…… 知道……的意思吗 什么是…… 哪个是对的，哪个是错的 要成功识别……你需要知道什么 如何识别……在何时最有帮助
理解	你能用自己的语言写……吗 你能为……写一个简短的提纲吗 你认为接下来会发生什么 你如何看待…… 你能区分……吗 ……之间有什么不同 你能举例说明你要表达的意思吗 你能为……下一个定义吗 为什么……会是这样呢 关于……的功能和目的，你能告诉我们什么 你能画出……吗 你如何用手势来解释……
应用	这可能发生在……吗 你能根据特征对……进行分组吗 如果……你会改变哪些因素 你能将这些信息用于……吗 你会问什么问题 根据这些信息，你能制作一套关于……的说明吗 如果你……这条信息对你有用吗 你能教我怎么使用……吗
分析	哪些事件可能发生 这和……有何相似之处 ……的主题是什么 如果……可行吗 为什么……会发生变化 你能将……和……做一个比较吗

㊀ 格尔森. 如何在课堂中使用布卢姆教育目标分类法 [M]. 汪然，译. 北京：中国青年出版社，2019：126-129；169-208.

（续）

学习目标	问题示例
分析	你能解释下……为什么会发生 ……背后的动机是什么 ……的转折点是什么 ……有什么问题吗 你打算如何检验…… 为什么是……而不是……
评价	有解决……的更好办法吗 你能评估……的价值吗 你认为……是好事还是坏事，为什么 你会如何处理…… 你建议对……做出何种改变 你相信……吗 如果……你认为如何 ……效果如何 你认为……怎么样 为什么……能存在 你用什么论点来支持…… 你会如何批判……
创造	你能设计……吗 你能找到……的解决办法吗 你有多少种方法可以…… 你能为……创造新用途吗 ……的另一种选择是什么 对于我们怎样……你能给出提议吗 ……可能有哪些替代品 ……的产生造成了什么样的结果 你可以构建什么样的理论

在设计拟解决的问题时，可以首先根据认知水平判定属于记忆/回忆、理解、应用、分析、评价或创造，继而来选定合适的动词，进而设计本学科的问题。将问题作为清单提供给学生，学生准确地完成相应问题，便说明该认知水平目标达成了（也可以说，这些问题是评价工具）。

玩一玩，测一测

玩一玩　疯狂的问题

游戏规则：准备一个小纸盒，纸盒里放着一些“疯狂的问题”纸条，学生分组，抽签，并小组讨论交流这些问题的答案。问题示例如下：

长相和智力哪个更重要？

你如何向盲人解释风的颜色？

你如何向聋哑人解释大熊猫的样子？

你希望富有而不健康，还是健康而不富有？

你还是两年前的你吗？你还是一个月前或一分钟前的你吗？

如果你是百万富翁，你觉得你的人生意义是什么？你会干什么？

说明："疯狂的问题"小游戏实际上是让学生体会如何围绕目标问题进行思考，让学生感知如何以目标问题为主线展开想象、推理和论述。"疯狂的问题"可以与学科相关，也可以涉及人生、理想、社会议题等领域。

测一测

1. 以下不正确的说法有（　）。

A. 在布卢姆教育目标分类中，创造是最高层次

B. 要达到理解层次的学习目标，学习者要能够用自己的话对知识进行复述

C. 要达到分析层次的学习目标，学习者要能够将知识分解成几个独立的部分，并认识各部分之间的关系

D. 元认知负责监控、评价和规范其他水平思维的运作，并不属于学习目标设定的范畴

2. 判定下面动词分别属于哪一认知水平，对匹配的连线。

A. 设计	①记忆/回忆
B. 找出错误	②理解
C. 意识到重要	③应用
D. 预测	④分析
E. 规划	⑤评价
F. 背诵	⑥创造
G. 使用	⑦自我系统
H. 赞成	⑧元认知
I. 实验	
J. 描述	

5.3 学习目标如何陈述得更科学

我们每个人都有体会，假如立一个目标——"我要做最好的自己"，这样笼统、难以监控的目标，往往最后都无法实现，或者目标清单上面写满了自己每日、每周、每月的目标，最后都没实现。其实很多时候这是与目标设定是否具有科学性有关的。科学的

目标陈述能够指导学生逐步达成既定的学习目标，并推动学生向更远的学习目标迈进，接下来我们就针对目标陈述的科学性开展讨论。

目标的设定，不仅能够描述和概括教师在教学过程中希望学生达到的知识和认知水平、习得的技能与态度等内容，也在形成性评估和总结性评估、评价教学等过程中起着非常重要的作用。目标的陈述需要遵循具体清晰、以学生为主体、可观察或可测量等原则，从而达到其科学性。

5.3.1 学习目标陈述的科学性原理

目标（objective）不同于目的（goal）的地方在于：目标是具体的、有形的，目的是模糊的、无形的；目标是可以量化的，目的则可能无法量化；目标是短期的，需要步骤的，目的则是长期的，是最终结果；目标更容易验证，目的更难验证。那么学习目标与我们口语所说的目的的区别在哪里呢？最大的区别就在于科学性上。

原理 1：目标设定与自我监控相互交织，共同促进自主学习

目标设定已被证明是有用的，因为目标可以作为准绳用于学生自我监督。一项研究将学生分为两组，一组学生有清单和问题帮助下设定目标并在科学探究中反思自己的工作，另一组则不设定目标，结果发现，目标设定和自我监控已被证明是自主学习的关键过程，可以培养学生对所要达成学习目标的反思，通过目标设定、注意力集中、自我监控和评估，在课堂上建立目标实施、自我反省的迭代循环[一]。另一项研究则使用电子档案袋设定学习目标，在电子档案袋中收集学生的目标设定、目标反思和目标实现的证据，结果表明，学生在设定学习目标后，自主学习能力优于设定目标前，且设定目标对自我调节学习有显著的积极影响[二]。

实际上，不少研究都发现，合理的目标设定与学生学习成果，如更高的成绩、提升的自信心、更高的学习自主性密切相关[三]。当设定合理的目标后，学生能够意识到自己的优势和不足，继而调节个人的努力程度和学习策略，并且一旦目标达成，他们的自我效能感更强，动机也得以提升，从而设定更高的目标。但是，设定目标能够发挥价值的前提是学生能够将目标作为自我调节、自我反思的工具。因而，学习目标可以设计为“清单”式，作为学生自查、自省的“标杆”。

[一] PETERS E E. Developing content knowledge in students through explicit teaching of the nature of science：influences of goal setting and self-monitoring [J]. Science & Education，2012，21：881-898.

[二] CHANG C C，LIANG C，CHOU P N，et al. Using e-portfolio for learning goal setting to facilitate self-regulated learning of high school students [J]. Behaviour & Information Technology，2018，37（12）：1237-1251.

[三] BLOOM M. Self-regulated learning：goal setting and self-monitoring [J]. The Language Teacher，2013，37（4）：46-51.

原理 2：学习目标陈述 ABCD 模型

美国心理学家罗伯特·马杰（Robert Mager）于1962年提出的学习目标陈述ABCD模型，至今仍然非常具有影响力。有研究发现，将ABCD模型整合到教师教学培训中，让教师接受ABCD写法的培训，有助于教师明确目标并设计相应活动，对其职业生涯大有裨益㊀。

ABCD模型包括四个基本要素（见表5-14）：A代表对象（audience），一般都是指学生，但是可能也会区分不同的学生群体；B代表行为（behavior），此处可以应用布卢姆教育目标分类或马扎诺教育目标分类中的行为动词；C代表条件（condition），也就是学习发生的情境，以及学习结果达成的要求；D代表标准（degree），即要达到什么样的水平，也反映了目标和评价的合二为一。

表5-14　学习目标陈述ABCD模型简介

代码	要素名	主要要求
A	对象	写明教学对象，即“谁要学习”，比如学生应该……
B	行为	写明通过学习，学习者应该“能做什么”
C	条件	说明上述行为在“什么条件下”完成，“怎样学习”
D	标准	写明行为达到的“最低标准是什么”“学到什么程度”

使用ABCD模型设定目标的各学科实例如下：

学生（A）能够在介绍自己喜欢的水果的情境中（C），熟练运用（D）“I like…”来介绍自己的喜好（B）。

小学三年级学生（A）通过一周的打字练习（C），能够在10分钟内（D）在Word中利用拼音输入法打出30~50个汉字（B）。

小学二年级学生（A）能够在给出的20道加减混合运算中（C），计算出正确答案（B），正确率达到90%以上（D）。

提供报纸的一篇文章（C），学生（A）能将文章中陈述事实与发表议论的句子进行分类（B），至少有85%的句子分类正确（D）。

在中国地形图上（C），高一学生（A）能至少列举（B）出两条东西走向的山脉（D）。

通过阅读或者查阅资料等，了解牛顿第一定律的发现过程（C），高一学生（A）能够了解人类对力与运动关系的观念的转变过程（B），至少能说出力与物体运动状态的关系（D）。

㊀ KILIÇKAYA F. Teaching how to write instructional objectives to pre-service language teachers through the ABCD model [R]. Turkey: Mehmet AkifErsoy University in Burdur, 2016：41-52.

原理 3：学习目标陈述的 SMART 原则

SMART是制定目标的框架，为陈述学习目标提供了有用的指南。SMART的五个字母分别代表了具体的（specific）、可衡量的（measurable）、可实现的（achievable）、相关的（relevant）和有时间限制的（time-bound），见表5-15。SMART原则源自管理学，后被广泛用于各个领域，比如医学领域将SMART作为医学教育课程规划中的必要组成部分[㊀]。国际上的研究表明，编写SMART学习目标已经成为学校教师专业学习不可或缺的一部分，是教师专业发展、课堂实践中的重要组成部分[㊁]。

表5-15　SMART原则简介

代码	全名	主要要求
S	具体的	目标应该是具体的，明确地定义需要完成的任务。具体的目标应可以回答做什么，为什么做，以及怎么做
M	可衡量的	目标应该是可衡量的，这意味着可以跟踪和评估目标的进展。可衡量的目标是可以量化的，允许基于数据进行分析
A	可实现的	目标应该是可实现的，这意味着目标虽具有挑战性但又是现实可行的。可实现的目标需要付出努力，但不应过于困难以至于变得没有动力
R	相关的	目标应该与个人或组织的使命、愿景等相符合。相关的目标对个人或组织的成功至关重要
T	有时间限制的	目标应该有一个明确的截止日期或完成日期。有时间限制的目标提供了行动的明确截止期限和紧迫感

在为课程或课堂设置学习目标时，教师可以使用SMART原则来确保目标是具体（例如，“学生将能够在故事中识别3种冲突类型”）、可衡量（例如，“通过回答多项选择题的测验来测量”）、可实现（例如，“基于学生的先前知识和经验水平”）、相关（例如，“与单元或课程的学习成果相关”）和有时间限制（例如，“在接下来的两周内”）的。当然，学生自己设定学习目标也可以遵循SMART原则，如，一个学生可能会设定一个目标，要在一个月内（有时间限制）通过每天练习一小时（具体），提高自己的雅思成绩1分（可衡量和可实现），以帮助自己达成出国留学的条件（相关）。

原理 4：设定掌握目标而不是表现目标

成就目标理论（achievement goal theory）为我们理解个体的目标如何影响行为和态度提供了框架，也为我们引导学生设定学习目标提供了线索。最初该理论包括两个目标类型，即掌握目标（mastery goal）和表现目标（performance goal），具体见表5-16。

㊀ CHATTERJEE D，CORRAL J. How to write well-defined learning objectives [J]. The Journal of Education in Perioperative Medicine，2017，19（4）：E610.

㊁ BROWN G，LEONARD C，ARTHUR-KELLY M. Writing SMARTER goals for professional learning and improving classroom practices [J]. Reflective Practice，2016，17（5）：1-15.

表5-16 掌握目标和表现目标的含义、行为表现和核心观点⊖

项目		掌握目标	表现目标
含义		努力学习，掌握材料或技能	努力让自己看起来比别人更好
行为表现		面对挑战，优先选择需要新知识的领域 面对失败加倍努力，付出更多努力 寻求机会多学习，寻求更多的问题解决策略 在学习中更愿意花费精力，更愿意运用高阶认知技能 以失败为契机寻求反馈，以提高后续表现 更可能使用信息处理策略、自我规划和自我监控策略	回避挑战，优先选择自己高度胜任的领域 面对失败选择退出，付出更少努力 寻求机会增强自尊，寻求肯定性的社会比较 将注意力集中在个别信息片段，注重提高当下的记忆和学习速度
核心观点	成功被界定为	提高，进步	取得高分，高规范表现
	重视/认可	努力，学习	规范地展示高能力
	满意的理由是	努力学习、面对挑战	比其他人做得更好
	教师的取向是	学生如何学习	学生如何表现
	将失误/错误视作	学习的一部分	诱发焦虑
	关注的是	学习的过程	和别人比较时自身的表现
	努力的理由是	学习新事物	取得高分，比其他人更好
	评价标准是	绝对的，进阶的	合乎规范

后来，成就目标理论增加了接近的维度，形成了掌握与表现×趋近与回避（2×2）的成就目标框架⊜，产生了4种组合：掌握-趋近目标、表现-趋近目标、掌握-回避目标、表现-回避目标（见表5-17）。通俗来讲，掌握-趋近目标就是想要掌握更多知识，如“在学校尽可能多地学习对我来说很重要”；掌握-回避目标就是害怕学不到更多知识，如“在学校尽可能不要落下课对我来说很重要”；表现-趋近目标就是想要功成名就，表现得更好，如“在学校我表现得比其他人更优秀对我来说很重要”；表现-回避目标就是害怕自己表现得很差，比如“在学校对我来说，最重要的是不要被老师批评”。最为积极的就是掌握-趋近目标。

表5-17 成就目标框架

	趋近	回避
掌握	关注知识的掌握、学习和理解；根据个人进步和理解深度评价自身表现	关注如何避免不能理解或不能掌握任务；根据自己能否准确无误地完成任务来判断是否成功
表现	关注如何超越他人，显得自己聪明、最棒；根据考试排名来评价自身表现	关注如何不让自己显得低能，根据考试排名来评价自己是否是班里最差的

⊖ 参考绘制：马雷特. 人是如何学习的Ⅱ：学习者、境脉与文化 [M]. 裴新宁，王美，郑太年，译. 上海：华东师范大学出版社，2021：122-124.

⊜ ELLIOT A J，MCGREGOR H A. A 2×2 achievement goal framework [J]. Journal of Personality and Social Psychology，2001，80（3）：501-519.

一项元分析研究对90项研究、235个效应量进行梳理，结果发现：诱发学生掌握-趋近目标会带来学生更好的任务表现[一]，它与深层认知加工和自我管理策略正相关；掌握-回避目标与内部动机、知觉能力、认知策略无关或者负相关[二]；表现-回避目标的个体，参与任务的目的是避免表现出低能力，与消极情绪、低成就有关；表现-趋近目标则是为了证明自己的高能力，多将自己放在与他人比较的立场，其学习策略可能会表现出缺乏灵活性的特点[三]。

5.3.2 科学的学习目标设定策略

以上我们了解到，学习目标陈述是与自主学习密切相关的，知道了学习目标陈述的ABCD模型和SMART原则，在实践中，往往将ABCD模型作为写目标的“模板”，将SMART原则作为修改目标的“指南”。那么，具体在陈述学习目标时可以遵循哪些策略呢？

策略1：学习目标的行为主体为学习者

以皮连生为代表的学者提出，教学目标应说明通过一定的学习活动后，学生的内在能力或情感的变化，而不是陈述教师的行为[四]。从学的方面来看，这个过程中的主体是学生而非教师，学习目标是为了定义每位学生在学习阶段应完成的学习任务，而不是教师应该布置的学习任务。从教的方面来看，教学目标是教师对学生在接受教学之后应该产生哪些认知、技能或态度变化等结果上的理性预期，而非阐述教师的具体行为。因此在设定学习目标时，应从学生的角度出发，而不是从教师的角度出发。学习目标应描述经由学习后学生所达到的结果，而非教师的教学过程。

要以学生为行为主体，首先就需要在学生已有学习经验的基础上进行目标设定。如果学习目标设置得过低，学生的学习水平超出所设定的学习目标，那么学生就会在缺乏环境刺激的情况下产生无聊的感受；如果学习目标设置得过高，学生的学习水平低于所设定的学习目标，那么学生就容易感到学习环境是具有威胁性的，容易产生焦虑的情绪。这两种情况都不能使学生的学习水平达到教学目标的预设要求。因此，在设定学习目标之前，首先应该对学生已有的认知基础和学习基础进行了解，明确教学起点并确定大部分学生的最近发展区。教师可以通过学生问卷、学生访谈和课前测试等多种方式对学生已有认知基础进行调查和了解。在此基础上确定学生通过课堂学习和自己的努力能

[一] NOORDZIJ G，GIEL L，VAN MIERLO H. A meta-analysis of induced achievement goals：the moderating effects of goal standard and goal framing [J]. Social Psychology of Education，2021，24：195-245.

[二] 贾林祥，刘德月. 成就目标：理论、应用及研究趋势 [J]. 心理学探新，2011，31（6）：499-502.

[三] URDAN T，KAPLAN A. The origins，evolution，and future directions of achievement goal theory [J]. Contemporary Educational Psychology，2020，61：101862.

[四] 皮连生. 智育心理学 [M]. 北京：人民教育出版社，1996：250.

够达到的学习目标，使学习目标和学生的能力之间达到平衡。比如，下面是对学生关于两栖动物和爬行动物已有知识的课前调查[一]，调查之后，教师则根据学生的回答设定学习目标，其中之一是需要让学生区分两栖动物和爬行动物。

你之前对爬行动物有哪些了解？
你之前对两栖动物有哪些了解？
关于两栖动物和爬行动物，你最想了解的是哪三件事情？

策略 2：目标设定要具体、准确并能动态调整

目标设定理论认为具体的目标比含糊的目标导向更高的任务绩效[二]，因此，目标设定需要准确而具体。为了掌握一些复杂的知识或技能，学生需要练习知识或技能中的具体成分，使之达到熟练。目标越具体，越容易说明学生完成目标时要做什么[三]，比如学生设定目标为“我每天要记住并且会用10个新单词”就比“我这个月要学好英语”更为准确和具体，且更能引导行为。

学生完成不同学习目标所需要花费的时间也不相同，有的学习目标花费两个小时就能完成，而有的学习目标可能需要花费一天甚至更多的时间。当通过分析学习目标，将其细分得小而精确，就能够清晰地表达完成每一个小目标所需要完成的具体动作及花费的时间。制订小而准确的学习目标，能够一步步地引导学生完成每一个学习阶段的学习任务，直到完成最终的学习目标。关于自我效能感的研究表明，设定恰当的目标，把有难度的目标分解为子目标的策略有助于增强学生的学习能力[四]。也许你会问，学习目标要多小才合适，目标里应该包含多少要学习的内容。其实，这需要结合学生自身的学习能力来判断。如果是幼儿阶段的孩子，学习目标需要细分到每一小步；如果是同样的知识内容，换成是大一点儿的学生，那么学习目标就可以适当调整大一些。设定具体的学习目标应该[五]：运用具体术语，准确阐明学生应学会做什么；准确定位，查明目标是否能实现；通常为短期目标；准确界定目标的条件和成功标准，如5小时内将一篇英文短文翻译为中文，错误不超过4处。

㊀ 泰尔斯顿. 让学生都爱学习：激发学习动机的策略 [M]. 宋玲，译. 北京：中国轻工业出版社，2012：64.

㊁ LOCKE E A，LATHAM G P. Work motivation and satisfaction：light at the end of the tunnel [J]. Psychological Science，1990，1（4）：240-246.

㊂ DICK W O，CAREY L，CAREY J O. The systematic design of instruction[M]. 5th ed. Boston：Allyn & Bacon，2000：25.

㊃ BANDURA A，SCHUNK D H. Cultivating competence，self-efficacy，and intrinsic interest through proximal self-motivation [J]. Journal of Personality and Social Psychology，1981，41（3）：586-598.

㊄ 佩蒂. 当代教学实用指南 [M]. 姜学清，译. 济南：山东文艺出版社，2017：415-416.

学习目标是静止的，但是教学过程是动态的。学习目标的设定是为了使教学和学习有指向性和目标性，但目标不能设定得过于僵化，而应有一定的弹性，能给课堂的有效生成留出一定空间，做到预设和生成的平衡。教师需要在学生的最近发展区内设置难度适当又具有挑战性的学习目标，同时也需要根据实际情况做出适时调整，适应学生变化的学习需求，从而使预设目标和课堂生成有机结合[㊀]。比如，今天设定的目标是“完成20道加法题”，完成之后，发现速度很快，则可以在第二天设定目标为“完成20道加法题并完成10道加减混合运算题”。因此，在实际教学中，让学生记录下目标，并且能够由教师和学生进行定期检查，是一种比较受推崇的方式。

策略3：基于掌握目标设定学习目标

设计以掌握目标为导向的课堂学习目标需要在日常师生对话和目标设定中将学生的关注点放在自我提升、知识学习上，而不是避免失败、与他人比较上。具体来说，可以为学生提供具体的学习目标清单，以便学生将清单作为自查项目，动态监测自己的目标趋近情况。表5-18给出了说明文的写作目标要点，学生可以以此为目标，逐步进行论点陈述、理由阐述、结论总结，在整个核对要点的过程中，教师应帮助学生将专注点聚焦于该任务之上。

表5-18　说明文写作构成要素及要点[㊁]

构成要素	要点
论点陈述	立场明确 合乎逻辑
介绍	吸引注意力 最后一句陈述论点
意见	以听众为目标
理由	主题句中清楚地陈述3个理由 以情绪或逻辑为基础
证据/细化加工	把各种陈述联系起来 用实例或其他细化技术做支持 定论
结论	重申立场 重建理由 包含立刻行动

㊀ 张玲俐. 沉浸理论视角下的课堂学习目标设定原则初探 [J]. 新课程，2021（9）：113.

㊁ 泰尔斯顿. 让学生都爱学习：激发学习动机的策略 [M]. 宋玲，译. 北京：中国轻工业出版社，2012：71.

有学者基于成就目标理论提出了TARGET模式，以影响学生的成就目标导向行为，可以参考该模式设计学习任务，见表5-19。

表5-19 基于成就目标理论的TARGET模式简介㊀

代码	全名	主要要求
T	任务设计（task design）	强调设计具有合理挑战性的学习任务；设计新颖、多变、符合学生兴趣的学习任务；帮助学生建立短期的、自我参考的学习目标等
A	权力分配（authority distribution）	帮助学生参与课堂决策；提供基于努力而非能力的评价；支持学生进行自我管理、自我监控
R	认可活动（recognition practice）	注重学生个人提高、进步和知识掌握；评价隐私化；肯定学生的努力；鼓励学生将错误作为学习的一部分
G	小组安排（grouping arrangement）	提供合作学习和同伴学习的机会；采用多样化的小组划分方法
E	评价活动（evalution practices）	包括标准、程度、方式、频率、内存和评估与改进学习的关系，它对学习动机的影响最为显著，但只强调对学生外在表现的评估必降低学生的学习动机
T	时间分配（time allocation）	调整学习成果欠佳学生的学习时间表；允许学生自己设定目标，设定学习进度

此外，为了帮助学生将目标设定为“掌握-趋近”目标，教师需要在过程中扮演“学习的资源提供者和学习的向导”，而不是“评定成绩的裁判”，也不是“给予奖惩的法官”，这就要求老师弱化排名、分数、比较，强调过程、进步、学习内容的价值。

玩一玩，测一测

玩一玩　骰子做决定

游戏规则：老师提前准备好一只骰子，可以是实物，也可以是电子的，6个面分别写上“步履蹒跚地走”“健步如飞地走”“兴高采烈地走”“垂头丧气地走”“长吁短叹地走”“大摇大摆地走”，如图5-6所示。每掷出一个面，学生就需要根据掷出的动作要求走路。骰子上的6个面还可以是“踩着雪橇走”“踩着剑走”“水上走”“坐在飞毯上走”“踮起脚尖走”“像企鹅一样走”“像螃蟹一样走”等。

㊀ 刘惠军. 动机心理学 [M]. 北京：开明出版社，2012：67.

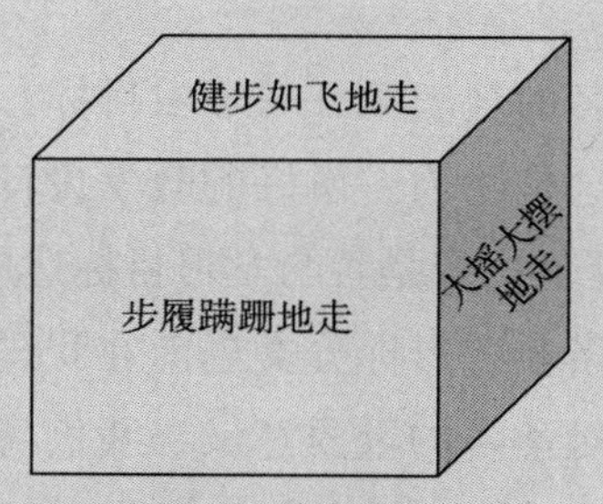

图5-6　骰子示意图

说明：该游戏可以让学生感知如何根据指令做出动作，根据目标完成任务。骰子上的指令可以变化多端，可以是模仿动物，模仿某些职业，也可以是6种题型等。该游戏可以很快地在班级上实施和应用，迅速调节气氛，让学生参与，吸引学生注意力。

测一测

1. 以下目标阐述符合ABCD模式的有（　　　）。（多选）

A. 学生能够了解比例尺的概念

B.（部分学习优异的）学生应能够推导出梯形的面积公式；（部分学习能力较弱的）学生应能够记住梯形的面积公式

C. 请你在学习过氯（Cl）元素后，列举出3个以上的氯元素应用实例

D. 全体同学能够正确画出实验室制甲烷（CH_4）的装置图

2. 王老师班里的小芳同学遇到学业困难羞于向别人求助，认为求助是自己缺乏能力的表现，该学生的成就目标定向类型属于（　）。

A. 掌握目标　　B. 学习目标　　C. 任务目标　　D. 成就目标

5.4　本章结语

设定目标实际上就是我们问自己两个问题："你希望学生能够做的事情是什么？""为了完成这些任务，学生需要知道什么？"这两个问题能为我们解答"我们要到哪里去"的问题。学习目标设定是教学设计的首要环节，也是教师教学必备的能力。制定科学、合理、具体的学习目标是需要投入时间和精力进行练习的，也必须精益求精，因为设定目标是"万里长征"第一步，学习目标就像铺路石，就像指南针，带领着学生和教师朝着目标引领的方向前进。符合ABCD模式和SMART原则的学习目标，就像很明显可以看到的路标；假大空的目标则像指路人告诉你说"往那边走"，走来走去还是一头雾水。

本章我们一起学习了知识的分类，学习目标的分类，以及学习目标陈述的原则，在真正的教学设计中，这些既是基础知识，也是随时需要 "调用"的知识。教师只有保证对基本的教育目标分类了然于胸，才能为学生制订出能够发挥最大效用的学习目标。

需要补充说明的有以下四点：

第一，在教学中有一个著名的金三角——学习目标、评价、教学方法，这三者相互依存，相互支撑，相互影响。这是因为一份好的教学设计首先就要有准确、具体的学习目标，其次才能谈教学过程和评价内容是否与学习目标达成一致。

第二，本章中引入的马扎诺教育目标分类当前在我国应用较少，但是我们逐渐意识到元认知、动机、情绪调控等对学习的重要意义，我们意识到影响个体生存和情绪的信息比新学习的信息会更优先获得加工。因此，在教学目标中增加有关自我系统、元认知系统的目标条目具有重要意义。

第三，新时代背景下，学校教育不仅是为传授知识和技能而存在的，还面临培养学生核心素养、落实立德树人根本任务的重大挑战。21世纪核心素养5C模型包括文化理解与传承、审辨思维、创新、沟通和合作；学科核心素养是核心素养在学科上的具体体现，是指学生在学习一门学科之后必须形成的重要品格和关键能力，两者都从面向未来和实现人的全面发展的角度，提出了更全面的教育培养目标，强调教育不是知识的堆积，不是技能的训练，而是人格品质和关键能力的培养。作为新时代的教师，我们需要考虑如何将核心素养融入教学目标，以及相应的教学设计和教学评价中。在设计具体学习目标时，教师应努力发掘知识的育人价值和精神意义，设计并开展基于问题或项目的学习，并在其中贯彻学科思想方法。以在生物学中体现科学探究这一学科核心素养为例，人大附中航天城学校车雪梅老师在“生物的多样性”单元中，为了让学生学习脊椎动物不同类群（鱼类、两栖类、爬行类、鸟类、哺乳类）的主要特征以及它们与人类生活的关系，设定的融合核心素养的目标包括“结合不同情境下低温对变温动物的影响，能够设计实验探究温度对于鱼、两栖动物、爬行动物的呼吸、心跳和酶活性等生理功能的影响，能解释恒温动物和变温动物对环境适应差异性的原因”[1]。又如，以“摩擦力”一课的教学目标设计为例，将学科核心素养和目标相整合而设计的教学目标包括[2]：通过实验和实例分析，能够解释摩擦力的概念和产生条件，升华物理观念；通过实例分析和实验演示，能够判定摩擦力的方向并学会如何判断，提升科学思维，巩固科学态度与责任；通过实验定量探究静摩擦力的大小和影响滑动摩擦力大小的因素，体会科学探究的态度。

第四，当下党中央高度重视创新人才培养工作，人是科学创新的最关键因素。“盖有非常之功，必待非常之人”，我们一再强调创新，但是在具体的教学设计中似乎总是忘记。落实创新人才培养工作，首先就要从目标设定开始，以认知水平中的高阶思维为重中之重，将更充足的时间和教育机会用于高阶认知能力的培养。因此，本章中布卢姆教育目标分类和马扎诺教育目标分类中高阶加工水平的目标设定需给予重视。

---

[1] 教育部科技司2020教育信息化教育应用实践共同体 “学习科学与游戏化学习实践共同体”项目（教科技司〔2020〕215号）阶段性成果。

[2] 张双弟，余娟. 基于学科核心素养的教学目标设计 [J]. 甘肃教育研究，2021（8）：61-63.

第6章

课堂导入

【本章导入】

古语有言“知之者不如好之者，好之者不如乐之者”，意思是知道如何学习的人不如爱好它的人学习得快，爱好学习的人不如以学习为乐的人掌握知识的速度快。这强调了学生的内在动机和学习兴趣的重要性。著名教育研究者马扎诺也提出了相似的观点：只有自我系统（主要由学生的动机和情绪组成）被激活时，学习的元认知和认知系统才有可能发挥作用。本章聚焦启动学生学习至关重要的3个方面，即学习动机、积极情绪和已有知识，来帮助教师进行科学、有效和充分的课堂导入，为学生开展课堂主体知识的学习开路。

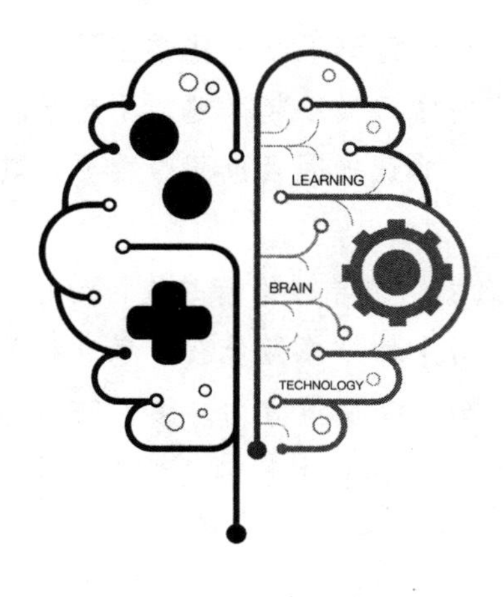

【内容导图】

本章内容导图如图6-1所示。

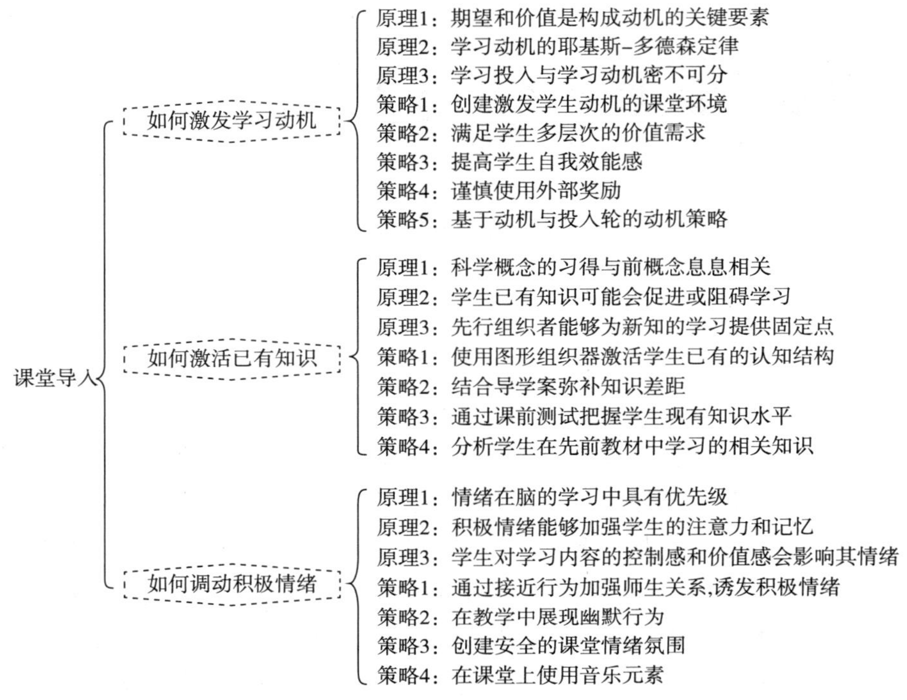

图6-1　第6章内容导图

6.1　如何激发学习动机

在开展课堂教学时，你也许注意到了，一些学生课堂参与度低、学习成绩差的原因并不是他们学不会，而是他们对学习提不起兴趣，不想学。决定学生学业成功的重要因素除了认知因素、情感因素外，非认知因素也同等重要，其中影响最为显著的就是学生的动机。

动机（motivation）是指激发、引导、维持并使行为指向特定目的的一种力量。动机可用来解释个体行为的原因，与个体“想做什么”息息相关。动机好比汽车的发动机和方向盘，既为个体活动提供动力，又调节方向。多巴胺行为激活系统和行为抑制系统是动机-行为的主要链接，纹状体接收来自中脑多巴胺关于奖励的信号，并根据奖励后果相关信息选择行为[①]。

① O’DOHERTY J P. Reward representations and reward-related learning in the human brain：insights from neuroimaging [J]. Current Opinion in Neurobiology，2004，14（6）：769-776.

学习动机并不直接介入学习的认知过程，而是通过一些中介机制来产生影响，起到激发、指向和维持的作用，见下框。学习动机的作用方式主要包括4种：①学生对知识、技能等的迫切需要会激发起强烈的情绪反应。例如产生好奇、疑惑、喜欢、兴奋、紧张或焦急乃至冲动等感受，从而促使学生采取行动。②使学生易于进入学习的认知准备状态。动机的驱动力使得学生易于激活已有的相关知识，降低对事物的知觉和反应阈限，缩短反应时间，从而提高学习效率⊖。③增强专注力。将学习行为指向学生的学习目标，保持专注，减少分心。④提高努力程度和意志力。动机使学生在学习时保持不断投入，付出更多的学习时间和认知努力。遇到挑战甚至失败时也不放弃，不断趋近学习的目标。

学习动机　学习动机是指引发与维持学生的学习行为，并使之指向一定学业目标的一种动力倾向。

科学家们从多个理论视角探究了动机的成因、对行为的影响及作用过程等内容。其中，经典动机理论的研究对象主要是动物，该理论认为动机是建立在满足生理需求基础上的，比如，对食物、水以及探索等的需求。现代学业动机理论大部分源于对人的研究，其研究对象通常是在校学生。关于动机的研究，观点纷呈。20世纪上半叶形成了以赫尔驱力论、马斯洛需求理论为代表的动机理论，涉及本能、驱力、需求、刺激和奖赏；20世纪下半叶形成了以成就动机理论、自我价值理论、自我效能理论、自我决定理论、沉浸理论为代表的动机理论，涉及追求成就、避免失败、成功失败归因、内部动机、外部动机。各个理论包含不同的动机要素，具体见表6-1。

表6-1　多种动机理论观点总结

动机理论	主要观点和动机要素	代表人物和提出时间
MUSIC模型	赋权：感到有能力决定自己的学习；有用性：理解为什么所学对于短期和近期目标是有用的；成功：相信付出努力就能成功；兴趣：对所学内容和活动感兴趣；关怀：相信学习环境中的其他人关心自己的学习且尊敬他们	布雷特·琼斯（Brett Jones），2009年
MES模型	通过跨文化问卷调查，综合多个动机理论而提出。动机和投入分别包括正向、负向因子。正向动机因子包括自我效能感、掌握目标动机、学校价值感；负向动机因子包括焦虑、躲避失败；正向投入因子包括毅力、计划、任务管理；负向投入因子包括自我设限、习得性无助。具体见6.1.1原理3	安德鲁·马汀（Andrew Martin），2006年
ARCS模型	注意：引发兴趣、维持注意、激发探究；相关性：目标导向、动机匹配、熟悉度；信心：期望成功、胜任信心、个人控制；满意：提供运用机会、强化成功、体验成功	约翰·凯勒（John Keller），1987年

⊖ 刘伟龙. 小学语文有效教学策略探讨：基于QAIT模式 [J]. 现代中小学教育，2012（2）：34-37.

（续）

动机理论	主要观点和动机要素	代表人物和提出时间
自我决定理论	自主的需要、能力的需要、归属的需要，内在动机、控制动机	德西和瑞恩（Deci和Ryan），1985年
归因理论	对成功和失败的归因会对行为产生重大影响。归因的因素包括内部的（能力高低、努力程度、身心状况）和外部的（任务难度、运气好坏、外界环境），以及稳定性（是否随情境改变而改变）和可控性（个人意愿是否可以控制）两个属性	伯纳德·韦纳（Bernard Weiner），1974年
自我效能感理论	自我效能感是个体对自己能否成功地进行某一行为的主观判断，这种对自己能力或潜在能力的感知对完成任务、达成目标至关重要	阿尔伯特·班杜拉（Albert Bandura），1970年
成就动机理论	成就需要：争取成功，希望做到最好的需求；权利需要：影响或控制他人且不受他人控制的需要；亲和需要：建立友好亲密关系的需要 成就动机包括追求成功的动机和避免失败的动机	戴维·麦克利兰（David McClelland），1953年 约翰·阿特金森（John Atkinson），1963年
认知失调理论	新旧认知不一致，相互冲突，为了消除这种不一致带来的紧张不适感做出的自我调适	利昂·费斯汀格（Leon Festinger），1967年
强化理论	正强化，通过增加某种刺激，提高行为概率；负强化，通过减少某种刺激，提高行为概率。4种类型的强化程序：固定时间间隔（如定时检查作业）、不固定时间间隔（不定期抽查作业）、固定比率间隔（按时完成3次作业给奖励）、不固定比率间隔（随机学习几次新课后给一次奖励）	伯尔赫斯·斯金纳（Burrhus Skinner），1950年
场动力论	个人行动的方向和向量取决于内部动力和环境刺激	库尔特·勒温（Kurt Lewin，1945）
需求层次理论	生理需要，安全需要，归属与爱的需要，尊重需要，认知、美的欣赏需要、自我实现的需要	亚伯拉罕·马斯洛（Abraham Maslow），1943年

其中，自我决定理论强调学习者内在动机对其学习和自我实现的重要作用。该理论的基本观点是：个体具有对自我进行建设性发展的内在倾向，即自我成长的天性。可以通过构建能够满足个体基本心理需要的环境来激发个体的内在动机。该理论认为个体的基本心理需要包括3种：①自主的需要，指的是个体在从事各项活动时能够按照自己认为最好的方式进行选择和做决策。②能力的需要，也称胜任力的需要，指的是个体认为自己有能力胜任某项工作的感觉，是体验掌控感的需要。③归属的需要（或心理关联性），即个体认为自己属于某个团体，并且自己的努力有利于团体目标的实现，是一种与他人互动、建立联系和关心他人的需要。在激发和维持个体内在动机方面，3种需要的作用存在差异，自主需要的作用最强，其次是能力需要，归属需要的作用最弱。教师在设计教学时，应当注重满足学生的这3种需要，以激发其内部动机，当学生认为他们有高度的自主性，并自愿地参与活动而不是感到被外部控制时，他们就会有内在

动机去学习[⊖]。这种内在动机是出于自身目的，想要获得某种体验，而且这种体验是愉悦的。

6.1.1　动机激发原理

动机被激发的时候，就像拥有很大的能量，进入一种求知若渴、好学不倦的状态。动机被维持的时候，可以朝着目标，抱着坚持不懈、水滴石穿的精神。足够的动机可以让人更加投入、更能坚持、更能钻研。那么，动机激发遵循哪些原理呢？

原理 1：期望和价值是构成动机的关键要素

众多动机理论都强调的两个重要概念是期望和价值，也就是对成功达到目标的期望和某一目标对个体的主观价值，这两个要素共同影响个体的动机水平。首先，学生需要感知到学习的价值。有学者认为，价值感知受3个因素影响，分别是内在价值、成就价值和工具性价值，见表6-2。例如学生可以从学习中获得好的学习成绩、学到知识、能够满足自己的竞争欲等，或者有可能同时意识到多种类型的价值。

表6-2　价值与期望

类型	具体描述	实例
内在价值	人们的满足感仅来自任务本身，而非某一特定任务结果	刘同学对清朝的历史特别感兴趣，在历史老师讲这个时期的历史课时听得特别投入
成就价值	从完成任务或者实现目标中获得的满足感	王同学特别享受完整复述古文时的满足感，所以学完每篇文言文后都会花费大量时间来记忆，以证明自己的记忆能力
工具性价值	一种活动或目标能够帮助学生实现其他重要目标的程度	很多中学生努力学习的目的就是考上一所好大学。大学生努力学习的目的则是找一个好工作
结果预期	完成特定的行为能否产生期望的结果	张同学认为只要认真听讲、完成作业、及时复习，便会在期末考试中取得不错的成绩
效能预期	自己有能力识别、组织、发起、实施那些能够达到预期结果的活动	李同学有信心做到每次上课认真听讲，完成课后作业，及时巩固所学知识

与价值对应的是学生的学习目标，成就目标理论认为学习目标包括成就目标和掌握目标。持成就目标的学生把学习看作一个证明自己能力的过程，所以他们努力学习的目的是为了取得优异的成绩。持掌握目标的学生把学习看作提高自己能力的过程，他们希望通过学习来提高自己的能力。不同类型的目标对学习表现和动机的影响不同，其中，持掌握目标的学生在面临学习挑战时呈现出了积极的问题解决表现、高学业成就和持续

⊖ 马雷特. 人是如何学习的Ⅱ：学习者、境脉与文化 [M]. 裴新宁，王美，郑太年，译. 上海：华东师范大学出版社，2021：117.

的动机。持成就目标的学生在面临学习挑战时呈现出了回避行为和较差的学习表现[1]（详见本书5.3.1掌握目标理论）。

学生还要意识到自己能够达到目标的期望，两者缺一不可。期望主要包括两类，结果预期和效能预期，见表6-2。例如，一个学习成绩落后的学生知道考个好成绩对自己升学是很重要的，但他认为自己付出所有努力最后还是考不上，那么他就不会产生相应的学习动机。与期望息息相关的是学生的归因方式和自我效能感。归因指的是学生对产生行为结果的原因的看法。当学生把获得成功的原因归结为自身可控因素时，例如努力程度，此时学生更易获得成功。当学生把成功的原因归结为外部不可控因素时，例如运气，则更容易失败。学生的自我效能感指的是学生在面对一项任务时，对自己能够在什么水平上完成该任务的信念、判断和主观感。影响自我效能感的因素主要有学生的直接经验、替代经验和言语说服。学生的生理状态和情绪唤醒也会影响其自我效能感，当学生生理不适、情绪处于消极高唤醒的状态时，自我效能感会相对降低[2]。

原理 2：学习动机的耶基斯 - 多德森定律

尽管学习动机对于学生学习投入和学业成就有重要的影响，但美国心理学家耶基斯和多德森发现动机并不是越强越好，动机水平和工作表现的关系呈倒U形曲线，如图6-2所示。当个体持有合适水平的动机时，工作效率最高；如果动机水平过低，则会出现积极性不高的现象；如果动机水平过高，则会出现过度焦虑和紧张的情绪，影响记忆和思维等认知过程。

不同难度的任务，其最佳动机水平不同，如图6-3所示。当任务难度较低时，持较高的动机有利于个体全身心投入，把工作完成到极致。当任务难度中等时，持中等水平的

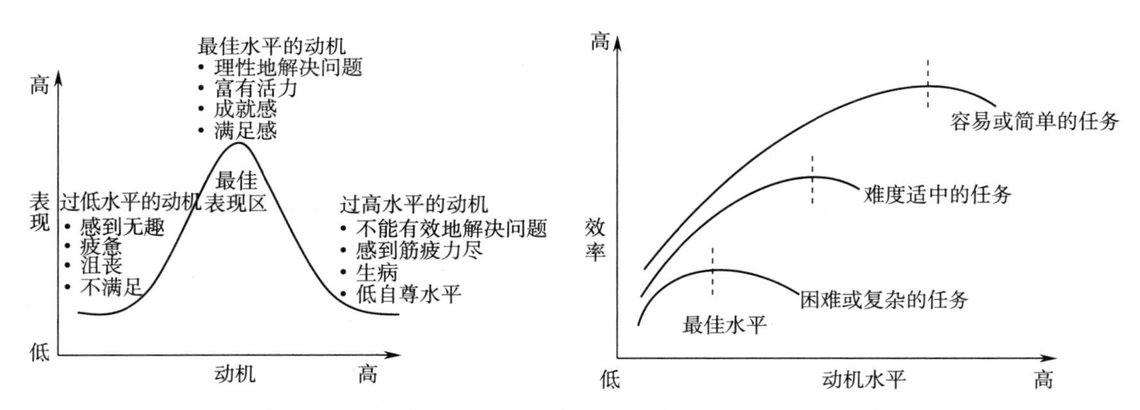

图6-2　动机水平与工作表现的关系图　图6-3　不同难度任务对应的动机水平与工作效率的关系

[1] GRANT H，DWECK C S. Clarifying achievement goals and their impact [J]. Journal of Personality and Social Psychology，2003，85（3）：541-553.

[2] 边玉芳，李白璐. 教育心理学 [M]. 杭州：浙江教育出版社，2015：109.

动机，工作表现最佳。当任务难度较高时，持低动机水平时的表现更佳。在教学中，学生会遇到不同难度的学习任务，同一个学习任务对不同学生而言难度也不同，因此教师要注重辅助学生调节到适宜的动机水平。

原理3：学习投入与学习动机密不可分

大多数动机理论都关注学生认知层面，一些反对的声音认为学生外显的投入行为和内隐的动机状态密不可分。马汀（Martin）对动机进行系列研究后，提出了一个独特的动机模型——动机与投入轮（motivation & engagement wheel），如图6-4所示。

该理论的基本观点是：动机即促进学生产生学习行为的力量，投入（engagement）即学生产生学习动机的行为表现，动机和投入存在消极和积极两种，根据“动机-投入”和“积极-消极”构成了一个双轴矩阵。其中，能够促进动机和投入的情绪、感受和行为叫作正向动机和投入，能够减少动机和投入的情绪、感受和行为是负向动机和投入。能够增强动机和投入的想法、感受、行为称为正向动机和投入因子，能够减少动机和投入的想法、感受、行为称为负向动机和投入因子。为了提升学生的动机和投入，就需要增加正向动机和投入因子，减少负向动机和投入因子，教师可以从单个因子入手，在课堂中采取相应的策略。

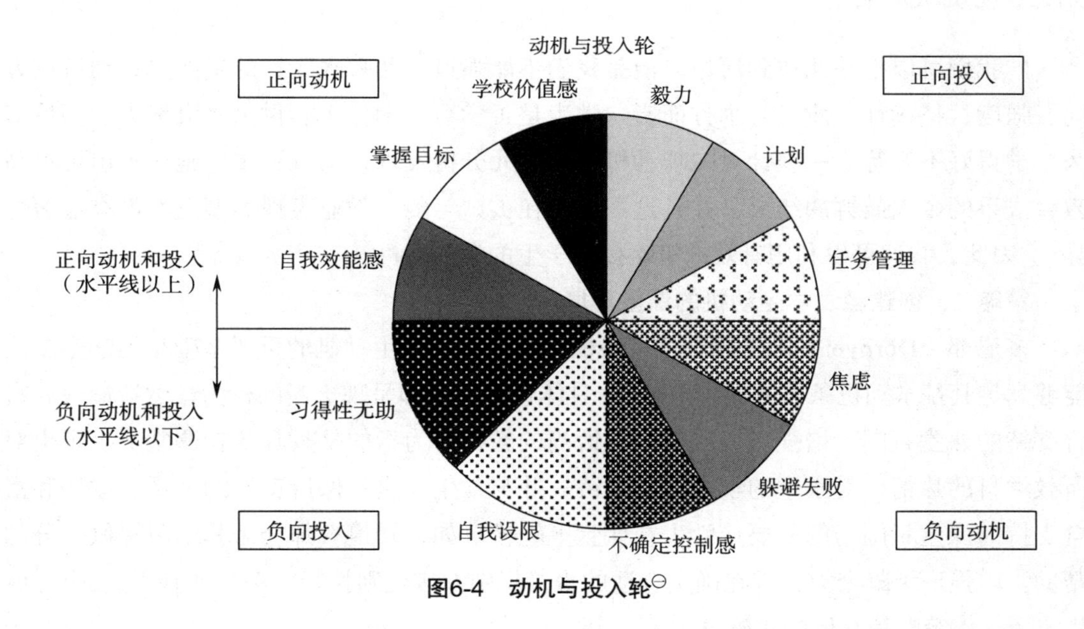

图6-4 动机与投入轮[⊖]

1）3个正向动机因子。自我效能感，即对自己能力的信念和自信，如“只要努力，我相信我可以做好作业”；掌握目标，即专注于学习、解决问题和技能提升，如“如果

⊖ OWEN L. How to motivate your child for school and beyond[M]//MARTIN A，BANTAM. Children Australia. Cambridge:Cambridge University，2004：41.

能理解在学校学的知识，我会为自己感到开心”；学校价值感，即对学校的有用性、重要性的认识，如“在学校学习是很重要的”。

2）3个正向投入因子。毅力，即学生在学习和解决问题时的努力，如“如果不能理解作业，我会坚持学习直到理解为止”；计划，即学生对学习任务的计划及对计划的执行，如“在开始做一个事情前，我会先计划好怎么做”；任务管理，即学生利用时间，安排作息和学习地点，如“我通常选择在最能让我集中注意力的地方完成作业”。

3）3个负向动机因子。焦虑，即感到紧张和担心，紧张就是对考试、作业、任务感到不舒服，担心就是感到害怕，如“如果有任务要去做，我会感到非常担心”；躲避失败，即努力学习的原因是为了避免表现不好或者看上去表现不好，如“我在学校努力的主要原因是不想让父母伤心”；不确定控制感，即不确定如何表现好和如何避免表现不好，如“一旦我在学校表现不好，我不知道如何避免这样的事情再次发生”。

4）2个负向投入因子。自我设限，即当学生在学校做的事情减少了成功的机会时便会自我放弃，如“有时我并不努力，所以如果我表现不好是有原因的”；习得性无助，即对学校或学科失去兴趣，想要放弃，如“我对学校不感兴趣了”。

6.1.2 动机激发策略

“我们可以把马儿拉到河边，但是我们不能强迫马儿喝水”，的确如此，动机在方向、强度、持续性、质量几个方面影响学生是否学习、学什么、付出多大努力、坚持多久、学得好不好等。一项针对92项动机研究的元分析发现，动机干预措施显示出可提高教育成果的令人鼓舞的结果，并且这一结果在被试年龄、学业表现类型上都没有显著差异[㊀]。因此，我们可以利用有效的策略提升学生的学习动机。

策略1：创建激发学生动机的课堂环境

多尼耶（Dörnyei）提出的动机策略框架认为激发学生动机的重要基础是为学生创建能够满足其基本动机条件的课堂环境[㊁]。具体包括：教师呈现恰当的行为，营造愉快和富含支持的课堂氛围，增强班级凝聚力。恰当的教师行为指的是教师要在课堂上表现出对所教学科的热情，对学生的学习满怀期待，并与学生及家长保持良好的关系。愉快和富含支持的课堂氛围指的是要让学生在课堂上轻松自如，知道教师会为其学习提供充分的帮助。增强班级凝聚力，旨在确定合适的班级规则并按规则执行。多尼耶基于这3个方面提出了五大策略和具体的实施方法，见表6-3。

㊀ LAZOWSKI R A，HULLEMAN C S. Motivation interventions in education：a meta-analytic review [J]. Review of Educational Research，2016，86（2）：602-640.

㊁ DÖRNYEI Z. Motivational strategies in the language classroom [M]. Cambridge：Cambridge University Press，2001：31-49.

表6-3　创建基本动机条件的策略及实施方法

策略	实施方法
重视学生的学习	向学生展示你对他们进步的关心 向学生表明你可以为他们的学习提供帮助 对学生的学习结果充满期待 关注并倾听每个学生的观点
创建愉快和富含支持的课堂环境	对学生宽容 鼓励冒险，将错误视为学习中很自然的一部分 适当地使用幽默
提升班级凝聚力	促进学生交互、协作 尽量避免长期不变的座位安排
创建班级规则	和学生一同创建班级规则 向学生解释班级规则的重要性、对学习的帮助，寻求学生的认同 遇到规则外的事件时，随时调整规则，并与学生讨论 把规则贴出来
遵守班级规则	教师以身作则，遵守班级规则 不忽视违反规则的行为

策略 2：满足学生多层次的价值需求

增强课程内容与学生的相关性是激发学生动机的重要手段。目前我们教给学生的大部分内容都聚焦于学生应该学的东西，而忽视了学生期望学习的内容。因此在设计教学时，应该考虑满足学生的不同价值需求。这可以通过需求分析实现，教师可以在课程教学开始前通过问卷和访谈发掘学生的需要、目标和兴趣，并把这些尽可能地融入课堂。在课程开展过程中，也可以时常与学生交流其对当前学习的看法、困难和建议，针对学生的需求做出适当调整。

教师可以在课堂上考虑学生的自主需求，给予学生一些自主选择的机会。锡拉丘兹大学的一项实验研究探究了学习自主权与学习投入的关系[1]，实验组的教师给学生提供了6个话题的材料，让学生从中自主选择学习的话题，控制组的教师则给学生随机分发话题。研究结果表明，实验组的学生对学习材料产生了更高的情绪水平，在学习结束后更愿意继续学习该材料，花费了更长的学习时间。因此，教师可以在教学中加入一些开放性任务，使学生能够在完成任务的过程中发挥自己的主观能动性。

好奇是人的天性。一项针对婴儿好奇心的实验表明，3个月的婴儿在面对不同复杂度的图形时，其注视复杂图形的时间更长。另外一项著名的剥夺刺激实验让实验者躺在床上，没有任何听觉、视觉、触觉刺激，即使有丰厚薪酬的回报，实验者也往往坚持不了几天，这些实验都表明了人类对刺激和好奇的需求[2]。激发学生的好奇心，有利于提升学

[1] MYROW D L. Learner choice and task engagement [J]. The Journal of Experimental Education，2015，47（3）：200-207.

[2] 羽生义正. 学习心理学：教与学的基础 [M]. 周国韬，译. 长春：吉林教育出版社，1989：192.

生对学习本身的乐趣，从而满足学生的内在价值需求。教师可以从创设情境入手，选择学生可能会感兴趣的话题。另外教师在教学过程中，要注意维持学生的好奇心，例如，提出矛盾点，激发学生思考，也可以提供应用、评价、创造等高阶认知活动。

策略 3：提高学生自我效能感

使学生尽可能多地经历成功是提高其自我效能感的重要方法。可以参考维果茨基的最近发展区理论（见本书3.3.1），将教学任务的难度合理设置，让学生通过努力获得成功。任务过难不利于学生成功，过易则无法使学生发挥真实水平。另外，还可以采取形成性评价的方式，让学生在阶段性的学习过程中看到自己的学习成果，并及时帮助学生解决遇到的学习阻碍，取得更好的学习成就。另外，教师还可以在评价时，从多个维度进行评价，考虑到每个学生的特质和进步，避免“唯成绩论”造成成绩不良学生对自己的全盘否定。教师还可以通过多样化的方式把学生的学习成效显化，让学生时常感知到自己的进步。例如在一段时间后，带着学生回顾已经掌握的知识，或者让学生绘制总结图，回顾自己学到的知识和解决困难的过程。

学生的自我效能感还能够通过观察别人的成果和经历得到提升，也就是替代性经验。因此，为学生树立榜样是行之有效的手段。教师需要以身作则，展现出敬业的态度和扎实的教学技能，学生感知到教师的努力与其教学效果的关系，从而模仿。另外，有研究表明，当人们看到与自己情况类似的个体获得成功的经历时，自己也会更有信心。教师可以从自己班级、学校、书籍里寻找合适的学生榜样的事例，展示给学生。当学生情绪状态不佳或者身体不适时，其自我效能感会降低，此时，教师要充分理解这种情况的发生，给予学生适当的鼓励和支持。

策略 4：谨慎使用外部奖励

教师在课堂上的话语对学生的影响深远，尤其是涉及对学生表现的评价话语。有一些家长和教师认为“好孩子是夸出来的”，但科学研究表明夸奖和物质奖励等外部奖励对学生动机和学习可能产生不利的影响，具体体现在学生可能会依赖外在的奖励，失去对学习内在价值的感知，当外部奖励消失时，学生可能会体验到消极情绪，继续学习的动力减弱[㊀]。另外，还会让学生感到被外部奖励操纵，令学生只关心与赢得奖励相关的学习，使学生感到任务贬值。因此，只有有效的表扬才能引发学生的学习动机。

有效表扬具有4个特征[㊁]：①可预测。可预测即学生要在参与活动前得知哪些活动是教师期望的，这可以通过向学生呈现学习目标、评价量规来实现。②具体。具体的评价能够让学生感知到教师对自己学习真实和密切的关注。教师在评价作业时，就可以针对

㊀ 詹森. 基于脑的学习：教学与训练的新科学 [M]. 梁平，译. 上海：华东师范大学出版社，2008：220-223.

㊁ 威利斯. 点燃学生的学习热情：基于脑科学的教学策略 [M]. 吕红日，汤雪平，译. 北京：中国轻工业出版社. 2016：105-106.

学生的卷面整洁度、正确情况、提交时间等进行认真的评价。③自我比较。对学生的评价要聚焦学生本身的进步，而非将其与同伴比较。④因为勤奋而表扬。教师要表扬学生的努力和刻苦，这是学生可控的因素，有利于学生接下来的行动。

策略5：基于动机与投入轮的动机策略

根据动机与投入轮理论给出的建议，学习动机的提升策略可从动机与投入轮的11个因子逐一说明，见表6-4。

表6-4 学习动机提升策略[一][二]

提升策略	教师应该怎么做	学生自己应该怎么做
如何提升自我效能感 自我效能感：学生对自己能够学好的信念和自信	让学生体验到更多成功：将学习任务划分为更小的任务，让学生一步一步体会到成功感 重新定义成功：个人进步、知识技能成长都是成功，每个学生都可以获得成功 给学生鼓励和期待：说出对学生的期望和相信他的原因，改变学生“我不行”“我没希望了”的消极想法	想想你是不是很不相信自己，想想自己成功的经历，相信自己完成作业和学习中的小进步都是成功
如何提高学校价值感 学校价值感：学生相信在学校所学是有用的、重要的、与生活相关的	将学生所学与世界上发生的事情，与学生生活和个人兴趣相联系 不仅教给学生知识，还要教给学生在生活中解决问题的方法和思考方式 树立榜样，首先自己树立知识非常有用和有价值的观念	寻找你在学校所学与你的生活和个人兴趣之间的联系 多思考你在学校所学的能不能在你离开学校后还有用 试着用在学校学习的方法、思考方式解决生活中的问题
如何提升掌握目标水平 掌握目标：关注于学习、问题解决和技能发展	鼓励学生做到个人的最好 鼓励学生努力比自己以前做得更好 鼓励学生主动学习 鼓励学生用自己的语言总结，主动做笔记，画思维导图，主动和同学讨论 鼓励学生关注过程	多想想自己有没有努力，有没有获得进步，不要想着与别的同学相比较 试着每次比上次做得更好
如何提升个人计划水平 计划：能够对自己的学习和作业有所规划，有计划会让学生感到自己可以控制自己的学习	教给学生如何将作业分为一步一步可以做的小步子 布置作业时可以先要求学生计划他们要花费多长时间，简单描述他们要做什么	拿到任务先思考可以分为几步，每步该怎么做

㊀ 尚俊杰，缪蓉，吴筱萌，等. 2018中国学习计划报告［R］. 北京：北京大学教育学院学习科学实验室，北京大学基础教育研究中心，2019：129-131.

㊁ MARTIN A J，YU K，PAPWORTH B，et al.Motivation and engagement in the United States，Canada,United Kingdom,Australia, and China:testing a multi-dimensional framework [J].Journal of Psychoeducational Assessment,2015,33(2):103-114.

（续）

提升策略	教师应该怎么做	学生自己应该怎么做
如何提升任务管理水平 任务管理：学生能够合理利用时间，安排自己的学习	鼓励学生反思和记录自己每天做作业的时间，以及自己什么时候、在什么状态下能够最好地完成学习 教学生如何制订自己的学习计划和时间表 鼓励学生写下备忘录和待办事项	每周反思并记录自己在学校和在家里所学的知识 给自己制订学习时间和作息安排表，并在完成任务后适当奖励自己
如何提升毅力 毅力：学生能够在一件事情上坚持和努力的多少	教学生如何制定目标 目标满足ABCD法则：个人可实现的（achievable）、与自己能力匹配的（believable）、清晰的（clear）、自己想实现的（desirable） 要求学生思考在学习中可能会遇到什么困难，应该如何克服这些困难以及可以寻求哪些资源和帮助 教给学生番茄时钟学习法，如每28min集中精力学习，然后休息2min，再继续	给自己制定目标 想想你需要怎么做就能实现你的目标 想想你在实现自己目标时可能遇到的困难以及自己如何攻克 多反思自己成功克服困难和挫折时是怎么想、怎么做的
如何提升学生的控制感 不确定控制感：学生不确定自己能做多好和如何避免表现不好，没有控制感会让学生无助	将学生注意力引导在可控因素上，比如努力、策略、态度，而不是题目难度、环境、时间 让学生认识到学习策略对成绩的影响 给学生在课程目标、作业、评分、截止日期上的选择 给学生的反馈和奖励必须合理且规则清楚，否则学生会迷惑	你要认识到你自己可以决定你能不能学好 你要认识到并不是总能够做到最好，但是努力就是成功的秘诀 你要珍惜平时学习和作业的机会
如何降低学生焦虑感 焦虑：学生面对学习或考试会感到紧张和担心	教给学生有效的放松技巧 帮助学生减少备考焦虑 充分复习和练习，教给学生应试技巧	学习放松的技巧 做好充分的准备，早早完成作业，制订学习计划表 集中注意力于任务和试题上，而不是一直想我会不会失败 学习考试技巧，如遇到不会的题先跳过看下一道，做完会的再返回做不会的题目
如何降低学生躲避失败的倾向 躲避失败：学生做事情的主要原因是为了避免自己失败或表现不好	促进学生实现自我提升、发挥自我优势 告诉学生失败和错误是成功之母，失败与否不能反映个人是否有价值 重新定义成功，成功是个人的提升和进步，而不是超过其他人 ABC方法：A（Action）是指写下自己最担心的事情和自己所能够做的；B（Belief）是指写下自己的信念；C（Commitment）是指写下自己的目标和解决方法	你要看到自己的优点，关注如何提升自己 你要试着看到自己的缺点，这些缺点是你要改正的 努力+有效的学习方法，使你可以做好 只要你尽自己最大努力了，就不要管他人怎么说，以自己为荣
如何降低自我设限倾向 自我设限：学生认为自己难以达到目标	确保学生意识到个人价值并非取决于分数 告诉学生失败只是提醒自己需要提高的地方 让学生列举自己以往成功的方法和经验 让学生保持积极的态度	你成为人的价值不取决于你得了多少分。你要做的就是努力做到自己的最好 你所犯的错误是在告诉你哪里需要改进 你要关注自己如何努力做，而不是如何与他人比较以及自己的缺点

（续）

提升策略	教师应该怎么做	学生自己应该怎么做
如何降低习得性无助倾向 习得性无助：学生认为难以获得成功的无助感	让学生理解自己并不是无助的，他们可以掌控自己的作业质量和努力程度 让学生看到学习中的转机，小小的改变都是成功的实例 鼓励学生在遇到困难时主动寻求帮助和鼓励	记住，有许多方法可以学好，只要你愿意付出努力 你在学校度过的只是人生很短暂的时光 你在学校并不是无助和没有能力改变的，试着一点点做好 想想你在学校获得的小成就，这些都应该是值得你骄傲的 如果你以前学习的方法不对，尝试一种新的方法 不要想着要比别人厉害，你的任务是比自己上一次做得更好

玩一玩，测一测

玩一玩　雨点变奏曲

游戏规则：教师给出如下词语和其对应的动作：

“小雨”——手指相互敲击

“中雨”——双手轮拍大腿

“大雨”——大力鼓掌

“暴雨”——跺脚

“天晴”——安静

教师带着学生训练单个词语与对应的动作，待学生熟悉后，教师开始说连续的指令并要求学生做对应的动作：“现在开始下小雨，小雨渐渐变成中雨，中雨变成大雨，大雨变成暴雨，暴雨减弱成大雨，大雨变成中雨，又逐渐变成小雨……最后雨过天晴。”

说明：此游戏使学生手、脑并用，有利于加强学生注意力，调动其学习准备状态。

测一测

1. 有效表扬包含（　　　）等特征。（多选）

A. 可预测　B. 因为聪明而受表扬　C. 具体　D. 将学生与其他学生比较

2. 判断对错，对的打√，错的打×。

（1）学习动机至关重要，因此教师应该尽可能地将学习动机提升到最高水平。（　）

（2）夸赞和物质奖励是提升学生学习动机的有效方法。（　）

6.2 如何激活已有知识

学生在开始学习前，已经掌握了很多相关知识。对这些知识进行仔细的甄别和分析，能够为我们明确新旧知识之间的关联提供启发。根据知识的来源，可以将知识分为在日常生活中掌握的知识概念、在其他课程中掌握的知识、在本门课程中已掌握的知识。

学生在开始学习任何一节课时，大脑内并不是一无所知的，他们已经从长期的生活和学习经历中产生了大量的事实、概念、模型、知觉、信念、价值观和态度。其中有些是正确、充分并且与当前学习情境相关的，有些则是错误、不完整的，不能满足当前课程的学习要求，有些可能仅仅不适合当前学习情境[㊀]。这些学生长期积累、无比信赖的知识经验将影响其对新知识的认知和学习，甚至有学者认为“影响学生课堂习得的核心因素是学生已经知道了什么，而非学生不知道什么”。可见，学生的先前知识对其当前学习的重要影响[㊁]。大脑的可塑性学说认为，脑具有利用新经验重组神经通路的能力，而学习的过程就是脑部发生功能性改变的过程，体现为神经元内部结构的改变，主要是突触的变化和神经元之间突触的增加。因此，新知识与技能的习得过程就是促使大脑神经元生长、重组和联结，其基础是学习者已有的认知神经结构。这一学说从生理维度上凸显了学生已有知识对新知识习得的重要性。

建构主义也强调教学活动必须建立在学生的认识发展水平和已有知识经验基础之上，学生学习的过程是在教师的引导下自我建构、自我生成的过程。学生不是简单被动地接收信息，而是对外部信息进行主动的选择、加工和处理，从而获得知识的意义。学习的过程是自我控制、自我生成的，他人无法替代完成，是由内向外的改变，而不是由外向内的塑造，是建立在学生已有的知识和经验之上的。

6.2.1 激活已有知识的原理

结合第1章对皮亚杰图式概念的学习，我们不难发现，激活已有知识实际上就是在脑中构建知识网络的过程，是寻求同化或者顺应，形成新图式的过程。

原理 1：科学概念的习得与前概念息息相关

前概念（preconception）理论认为学生在开始正式学习前，就已经在日常生活中或已学习的知识中形成了自己对事物的概念、观点和想法，但这些概念相比其将要学习的科学概念、数学概念等目标来看并不准确，对科学概念的内涵进行了增加、减少或替换，导致概念的外延扩大、缩小或移位[㊂]。学习的过程就是帮助学生将这些前概念转变为科学

㊀ 安布罗斯. 聪明教学7原理：基于学习科学的教学策略 [M]. 庞维国，译. 上海：华东师范大学出版社，2012：12.

㊁ 王珏，解月光. 基于前概念体系的学习者认知诊断方法研究：以初中物理“力与运动”主题为例 [J]. 电化教育研究，2017，38（9）：122-128.

㊂ 陈勤. 学生“前概念”对课堂教学的影响及利用转化 [J]. 教育理论与实践，2018，38（23）：52-54.

概念。前概念具有广泛性、自发性和顽固性3个特点[一]。广泛性指的是在个体的成长过程中积累了大量的知识和经验，对各种事物及现象都形成了一定的观点和看法。自发性指的是前概念形成的过程非常自然，随着个体的成长动态发展。顽固性指的是个体对前概念信赖不已，这是因为前概念依附于个体长期的经验系统和固定认知。

根据前概念的生成时间的差异，可以将其分成原发性前概念和继发性前概念。原发性前概念指的是个体在未正式学习某概念前产生的，大多是基于自己的直接生活经验生成的认识。继发性前概念则是个体在初步学习某概念或在正确掌握某概念前通过正式学习而产生的认识[二]。不管是哪种类型的前概念，对学习都可能产生有利或不利的影响，当其与新知识的匹配程度较高或者不存在冲突时，学习更易获得，教师需要帮助学生对具体概念和整体逻辑形成理解。

原理 2：学生已有知识可能会促进或阻碍学习

并非所有的已有知识都有利于学生的学习，已有知识的特征及其对学生学习的影响如图6-5所示。能够促进学生学习的已有知识需要具备4个特征[三]：①已有知识被激活。或许学生已经具备了一定的已有知识，但这些知识不会被自动激发，只有在教师的刺激引导下，学生对已有知识进行提取，才有可能起到联结新知的作用。如果学生已经具备了相关的先前知识，让学生在适当的时候进行示范就可以激活这些知识。当学生不具备相应知识时，让学生做测试和简单地回忆，作用并不大[四]。②已有知识需要是充分的。如

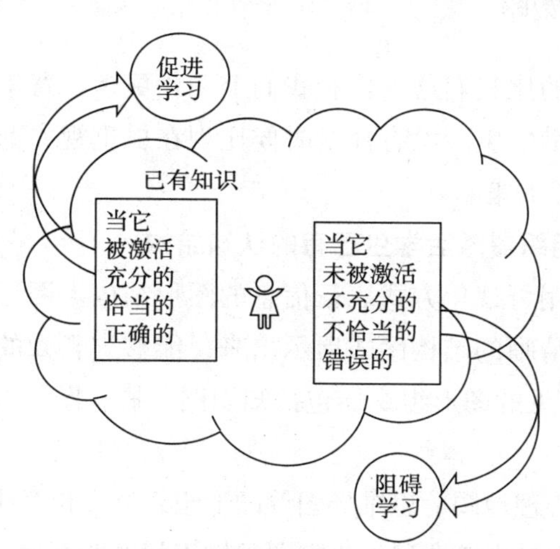

图6-5　已有知识的特征会促进或阻碍学习[五]

㊀ 陈玉乔. 基于化学“前概念”转变的教学策略 [J]. 化学教学，2018（11）：33-37.

㊁ 王燕.《依托学科教学，提高小学生科学探究情趣的策略研究》结题报告 [J]. 华人时刊（校长），2016（11）：82-83.

㊂ 安布罗斯. 聪明教学7原理：基于学习科学的教学策略 [M]. 庞维国，译. 上海：华东师范大学出版社，2012：10.

㊃ 梅里尔，盛群力，何珊云，等. 首要教学原理 [J]. 当代教育与文化，2014，6（6）：1-7.

㊄ 安布罗斯. 聪明教学7原理：基于学习科学的教学策略 [M]. 庞维国，译. 上海：华东师范大学出版社，2012：10.

果学生仅仅具备了与当前学习内容相关的非常浅层的知识，或者学习当前知识所需的知识类型与学生已具备知识的类型不匹配，那么就很难与当前所学知识建立联结。③已有知识需要是恰当的。不恰当的已有知识，可能来自日常生活、不完全类比、其他学科情境、自身文化或语言背景，可能不适应当前情境。不恰当的知识反而可能会阻碍学习。④已有知识需要是正确的。错误的已有知识会使学生忽略、怀疑和拒绝与自己认识不一致的证据，从而误解新知识。

原理 3：先行组织者能够为新知的学习提供固定点

奥苏贝尔认为当学生的新知识学习以学生认知结构中已有的、包摄性较广的、与新知识特别有关的概念作为固定点时，即为学生提供先行组织者时，学习和迁移的效果最好。先行组织者在帮助学生掌握关键概念、原理、事实细节等信息时是非常有效的。一项元分析的结果表明，先行组织者的效果几乎适用于所有的学科，并且不管学生的学习水平高低，先行组织者都能发挥显著的积极影响[㊀]。该理论认为学习顺序的编排应该遵循包摄性程度从高到低的顺序，学生掌握包摄性程度较高的观点，便为之后的学习提供了固定点，后面学到的知识可以不断扩充、巩固、分化前面学到的知识。因此教师可以在课程开始之前，为学生提供比当前知识更概括、更一般的知识，也可以通过类比与当前知识有一定相似性的概念，帮助学生将新知识与认知结构中类似的知识进行整合。

6.2.2 激活已有知识的策略

现在的学生所知道的比我们这一代和我们上一代更多，背景更为复杂，我们首先要了解学生，才能做到帮助学生。没有什么时候比现在更重视先前知识和先前经验了。以下是激活先前知识或经验的策略。

策略 1：使用图形组织器激活学生已有的认知结构

图形组织器是指利用可视化方式表征信息的图形结构。图形组织器把信息、知识结构和思维过程通过直观清晰的结构图式展示出来，能够为新知的学习提供固定点，促进新、旧知识的整合[㊁]。常见的图形组织器包括知识图、概念图、故事图、认知组织者、心理地图等[㊂]。

教师可以通过呈现心理地图、思维导图等图形组织器促进学生的学习。教师可以在开始新课程前，向学生首先呈现该课程。将本课程知识间的关系通过符号、颜色、术语绘制在一张海报大小的心理地图上，并在开始教学前的一段时间张贴在班级里[㊃]。一项针对思

㊀ LUITEN J，AMES W，ACKERSON G. A meta-analysis of the effects of advance organizers on learning and retention [J]. American Educational Research Journal，1980，17（2）：211-218.

㊁ 吴海萍. 以图形组织器辅助文本解读开展阅读教学的实践 [J]. 英语教师，2020，20（13）：113-120.

㊂ 邱婷，钟志贤. 论图形组织器 [J]. 远程教育杂志，2009，17（6）：61-66.

㊃ 詹森.基于脑的学习：教学与训练的新科学 [M]. 梁平，译.上海：华东师范大学出版社，2008：152.

维导图的元分析研究发现，思维导图在正式学习中确实能够显著提升学生的学业成就[㊀]。例如，在学习“根据生物的特征进行分类”这一课时，教师可以指导学生对前几章学习的动物、植物、细菌和真菌等生物绘制思维导图，明确学生对生物分类的已有认识。

策略 2：结合导学案弥补知识差距

每个学生的先前知识水平都是不同的，在激活学生的先前知识时，我们可以考虑到如何把握学生当前的知识水平和状态，如何做到帮助尽可能多的学生达到学习当前知识必备的理想水平。另外我们需要注意的是，课堂的时间是有限的，如何才能最高效地完成这两项任务，把更多的时间留给主体内容的教学，导学案为我们提供了一个可行的思路。教师可以根据自己的教学设计和学生的情况设计课前导学案。一方面，可以通过实例、提问和练习激发学生回顾先前知识。另一方面，可以加入评估学生当前知识水平的小测试，教师通过综合学生的测试情况，调整教学起点。

策略 3：通过课前测试把握学生现有知识水平

教师了解学生的已有知识水平，不仅能更有效地利用学生的准确知识以促进其学习，而且能识别、填补其知识缺陷，意识到学生如何不适当地应用了他们已有的知识，并且积极去纠正其误解。一旦学生大脑中已有的相关知识被激活，他们就能更加成功地实现新知识的整合和保持。教师可以通过多种手段实现这一目标，比如精细化提问、头脑风暴联想或者创建概念地图。一方面，教师可以通过测试题和访谈，激发学生在日常生活中产生的与课程内容相关的知识。例如在教授溶解这一知识时，教师在课前要求学生针对生活中如何去除盘子上的油渍这一问题进行回答。另一方面，教师可以要求学生应用已有的前概念知识去尝试归纳科学概念。例如，在学习小学四年级数学“确定位置”这一课时，教师要求学生对藏宝图中宝物的位置进行描述，学生们纷纷开始头脑风暴，得出了利用网格图、点与边线距离、方向和距离、两条线交点等方法（北京市育鹰小学蒋振东老师的课例）[㊁]。教师通过分析学生目前使用的方法，进一步明确学生已有知识的不足和下一步指导学生学习的方向。

策略 4：分析学生在先前教材中学习的相关知识

教材内容的编排往往是循序渐进的，在学习复杂的知识之前，学生一般都已经习得了较浅层次的知识。因此，教师可以通过对以往教材的分析，来明确学生已经在以往的课程中学习了哪些与本节课相关的知识，另外辅以测试，对学生已有相关知识的掌握情况进行评估。例如，教师通过分析发现，学生在初中学习“极坐标系”前已经在二年级学过了通过“东西南北”来辨认方向，并在五年级学习了用角度和距离来确定位置的方

㊀ 李玉，柴阳丽，闫寒冰. 思维导图对学生学业成就的影响效应：近十年国际思维导图教育应用的元分析 [J]. 中国远程教育，2018（1）：16-28；79.

㊁ 教育部科技司2020教育信息化教育应用实践共同体 “学习科学与游戏化学习实践共同体”项目（教科技司〔2020〕215号）阶段性成果。

法。通过分析教材内容，教师可以更精确地把握学生已有的相关知识。

玩一玩，测一测

玩一玩　卡片配对小游戏

游戏规则：教师先将新课中已学过的重点单词挑选出来，在一张卡片上写上该单词作为单词卡，在另一张卡片上画上该单词对应的图像作为图片卡，这样的两张图片属于一对。给每位学生发一套图片。

第一轮游戏：教师举起一张单词卡，并朗读出英文，倒计时3秒钟后，要求学生跟读并举出手中的单词卡，3秒钟内举出正确卡片的学生加1分。教师重复几次该活动。

第二轮游戏：教师举起一张单词卡并朗读，学生在3秒内举出对应的图片卡并跟读，则计分。第三轮游戏：教师读出某个单词不举卡片，让学生举起对应的图片卡。最后，得分加总最高的学生获胜。

说明：英语教师可利用此游戏帮助学生复习单词。

测一测

1. 当学生的已有知识满足以下（　　）特征时，能够促进学生当前的学习。（多选）

A. 恰当的　　B. 充分的　　C. 已有知识被激活　　D. 正确的

2. 判断对错，对的打√，错的打×。

（1）奖励学生能激发其学习动机，教师要不断通过奖励激发学生的外部动机。（　）

（2）学生的已有知识能促进新知识的学习。（　）

6.3　如何调动积极情绪

有一项著名的爱荷华博弈任务，用于模拟现实决策情景。该任务让被试玩一个纸牌游戏，游戏需要从四张纸牌中抽取纸牌，其中两张纸牌回报丰厚，但是风险也大，可能会赔钱，而另外两张纸牌风险小，但也几乎没有回报。在抽纸牌的过程中，人的各种情绪会被唤醒。试着玩一玩这个任务，观察你自己的情绪。

情绪被认为是多种心理子系统协调的过程，包括情感、认知、动机、表达以及外围生理过程，其中情感过程是情绪的核心。在3.4.1中，我们学习了情绪的经典理论，知道了如何识别学生情绪，接下来我们将了解更多关于学业情绪的知识。学业情绪指的是与学习活动和学习结果直接相关的情绪，包括高兴、自豪、希望、绝望、无聊、焦虑、羞愧和愤怒8种。佩克伦（Pekrun）认为学业情绪可依据三维分类，三维分别是愉悦度（包括积极或消极）、唤醒度（包括低唤醒或高唤醒）和聚焦的目标（包括学习过程或学习结果）。其中，学习过程相关情绪指的是上课、完成作业等过程中所产生的情感体验，学习结果相关情绪指的是与学习结果（例如：测试）相关的情绪。另外，佩克伦认为学生的情绪主要由学生对正在发生的学习事件进行主观评估而产生，因此学生的学业情绪具有情境特定性，即不同学科或不同学习环境下学生的情绪存在差异。积极情绪（positive emotion）即正性情绪或具有正效价的情绪，是指个体由于体内外刺激、事件满足个体需要而产生的伴有愉悦感受的情绪。

学业情绪对学生的动机、注意力、记忆、学习策略的运用以及学习成就有显著影响。情绪会使个体把注意力集中在为了生存而想记住的经历上，带来大量身体和大脑的连锁反应，这些反应会让认知和生理表现达到最好，同时也有助于加强记忆[1]。学生在完成学习任务的过程中所经历的积极情绪和消极情绪的水平会影响他们的学习目标，从而影响其学习过程中学习策略的运用和学习成就，例如：消极情绪会占据学生的工作记忆，影响认知和元认知活动，降低学生对课程的满意度和继续学习下去的动机。除了情绪对学生的学习有诸多影响外，学生的情感体验本身也是学习成果的重要组成部分，构成学生心理健康的重要因素。值得注意的是，并非所有积极情绪都是有益的。有研究表明情绪有动机方向，趋近动机是靠近目标的愿望或行为倾向。其中，趋近动机低的积极情绪（如满意）拓宽认知范围，趋近动机高的积极情绪（如渴望）则会窄化认知范围。

虽然有些情绪似乎对深化学习特别有帮助，但我们不能在课堂上随意地煽动情绪，我们应该有目的地激发学生的情绪，干预学生的情绪体验。

在学术上，情绪（emotion）和情感（affect）是被区分开来的。情绪指的是人对内外信息的态度体验以及相应的行为和身体反应，是生物普遍具备的本能反应。不同文化的个体普遍经历的情绪有6种，分别是高兴、害怕、吃惊、厌恶、愤怒和悲伤。情感则是与人的社会性需要相联系的主观体验，具有较强的稳定性、深刻性和持久性[2]，包括担心、预期、挫折、玩世不恭和乐观等。情感与情绪在大脑中传播的生物通道不同，传播速度也存在差异，但都对学生的学习有重要影响。因此，在教学中一般不严格区分这两者，而是把重点放在如何激发学生的积极情绪及情感上。

6.3.1　激活积极情绪的原理

在本书3.4.1的学习中，我们得知情绪与认知双向依赖，我们肯定会有体会，情绪会

---

[1] 朗. 如何设计教学细节：好课堂是设计出来的[M]. 黄程雅淑，译. 北京：中国青年出版社. 2018：181.

[2] 刘秀伦，冯大为. 高校思想政治教育应注意学生的情感需要 [J]. 思想政治教育研究，2012，28（4）：63-65.

影响我们能否专注于学习，能否有效学习。除此之外，情绪还有哪些影响呢？

原理 1：情绪在脑的学习中具有优先级

针对大脑机制的研究表明，脑在处理信息时具有优先级顺序，会最优先处理影响生存的信息，其次是产生情绪的信息，最后才是新学习的信息。也就是说，相比新学习的信息，大脑会优先加工影响学生生存和情绪的信息。这一机制主要是通过杏仁核来实现的。杏仁核是大脑中加工情绪的关键部位，它在人出生时就已发展成熟，作用是存储各种最原始的情绪，无论是积极的还是消极的情绪。杏仁核能够调控庞大的神经联结网络，使得情绪中枢在情绪危机到来时先于理智中枢迅速反应。勒杜（LeDoux）的研究表明，杏仁核可能先于新皮质思维中枢做出决策，激发个体产生行为。当环境刺激杏仁核产生情绪反应时，杏仁核会分泌激素，影响大脑各个部位，调节行动中枢系统，改善血液循环，引起肌肉和心脏的应激状态。杏仁核还通过去甲肾上腺素的紧急分泌，影响脑区各部位的警戒程度，并通知脑干使个体呈现出相应的表情，停止无关的反应，调动各感官系统关注环境信息，并在皮质记忆系统中不断搜寻、提取与目前事件相关的已有经验，辅助产生迅速的行动。

原理 2：积极情绪能够加强学生的注意力和记忆

情绪能够调控注意力的投入程度和广度[㊀]。相较于中性情绪，积极情绪能拓宽个人的注意力广度，促进认知加工，消极情绪的影响则会递减。似乎带有积极情感倾向的内容自然会吸引我们，而消极或中性的刺激则不会。这在一定程度上解释了为什么枯燥的教育内容不受欢迎，会导致学习效率低下。在注意力的广度上，积极的情感使人们关注更广泛的信息背景，消极的情感则使人们把注意力集中在具体的细节上；但另一种观点认为，这一联系有更强的灵活性，并且这一影响只是暂时性的强烈倾向。有研究表明，情绪事件在记忆过程中更强，拥有情绪背景在整体上能增强记忆。认知神经科学研究发现，杏仁核和不同的大脑回路是参与这种效应的大脑核心区域。杏仁核将情绪内容编码转入记忆中，构成情绪记忆系统，不同类型的情绪记忆涉及不同的大脑回路。例如，陈述性情绪记忆需要前额叶和颞叶的综合功能。中性和消极情绪会对记忆过程产生一系列负面影响。如果学生长期焦虑和紧张，他们的肾上腺会释放一种叫作皮质醇的应激激素，皮质醇长时间留在体内，会降低免疫功能，影响记忆和思维能力。就记忆准确性而言，有研究表明，消极情绪更容易导致错误记忆，积极情绪则是快速、准确记忆的关键。不同类型的情绪状态（消极、中性等）对不同类型的工作记忆也可能有不同的影响，影响功能的复杂性和容量。对考试焦虑的研究发现，焦虑会导致学生工作记忆能力下降，从而影响学生完成复杂或困难任务的表现。李（Li）等人的研究结果也表明，负

㊀ LI L，GOW A D，ZHOU J. The role of positive emotions in education：a neuroscience perspective [J]. Mind，Brain，and Education，2020，14（3）：220-234.

面情绪对扰乱空间工作记忆有显著的影响，而在科学和数学学科中，负面情绪的影响很大，不仅会阻碍学习，甚至可能会危及学习[一]。

原理3：学生对学习内容的控制感和价值感会影响其情绪

佩克伦于2002年首次提出了关于学业情绪的控制价值理论[二]，他认为不同性别、年龄和年级的学生情绪反应机制相同，其学业情绪直接通过学生对教学事件的主观控制评估与主观价值评估产生。控制评估指的是对学业相关活动或结果的可控性的感知，价值评估指的是对学业相关活动和结果的价值的感知。只有当学生认为当前学习过程或预期的学习结果有较高的价值，且自己对其有较强的控制时，才会产生积极情绪，否则将产生消极情绪。大量针对面对面情境下学生学业情绪的量化研究证实了学生对学习事件的控制评估和价值评估与其情绪体验具有强相关性。

学生对学习事件的评估受到课堂环境因素和自身特征的影响。课堂环境因素包括教学的质量、任务需求、价值引导、反馈和学习的结果。学生的自身特征包括学生的目标导向、期望和信念。一项量化研究的结果表明，除了学生的控制评估和价值评估外，学生的努力信念对其学业情绪也有显著的预测作用。其中，学生认为可以通过自己的努力提升学业成就时（持积极的努力信念），会体验更多的积极情绪[三]。

6.3.2　激活积极情绪的策略

既然我们知道了积极情绪的价值，也知道了长期处于消极情绪的危害，下一步要做的就是尽可能地调动学生的积极情绪，尽可能地让自己和学生都开心起来。

策略1：通过接近行为加强师生关系，诱发积极情绪

接近行为（immediacy behavior）是能够拉近人与人关系的交互行为，多个量化研究结果表明了教师接近行为与学生积极情绪的显著正向关系，启示教师在课堂上除了讲解教学相关内容外，应注重呈现恰当的接近行为来拉近师生关系，改善学生情绪体验[四]。接近行为包括言语接近行为和非言语接近行为。言语行为指的是教师通过语言文字传达信息，非言语行为大多借助肢体动作、眼神、面部表情、身体距离等线索来传达信息。有学者认为，非言语行为在传递情感信息时独具优势，这些情感信息往往很难通过言语信息传达[五]。参考课堂上教师言语接近行为与非言语接近行为的测量量表，教师可以尝试在

㊀ LI X，CHAN R C，LUO Y. Stage effects of negative emotion on spatial and verbal working memory [J]. BMC Neuroscience，2010（11）：1555–1559.

㊁ PEKRUN R. The control-value theory of achievement emotions：assumptions，corollaries，and implications for educational research and practice [J]. Educational Psychology Review，2006，18：315-341.

㊂ TEMPELAAR D T，NICULESCU A，RIENTIES B，et al. How achievement emotions impact students' decisions for online learning，and what precedes those emotions [J]. The Internet & Higher Education，2012，15（3）：161-169.

㊃ GHOLAMREZAEE S，GHANIZADEH A. EFL teachers' verbal and nonverbal immediacy：a study of its impact on students' emotional states，cognitive learning，and burnout [J]. Psychological Studies，2018，63：398-409.

㊄ 马萌. 网络课程中教师接近行为对学习动机影响研究：以多伦多大学CMC课程为例 [J]. 中国电化教育，2011（1）：66-70.

课堂上使用表6-5的接近行为。例如，课前早点去教室，尽量和学生做一些日常的交流；授课时，在课堂里时不时地走动，通过拉近与学生的空间距离给学生足够的关注，因为有研究表明，教师的关注很重要，学生会感觉到教师在自己身上花了时间，教师帮助了自己，这能促进其学习动力[一]。

表6-5 接近行为的类别及教学策略[二][三]

类别	教学策略
言语接近行为	用学生的姓名称呼学生 在课前或课后的时间与学生聊天 将班级称为“我们的班级”，或者说“我们在做……” 询问学生对作业、课堂活动等的看法 肯定学生的表现和观点 提问征求学生观点和意见
非言语接近行为	讲课时使用手势 讲课时目光看向学生，并与学生进行眼神交流 上课时尽量保持微笑 上课时身体姿势、肢体动作尽量放松，不紧张 讲课时的语音、语调富于变化，不单调、沉闷 在授课时走下讲台、走近学生 礼貌的肢体接触，例如拍拍学生的肩膀以示鼓励

实际上，我们常常说的“向师性”，就是学生会因为喜欢一个老师而喜欢一个学科其根本原因是良好的师生关系带来了积极情绪感受，继而促进了学生的学习动机和学习倾向。你还可以回顾一下本书4.1.1中关于师生关系的内容。

策略 2：在教学中展现幽默行为

幽默对大脑中心部位有很大影响。幽默引发的愉悦感能够使人体验一系列的生物化学反应，舒缓中枢神经，改善血液循环以及促进免疫功能，因此幽默也被科学家们比喻为“心理按摩”。一项大范围的调研也发现，幽默是学生最为喜爱的教师品质。因此，教师可以在课堂上恰当地呈现自己的幽默感，以引发学生积极的情绪体验。研究人员普遍将教师在课堂上的幽默话语划分为与授课内容相关、与授课内容不相关、自贬型和临时性四大类[四]。教师在使用幽默话语时，应该结合课堂情况、自身特征、学生特点等因素，使用合适的幽默话语。教师可以在教学设计时，考虑加入幽默的元素，也可以在课堂上即兴使用幽默[五]。但教师应注意的是，使用的幽默与课堂内容相关时，效果最好。另

㊀ 朗. 如何设计教学细节.好课堂是设计出来的 [M]. 黄程雅淑，译. 北京：中国青年出版社. 2018：179.

㊁ MCCROSKEY J C，SALLINEN A，FAYER J M，et al. Nonverbal immediacy and cognitive learning：a cross - cultural investigation [J]. Communication Education，1996，45（3）：200-211.

㊂ GORHAM J. The relationship between verbal teacher immediacy behaviors and student learning [J]. Communication Education，1988，37（1）:40-53.

㊃ FRYMIER A B，WANZER M B，WOJTASZCZYK A M. Assessing Students’ Perceptions of Inappropriate and Appropriate Teacher Humor [J]. Communication Education，2008，57（2）：266-288.

㊄ 莫爱屏，潘小波. 国外教师幽默话语研究：回顾与展望 [J]. 外语研究，2013（1）：70-75.

外，幽默不宜使用得过多，否则会起到反作用。

针对低年级的学生，教师可以通过组织角色扮演活动以及通过使用有趣的声音或方式来授课或组织课堂材料。针对高年级的学生，教师则可以通过讲笑话或者好笑的故事来调节课堂气氛。教师不仅可以在课堂上使用幽默，而且可以在课外，比如课后交谈中、课堂材料中甚至在试卷中使用幽默的内容，以调节学生在完成作业和考试时的焦虑和紧张情绪。

策略3：创建安全的课堂情绪氛围

与课堂学习相关的积极情绪也是教师需要着重考虑的关键要素。学生可能因为担心同伴的看法而不敢展现自己的观点，或者害怕迎接学习的挑战，这些消极情绪会严重影响学生的认知投入，那么就需要教师创建良好的课堂情绪氛围，帮助学生形成情绪安全感㊀。教师可以从以下几个方面展开：①教师要让学生感受到他们的观点将被接纳。教师要向学生传达，在学习中产生错误的观点和想法是正常的，这本身就是学习的过程。鼓励学生在课堂上主动提问，减少不必要的限制，形成一种自由探究的气氛。放松的、愉快的环境有助于创造性地解决问题。教师也可以以身作则，当遇到自己无法回答的问题时，大方承认自己并非无所不知。②觉察学生的情绪状态并及时引导。消极情绪的触发事件无处不在，例如生活中的不如意或者某一次考试失利，而学生的消极情绪会影响学生的动机和投入状态，有可能会导致学生一蹶不振。因此教师需要敏锐地觉察到学生的情绪状态，及时给予关注并帮助学生疏导。③教师要避免给学生过于消极的评价。一方面，教师给学生评语不能过于严厉和消极，以免使学生陷入某种负面情绪或心烦意乱的情绪中，而对其课程产生厌烦㊁。教师也要正确看待学生的表现、成果和解决方案，当学生的想法不成熟或者存在漏洞时，教师应该进行鼓励而不是打击与批评，并进行适当的纠正与指导。

策略4：在课堂上使用音乐元素

音乐在抒发情绪、表现情绪和寄托情绪方面有独到的优势，因而被广泛用于游戏、电影产业、市场销售及音乐治疗等领域㊂。教师可以在课堂上运用音乐、旋律、节奏等来渲染学生的情绪，潜移默化地调节学生的心理状态。浙江省特级教师金晓芳根据一年级学生注意力集中时间短的特点设计了一套在一年级学科教学中使用的“课中操”活动㊃。具体的操作方法是将一堂课的内容分成2～3段，当结束一阶段的学习后，教师带着学生一边念儿歌，一边做动作，歌曲内容：“拍拍手，点点头，我们来做课中操。左拍拍，右拍拍，上拍拍，下拍拍。伸伸手，弯弯腰。做完课中操，精神会更好。”身体动作与节奏韵

㊀ 里德利，瓦尔特. 自主课堂：积极的课堂环境的作用[M]. 沈湘秦，译.北京：中国轻工业出版社，2008：26.

㊁ 朗. 如何设计教学细节：好课堂是设计出来的[M]. 黄程雅淑，译. 北京：中国青年出版社，2018：181.

㊂ 于悦，姜媛，方平，等. 音乐诱发情绪测量及其影响因素[J]. 心理与行为研究，2014，12（5）：695-700.

㊃ 金晓芳. 新课程小学语文幼小衔接教学游戏指导与设计[M]. 北京：人民教育出版社，2006：39.

律有利于学生的身心得到休息，更好地投入下一阶段的学习。教师也可以通过儿歌的形式导入新课，比如金老师在教授“aoe”一课时，在课程一开始就让学生诵读儿歌从而调动起学生愉快的情绪。另外，在开展美术手工操作课时，通过播放手指操的视频，让学生在快节奏的手指训练中激发愉快的情绪，促进注意力的集中，为接下来的学习做好准备。

玩一玩，测一测

玩一玩　抢板凳游戏

游戏规则：布置5个板凳围成一圈，选6名同学。其他同学开始唱歌（或者背诵课文），这6名同学就要围着板凳走，老师比手势，同学们暂停，6名同学就要开始抢板凳坐下，没有坐下的被淘汰。反复几轮，板凳数量递减，最终看谁能获胜。

说明：该游戏考察学生的反应能力，有利于学生集中注意力，达到活跃的情绪状态。

测一测

情绪在学习中的重要性体现在（　　　）。（多选）

A. 情绪能够影响个体的记忆和注意力

B. 情绪体验本身就是学习的重要组成部分

C. 大脑在处理信息时，情绪相对学习的信息而言优先级更高

6.4　本章结语

课堂导入指的是教师在开展课堂教学前，使学生达到良好的学习准备状态而进行的活动，旨在吸引学生的注意力，激发学习兴趣和动机，明确学习目标和要求，搭建起衔接新旧知识的桥梁，进入新知的学习等。课堂导入的类型有很多：第一种是开门见山式，即刚一上课，就直接向学生呈现课堂教学的目标和要求；第二种是从生产实践和生活实际问题等导入，引发学生回忆并思考与新课内容相关的生产与生活场景中的问题；第三种是设疑激思法，提出事物矛盾的方面，引发学生好奇心，从而投入新知的探索中；教师还可以采用讲故事、小游戏、实验导入、观察导入、归纳导入、情境导入等方式开展课前导入。

无论采取何种课堂导入方式，教师都应当牢牢记住，只有当课堂导入能够激发学生的学习动机，使学生的情绪处于良好的状态，将学生的已有知识激活到恰当的水平时，学生才能达到学习新知的最佳准备状态。因此，教师在设计课堂导入环节时，可以参考本章提到的原理和策略，设计出科学、有趣、有效的课堂导入，为主体教学的开展设立良好的开端。

第7章

促进学习

【本章导入】

相信各位老师对“转变教师角色，从课堂内容的呈现者转变为学生学习的促进者”“课堂要以学生为主体”这样的说法并不陌生，但是实践起来却困难重重，不知道如何下手。本章的内容为以上难题提供了一串打开不同类型学习发生机制大门的“钥匙”，以及一个包含多种促进学习策略的“工具箱”。在接下来的学习中，你也许会发出这样的赞叹：“哦，难怪学生学了就忘呢！”“对对对，成绩优异的学生A就采用了这种学习方法。”相信本章的内容会印证或颠覆你在课堂教学中积累的一些经验与观察，使你更科学地理解学生的学习，更有效地促进学生的学习。

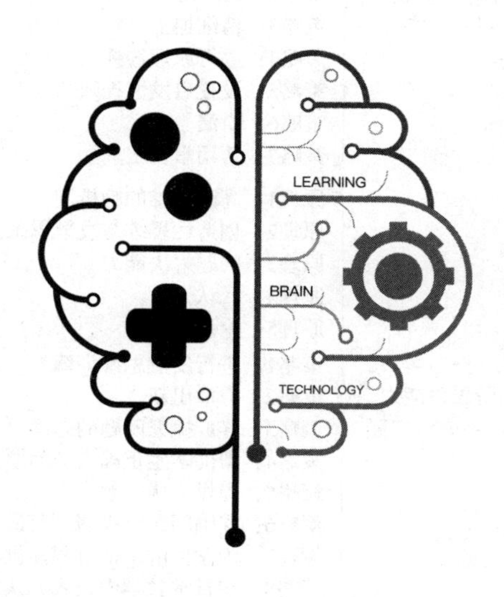

【内容导图】

本章内容导图如图7-1所示。

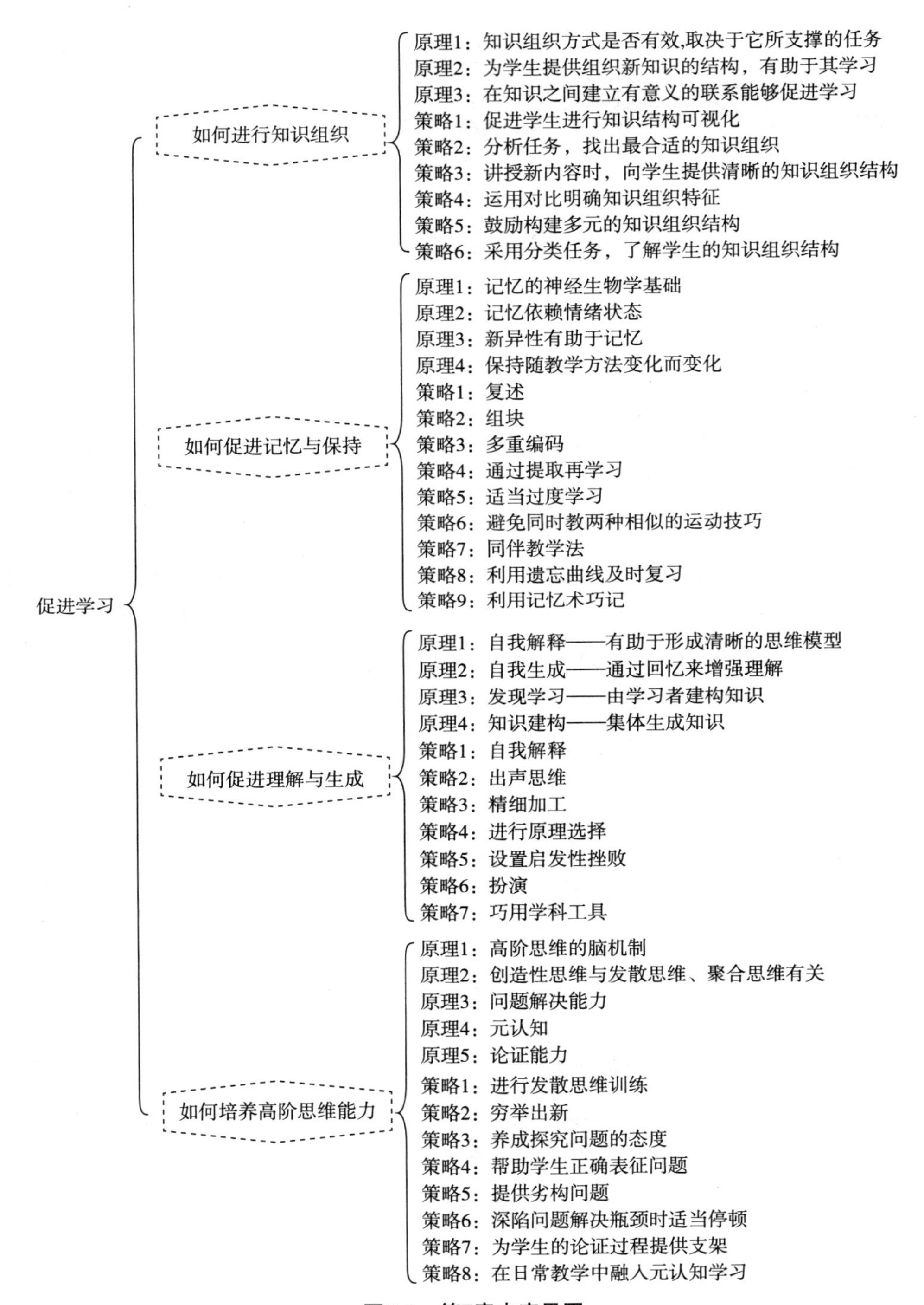

图7-1　第7章内容导图

7.1 如何进行知识组织

张老师在生物课上，给学生仔细讲解了生态系统的主要组成部分、能量来源、代表生物。学生们学习得很投入，最终记住了生态系统各部分的特征与能量来源。但是当张老师问及生态系统各部分间的能量流动与物质循环机制时，学生们却很难答出来。这是为什么呢？

这个实例很好地说明了，学生掌握了生态系统各部分结构的知识，但没有转化成对生态系统各部分在功能上的相互关系的理解。这是因为学生只是将生态系统中各个组成部分独立记忆，而没有根据生态系统的运行过程来组织知识，当然就不能答出张老师的问题。由此可见，学生组织知识的方式会影响其学习和运用知识的方式。

知识组织结构有很多种。图7-2显示了4种知识组织结构。在每种知识组织结构当中，各节点表示不同的知识点，连线代表知识点之间的联系。

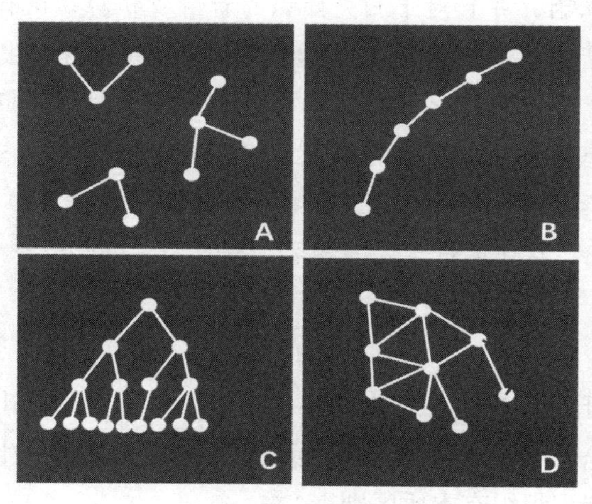

图7-2 知识组织结构图㊀

在知识组织结构A和知识组织结构B中，各知识点之间联系较少。比如知识组织结构A中，各知识点比较分散，这代表着学生没有意识到它们之间的联系。知识组织结构B中各知识点的联系比较单一。当学生的知识网络是这样一种缺乏紧密联系的状态时，他们提取知识的速度会更慢，难度也会更大㊁㊂㊃。他们很可能难以意识到自己知识组织结构中

㊀ 安布罗斯. 聪明教学7原理：基于学习科学的教学策略 [M]. 庞维国，译. 上海：华东师范大学出版社，2012：52.

㊁ BRADSHAW G L，ANDERSON J R. Elaborative encoding as an explanation of levels of processing [J]. Journal of Verbal Learning and Verbal Behavior，1982，21（2）：165-174.

㊂ REDER L M，ANDERSON J R. A partial resolution of the paradox of interference：the role of integrating knowledge [J]. Cognitive Psychology，1980，12（4）：447-472.

㊃ SMITH E E，ADAMS N，SCHORR D. Fact retrieval and the paradox of interference [J]. Cognitive Psychology，1978，10（4）：438-464.

的矛盾之处。相比于知识组织结构A和B来说，知识组织结构C和D中，各知识点之间的联系较多。知识组织结构C是层级结构，它展现了各个知识点之间构成的复杂层级结构。然而不是所有的信息都能够表征为条理清楚、层级分明的结构，现实中很多信息之间都是错综复杂的联系。知识组织结构D就展现了这种联系更为紧密的结构，这种非层级的联系展现了知识之间的交叉关联。这种复杂且联系紧密的知识组织结构，提升了提取和运用知识的速度。

专家和新手在知识组织方式上存在两方面的显著差异：一方面是知识的关联程度，是相对孤立的还是紧密联系的；另一方面是联系的深度，是表面的联系还是有意义的关联。知识组织结构A和B是典型的新手知识组织形式，而知识组织结构C和D往往是专家所具有的。

当知识的组织是深层、有意义的，并且内部关联较强时，能有效地支持学生的学习和学业表现。丰富而有意义的知识组织让专家从中受益良多，专家可以更快地分析出导致某一个问题的关键原因，并且对于相关知识的新情境和新知识有高记忆水平。例如，象棋专家能够快速分析出棋局的状态，也能够以快于新手的速度复盘出一个棋局。相对于单一的知识组织，学生更容易学习并记忆有关联的多个知识。但学生在初识某一方面的教学内容时，往往基于知识的表面特征来组织，缺乏深层次的内在关联。因此教师需要帮助学生在所学内容之间，或者与已有知识建立密切且关乎本质的关联，建构更灵活、更有效的知识组织，从而促进学生的学习。

7.1.1 知识组织原理

提问两个学生关于某历史事件发生的年代，一个学生能回答出具体的时间，但是基于其死记硬背，而另一个学生是基于该历史事件的背景推理出发生的时间，虽然答案相同，但是两个学生的知识组织有本质区别。

原理 1：知识组织方式是否有效，取决于它所支撑的任务

在艾伦（Eylon）和雷夫（Reif）的研究中，要求高中生学习当代物理中某个主题[⊖]。其中一半学生基于历史的框架学习，另一半学生则基于物理原理的框架学习。之后要求这两组学生完成两类任务：一类需要根据历史年代提取信息，另一类需要根据物理原理提取信息。结果发现，学生在与自己知识组织相匹配的任务中表现得更好，而在自己的知识组织和任务要求不匹配时，表现得较差。据此我们可以发现，知识组织方式是否有效，取决于它所支撑的任务。因此，在教学活动设计中，要充分考虑学生要完成什么学习任务，以便他们的知识组织能够最好地完成这些任务。

⊖ EYLON B，REIF F. Effects of knowledge organization on task performance [J]. Cognition and Instruction，1984，1（1）：5-44.

原理2：为学生提供组织新知识的结构，有助于其学习

尽管新手学生可能不像专家老师一样，具有高度关联的知识组织结构，但是随着时间推移，他们同样也能够建立复杂的知识组织结构。有研究发现，如果教师为学生提供组织新知识的结构，他们能够学得更多、更好。比如鲍尔（Bower）等人的研究发现[㊀]，当学生学习一长串项目（各类矿物）时，如果给学生提供适当的分类信息，按照层级结构将学习内容组织起来（比如，金属和石头作为两大类，并且在每类下面有若干子类），学生的学习成绩会提升60%~350%。同样，如果给学生提供先行组织者（为学生提供某种认知结构，帮助其整合信息），他们的收获会更多。一系列研究发现，先行组织者无论是以文字的、口头的，还是图像的形式呈现，只要能够给学生提供熟悉的知识组织结构，那么就能够提高学生的理解和记忆水平。这些教师提供的适合新知识的组织结构，与学生自己推断概念结构相比，能够让学生有更好的学习效果和更高的学习效率。

原理3：在知识之间建立有意义的联系能够促进学习

相比于新手来说，专家建构知识组织结构的方式更加具有深度，一般是围绕重要观点或概念来组织的。比如对于一些物理学问题，让新手和专家去分类：新手根据表面特征将问题分类，比如涉及滑轮的、涉及斜面的分别归于一类；专家在分类时，依据的是更为深层和更有意义的特征，比如依据解题时运用的物理定律来划分。专家能够识别有意义的模式，这不仅能够帮助他们解决问题，还能够提升他们提取知识的水平，能够让他们在看见问题的第一眼就发现解决问题的关键点和模式。因此，新手成长为专家的关键点在于提升知识组织的深度，在知识之间建立有意义的联系。

即便是新手，只要采取在知识之间建立有意义联系的方式，也能够学得更多、更好。布拉德肖（Bradshaw）与安德森（Aderson）的研究就证明了这一点，他们要求大学生学习历史人物的事迹。结果发现，当给学生呈现的事实性知识之间能够建立有意义的联系时，他们的学习效果最好[㊁]。相比于单一的孤立事实，学生更容易学习并记住那些有因果联系的多个事实。当多个事实之间存在联系，并且学生构建出有意义的关联时，其对学生的学习就有促进作用了。

7.1.2 知识组织策略

我们都有这样的体会，在听演讲或者听讲座时，有的人能引经据典，旁征博引，有的人却东拉西扯，不知所云，也有的人只能假大空而缺乏实例。人在说话的时候就能

㊀ BOWER G H，CLARK M C，LESGOLD A M，et al. Hierarchical retrieval schemes in recall of categorized word lists [J]. Journal of Verbal Learning & Verbal Behavior，1969，8（3）：323-343.

㊁ BRADSHAW G L. ANDERSON J R. Elaborative encoding as an explanation of levels of processing [J]. Journal of Verbal Learning and Verbal Behavior，1982，21（2）：165-174.

体现出他的知识组织情况。因此，掌握一定的知识组织策略有助于我们在说话时妙语连珠，在写作时妙笔生花。

策略 1：促进学生进行知识结构可视化

知识可视化表征工具包括概念图、思维导图、认知地图、语义网络和思维导图等[一]（可回看本书4.2.2节）。一方面，知识可视化表征工具可以将部分知识外显化，帮助学生将有限的大脑工作记忆空间用到知识间关系的组织上，提高认知生成的效率。另一方面，此类工具的非线性结构能明确地表征知识的顺序和层级关系，优化认知结构。一项对上海6所学校的研究表明，知识可视化工具的使用与学习成绩表现高度相关，另外学生对此类工具的使用兴趣浓厚[二]。

概念图的构建一般包括4步：概念提取、概念分类、定位中心概念、连接交叉概念。教师可以在课程开始时向学生展示概念图或思维导图，为学生联系新旧知识提供抓手。此外，概念图也可以作为小组协同建构知识时的讨论交流工具，或作为学生汇报、反思、评价、复习、总结等的工具[三]。但应注意的是，教师应当避免学生埋头照抄教师的概念图作为笔记。概念图支持下的教学可以分为4个步骤[四]：①初识概念。教师导学，提出问题。学生结合预习并进一步自学教材，绘制概念图。②建立概念。教师引导学生探索新知，对新旧知对比分析、归纳总结，共同建构概念图。③完善概念。教师教学聚焦重难点，帮助学生完善概念图，并作为展示工具，进行交流研讨。④应用概念。教师呈现真实问题情境，指导学生合作探究，利用概念图形成解决方案。

策略 2：分析任务，找出最合适的知识组织

不同的任务需要不同的知识组织结构，在决定用何种知识组织方式来促进学习之前，我们需要进行任务分析。比如：若要分析不同作者的理论观点，则可能需要从理论、研究方法和写作风格等方面来组织知识；若要分析某个历史事件的影响，则需要从经济、政治和社会因素等方面来组织知识。学生在初学某些知识时，对组织知识的恰当方式可能并不熟悉。教师可以针对不同的学习任务，给学生提供相应的框架、大纲或模板，帮助学生组织知识。例如在布置文献阅读作业时，教师可以提示学生按照理论、适用场景、研究方法等视角进行知识梳理，帮助学生形成分析任务、组织知识的意识。

策略 3：讲授新内容时，向学生提供清晰的知识组织结构

对于没有接触过或者不熟悉的内容，学生可能看不到知识之间的基本联系和类别

㊀ JONASSEN D H. What are cognitive tools?[C]//Cognitive tools for learning.Barlin, Heidelberg：Springer Berlin Heidelberg，1992：1-6.

㊁ 唐军. 知识可视化工具支持学生有意义学习的调查及分析 [J]. 现代教学，2013（5）：70-71.

㊂ 赵国庆. 概念图、思维导图教学应用若干重要问题的探讨 [J]. 电化教育研究，2012，33（5）：78-84.

㊃ 李杰. 概念图在高中生物学教学中的实践应用 [J]. 生物学教学，2019，44（6）：25-27.

结构。因此，教师需要给学生呈现一个清晰的知识组织结构，重点强调各知识点之间的内在联系。这种知识组织结构可以是直观的流程图、表格、小标题、联系词或言语描述等[㊀]。在授课前，教师可以通过简洁的话语或清单呈现该课程的各部分内容。在教授各部分的内容前，可以通过小标题的方式来总结各部分的重点。涉及课堂内容的具体知识点时，教师可以通过一些逻辑连接词把知识点串起来，例如使用“①②③”“因此”“然而”，凸显知识点之间的逻辑关系。另外，教师还可以巧用图表，使用矩阵图、知识网、层级图等形式恰当、清晰地呈现知识点间的关系。

此外，特别需要注意的是，为学生提供的这些知识组织结构，需要抓住关键的概念或原理（比如，用“导言”“方法”和“结论”这种标题，就不如采用“牛顿第一定律的核心——惯性，惯性的危害，惯性的利用”这类标题）。同时，教师还需要定期引导学生构建更大的知识组织框架，以便其自行建立有意义、联系紧密的知识体系。

策略4：运用对比明确知识组织特征

组织知识时，非常重要的一点是找到知识之间的相似性与差异性。也就是说，我们不仅需要让学生明确某一个概念是什么，还要明白它不是什么。向学生有目的地提供具有外在相似性或内在相似性的实例，能够帮助其明确知识的组织特征。当学习目的是明确某个关键特征时，选取实例的外部差异越大越好。当学习目标是发现知识间的差异时，选取的实例看起来越相似越好。另外，还可以呈现一些边缘实例或异常实例，例如那些容易被错误分类的实例。

例如在刚开始教“昆虫”这一概念时，可以先呈现蝗虫、螳螂、蜻蜓、蜜蜂、苍蝇等外在特征相似的物种，从而使学生快速把握昆虫的定义：“体躯分为三段，只有外骨骼……”随后，问学生：“蜘蛛是昆虫吗？”学生通过辨别蜘蛛与前述物种的差异，加深昆虫定义的认识。

策略5：鼓励构建多元的知识组织结构

为了更全面地理解知识以及更加灵活地运用知识，学生可以形成更多元的知识组织结构，然后从中选取最适切的组织方式。可以依据时间相近、共同意义、特征相近等标准进行分类。比如针对植物的分类，可以从进化史、原产地、种属科目等角度去划分，并让学生比较不同知识组织方式的优劣。或者，对古代诗人进行分类时，可以按照朝代、题材、内容和风格等多角度进行分类，并对不同分类进行评价。这种方式能够让学生感知到不同知识组织方式的特征，形成组织知识的意识，并在后续的学习中尝试使用最优的方式组织知识。

㊀ 梅耶. 应用学习科学：心理学大师给教师的建议 [M]. 盛群力，丁旭，钟丽佳，译. 北京：中国轻工业出版社. 2016：20-21；78.

策略6：采用分类任务，了解学生的知识组织结构

既然知识组织的水平能够反映学生知识掌握的深度与牢固程度，那么教师便可通过让学生展示知识组织水平来把握学生当前的知识掌握情况。让学生对知识相关情境、作业题、概念等进行分类，这种方式可以揭示学生在没有明确分类标准时，用何种方式组织知识。比如，先给学生呈现一些问题，这些问题在表面特征或深层特征上有类似之处，之后要求学生根据相似性对这些问题分类。若学生只是基于表面特征来分类或者混淆了不同种类的问题，这就说明他们没有掌握问题涉及的深层特征或者对某些关键概念的理解并不准确，高质量的知识组织尚未形成，需要教师进行教学干预。

玩一玩，测一测

玩一玩　垃圾分类小游戏

游戏规则：制作一个类似大富翁游戏的地图，然后让学生依次掷骰子，掷到哪个数字，就往前走对应的步数，并将对应位置里的垃圾分类。如果分类正确，则加1分，如果分类错误，则暂停掷骰子1次。先走到终点的学生和分数最多的学生获胜。

说明：此游戏将垃圾分类与大富翁小游戏结合，让学生在趣味游戏和同伴互动中，进一步明确不同种垃圾的特征。该游戏也可以将垃圾替换为所学知识，比如替换为需要分类的单词、术语。

测一测

1. 专家的知识组织结构通常包括（　　　）。（多选）

A. 分散型　　B. 链型　　C. 层级型　　D. 网型

2. 判断对错，对的打√，错的打×。

（1）新学习一项内容时，不要给学生提供多种知识组织，多种知识组织会干扰其学习。（　）

（2）概念图的构建流程一般为概念提取、概念分类、定位中心概念、连接交叉概念。（　）

7.2　如何促进记忆与保持

想想刚开始学开车的时候，你会根据教练所教按部就班地学，全神贯注，反复练习，有时还需要指导。直到有一天，练习多了达到自动化程度，你甚至可以边聊天边开车了（当然，你最好不要这样做）。这代表相关的工作记忆因为重复强化而变成了长时记忆。

在学习过程中，对感知的信息进行加工和整合时会留下一些痕迹，记忆就是这样形成的。记忆是保证过去经验被记住的认知过程，包括获得新信息和记住信息两个过程。记忆是建立在学习基础之上的，而学习也依赖记忆才能形成。这二者是相辅相成的。

7.2.1　促进记忆与保持的原理

翻一翻考试卷，不难发现，总有一定比例的测试题是在考察识记。我们常说的要有一定的知识存储，也是在强调记忆。本小节将揭开记忆的面纱，了解关于记忆的原理。

原理 1：记忆的神经生物学基础

前一天晚上背的诗句，第二天却怎么也想不起来了，这样的场景你肯定很熟悉吧！记忆是与我们相生相伴的学习结果之一，即记住了某项知识。完整的记忆包括编码（encode）、存储（store）、提取（retrieve）3个阶段。比如我们要记住圆周率3.1415926，编码阶段就可以用谐音将其串联为一个故事——“山巅一寺庙一壶酒儿流”（后面的你可以自己尝试编码记住）；存储阶段就是把这个故事和圆周率建立联结，通过存储这个故事，记住这串数字；提取阶段，就是当别人向你提问时，你可以通过这个故事来脱口而出圆周率是多少，也就是“忆”的过程。记忆的类型，可以按照时间阶段或信息加工的角度分类，也可以按照所记忆的内容分类，见表7-1和表7-2。

表7-1　记忆的阶段及要求

<table>
<tr><th>阶段</th><th colspan="2">要求</th></tr>
<tr><td rowspan="3">编码</td><td colspan="2">对信息的处理，包括获取和巩固两个阶段。比如将一列数字2、4、8、16编码为2的1次幂、2次幂、3次幂、4次幂</td></tr>
<tr><td>获取</td><td>对感觉通路和感觉分析阶段的输入信息进行登记</td></tr>
<tr><td>巩固</td><td>生成一个随时间推移而增强的表征</td></tr>
<tr><td>存储</td><td colspan="2">对信息的长久记录，是获取和巩固的结果</td></tr>
<tr><td>提取</td><td colspan="2">利用存储的信息创建意识表征或执行习得的行为</td></tr>
</table>

表7-2　记忆的类型及要求

<table>
<tr><th>分类标准</th><th>类型</th><th colspan="2">要求</th></tr>
<tr><td rowspan="4">按保持时间/信息加工分类</td><td>感觉记忆</td><td colspan="2">维持时间以毫秒计算，比如看到并记住这个交通灯是红色的</td></tr>
<tr><td>短时记忆</td><td colspan="2">维持几秒至几分钟的记忆，比如临时记住一个电话号码</td></tr>
<tr><td rowspan="2">工作记忆</td><td colspan="2">在短时间内保存信息（维持），并对这些信息进行心理操作的过程。信息可以来自感觉记忆的输入，也可以来自长时记忆的提取。就像计算机的缓存，像“思维的黑板”，可以让信息“浮现在脑海”，以供处理。包含了短时记忆和控制加工两大部分</td></tr>
<tr><td>视觉空间模块</td><td>负责处理视觉和空间的信息。比如，看到（17−5）×6=？可以先处理且暂时记住17−5=12</td></tr>
</table>

（续）

分类标准	类型	要求	
按保持时间/信息加工分类	工作记忆	语音环路	负责处理语音信息。比如，听到导航说“前方路段左转，直行200米”，就暂时记住且根据语音信息驾驶
		中央执行系统	负责协调语音环路和视觉空间模块的活动，分配、控制注意力资源。比如整合看到的地图和听到的语音导航，又如做阅读理解时，不断切换对各段落的注意
		情景缓冲区	提供暂时的信息存储和整合的平台
	长时记忆	维持数天、数周、数月或数年的记忆，比如童年时期或者上周的事件	
按内容分类	陈述性记忆	情节记忆	关于特定时、特定地点发生的事情，关于“是什么”“哪里”和“什么时候”，就像在脑子里放电影
		语义记忆	有关世界的事实的记忆。比如记着党的二十大的召开时间
	非陈述性记忆	程序性记忆	自动化技能（如骑自行车）和认知技能（如弹钢琴）
		感知表征系统	感知、识别物体或词汇等，比如看到香蕉，想到香蕉的名字、气味、口感等
		经典条件反射	刺激带来的条件反应，比如看见足球滚到脚边就会踢出去
		非联想性学习	习惯化、敏感化。习惯化就是经常接收一些刺激，就会形成习惯，比如小猫一开始很怕被人摸，习惯后，就不怕了。敏感化就是对伤害性刺激产生很强的反应，如打手掌一下会很疼，很惧怕，再次打，反应会更强，更惧怕

记忆是在多个独立的神经系统独立或并行运作下产生的。独立运作是指不同的记忆过程、不同类型的信息对应的脑系统是不同的。比如：内侧颞叶，形成和巩固新的情节记忆；前额叶，参与信息编码和提取；颞叶，存储情节和语义知识[㊀]。不同类型的记忆对应的大脑结构如图7-3所示。

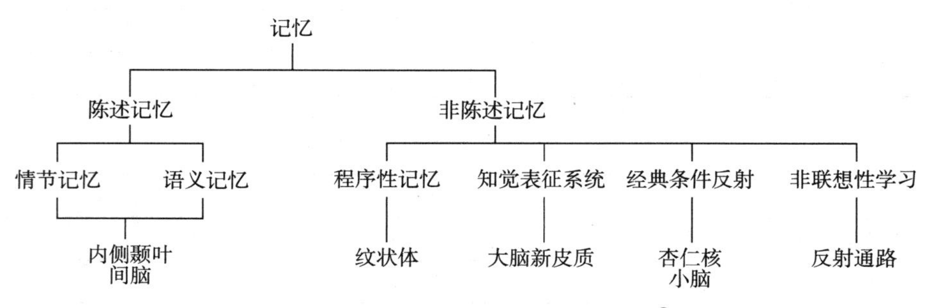

图7-3 哺乳动物长时记忆系统的分类[㊁]

㊀ 葛詹尼加，伊夫里，曼根. 认知神经科学：关于心智的生物学 [M]. 周晓林，高定国，译. 北京：中国轻工业出版社，2011：312.

㊁ SQUIRE L R. Memory systems of the brain：a brief history and current perspective [J]. Neurobiology of Learning and Memory，2004，82（3）：171-177.

不同记忆系统的并行运作，是指同一事件可能同时涉及不同的记忆系统。比如，童年时期所经历过的被大狗追着咬的痛苦经验，由对事件本身的陈述性记忆和情绪记忆共同组成。

在记忆系统中，不得不提的就是海马体。具体来说，海马体对于新记忆的快速形成以及将新获得的记忆整合到长时记忆的过程发挥重要作用[一]。同时，海马会与前额叶皮层相互作用、相互补充。海马体负责“铺设新轨道”，前额叶皮层负责“在轨道之间灵活切换”，即海马体形成和检索特定记忆，前额叶皮层则控制选择哪些记忆，抑制哪些不相关的记忆[二]。此外，海马和周围皮层之间有稠密神经联结，会对记忆中的关系属性进行编码，将不同脑区、不同感觉通道的相关输入信息关联起来，如将颜色、气味输入联系起来进行记忆[三]。

人们对外界刺激的反应通过神经冲动沿着神经元进行传导，最终在大脑或其他神经中枢产生想法和行为活动。如图7-4所示，记忆产生的神经机制也是同样的道理，当一个神经元被激发，便会产生相应的神经冲动，神经冲动通过电信号和化学递质传递至相邻神经元，这种反应持续不断，导致更多神经元被激发。如果这组神经元被重复刺激、激活，那么它们之间的联结就越发牢固，同时神经元表面的结构发生改变，从而对刺激的反应更加敏感，那么该组神经元共同放电的倾向得到增强。也就是说，无论何时，当一个神经元放电时，所有的神经元都放电，每进行一次这样的思维活动，神经元之间的联结就得到加强，大脑中的记忆痕迹就更加深刻，记忆的存储就更加牢固，提取也更加容易[三]。

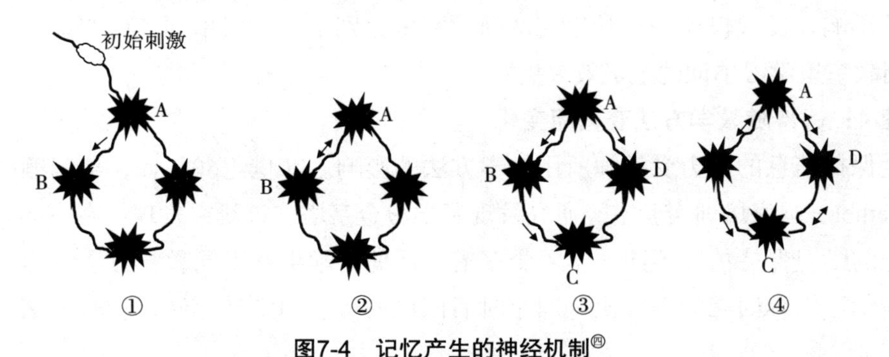

图7-4　记忆产生的神经机制[四]

【说明】①神经元A接受刺激，引起神经元B活动。②如果神经元A很快再次放电，A、B神经元之间就会建立起联结。之后，神经元A只要微弱地放电就会引起神经元B活动。③神经元A和B放电可以激活邻近的神经元C和D。④如果这些活动重复出现，4个细胞之间就会形成网络，将来就会同时放电，这就形成了记忆。

㊀ PRESTON A R，EICHENBAUM H. Interplay of hippocampus and prefrontal cortex in memory [J]. Current Biology，2013，23（17）：R764-773.

㊁ 吉克. 教育神经科学在课堂 [M]. 周加仙，译. 上海：上海教育出版社. 2020：62.

㊂ SOUSA D A. 脑与学习 [M]. “认知神经科学与学习”国家重点实验室　脑与教育应用研究中心，译. 北京：中国轻工业出版社，2005：64-65.

㊃ SOUSA D A. 脑与学习 [M]. “认知神经科学与学习”国家重点实验室　脑与教育应用研究中心，译. 北京：中国轻工业出版社，2005：64.

原理 2：记忆依赖情绪状态

人们已有的很多经验往往被存储为情绪要素或事件梗概，即我们可能想不起某件事情的过程和细节，但是对当时的情绪状态却记忆犹新。这是因为从感觉记忆到工作记忆的过程不仅传导了由感官接收到的外界信息，还包含了来自情绪中枢的与该事件关联的情绪信息，且情绪冲动的传导速度更快，使得情绪信息参与长时记忆的塑造[一]。斯坦福大学的心理学家鲍尔（Bower）及其合作者发现，每一种心理的、身体的和情绪的状态都与特定状态下的信息紧密联系在一起[二][三]，即类似于焦虑、好奇、抑郁、高兴和自信这样的状态还会触发在该状态下所学到的信息[四]。也就是说，当学生的学习处于和之前学习相似的情绪状态时，更容易提取之前所学的知识。

原理 3：新异性有助于记忆

从记忆的加工过程可以得知，对信息的选择性注意是认知加工的第一步。环境中出现的新异物体或事件，更容易引起学生的注意，从而开启认知加工的过程。研究也已经证明，记住某件事最简单的方法就是让它是不同的、新异的。这是因为人脑有着高度的注意偏好，倾向于注意不符合常规或者期待模式的事情。当脑发觉某事不同时，会释放出应激荷尔蒙，结果就是更加注意它。如果察觉到的是负面威胁，身体可能会释放皮质醇；如果察觉到积极的刺激（挑战），身体则会释放肾上腺素。麦高（Mcgaugh）等人的研究指出，这些化学物质的作用就像记忆的固定剂[五][六]。因此，信息丰富的环境不仅有助于吸引学生的注意，还对学生记忆信息有积极作用。一项研究探索了教室环境对学生记忆效果的影响，发现仅仅是让学生在两间教室里分别学习一组单词，就明显比让学生一直在一间教室里学习单词的记忆效果更好[七]。

原理 4：保持随教学方法变化而变化

学生保持信息的能力受教师所用教学方法的影响。20世纪60年代，美国缅因州的贝瑟尔（Bethel）国家培训实验室经研究发现了学习金字塔。该研究发现，在不同教学方法下，学生的学习保持情况不同。学习金字塔显示的是学生在不同教学方法下学习，24小时后对新学习内容回忆的百分比（24小时后回忆的信息假定被存储在长时记忆中）。从

[一] 伊列雷斯．我们如何学习：全视角学习理论 [M]. 2版.孙玫璐，译.北京：教育科学出版社，2014：15-17.

[二] BOWER G H，MANN T. Improving recall by recoding interfering material at the time of retrieval [J]. Journal of Experimental Psychology：Learning，Memory & Cognition，1992，18（6）：1310-1320.

[三] BOWER G H，MORROW D G. Mental models in narrative comprehension [J]. Science，1990，247（4938）：44-48.

[四] 詹森. 基于脑的学习：教学与训练的新科学 [M]. 梁平，译. 上海：华东师范大学出版社，2008：182.

[五] MCGAUGH J L. Dissociating learning and performance：drug and hormone enhancement of memory storage [J]. Brain Research Bulletin，1989，23（4-5）：339-345.

[六] MCGAUGH J L，INTROINI-COLLISON I B，NAGAHARA A H，et al. Involvement of the amygdaloid complex in neuromodulatory influences on memory storage [J]. Neuroscience & Biobehavioral Reviews，1990，14（4）：425-431.

[七] SMITH S M，GLENBERG A，BJORK R A. Environmental context and human memory [J]. Memory & Cognition，1978，6（4）：342-353.

图7-5中可以看到讲授产生的平均保持率仅为5%，这是因为讲授引起的学生参与和心理复述极少，但是这种方法却一直是比较流行的方法。采用教授他人或立即运用所学内容的教学方法时，知识的保持率最高。也就是说，当学生在学习时进行的认知加工和认知努力越多，学习的保持效果越好。另外，我们还应该注意，学习金字塔的研究结论反映的是大部分个体的记忆规律，教师在实践中应该注意学生认知水平和风格的差异性，灵活选用适合任务难度和学生水平的教学方法。

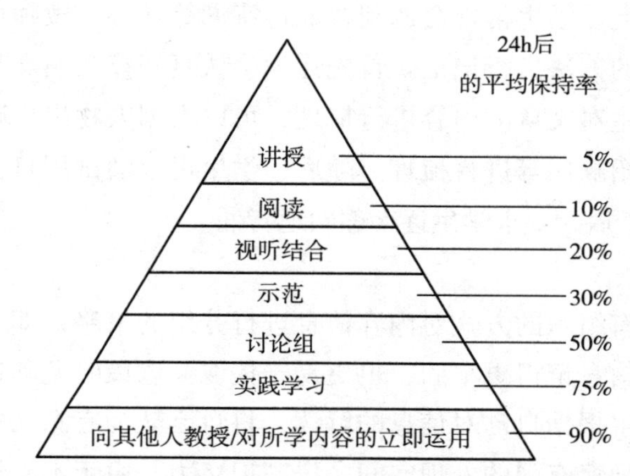

图7-5　每种教学方法下，学习24小时后的材料平均保持率㊀

7.2.2　促进记忆与保持的策略

我们无不希望自己过目不忘，或者至少能有不错的记性。实际上记忆并非是先天的能力，而是可以通过后天练习得到提升的，成长为记忆大师需要一定的记忆策略和大量刻意练习。

策略 1：复述

学生只有能够对知识进行充分的加工和再加工，才能够将理解和意义附加到新学的内容上，实现将信息从工作记忆转入长时记忆的目的。一种关键的记忆策略就是复述，它是用言语重复刚刚识记的材料，在大脑中重现学习资料和刺激，以巩固记忆的心理操作过程。脑科学的研究表明，复述过程与额叶的活动息息相关，几项fMRI扫描研究显示，在比较长的复述期间，额叶的活动量决定着信息是被存储还是被遗忘㊁㊂。复述包括

㊀ 苏泽. 脑与学习 [M]. 认知神经科学与学习国家重点实验室脑与教育应用研究中心，译. 北京：中国轻工业出版社. 2005：76.

㊁ BUCKNER R L，KELLEY W M，PETERSEN S E. Frontal cortex contributes to human memory formation [J]. Nature Neuroscience，1999，2（4）：311-314.

㊂ WAGNER A，SCHACTER D，ROTTE M，et al. Building memories：remembering and forgetting of verbal experiences as predicted by brain activity [J]. Science，1998，281（5380）：1188-1191.

机械复述和精细复述两种。机械复述指的是一遍遍地重述某个信息，例如，当别人告诉我们一个电话号码而我们手头又没有可以记录的地方时，我们会口头上一遍遍地重复这串数字或者在心里不断默念，这个过程就是机械复述。精细复述是指对学习材料进行某种形式的分析、比较、组织、归类，或通过思考内容的意义和联系进行口头复述，或利用形象联想将新知识整合进记忆的过程。例如在背诵一篇文言文时，边复述边思考所背内容的画面。通常精细复述的效果比机械复述的效果要好。

中小学的语文课上，学生常常会遇到背诵古诗词等任务，教师可以指导学生采用先精细复述后机械复述的方法进行记忆。首先让学生认真阅读几遍文章，达到理解文章内容的目的。随后让学生对文章的内容进行梳理，可以根据人物出场顺序、事件发生的各个环节或者空间的介绍顺序等进行梳理。随后，学生可以尝试用自己的话将文章的内容讲出来，加深记忆。最后，要求学生逐字逐句地背诵。

策略 2：组块

组块是指以一种有组织的方式对内容信息进行分组的策略，即对信息进行重新组织或再编码。它能够使信息记得更牢固，也更易于提取。该策略尤其适用于相互独立的信息的记忆，旨在让学生根据自己对信息的解读，将自己认为有意义的信息组合在一起记忆，最大化利用短时记忆有限的处理空间，提高记忆力。由于不同学生对相同信息的理解不同，因此并不存在统一的组块规则，教师可以向学生尽量展示组块的过程，帮助学生掌握组块的方法。例如，为了记忆这串由12位数组成的数字——248163264128，我们可以先观察这串数字的特征，然后把它分为2，4，8，16，32，64，128，记住这7组数字比记住12位数要容易得多，如果我们再进行组块，把这串数字编码成2的1次幂到7次幂依次排列的数字，只需要记住2、从1次幂到7次幂，这两个信息就可以了。

策略 3：多重编码

在加工知识的过程中，如果能够采用尽可能多的方式对信息进行编码，增加提取线索，那么学生提取记忆的难度便会降低。首先，可以采用语义编码和形象编码；其次，可以结合动作编码和声音编码。例如在学习拼音字母或者单词时，可以呈现出相应的图像和声音，以加深知识的记忆。动作编码体现为让学生通过身体来学习，例如在教授图形、角的知识时，安排一些折纸、拼七巧板等动手活动。声音编码可以通过顺口溜、歌曲来体现，乘法口诀就是非常好的结合声音编码学习的实例。通过押韵和朗朗上口的口诀进行编码，能增强记忆的趣味性和效果。我们最熟悉的通过口诀进行编码记忆的实例之一是《节气歌》，既遵循了节气的顺序，又朗朗上口便于记诵。

春雨惊春清谷天，夏满芒夏暑相连；
秋处露秋寒霜降，冬雪雪冬小大寒。

数学也可以通过口诀编码的方式记忆，比如$(a \pm b)^2=a^2 \pm 2ab+b^2$在算理理解的基础上，编成：首平方，尾平方，首尾两倍在中央，二项符号看前面，是加就加，是减就减。

化学中记忆元素周期表的元素，进行口诀编码以助于更好地记忆，如“氢氦锂铍硼，碳氮氧氟氖。钠镁铝硅磷，硫氯氩钾钙”。化学价的口诀编码记忆，如化合价之歌“一价氢氯钾钠银，二价氧钙钡镁锌，三铝四硅五价磷，二三铁，二四碳，二四六硫都齐全，铜汞二价最常见”。值得注意的是，进行编码的前提都是理解每句口诀是什么、为什么以及怎么用。

策略 4：通过提取再学习

每次从长时记忆中提取信息到工作记忆中，就相当于又学习了一遍，以后再次回忆知识的过程就变得容易。因此教师可以鼓励学生定期回忆以前所学的内容，让学生主动参与到强化已有知识的过程中。回忆时应当注意以下3点：①让学生主动提取目标记忆。由于提取强化的是被提取的部分，不是线索部分，这强调教师应当让学生在练习时提取其需要掌握的内容，也就是说应该把需要掌握的内容设置成被提取的未知内容，而不是线索。②提取应当循序渐进，让学生每次回忆一点内容，逐渐增多。例如让学生回忆一个复杂的分子式时，可以让学生先回忆分子式的主要结构，再让学生一点点地增加细节部分。③在学生对所学知识有一定的掌握度后，再开展提取练习。提取有利于记忆，但是当学生对已有知识掌握得较浅，提取出错误内容，则相当于对错误知识进行了强化，不利于未来的学习。（关于提取练习的详细解释，可见9.1节）因此可以等到学生对知识有基本的认识后，再开展提取练习活动。

提取具体可以采用以下4种方式：①在学生回答问题之前，陈述清楚问题，并给予他们足够的思考时间。这样使所有学生都负有回忆问题答案的责任，直到老师叫起第一个回答问题的学生。②在课堂上采用思考—结对—分享法提问学生[⊖]。教师要求学生思考一个问题，等待了一段恰当的时间之后，学生结对，互相交换思考的结果，然后让部分学生在全班分享他们最后的想法。③清楚并且有针对性地定义需要学生回忆的内容。使用不同的词汇和用语重复问题，这样能够增加学生提取信息的线索。④在让学生回答问题时，避免让学生猜到点名规律。因为规律的点名会给学生带来提示，让他们知道会在什么时候轮到自己，从而在轮到自己之前或之后注意力偏离任务。

策略 5：适当过度学习

个体在掌握某项学习内容后继续进行练习的过程被称为过度学习。心理学的很多实验研究表明，适当的过度学习有利于记忆的保持。具体来说，当过度学习量为50%时，记忆保持得较好。如果再继续过度学习，记忆的保持量增长得很少，学习效率降低。过度学习可以通过增加学习时间或者学习遍数实现。例如在背诵英语单词时，学生的单词重

⊖ ROW M B. Wait - time and rewards as instructional variables，their influence on language，logic，and fate control：part one - wait - time [J]. Journal of Research in Science Teaching，1974，11（2）：81-94.

认正确率一直在提高，当学生能够全部正确认出所有单词时，并不是停止学习的最佳时刻，应该建议学生再花费一些时间继续学习单词，巩固强化，这样记忆效果会更好，保持时间会更长。学生在复习知识点时，也要注意在自己掌握了知识点后，再增加一些复习或练习。

策略 6：避免同时教两种相似的运动技巧

当学生练习一种新技巧时，运动皮层与小脑相互协调，并建立稳定的通路，以巩固对该运动技巧的记忆。这种稳定通路需要通过低沉期和睡眠才能建立。低沉期大概需要6小时，而在学生睡眠时，记忆通路进一步加强，第二天练习该技巧时，就会更容易、更准确。如果在低沉期，学生练习第二种与第一种非常相似的技巧，则两个技巧的通路将发生混淆，结果就是两种技巧都不能学好。因此需要避免在同一天教授两种非常相似的运动技巧，或者当教第二种技巧时，先教其不同之处。

策略 7：同伴教学法

以教促学能够激发学生的责任心，从而产生学习动力，促使学生对知识和信息进行详细梳理，从而形成融会贯通、相互关联的知识网络。另外，教学过程的知识点展示需要随机应变，随机串联，高度集中的注意力和高唤醒的情绪状态也有利于学生的学习。这个方法尤其适用于只有灵活运用相关知识才能解决的复杂性问题的学习中。教学过程中同伴教学的形式多样，但是基本模式如下：①教师提出一个问题，给学生充分的时间、资源支持和有针对性的指导，进行教学准备。②教师给学生时间，让学生向身旁的同学或全班同学进行讲解。③教师对学生的教学给予积极的评价。④教师针对学生教学的情况进行补充、纠正讲解。

教师也可以利用家校互通的渠道，让学生居家录制讲解视频或者在线组队讲解，或者父母作为学生听学生讲解。

策略 8：利用遗忘曲线及时复习

艾宾浩斯的研究发现，遗忘存在普遍的规律（见本书1.2.2节），那么在学习中，可以有意识地利用遗忘的规律来安排复习时间和复习方法，有效减少遗忘。遗忘的规律是先快后慢，因此教师要提醒学生及时复习和延后复习。在学生遗忘知识前就进行巩固，可以使记忆效果维持在较高的水平。在学生刚学完知识的当天或者接下来的几天内及时复习是十分必要的，随后可以加大复习间隔。另外，分散复习比集中复习效果更好，教师可以采用少量多次的方式引导学生复习，加大复习频次。目前，有很多英语学习软件都利用了遗忘的规律，会给学生及时发布复习任务，避免遗忘，可以作为学生学习英语的利器。

策略 9：利用记忆术巧记

记忆术（mnemonics）是一种使用元记忆进行控制的重要策略，也是一种精细加工的过程。目前比较通用的记忆术包括视觉联想法、数字想象法、浓缩记忆法、位置编码法等。

1）视觉联想法：在理解的基础上展开合理想象，可以帮助我们在记忆时将具体形象的画面和文字信息结合，增强记忆效果。比如学习古诗《白雪歌送武判官归京》，背诵“忽如一夜春风来，千树万树梨花开”时，在大脑中构想冬天下雪，雪花堆在树木上，就像春天春风吹拂，千树万树梨花开的景象。

2）数字想象法：获取知识的过程中，很多时候还需要记忆一些数字材料，比如历史年代、常做的计算题答案、商品价格等。艾宾浩斯提出，可以通过数字转化为形象和数字谐音化两种方法记忆数字[㊀]。数字转化为形象的方法就是将数字想象为一个形象，比如在记忆三十六计的时候将“1”的样子想象为蜡烛，“三十六计”第一计瞒天过海，就是一个蜡烛生怕点燃自己，瞒着大家，瞒过上天，偷渡大海。谐音就是在数字的发音中找到相近的发音，让原本没有意义和难以记忆的数字串变得有趣好记。比如“3”记为山、伞。

3）浓缩记忆法：以首字母或者关键词为线索进行记忆。最经典的实例为历史中记忆中国近代史的不平等条约时，用“公、开、行、赔”代表四项条约“外国公使进驻北京，增开南京汉口等十处为通商口岸，外国商船和军舰可以在长江各口岸自由航行，英法两国得到巨额赔款”。

4）位置编码法：也叫空间记忆、记忆旅程或记忆宫殿，就是将信息与你所熟悉和不能忘记的场景位置，或者身体、物体的部位建立联系，以元素为线索帮助自己提取记忆的信息。位置编码法的有效性也得到了元分析研究的支持[㊁]。

比如要记住诗词《虞美人》，就以最常去的公园为场景，想象“公园门口有个花园，春天的时候花盛开繁茂，秋天的时候月色特别美丽，让人想起往事”，即“春花秋月何时了，往事知多少”“往里面走可以看到几个阁楼，在风的吹拂下、月光照耀下，不禁让人想起以前的朝代”，即“小楼昨夜又东风，故国不堪回首月明中”“再接着向前走，来到了雕刻精美的白色石桥，想起来之前这里站立的女子”，即“雕栏玉砌应犹在，只是朱颜改”“向下看，就是一条河流，一直流向东面，你之前忧愁的时候在桥上站立”，即“问君能有几多愁，恰似一江春水向东流”。

玩一玩，测一测

玩一玩　记忆大师

游戏规则：请你在60秒以内记住下列物品——，现在开始倒计时。

㊀ 艾宾浩斯. 记忆心理学：通过实验揭秘记忆规律 [M]. 倪彩，译. 北京：中国纺织出版社，2018：80.

㊁ TWOMEY C，KRONEISEN M. The effectiveness of the loci method as a mnemonic device：meta-analysis [J]. Quarterly Journal of Experimental Psychology，2021，74（8）：1317-1326.

墨水、叉子、小刀、钢笔、杂志、易拉罐、报纸、铅笔、盘子、橡皮擦、手册、论文

说明：此游戏训练你利用组块进行记忆的策略，如何记忆最好呢？可以迅速把物品归类，读：杂志、报纸、手册、论文；吃：叉子、小刀、盘子、易拉罐；写：墨水、钢笔、铅笔、橡皮擦。该游戏还可以改编为记忆各种物品的图片，将图片放置在PPT上，呈现1分钟，然后请同学们回忆。

测一测

1. 认知加工理论认为人的记忆包括以下阶段：（　　）。（多选）

A. 感觉记忆　　B. 工作记忆　　C. 长时记忆　　D. 程序记忆

2. 判断对错，对的打√，错的打×。

遗忘的规律是先慢后快，因此教师要提醒学生在学习结束较长一段时间后再进行复习。（　）

7.3 如何促进理解与生成

又过了九日，是我们启程的日期。闰土早晨便到了，水生没有同来，却只带着一个五岁的女儿管船只。我们终日很忙碌，再没有谈天的工夫。来客也不少，有送行的，有拿东西的，有送行兼拿东西的。待到傍晚我们上船的时候，这老屋里的所有破旧大小粗细东西，已经一扫而空了。

请在此处写出段落大意：________________________________。

有一项研究，要求高中生阅读一则由几个段落构成的故事（控制组），或者阅读每一段故事之后写一句总结性的话（实验组），如上文所述。随后的理解测试会发现，已经写过总结句的实验组得分要比没有写总结句的控制组得分高出一个标准差⊖。生成学习（generative learning）理论可以解释这个研究结果，当学生通过对知识的认知加工生成信息或强化记忆时，学生的学习效果比接受信息时更好。换句话说，生成学习就是让学生用自己的头脑获得知识的过程。在这个实例里，要求学生写总结性的话语就是在鼓励学生积极进行认知加工，生成理解。

生成学习理论认为：为了理解所学习的内容，应该让学生以一种对自己有意义、符合自身逻辑、现实世界逻辑的方式，从经验中选择、组织信息，从而创造心理模型或解

⊖ 梅耶. 应用学习科学：心理学大师给教师的建议 [M]. 盛群力，丁旭，钟丽佳，译. 北京：中国轻工业出版社，2016：33.

释。生成学习对应的认知加工过程为：从长时记忆中检索信息，并使用信息处理策略从传入的信息中产生意义、组织、编码，最终存储在长时记忆中。这种生成效应的产生源于更深层次的认知加工、更多的认知努力。生成学习区别于接受学习的特征是，强调学生自己生成对知识的理解，也被称为“通过个人消化的学习”。生成学习的方式主要有3种：①主动地建构学习材料各部分内容之间的关系。②将学习材料中的内容与已有知识和经验联系起来。③在教师一步步引导下，学生从已知信息出发，逐渐生成目标知识。

由于生成学习强调的是学生参与到教师为促进其学习而设计的教学活动中来，由学生自己生成知识，因此教师在教学过程中的主要任务是，为学生的知识生成搭建脚手架，并引导学生采用适当的认知策略去建构学习。

7.3.1　促进理解与生成的原理

理解意味着知道“是什么”“怎么样”“为什么”，理解以记忆为基础，也会促进记忆，促进高阶思维的培养。

原理 1：自我解释——有助于形成清晰的思维模型

自我解释是生成学习的一种形式，学生对所学知识进行认知加工，有助于学生深度理解所学的知识，并且自我解释有助于学生改进和提高对某一主题已有的知识和理解。自我解释促进学习的原理是它能够促进学生思维模型的完善㊀。思维模型指的是学生在解决问题时参考真实世界而构建的思维形态。例如，在阅读文字时，大脑更倾向于呈现内容的主旨大意和思维模型，而不是构建模型所用到的字句。思维模型的建立似乎是自动的，但是只有有意识地投入认知努力才能构建出逻辑清晰的思维模型，自我解释在这一过程中能够起到促进作用㊁。

自我解释是学生通过积极解读学习内容来加深理解的学习方法。学生通过自我解释，对学习材料进行思考、推理，能够深入剖析学习材料背后的含义，促进对事物的理解，从而构建深层次的知识。例如，在信息缺失时进行合理推测，或者联系自己已有的知识进行深入的思考，在学习的过程中不断审视自己的理解，查找出思维漏洞或偏差，并立即采取行动来纠正。例如，学习完有关心脏功能的材料之后，让学生解释心脏的工作机制，可以更好地让学生意识到自己哪里没有理解清楚。

原理 2：自我生成——通过回忆来增强理解

自我生成是通过回忆来促进知识的理解的过程。我们在上一小节讲过，记忆是对信息进行编录，把事物记到大脑中，此处的回忆指的是从记忆中回想事物、回溯信息的过程。如图7-6所示，学生根据当前问题情境中的相关线索和情境知识，在长时记忆中调取

㊀ 朗. 如何设计教学细节：好课堂是设计出来的 [M]. 黄程雅淑，译. 北京：中国青年出版社. 2018：141-146.

㊁ 施瓦茨，曾，布莱尔. 科学学习：斯坦福黄金学习法则 [M]. 郭曼文，译. 北京：机械工业出版社，2018：284-289.

相关的信息，并返回到工作记忆中来生成解决方案，这一过程强化了路径A，以及信息节点间的关联强度[㊀]。也就是说，学习的过程并非仅仅是将外部信息储存到长时记忆，更重要的是通过运用知识解决问题从而达到真正的理解与强化，并且提高知识的提取效率。例如，学生在课堂上学习知识的过程大多为“记”的过程，关注的是建立目标知识与脑海中已有知识之间的关联路径。学生放学后运用当天所学知识完成作业就是自我生成的过程，通过回想所学知识，并在分析问题、解决问题的过程中进一步明确知识的内涵与适用条件。例如，阅读有关消化系统的材料之后，让学生尝试写下消化过程的步骤与一遍遍重复阅读材料相比学习效果要好。

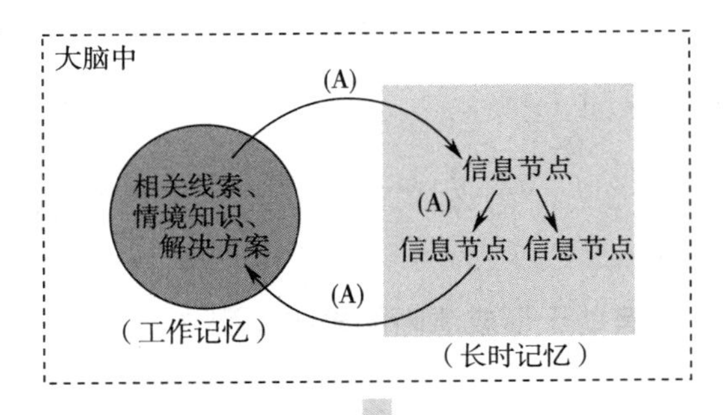

不断练习回忆路径A……

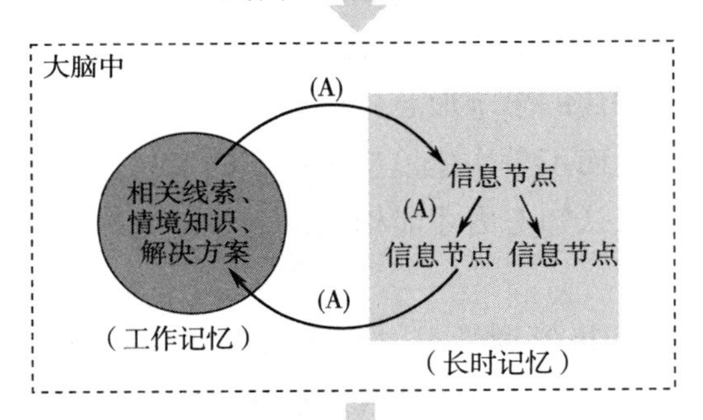

……岁月流逝……

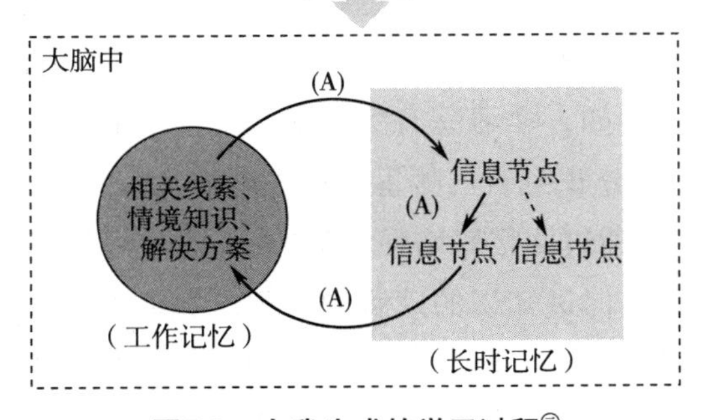

图7-6 自我生成的学习过程[㊁]

㊀ 施瓦茨，曾，布莱尔.科学学习：斯坦福黄金学习法则 [M]. 郭曼文，译. 北京：机械工业出版社，2018：98-107.

㊁ 施瓦茨，曾，布莱尔.科学学习：斯坦福黄金学习法则 [M]. 郭曼文，译. 北京：机械工业出版社，2018：96.

原理 3：发现学习——由学习者建构知识

本书1.2.3节中我们区分了发现学习与接受学习。实际上，发现学习理论强调学生的心智发展过程是学生基于已有的经验和认知发展水平，在恰当的外界环境的支持下由自身完成知识的理解与生成[㊀]。此处的“发现”指的不是探究人类尚未知晓的事物的行动，而是用自己的头脑亲自获得知识的过程。虽然学生所获得的知识对于人类来说是已知的，但是这些知识都是依靠学生自己的力量形成理解的，因此对学生来说是一种“发现”。教师的作用主要是为学生构建一种能够独立探究的情境，将知识表征成适应学生当前知识结构的形式，并提供有助于学生逐步建构知识的支持。例如，在布鲁纳的实验研究中，数学中的交换律、分配律和结合律的学习是通过学生的直接参与，不断抽象来生成的。他首先让学生借助玩跷跷板的经验动手操作天平，寻找使天平平衡的组合，随后撤去天平，让学生通过视觉映像来运算，熟练掌握该方法后，学生最终能够用符号自如地运算。

发现学习的特征包括：①强调学习的过程而非结果。发现学习认为学生是主动、积极的探究者，而非被动、消极的知识接受者。学习的过程需要学生主动地尝试、检索、检验、思考和探究。②强调学生发挥直觉思维。不同于分析思维的是，直觉思维是采取跃进、越级和走捷径的方式来工作的。直觉思维是映象或图像性的，一般不靠言语信息形成。因此，教师要引导学生自己试着做，边做边想，从而形成丰富的想象，而不是过早地指示学生如何做。③强调内部动机。发现学习需要学生内部的好奇心和提高自己能力的欲求的驱动。④强调信息提取。发现学习要求学生在已有经验和知识结构的基础上不断提取信息，组织信息。但发现学习相比其他学习方式很耗费时间，课堂教学都采用这种方式是不切实际的，教师可以在教授重难点知识时使用。

原理 4：知识建构——集体生成知识

知识建构就是一个群体的学生协同努力，从而增进整个学生群体所具备的知识之和的过程[㊁]。虽然学生群体建构的知识是人类已经知道的知识，但这些知识对于这个学生群体而言是未知的。知识建构使学生体验真实的、类似科学家开展研究的过程，知识建构旨在让学生在开放、动态、生成的过程中协同创造知识并不断改善，同时积极应用集体元认知策略[㊂]。知识建构强调追求知识、自主自立，多元观点、正反思考，不断钻研、完善观点，融会总结、升华超越，时刻反思、改进认知。知识建构的重要原则包括：①对社群知识的集体责任感；②认知效能感；③建设性地使用权威资源；④不断完善的

㊀ 施良方. 学习论 [M]. 2版.北京：人民教育出版社，2001.

㊁ YANG Y，AALST J V，CHAN C，et al. Reflective assessment in knowledge building by students with low academic achievement [J]. International Journal of Computer-Supported Collaborative Learning，2016，11：281-311.

㊂ 杨玉芹. 反思性评价在协同知识创新能力培养中的应用研究 [J]. 中国电化教育，2018（1）：42-49.

观点；⑤协作整合观点等[⊖]。知识建构大多发生于在线论坛中，借助信息技术手段为学生提供丰富的脚手架支持，包括帮助学生表达观点、回应观点、个人整合观点、集体整合观点、形成知识产品等的支持[⊜]。

7.3.2 促进理解与生成的策略

理解是将知识转化为适宜在长时记忆中存储的形式，这个过程可以借助自我解释、出声思维、精细加工等策略。

策略 1：自我解释

前面已经提到引导学生在学习的过程中使用自我解释策略对学生学习的重要意义，教师应该如何做呢？教师应该首先帮助学生认识到学习的一个重要目标是建立完善的思维模型。随后，培养学生的自我解释策略与技巧，包括核对理解、转述表达、详尽阐述、逻辑推理、预测下文、为上下文建立联系等。具体而言，自我解释的方法包括5种：①阐明问题，即明确问题的关键和解决流程等。②重新公式化，即学生应该尽量用自己的话对知识进行表达。例如，阅读完有关心脏功能的材料之后，学生用自己的话说出与原有概念冲突的想法，并解释心脏的工作机制。③推理新知识，即利用以往学习的知识推理出新知识，或者结合目前学习的材料进行假设推理。辅助的特定句式包括："X与Y有哪些相似点？""如果……那么……""X与我之前学过的Y有什么关系？"④证明推理，即对证明过程进行检查、验证[⊜]。⑤强调如何、为何，而不是何事、何时、何处。

在阅读时可以采用这样的自我解释策略：①认识到阅读的目的是构建思维模型。②将说明的信息与已知的事物联系起来。③想办法将独立的句子代入同一个逻辑通畅的思维模型中去。④及时检测思维模型中可能存在的逻辑漏洞。除了帮助学生发展自我解释能力外，还可以通过师生协同建构解释，即教师引导学生使用自我解释的方法来分析学习内容，学生回答，教师对学生的理解进行纠正，消除误解。

策略 2：出声思维

出声思维指的是学生在解决或推理问题的同时，用言语把自己的思考过程描述出来。最初，出声思维是心理学家将被试的隐形认知过程外显化，从而对其思维过程进行分析的方法。该方法既能够辅助学生思考，又能够让学生清晰地感知到自我监控调节的过程，减少模糊的认识和猜测，从而被研究者们普遍认为是辅助学生解决问题的重要手

⊖ YANG Y，AALST J V，CHAN C. Dynamics of reflective assessment and knowledge building for academically low-achieving students [J]. American Educational Research Journal，2019，57（3）：1241-1289.

⊜ OUYANG F，CHEN S，YANG Y，et al. Examining the effects of three group-level metacognitive scaffoldings on in-service teachers’ knowledge building [J]. Journal of Educational Computing Research，2021（7）：352-379.

⊜ 何敏，刘电芝. “自我解释”的类型、影响因素及产生机制 [J]. 内蒙古师范大学学报（哲学社会科学版），2006（5）：102-105.

段。另外，出声思维可以“让教师了解学生面临的问题类型、推理思路，将核心概念与相关主题进行关联和联结的能力，在解决问题时对已有知识和经验式学习的运用，以及对在推理过程中遇到的难题和困难的评估”[一]。

教师可以在学生学习的任何时候要求他们进行解释，指导学生进行课堂实验或实验室工作的教师同样也可以用这种方法。制订一份时间安排，让学生在学习过程中可以定期停下来进行自我解释。还可以考虑使用出声思维来激励学生之间或向教师解释自己的推理过程、解题过程或其他认知活动，这样可以帮助学生联系原理，也可以让教师了解学生还有哪些不足。教师还可以通过出声思维示范教师的思维过程，帮助学生清晰地对比自己思维过程中的漏洞与矛盾，反思、完善自己的思维加工过程[二]。

策略3：精细加工

精细加工指的是将所学知识和记忆中已有的认知图式进行整合的认知活动。在精细加工当前知识时，学生会结合记忆中的一般认知图式来理解新知的一般特征，也有可能结合具体的图式或实例来进行类比[三]。精细加工的方法有很多，包括类比法、比较法、问题导向法、质疑法、冲突观念转变法等[四]。

教师可以参考以下具体的操作方法：①设问质疑法。鼓励学生在学习某个内容之后尝试提出一定深度的问题并进行解答，比如“X是由什么引起的”“X和Y进行对比会有什么样的结果”，或者让学生在学习后出题自测。②摘要总结。摘要是指从学习内容中提取出关键的内容，例如列出提纲。总结是指对内容进行概括。例如，让学生在阅读书籍时，每阅读完一个小节，就对内容进行书面总结或口头小结。鼓励学生对学过的概念和事实进行简要说明，并给每一个概念列出一个典型的、容易记忆的实例。③类比。当所学的新知对于学生而言难以理解或缺乏直接意义时，使用类比将难点内容与已有知识联系起来，并赋予意义。教师在运用类比时不应局限于一个实例，而应提供多个比较，便于满足学生不同的知识经验基础，帮助更多的学生建构意义。

策略4：进行原理选择

在学生解题过程中的关键时刻，教师可以让其停下来辨认其中的基本原理，并指引下一步骤的进行。这种方法能够让学生在解题过程中不断停下来思考这些原理，最终形成这样的思考习惯，即只要在解题过程中遇到难题，就会进行这种思考。

在实际的课堂教学中，可以在最后10分钟，让学生解答一个当天课程中讲解过的问题，在他们开始解题时，教师可以在黑板上写下三四个可供选择的定理或原理，让学生

㊀ 朗. 如何设计教学细节：好课堂是设计出来的[M]. 黄程雅淑，译. 北京：中国青年出版社，2018：157.

㊁ 谢琼. “出声思维法”在解答物理习题中的应用 [J]. 湖南中学物理，2017，32（1）：6-8.

㊂ 范梅里恩伯尔，金琦钦. 人如何学习? [J]. 开放教育研究，2016，22（3）：13-23；43.

㊃ 刘美凤，刘希，吕巾娇，等. 从微观课堂教学设计到学校整体变革：2016年深度访谈美国瑞格鲁斯教授 [J]. 现代远程教育研究，2016（6）：3-10.

解题时在纸上的空白处注明解答过程中运用了到的相关原理。在学生的作业当中，也可以要求学生注明在关键地方运用了哪些相关原理。这种策略就是要求正在解题的学生对可能指导他们解题的一系列原理进行思考，并且偶尔停下来辨认会决定他们下一步骤的原理。

策略 5：设置启发性挫败

启发性挫败的相关观点是学生在短期内不能得出问题的正确解决方案，但是从长期角度来看，对问题的分析与探索有利于学生的问题解决及知识生成，以及知识迁移能力和创新能力的发展。启发性挫败的教学模式如图7-7所示，主要包括3条原则、4个步骤和两大阶段[㊀]。该模式的关键是启发性挫败问题的设计和推迟的结构化指导。一个好的问题应该既充满挑战又不会使学生产生沮丧感，具体体现为：具有较高的复杂度，考虑到了学生已有的知识结构、经验和文化背景，具备一定的吸引力[㊁]。推迟的结构化指导强调要给予学生进行自我知识建构以及不断尝试的时间和空间，让学生能够自主探索、监控、反思、质疑、评估。一方面，教师要保证学生有足够的时间独立思考，接纳并理解学生出现错误的现象。另一方面，教师可以通过搭建脚手架辅助学生的探索过程，主要是通过元认知活动的设计，帮助学生不断监控、评价和反思自己的研究过程。

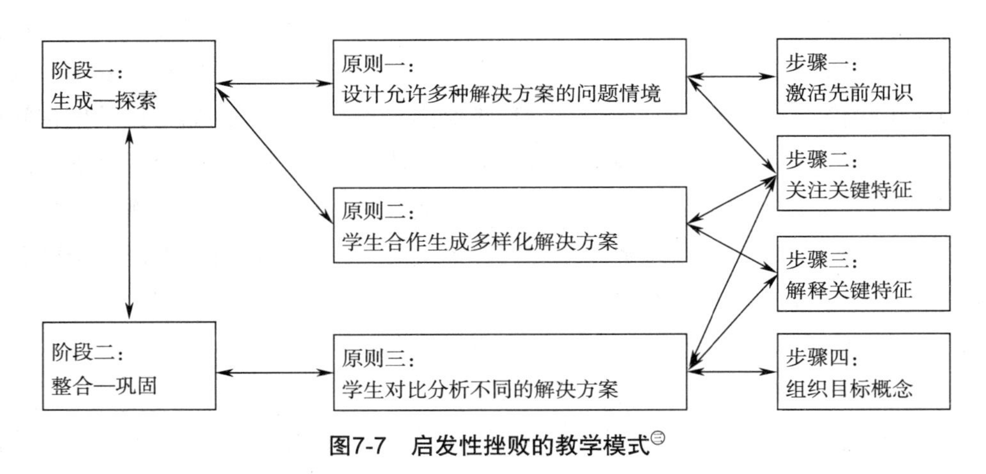

图7-7　启发性挫败的教学模式[㊂]

策略 6：扮演

扮演是指通过肢体或语言将信息或思想表现出来，包括角色扮演和舞台即兴表演等。学生对内容进行主动的表演时，会对信息进行身体和心理的加工，促进分析、想

㊀ 张忠华，张苏．“启发性挫败”教学模式的研究与启示 [J]. 河北师范大学学报（教育科学版），2018，20（2）：98-104.

㊁ 杨玉芹. 启发性挫败的设计研究：翻转课堂的实施策略 [J]. 中国电化教育，2014（11）：111-115.

㊂ 张忠华，张苏．“启发性挫败”教学模式的研究与启示 [J]. 河北师范大学学报（教育科学版），2018，20（2）：98-104.

象、判断和创造，从而有利于学生对故事的理解和人物的分析，增加情感投入。在课堂中可以让学生担任不同的角色进行辩论，例如让学生以不同角色的视角讨论某一道德或法律问题，教师应当对学生的论证过程进行指导，例如如何提出观点、使用论据进行正反论证和反驳观点等。在语文课或历史课上，教师可以让学生对某一个文学故事或者历史典故进行角色扮演，教师需要在开展扮演活动前中后帮助学生深入理解文章的大意、重点字词、角色的行为逻辑，或者针对重点问题引导学生讨论。

策略7：巧用学科工具

相信任何一门学科的老师都不想成为学生眼中的“老古董”和同事眼中的“老学究”。学科专用的信息技术工具可以大大提高教师的教学效率，增进学生的知识理解。

数学学科最常用的教学工具就是GeoGebra，它将几何、代数、表格、图形、统计和微积分汇集在一个易于使用的软件包中[一]，包含了几何、统计、代数、微积分、函数等多方面的数学知识。其优势在于可以化抽象为直观，化静态为动态。有研究表明，使用GeoGebra的学生获得了更好的学习成绩[二]。在教学实践中，可以将GeoGebra用于探究环节，比如让学生探究四边形全等条件[三]，如图7-8所示，还可以利用GeoGebra制作课件辅助讲解教学重难点，比如中学物理教师用其直观地演示匀速直线运动的物体在某一时间内的位移大小等于其v-t图像与时间轴所围梯形的面积[四]。

物理、生物、化学、地理等科学学科中不乏抽象的概念和实验，而计算机模拟（simulation）为此提供了有效且便利的教学条件，便于学生就科学现象进行虚拟互动，不仅可以可视化呈现，还可以操纵控制[五]。针对6～12岁学生的研究表明，模拟有助于学习基础科学知识，包括坠落物体的物理学[六]、蒸发和冷凝[七]、热和温度等。从教学角度来看，使用模拟系统可以让学生体验科学探究过程[八]，并为学生提供参与高层次思维的机

㊀ 参考网站：www. geogebra. org。

㊁ ARBAIN N，SHUKOR N A. The effects of GeoGebra on students’ achievement [J]. Procedia-Social and Behavioral Sciences，2015，172：208-214.

㊂ 伍春兰，李红云. 基于 GeoGebra 的数学探究学习的实践与思考：以探究四边形全等条件为例 [J]. 数学通报，2018，57（7）：25-28.

㊃ 黄北京，刘毓球. 用 GeoGebra 辅助高中物理微元思想的教学 [J]. 物理教师，2013，34（4）：58-59.

㊄ WANG J Y，WU H K，HSU Y S. Using mobile applications for learning：effects of simulation design，visual-motor integration，and spatial ability on high school students’ conceptual understanding [J]. Computers in Human Behavior，2017，66：103-113.

㊅ LAZONDER A W，EHRENHARD S. Relative effectiveness of physical and virtual manipulatives for conceptual change in science：how falling objects fall [J]. Journal of Computer Assisted Learning，2014，30（2）：110-120.

㊆ ZACHARIA Z C，LOIZOU E，PAPAEVRIPIDOU M. Is physicality an important aspect of learning through science experimentation among kindergarten students?[J]. Early Childhood Research Quarterly，2012，27（3）：447-457.

㊇ WEN C T，CHANG C J，CHANG M H，et al. The learning analytics of model-based learning facilitated by a problem-solving simulation game [J]. Instructional Science，2018，46：847-867.

会㊀。比较流行的平台包括PhET㊁（见图7-9）、molecular workbench㊂、CoSci㊃。

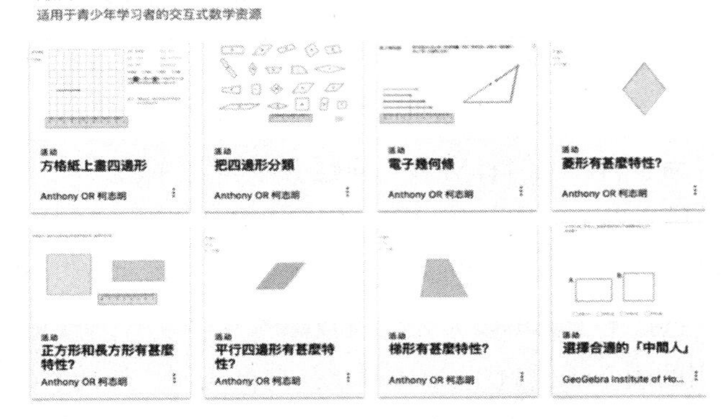

图7-8　GeoGebra资源列表示意图

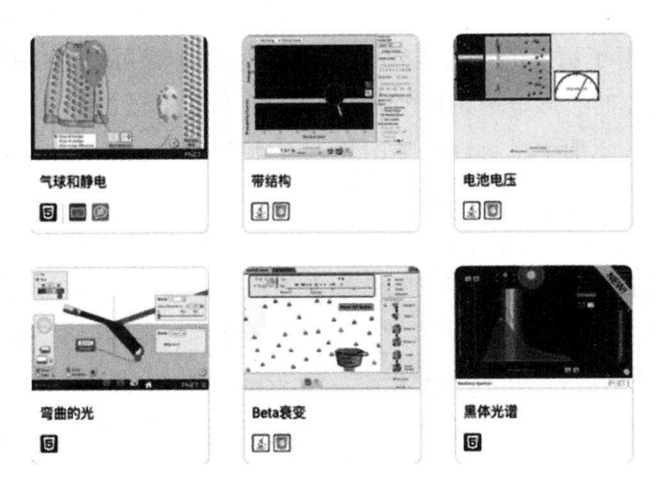

图7-9　PhET资源列表示意图

玩一玩，测一测

玩一玩　你画我猜

游戏规则：老师将近期学生学习的成语/词语/英文单词写在卡片上，将学生随机分为两人一组，计时2分钟，一个学生画出该成语/词语/英文单词表达的含义，另

㊀ FALLOON G. Using simulations to teach young students science concepts：an experiential learning theoretical analysis [J]. Computers & Education，2019，135：138-159.

㊁ 可查看：https：//phet. colorado. edu/。

㊂ 可查看：http：//mw. concord. org。

㊃ 可查看：https：//cosci. tw/。

外一个学生猜。最终猜对数量最多的小组获胜。

说明：通过把成语/词语/英文单词画出来或者对着画面思考对应的成语/词语/英文单词，给学生对成语/词语/英文单词的理解增加了图像信息，同时这个过程让学生进行了更多的认知加工和认知努力，对成语/词语/英文单词的理解更深刻。

测一测

1. 以下属于发现学习的特征的有（　　）。（多选）

A. 强调学习的过程而非结果　　B. 强调学生发挥分析思维

C. 强调内部动机　　D. 强调信息提取

2. 判断对错，对的打√，错的打×。

自我解释促进学习的原理是它能够促进学生思维模型的完善。（　）

7.4 如何培养高阶思维能力

你能回答这些问题吗：开国元帅都有哪些？两次世界大战的异同有哪些？人工智能能不能代替人类？

回答这些问题都需要借助思维，但运用的思维类型却是不同的。第一个问题只需要从长时记忆中提取信息；第二个问题，需要首先提取有关这两场战争你所知道的信息，然后将其列出来，再仔细分析；第三个问题需要提取关于人工智能的信息，关于人工智能的应用，给出理由后还要列出相应的论据。这三个问题的思维复杂程度不断增加。实际上，随着问题解决任务的难度的增加，参与解决问题所涉及的脑区也是不同的。

技术的高速发展前所未有地减轻了人类低阶知识与能力的负荷，但却提出了更高的能力要求，即完成复杂任务、解决劣构问题的高阶思维能力（higher-order thinking ability）。关于高阶思维，斯滕伯格强调其具备分析性、创造性和实用性，而布卢姆将高阶思维等同于其认知目标分类中的分析、评价和创造三类目标。我们在第5章学到了布卢姆和马扎诺的教育目标分类理论，而根据表7-3，不同学者对高阶思维能力的构成有不同的看法，值得注意的是，问题解决能力、创造力、元认知是大部分学者都认为比较重要的高阶思维能力㊀。

表7-3　不同学者提出高阶思维能力的时间及主要看法

研究者	时间	主要看法
杜威	1909	问题解决、反省思维
布卢姆	1956	分析、综合、评价

㊀ 王靖，崔鑫. 深度学习动机、策略与高阶思维能力关系模型构建研究 [J]. 远程教育杂志，2018，36（6）：41-52.

（续）

研究者	时间	主要看法
雷斯尼克	1987	问题解决
马扎诺	1988	概念识别、关系识别、模式识别、信息重构、评价、推理、问题解决、知识输入与输出、基于特定情境的任务处理、自我学习、元认知
鲁德尼克	1993	回忆、基本思维、批判性思维、创造性思维
斯滕伯格	1998	分析性智力（批判性思维）、创造性智力、实践性智力
安德森	2001	分析、评价、创造
钟志贤	2004	获取隐性知识、自我管理、可持续发展、信息素养、团队协作、兼容、决策、批判性思维、问题求解、创新
黄国祯	2014	问题解决能力、批判性思维能力（元认知能力）、团队协作能力、沟通能力、创造性思维能力

创造力，从审美或者从实践的角度上来看，通常被定义为能在某种程度上产生既新颖又实用的产品的能力。它要求在形成或改变既有事物的过程中引入一些新颖的东西。很多人错误地认为创造力来源于高智商或者天赋。许多人会认为只有伟大的思想家或者天才艺术家才会有创造性思维能力。然而，心理学家吉尔福德（Guilford）认为，智力和创造力是不一样的，发散思维才是创造力的标志。发散思维致力于寻找多种适用的解决方法，而不是寻找单一的“正确”答案[1]。

问题解决是指问题解决者面临问题情境而没有现成方法可以利用时，将已知情境转化为目标情境的认知过程[2]。当常规或自动化的反应不适应当前的情境时，问题解决就发生了。一般来说，问题解决的结果是形成一个新的答案，即超越过去所学规则的简单应用而产生一个新的解决方案。在加涅对学习的分类中，问题解决是高级规则的学习，其结果是生成新的规则，即高级规则，所以问题解决能力是一种高阶的思维能力。

从学习层面来看，元认知是指个体对自己学习过程的认知和控制，包括对自己是如何学习的认识，以及对学习过程的控制。元认知能力在个体的正式学习及非正式学习中都发挥着关键作用，体现为知道什么学习策略对自己有用，并能够对自己的学习过程进行有效的调节和控制，是发展自我调节能力所必备的。

7.4.1 高阶思维能力培养原理

20世纪的学校是按照工厂模式创设的，21世纪更重要的是要培养有创意的问题解决者，需要具备高阶思维能力的人才。要培养高阶思维能力，首先需要了解高阶思维的脑

[1] GUILFORD J P. Potentiality for creativity [J]. Gifted Child Quarterly，1962，6（3），87-90.

[2] 皮连生. 智育心理学 [M]. 北京：人民教育出版社，1996：200.

机制，以及不同的高阶思维能力到底是什么。

原理 1：高阶思维的脑机制

脑科学的研究表明，运用高阶思维的活动会改变脑部结构。与高阶认知和执行思维相关联的是前额叶皮层区域，主要的加工过程是发挥工作记忆的能力，去计划、组织行动和参与问题解决及抽象思维。例如，创造力所需要的一系列能力，如工作记忆和持久注意力都与前额叶加工有关[一]。一项长达几个月的实验研究表明，相比参与普通音乐课的儿童，参与相同频率电子琴课的儿童的运动控制技能和听力水平更高，而且多个脑区都增大了，包括前额叶[二][三]。另外，使用脑电技术的研究表明，当被试的想法更具原创性时，大脑的活动会显著增强。

产生创造性思维的过程需要调动多区域，需要复杂的神经网络支持。正如霍华德-琼斯（Howard-Jones）所言[四]：“我们脑中没有哪一块区域是专门负责创造力的。各种不同的认知功能和各个不同的脑区集合在一起，才形成了创造性思维，它是一种复杂的思维加工过程。”具有高创造力的被试在进行创造力测验时，其参与认知、情绪、工作记忆及新异反应所对应的脑结构表现出更加显著的激活[五]。针对这种需要激活不同脑部区域的思维活动，头脑风暴、即兴产出等方式较为合适。已有多项研究表明，即兴表演能够提高创造力[六][七]。比如有研究发现，小组的合作性和即兴的活动能够激发新颖作品的产生，从而提高学生的创造性思维和创造性问题解决能力。

原理 2：创造性思维与发散思维、聚合思维有关

吉尔福德把思维分成聚合思维和发散思维两种[八]。聚合思维（convergent thinking）是指人们根据已知的规则解决问题，或者利用已有的信息产生某一逻辑结论。这是一种有方向、有范围、有条理的思维方式。例如，已知正方形的边长，求其面积。根据正方形的面积公式，就能够得到一个逻辑上正确的结论，顺利解决这个问题。聚合思维类似于演绎推理，从前提推导结论，这些结论可能是已知的。

㊀ FINK A，BENEDEK M，GRABNER R H，et al. Creativity meets neuroscience：experimental tasks for the neuroscientific study of creative thinking [J]. Methods，2007，42（1）：68-76.

㊁ SCHLAUG G，JÄNCKE L，HUANG Y，et al. Increased corpus callosum size in musicians [J]. Neuropsychologia，1995，33（8）：1047-1055.

㊂ HYDE K L，LERCH J，NORTON A，et al. Musical training shapes structural brain development [J]. Journal of Neuroscience，2009，29（10）：3019-3025.

㊃ HOWARD-JONES P，WINFIELD M，CRIMMINS G. Fostering creative thinking：co-constructed insights from neuroscience and education [M]. [S.l.]:Higher Education Academy，2008:8-22.

㊄ CHÁVEZ-EAKLE R A，GRAFF-GUERRERO A，GARCÍA-REYNA J C，et al. Cerebral blood flow associated with creative performance：a comparative study [J]. NeuroImage，2007，38（3）：519-528.

㊅ LIMB C J. BRAUN A R. Neural substrates of spontaneous musical performance：an fMRI study of jazz improvisation [J]. PLoS One，2008，3（2）：e1679.

㊆ SAWYER R K. Educating for innovation [J]. Thinking Skills & Creativity，2006，1（1）：41-48.

㊇ GUILFORD J P. Potentiality for creativity [J]. Gifted Child Quarterly，1962，6（3），87-90.

发散思维（divergent thinking）是指人们沿着不同的方向思考，重组眼前的信息和记忆系统中存储的信息，产生大量独特的新思想。吉尔福德把发散思维看成创造性的主要成分，并且认为发散思维可以通过思维的流畅性、灵活性和独特性来体现[一]。流畅性（fluence）是指单位时间内发散项目的数量。项目越多，反应越迅速，思维的流畅性越好。灵活性（flexibility）也称变通性，是指发散项目的范围或维度。范围越大，维度越多，灵活性越强。比如某学生只知道砖块可以盖房、砌墙、修烟囱，他的思维只在同一维度内发散，灵活性弱；另一个学生则说出砖块可以盖房、压纸、打狗等，他的思维在不同的维度发散，灵活性就强。独特性（originality）指发散的项目与众不同，不是一般人想到的，体现为一些独特的思想和独到的见解，或者以新颖的方式对事物进行再组织。

创造性思维是发散思维和聚合思维的结合。因为创造性思维不仅要求思维的产物具有新颖性，而且要求它具备一定的社会价值或有用性。因此，并不是任何新奇的东西都能够被称为创造性的产品。发散思维的发散点，其实是某种思维任务或要求。人们是根据某种特定的思维任务或要求去发散的，否则思维就会成为不着边际的胡思乱想。由此可见，没有聚合思维参加，发散思维就会失去应用方向。

原理 3：问题解决能力

问题解决是指个体通过应用陈述性知识和程序性知识为某个问题提供解决方案的过程[二]。根据复杂程度，一般将问题分为良构问题和劣构问题。良构问题通常具有清晰的定义，且具有清晰的解决方案。劣构问题具有模糊性和不确定性，分析问题和设计方案的过程往往非常复杂。相较于良构问题的解决，劣构问题的解决过程需要发挥额外的能力和态度[三][四]，良构问题的解决大多是基本原理的套用，而劣构问题更多依赖于基于实例综合考虑不同视角并对观点进行论证推理。要求学生对不同的视角持开放的态度，并对自身知识来源和生活经历的局限性持批判态度，这有利于学生构建出更具广度和深度的问题空间，从而生成更多的问题解决方案。如果劣构问题具有足够的复杂性，那么就会对问题解决者的计划和监控技能提出较高的要求。因此，劣构问题经常被用于培养学生的高阶思维。

劣构问题的解决具有辩证性、迭代性和情境性。劣构问题解决的一般心理过程如图7-10所示，包括：①分析问题，即对问题的情形和所处情境进行理解与建构的过程。②问

㊀ GUILFORD J P. Potentiality for creativity [J]. Gifted Child Quarterly，1962，6（3），87-90.

㊁ YEONG F M. Using asynchronous，online discussion forums to explore how life sciences students approach an ill-structured problem [J]. Teaching & Learning Inquiry, 2021，9（1）：138-160.

㊂ LEE K，CHOI I. A case-based learning environment design for real-world classroom management problem solving [J]. TechTrends，2008，52（3）：26-31.

㊃ SHIN N. JONASSEN D H，MCGEE S. Predictors of well - structured and ill - structured problem solving in an astronomy simulation [J]. Journal of Research in Science Teaching，2003，40（1）：6-33.

题表征，即从不同利益相关者的角度来明确问题的症结。③生成可能的问题解决方案，即通过对比当前状态与目标状态的差距，明确问题解决的方向，提出多种解决方案。④选择最优方案，即从可行性、效率等方面对方案进行对比分析，从而选择最优的方案。⑤实施方案，即将制订的方案付诸实践。⑥评价效果，即对方案实施的过程和结果进行评价，看是否解决了问题。⑦对方案进行修正。如果问题没有得到解决，则重复4步骤，直至问题得到解决。

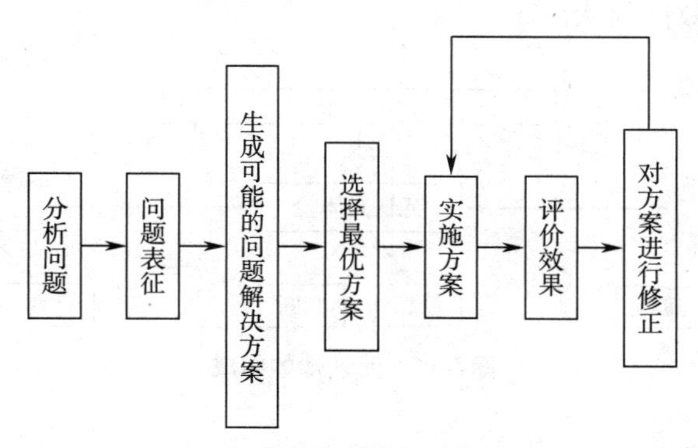

图7-10　劣构问题的解决过程

学生问题解决能力的培养策略包括以下4个方面㊀：①让学生通过实例来体验真实的问题解决活动。问题解决能力很难通过直接传授式教学得到发展，而是需要在真实问题的解决经历中习得。②为学生的劣构问题解决过程提供支持。教师需要在学生解决劣构问题的过程中给予学生适时的支持。③支持学生的批判思考过程。问题解决者通常需要提出批判性的问题或者对实践的结果进行恰当的评价，因此这有益于学生更好地解决真实情境中的问题。教师可以在不同的学习活动中为学生提供导引和引导性的问题。④培养学生的认识观。学生对知识的看法能够影响其对事物的认知方式，因此应该为学生提供不同利益相关者的视角，使学生在问题解决的过程中了解、整合和协调不同的观点。

原理 4：元认知

元认知是个体对自己认知过程的认知，简而言之，是“关于认知的认知”，以及建立在此认知基础上的计划、自我监控与自我调节的进程㊁。元认知对于学生认知策略的运用有着定向、整合和修正的作用，从而影响学生的认知水平。元认知包含3个要素，分别是元认知知识、元认知体验和元认知策略㊂，如图7-11所示。其中最重要的是元认知知

㊀ CHOI I LEE K. A case-based learning environment design for real-world classroom management problem solving [J]. Tech Trends，2008，52（3）:26.

㊁ 徐薇. 基于学习元和元认知的英语远程智慧学习 [J]. 远程教育杂志，2014，32（3）：84-90.

㊂ LEE I，MAK P. Metacognition and metacognitive instruction in second language writing classrooms [J]. TESOL Quarterly，2018，52（4）:1085-1097.

识。元认知体验的形成离不开元认知策略的运用。元认知知识被认为包含以下3方面相互关联的知识[㊀]：①个人（主体）知识。个人知识是关于自身认知（如兴趣、学习能力等）、个体间认知差异（如知道不同人的认知特点不同）和普遍认知能力的看法（如认为人的认知能力可以改变）的认识。②任务知识，即对于不同学习任务的内容、目的和要求的知识，包括对认知任务的性质、特点、熟悉度、难度的认识，完成任务的方法及完成可能性的看法。③策略知识，即关于何时何地使用已有策略的程序性知识，以及对策略的运用条件、有效性的认识。

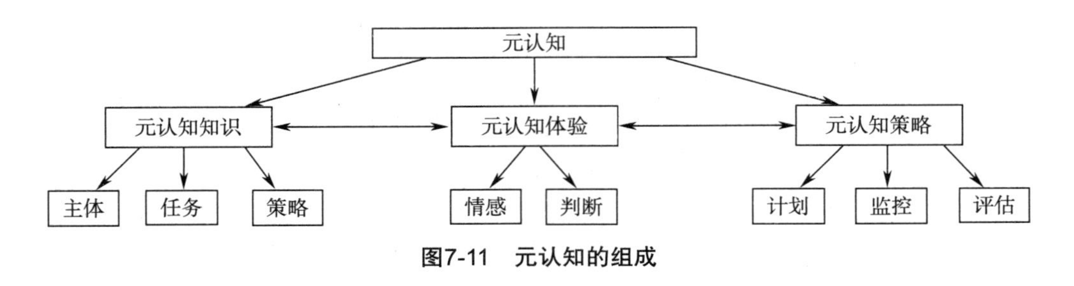

图7-11　元认知的组成

原理 5：论证能力

论证是解决问题过程中的关键步骤，但很少有学生接受过专门的训练，他们并不能够清晰准确地表明和论证自己的观点，从而影响问题解决的进程。费舍尔（Fischer）等人的研究认为，论证包括对构建单个论点的支持和对协作论证过程的支持[㊁]。前者关注的是学生个人在提出观点时的论证过程；后者则更关注学生之间论点的相互作用，例如反驳、补充他人的观点。单个论点主要包括论点（claim）、论据（ground）和判断（qualification）。论点表达了学生对一个观点的看法（例如同意或反对），或者对一个问题的看法（例如我认为造成火山喷发的原因是地球内部温度不均衡）。论据包括数据（data）、推论（warrant）和支撑（backing）。数据指的是事实性的信息，例如观察到的现象。推论是对数据与论点之间关系的辩护。支撑指的是与规则一致的统计数据或专家观点。判断指的是对论点与推论的有效性的评估。协作论证过程则主要包括3个部分：论证（argument），抗辩（counterargument）和整合（integration）。论证是学生首先提出一个观点并进行论述的过程。抗辩则是学生对别人观点的质疑或反驳。通过不断论证与抗辩，学生最终的目标是整合出协调各方观点的见解。

㊀ CHOI I，LAND S M，TURGEON A J. Scaffolding peer-questioning strategies to facilitate metacognition during online small group discussion [J]. Instructional Science，2005，33（5-6）：483-511.

㊁ STEGMANN K，WEINBERGER A，FISCHER F. Facilitating argumentative knowledge construction with computer-supported collaboration scripts [J]. International Journal of Computer-Supported Collaborative Learning，2007，2（4）：421-447.

7.4.2　高阶思维能力培养策略

当下，我们周围充斥着海量、瞬息万变的信息，我们可以借助机器实现大量的记忆工作。如果我们想要取得成功，就不应局限于事实信息的接收，而应该上升到高级思维过程，比如解决问题、做决策、做研究，进行创新。

策略 1：进行发散思维训练

发散思维是创造性思维的重要组成成分，因此发展发散思维对培养创造性思维具有重要的作用。已有研究表明，通过教学进行有意识的训练，可以发展小学生发散思维的流畅性和灵活性㊀。教师可以通过以下几种方式来训练：①通过“一题多解”和“一题多变”练习，可以让学生摆脱定型和思维定式。②鼓励学生自编应用题，可以发展学生思维的独特性与新颖性。③通过课外活动，比如给学生提供某些原材料或元件、部件，鼓励学生按自己的设计进行组装活动。④在课余文学小组活动中，鼓励学生进行联对和猜谜等。⑤自由联想训练。鼓励学生有意识地做出诸如“想一想它都有哪些用途”“思考哪些事物是相似的”的思维练习。⑥鼓励学生头脑风暴，在解决实际问题时，从多个角度考虑，想出尽可能多的方案。

策略 2：穷举出新

创新除了来自灵感外，也可以通过对某一事物本身的属性进行分析、列举、思考，来获得新颖的想法和方案。教师可以参考以下方法帮助学生产生新的观点㊁：

（1）属性列举法。通过列出事物的属性，对已有属性进行替换，最终整合出新形式的事物。具体的步骤为：①列举事物的各个属性。②在每个属性下再列出你所想到的许多候补属性。③随机选择一个候补属性，并把它和不同属性联合起来，再根据题目的要求，创造出各种全新的形式。

举例：改进圆珠笔的设计

圆珠笔的属性：圆柱形、材料为塑料、分离型笔帽、钢制笔芯。

候补的属性：多面形、金属材料、连带型笔帽、无笔芯；方形、玻璃材料、无笔帽、永久型；装有珠子、木料、回缩式、纸笔芯；雕饰的、纸料、笔帽美观、装墨水的笔芯。

将这些属性联合起来，就能够发明一种新型的圆珠笔：方形，便于用一个角书写，6 个面可用来做广告、贴照片等。

（2）头脑风暴。通过团体的讨论，把各种各样的信息搜集起来，这对新观念的产生有积极作用。当要解决的问题包含多个部分时，能够产生更多及更具原创性的解决方

㊀ 徐旭玲. 中学生解决物理问题发散思维能力测验 [J]. 物理实验，2003（5）：32-36.

㊁ 彭聃龄，张必隐. 认知心理学 [M]. 杭州：浙江教育出版社，2004：386-389.

法。该方法的主要规则有：①不允许进行任何性质的评价，因为评价的态度会使群体中的成员更偏向于去维护观念，而不是去关心观念的产生。②鼓励所有的参与者去思考各种可能的、最荒诞的观念，这样可以减少每个参与者头脑中的内部判断。③产生的观念越多越好，观念多，既能帮助人们控制内部评价，也能提高观念的质量。④参与者可以把别人提出的两个或多个观念联合起来，这样能够产生新的观念。

策略 3：养成探究问题的态度

探究问题的态度是具有创造性思维的人的一种最重要的特性。大多数研究者正是因为具有这样的态度，能够不断追问“为什么”和“怎么样”，才做出重大发现的。探究问题的态度也就是对问题保持着敏感、好奇的心态，包含主动发现问题，对已有的答案、方法或技术保持适切的怀疑态度，当察觉到问题后，能够及时地用探究问题的思路创造性地解决问题。

在成长的过程中，学生由于需要学习很多知识，因此从小就有这种探究问题的态度。但是由于家庭教育和学校教育的某些不当，他们这种探究问题的态度不仅没有受到鼓励，反而可能遭受到抑制和扼杀。因此，关心和支持学生养成探究问题的习惯，是培养具有创造性思维人才的重要途径。例如：鼓励学生提问，包容学生的奇思妙想，鼓励学生去寻找答案等。

策略 4：帮助学生正确表征问题

问题表征是学生依据自身的知识经验对感知到的条件信息进行感知提取、理解内化和转化表达的认知过程。目的是将外部的刺激情境转化为内部心理符号，在大脑中构建问题的认知结构、形成问题图式。问题表征的过程包括：①浏览问题并初步了解已知信息与目标状态。②通过联想、激活与问题信息相关的知识及经验，进一步分析问题，明确问题给定的条件、目标和允许的操作。③在理解问题信息后，对问题信息进行转换，用恰当的方式呈现出自己对问题的认识[⊖]。数学问题的心理表征策略分为直接转换策略（direct translation strategy）和问题模型策略（problem-model strategy），前者指的是对问题中的数字或数量关系词进行加工处理，后者强调对问题最有价值的重要成分和结构关系进行分析、推理。教师应当鼓励学生使用问题模型策略，对问题的本质进行分析。

教师在教学过程中提醒学生进行有意识的问题表征，并对学生表征问题的表现给予适时指导。教师可以提示学生用所学知识去理解问题，通过画草图、列表、写方程式等方式来表征问题的关键。另外，也可以采用语言这个工具，鼓励学生将解决问题的计划以及选择这个计划的理由说出来或写下来，这也能够帮助学生进一步表征问题，从而解

⊖ 杨红萍，肖志娟. 问题表征对数学阅读能力的影响研究 [J]. 数学教育学报，2019，28（2）：70-74.

决问题[一]。教师在对学生的问题表征情况进行指导时，可以从以下3方面分析问题错误表征的原因[二]：①信息遗漏，即错误表征的原因是否为问题中信息提取不完整。②信息误解，即错误表征的原因是否为错误分析和理解了部分信息。③隐喻干扰，即对在该情境下解读信息的方向产生了偏差。

策略 5：提供劣构问题

劣构问题具有结构不良、情境性、复杂性、动态性和领域特殊性。结构不良意味着问题的描述有多余信息，或者缺失必要的信息，或者问题未加明确等，需要学生使用来自不同学科的知识，并且可能存在不止一个解决方案。情境性指的是问题应当更加接近于科学家探究的问题，需要学生基于证据或研究数据来得出结论或制订方案。复杂性意味着问题内部各要素间联系紧密，从而给学生接近问题带来了不小的挑战，例如开放性问题。动态性指的是事物之间的关系有可能会随着时间发生变化，因此要进行相应的调整[三]。

例如在高中化学实验课上，让学生按照一定的步骤组装实验装置并展开实验。这就属于良构问题，因为学生只是重复了规定的操作。但如果是向学生展示一个生活中的问题，让学生通过设计、开展实验来探究该问题，那么这个问题便是一个劣构问题[四]。学生需要自主探究，表征问题，设计实验方案，选择实验仪器、材料，并开展实验，分析结果。物理课上，将测量重力加速度的、形状规则的小球改成形状不规则、难以确定重心的小球，这个问题就变得复杂起来，需要学生更加深入地理解知识，生成解决方案[五]。

策略 6：深陷问题解决瓶颈时适当停顿

对复杂的、没有现成解决方案的问题，提出创造性的假设，一般需要经过长期的酝酿和紧张的智力活动。如果一个问题经过长期的思考却没有找到合适的解决方案，这时最好把问题放到一旁，转去做一些比较轻松的工作。这样不仅不会妨碍问题解决，还有利于问题的解决。许多新颖的、富有创造性的思想，往往不是在紧张思考的时候产生的。但同时也要做好当前进展的记录，包括遇到的问题、关键的症结、已有方案及其局限性，以免因停顿而遗忘当前的进程。

策略 7：为学生的论证过程提供支架

目前大部分研究都认为，为学生的论证过程提供支架有利于其知识建构和辩论素养

[一] COOPER G. SWELLER J. The effect of schema acquisition and rule automation on mathematical problem-solving transfer [J]. Journal of Educational Psychology，1987，79（4）：347-362.

[二] 傅小兰，何海东. 问题表征过程的一项研究 [J]. 心理学报，1995（2）：204-210.

[三] YEONG F M. Using asynchronous，online discussion forums to explore how life sciences students approach an ill-structured problem [J]. Teaching & Learning Inquiry，2021，9（1）：138-160.

[四] 余薇薇，何佳莲，段辉，等. 化学仿真课件在训练学生发散思维过程中的作用 [J]. 化学教育，2010，31（8）：63-65.

[五] 郑蔚青. 物理教学中学生发散思维的培养与训练 [J]. 中国教育学刊，2004（2）：58-62.

的提升。慕尼黑大学的一项实验研究表明，为学生的论证过程提供脚本能够在不影响学生学习学科知识的同时提高学生的论证知识水平[㊀]。况姗芸等人的研究也表明，为学生提供辩论知识导图有利于促进学生的知识建构[㊁]。

乔纳森（Jonassen）等人认为，可以为学生的论证过程提供以下4种支架[㊂]：

1）论证指导说明。这种支架是指在布置论证题目时，指导学生论证需要包括哪些内容。当学生论证的观点与自己内心所认同的观点一致时，论证的观点数量越多，质量越高。相对于就自己认同的事情表述观点并进行论证，当要求学生说服自己认同某个观点时，学生论证的整体质量降低。因此教师需尽量避免让学生对某一明确的观点进行论证，而应让学生自行选择观点并进行论证。

2）结构化提问。通过向学生提一系列问题来帮助学生论证。例如：你认为导致某个现象的原因是什么？你如何证明就是这个原因？不同意你这个观点的人可能是怎么想的？你会如何告诉他们想错了？或者是：其他人可能会推荐哪些解决方案？你会如何回应他们？是否存在妥协或创造性的解决方案？哪一方的观点更强？为什么？

3）协作性论证。协作性论证主要用于支持多个学生的讨论过程，具体的支架是提供给学生论述的开头句或给学生提供一些思考框架。例如："我同意是因为……我的经验是……研究表明……我认为……"或者是："支持方案的一个原因是……反驳方案的一个原因是……对方案所做的一个调整是……"

4）可视化辅助工具。教师可以利用可视化辅助工具帮助学生把论证过程外显化，从而更容易明确论证的结构和存在的逻辑问题。可视化辅助工具包括论点关系表和辩论思维导图[㊂]。论点关系表以表格的方式来反映论点间的关系，见表7-4。如图7-12所示，辩论思维导图是通过图文结合方式来呈现学生思考过程的，其中的元素可以与论证包含的要素保持一致，例如论点、事实、推理等。相应的工具包括草图、概念图、认知地图、思维导图等。

表7-4 论点关系表

正方观点（赞成理由/反对理由）	反方观点（赞成理由/反对理由）

㊀ STEGMANN K，WEINBERGER A，FISCHER F. Facilitating argumentative knowledge construction with computer-supported collaboration scripts [J]. International Journal of Computer-Supported Collaborative Learning，2007，2（4）：421-447.

㊁ 况姗芸，蔡佳，肖卫红，等. 知识建构的有效途径：基于知识可视化的辩论 [J]. 中国电化教育，2014（10）：106-111.

㊂ JONASSEN D H，KIM B. Arguing to learn and learning to argue：design justifications and guidelines [J]. Educational Technology Research and Development，2010，58：439-457.

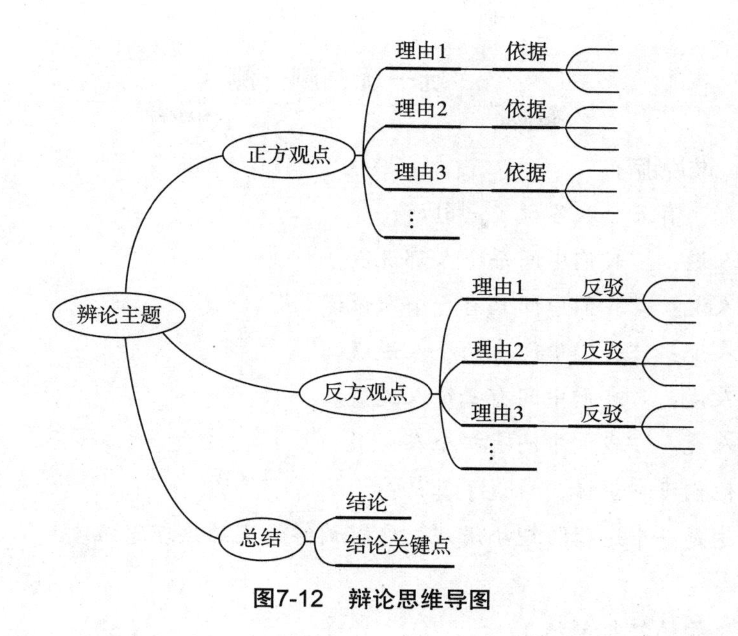

图7-12 辩论思维导图

策略 8：在日常教学中融入元认知学习

虽然元认知会随着经验和年龄的积累而不断发展，但研究表明大学生的元认知知识依然欠缺，因此，教师应该有意识地培养学生的元认知，将元认知融入教学目标中[㊀]。具体可以从以下几点入手：①相比专门开设提升元认知的课程，将元认知的教学融入学科课程时效果更好。例如，在科学课上开展探究式活动，让学生在探索具体的科学问题时了解科学探究的过程。②在日常教学中，当涉及元认知知识时，教师应当指出来，并就其与学生们进行讨论，形成元认知的相关话语体系。这样的讨论和话语体系有利于学生反思自己和其他同学的认知和学习过程，学习教师和其他学生的学习策略，从而改善自身学习。③向学生展示一些策略模型，并解释为什么使用该策略，介绍具体的使用步骤。例如教师在解决某一问题时，可以向学生解释自己的认知过程。随后，教师也可以就自己为什么采取这一策略来解决当下的问题与学生进行讨论。这就相当于为学生提供了关于元认知的实例，有利于学生构建相关的策略模型，让学生认识到策略适用的情境条件。④IF-THEN-ELSE模型可以用于发展学生的元认知技能[㊁]，即如果一种学习策略有效（IF），比如使用某个数据库检索是可以获得资料的，那么就用这个策略来检索（THEN），否则就采用其他方法，比如采取寻求老师帮助、与同伴交流的策略（ELSE）。

㊀ PINTRICH P R. The role of metacognitive knowledge in learning，teaching，and assessing[J]. Theory Into Practice，2002,41（4）：219-225.

㊁ WINNE P H，AZEVEDO，R. Metacognition [M] // SAWYER R K. The cambridge handbook of the learning sciences. 2nd ed.Cambridge：Cambridge University Press，2014：68.

玩一玩，测一测

玩一玩　谁说谎了

游戏规则：有五个人各说了一句话：

第一个人说："我们中间每个人都说谎。"

第二个人说："我们中间只有一个人说谎。"

第三个人说："我们中间有两个人说谎。"

第四个人说："我们中间有三个人说谎。"

第五个人说："我们中间有四个人说谎。"

请问，他们谁在说谎，谁说了真话？

说明：这是一个逻辑推理小游戏，能够训练学生的推理思维。

测一测

1. 发散思维的特征包括（　　　）。（多选）

A. 流畅性　　B. 复杂性　　C. 独特性　　D. 灵活性

2. 判断对错，对的打√，错的打×。

在学生解决问题时，停顿会导致学生难以再次投入当前的问题解决状态，因此要一鼓作气，把问题完全解决后再休息。（　）

7.5　本章结语

本章内容从学习的基础层面分析了知识与思维培养的原理及策略，从知识的组织、记忆、保持、理解、生成，再到高阶思维的培养，几乎涵盖了大多数学科中的学习目标。其实各位老师在教学中，已经或多或少地运用了这些策略，比如语文老师在要求学生背诵课文前会告诉学生一些记忆方法。那么为什么有些方法有效，或对一部分学生有效呢？还有哪些方法可以尝试？相信本章的内容能够就上问题给你诸多灵感。或许你可以把本章的内容作为你的工具箱，下次再遇到教学难题前，首先分析下当前的问题属于哪个目标——是学生难以理解，还是知识组织混乱，然后对照相应学习目标的原理和策略，结合当前的实际情况，调整或开展新的教学干预，或许会有意想不到的效果。

第8章

课堂活动

【本章导入】

课堂活动是教学中的最小单元，一个一个的课堂活动相互联系，前后衔接，构成了一个完整的教学系统。杜威所说的“从做中学”就是“从活动中学”、从经验中学，学生能从那些真正有教育意义的和有兴趣的活动中学习知识和经验，并发展思维和能力。因此，对于教师来说，如何设计有效的课堂活动，并组织好课堂活动，充分发挥学生学习的主体性和创造性，是教学目标能否实现的关键。到底怎么设计课堂活动？在合作学习和项目学习中，课堂活动应该如何开展呢？

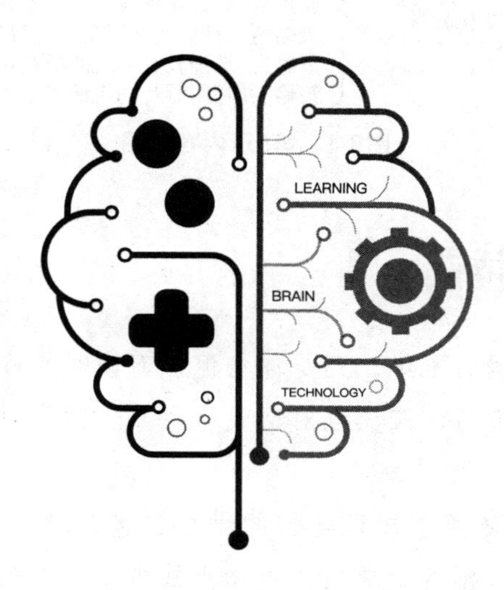

【内容导图】

本章内容导图如图8-1所示。

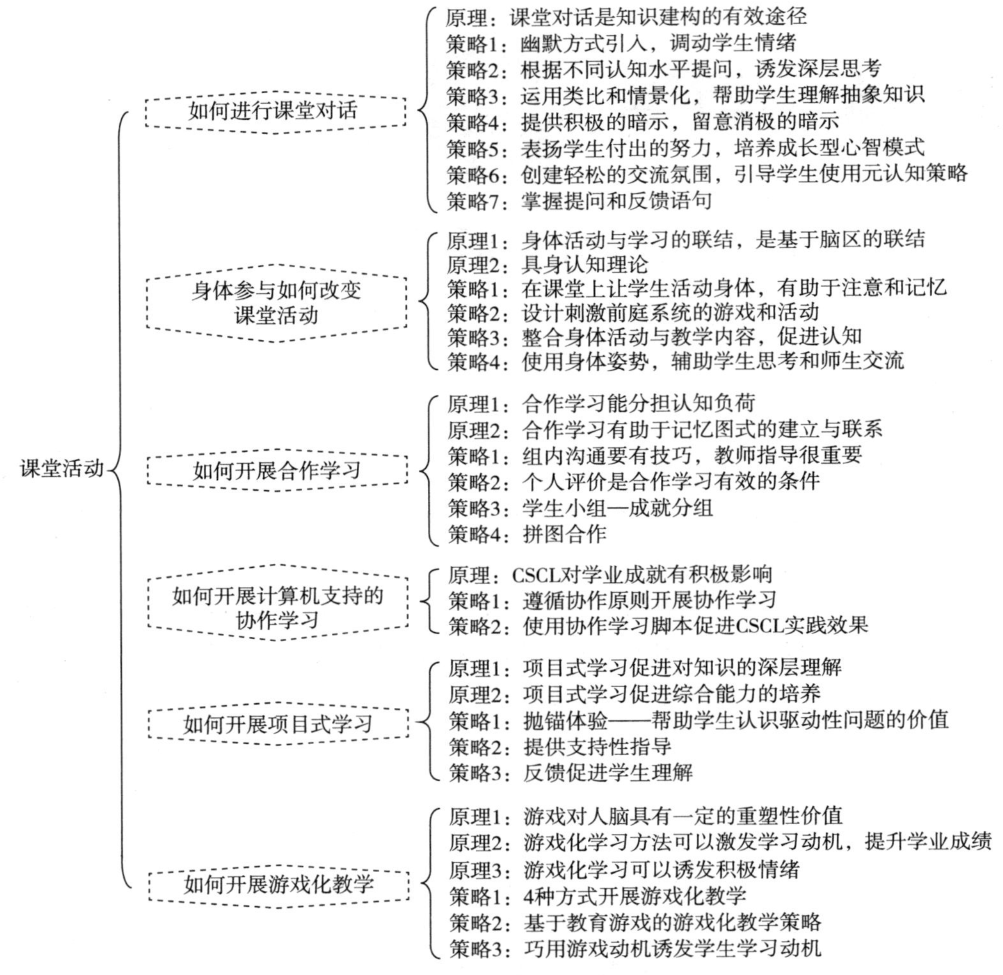

图8-1　第8章内容导图

8.1　如何进行课堂对话

你的课堂上是学生在滔滔不绝，还是你在侃侃而谈？是你问我答，还是争辩不休？相比于独白式的课堂，课堂活动应该以对话式为主导。师生对话是学习的基本工具，教师需要有效地利用此工具。

师生课堂对话是知识协商、知识建构的过程，也是塑造情绪体验的过程。在本书4.3.1中，我们了解到班级氛围的重要性，也初步知道了可以准备关键的课堂对话，接下来我们就继续深入了解课堂对话。

师生课堂对话是确定课堂氛围的决定因素，会通过动机和情绪影响学生学习和学业表现。课堂对话对情绪状态的影响见表8-1。师生之间的言语沟通可以营造积极的氛围，使大脑处于幸福状态，这时，学生的血清水平和能量水平都保持在正常的情况，因此能够促进学生学习。反之，当学生认为无论如何做，自己都无法在课堂上取得成功时，就感到了课堂上的威胁。课堂上的高压和威胁会损伤脑细胞，还会改变人体内的化学成分，并影响学习。威胁使学生脱离大脑的幸福状态，切换到求生状态。如果在这种状态下学习，学生的高阶思维便难以发挥作用。

表8-1　课堂对话对情绪状态的影响

课堂对话	情绪状态	实例
积极氛围	幸福状态	对学生说“我会让你成功的”，并在行动上提供支持
课堂威胁	求生状态	用威胁的语调讲话，“下次这题再做不出，就不要上课了”

8.1.1　课堂对话原理

在传统课堂中，往往出现教师的“独白”现象，即“满堂灌”的教学；对话作为提升课堂教学有效性的重要途径，在课堂教学中的作用日益得到强调，但由于理解的偏差，也出现了不少“满堂问”的困境，导致课堂对话十分低效。

原理：课堂对话是知识建构的有效途径

事实上，真正的课堂对话是能够有效促进学生进行知识建构的。知识建构的概念产生于社会建构主义理论，该理论认为意义的建构是学习者之间通过对话与交流进行协商的过程，学习本质上是一种社会性对话和交流的过程，而这种对话和交流在学习共同体中最为有效[一]。

以知识建构为中心的课堂强调建立学习共同体，增进学生间的合作和交流以及师生间的平等对话[二]。通过对话和协作，学生的思维与智慧可以被整个群体所共享，学生更容易获得发现的乐趣、探索的愉悦和取得学习成果后的自我效能感，所建构的知识也具有系统性和深入性。以知识建构为中心的课堂对话是注重多人协同、突出意义导向、强调动态生成的[三]：①在对话主体上，师生之间的平等对话有利于实现学生由知识接受者到知识探索者的角色转向，进而促进教学相长。生生之间的自由对话也是课堂对话的重要组成部分，生生之间的交流互动可以促进其互相取长补短，协同发展。②在对话内容上，指向意义和知识建构的对话能够引发学生深层思考，与学生的生活和实践相关联，引导

㊀ 宋宇，邬宝娴，郝天永. 面向知识建构的课堂对话规律探析 [J]. 电化教育研究，2021，42（3）：111-119.

㊁ 王陆，李瑶. 课堂教学行为大数据透视下的教学现象探析 [J]. 电化教育研究，2017，38（4）：77-85.

㊂ 汪旭. 何谓有效的课堂教学对话 [J]. 中国教育学刊，2021（2）：105.

学生在与他人、社会和自然的多层次对话实践中建构意义。③在对话形式上，有效的课堂对话绝非机械化的“教师问、学生答”，而是动态生成的，在教学环境下自然涌现的。课堂中的突发性事件也可以具有教育价值，激发学生的创造性。

8.1.2 课堂对话教学策略

课堂上，教师说的话包括了提问、追问、反馈、解说、总结、任务布置、课堂管理，单是反馈就包括了赞赏、鼓励、追问、忽略、打断、暗示等。“怎么说”“说什么”是一门值得研究的科学。

策略 1：幽默方式引入，调动学生情绪

开口大笑时，身体会释放内啡肽、肾上腺素与多巴胺，吸入的氧气量也会更多，这有益于调动学生的积极情绪，帮助学生保持清醒状态。积极情绪的参与，会使随后接收到的信息成为闪光灯记忆[㊀]。因此，教师可以通过幽默的方式进行课堂引入，如一个趣味故事、一个玩笑或一段幽默视频，调动学生积极的情绪，激发学生的学习兴趣。

例如，某位教师在信息技术课中教授“双分支结构”一课，在引入环节，教师将学生的计算机都设置了密码，然后告诉学生：密码是跟老师的名字和拼音9键输入法有关的几个阿拉伯数字，看看谁能最先解锁密码。通过这样一个小游戏，极大地调动了学生的好奇心和积极情绪，大家都想成为第一个解锁密码的人。同时，这个游戏又蕴含了“双分支结构”的基本原理，可以自然地引出本节课的内容，游戏过程也是帮助学生建立经验的过程，有助于学生形成情境记忆，建立起对知识内容的深刻理解。

策略 2：根据不同认知水平提问，诱发深层思考

不同的提问方式会引起学生不同的思考、不同的回答，问题本身就可以考察学生的记忆、理解、元认知、评价等认知水平的表现，见表8-2。

表8-2 不同认知水平下的问题类型及具体表现

问题类型	具体表现
记忆型问题	唤起学生已学过的知识或经验，不需要思考，关于事实、概念的回忆
理解型问题	运用知识对问题做出归纳、总结、阐述、说明
元认知型问题	对学习方法的提问，自我反思的问题
评价型问题	对内容的评价，对他人回答的评价问题

此外，开放性问题往往没有明确的标准答案，容易激发学生的好奇心，引起其学习兴趣，使其参与到知识探究、同伴讨论、问题解决的过程中。如果教师对学生的回答给予鼓励和认可，将会进一步引发学习行为，促进学生主动参与到学习过程中来。

㊀ 威利斯. 点燃学生的学习热情：基于脑科学的教学策略[M]. 吕红日，汤雪平，译. 北京：中国轻工业出版社，2016：45-48.

策略 3：运用类比和情景化，帮助学生理解抽象知识

抽象知识之所以抽象，是因为事物的“内在结构”往往看不见、摸不着，甚至很多内在结构本身并不存在，而是由人“抽象”出来的，因此学生难以直接感知，也无法直接理解。所谓“内在结构”是指“构成元素”和“元素之间的关系”。如果新知识的“内在结构”与学生所熟悉的某个事物的“内在结构”相同或相似，则我们可以借助学生所熟悉事物的构成元素和元素之间的关系，来帮助学生理解新事物中构成元素和元素之间的关系。可见，“类比”之所以有效，就是借助了两种事物之间“内在结构”的相似性来理解新知识的“内在结构特征”。

比如，将电流与水流进行类比，电流是电荷的移动，电荷的移动需要电场力，就像水流一样，水流是水的移动，水的流动需要力[㊀]，但同时也要区分电流和水流的不同有哪些，以避免学生简单化地认识电流。

策略 4：提供积极的暗示，留意消极的暗示

教师的暗示能够影响学生的偏好、信念、价值和态度等，最终影响学生的行为。积极暗示能够增强学生的自我效能感，促使学生发现学习的乐趣，萌生新的想法，并营造积极的课堂氛围。例如，将表达积极态度的信息（“我一定可以成功”）在公共区域（如门、公告栏）展示出来。

在师生对话的过程中，教师可能会无意中传递一些基于假设的消极暗示，如“语文学不好很正常”，或者“女生在数学学习上遇到问题很普遍”。这些消极暗示会改变学生的归因方式，使学生将学习成败归因于持久且不可控的原因，如性别，从而削弱他们的自我效能感[㊁]，或许还会使学生产生消极认知、偏见等。更好的方法是将学习成败归因于可控的因素，如学生自身的努力，“只要多多练习，多问问题，就能够进步”。

语言暗示的实例见表8-3。

表8-3　语言暗示的实例

暗示状态	实例
积极	将“我一定可以成功”展示在公告栏上
消极	将学习成败归因于持久且不可控的原因，如“女生在数学学习上遇到问题很普遍”

策略 5：表扬学生付出的努力，培养成长型心智模式

在本书3.3.2我们了解到成长型心智模式和固定型心智模式。拥有成长型心智模式的人认为智力是可塑的，具有提升的潜力，只要自己努力，就可以提高智力。有研究发

㊀ 唐安琪，黄云，袁海泉. 基于“类比脚手架模型”的电流概念教学研究 [J]. 物理教师，2018，39（9）：30-32.

㊁ 安布罗斯. 聪明教学7原理：基于学习科学的教学策略 [M]. 庞维国，译. 上海：华东师范大学出版社，2012：110-114.

现[1]，表扬学生智力，会导致学生将自己不好的表现归因于本身的智力，而不是自己不够努力，降低了学生在同类学习任务上的解题成绩。相反，表扬学生的努力，学生会将自己不好的表现归因于不够努力，在解答随后题目时会更加努力，应对更难的任务，因此学习成绩会得到提升。

因此，应表扬学生付出的努力，而不是学生的能力或结果的价值，使学生的大脑在面对、处理学习任务时，聚焦在任务本身上，而不是自我上。教师在与学生的交流中可以提出具体的指导建议，鼓励学生成长，培养他们的成长型心智模式，使他们相信自己只要努力和坚持，就一定能够在学习上获得成功。例如，在点评学生作文时，指出闪光点，提出具体的优化建议："这里运用了我们课堂上讲的比喻手法，写得很好。再努力练习一下，相信你可以表现得更好。"

策略6：创建轻松的交流氛围，引导学生使用元认知策略

如果要与学生交流学习问题或建议，可以在询问学生意见后，与学生私下进行更有效的交流。在没有压力和焦虑的环境中，学生更倾向于与教师交流，直面学习问题，进行自我反思，相信并接受教师的建议。

教师与学生对话时，引导学生使用元认知策略："目前学习的问题在哪里？下一步的目标是什么？怎么做可以实现自己设定的学习目标？"教师要使学生相信，只要努力投入，做正确的事，就可以达成目标，取得成功[2]。

策略7：掌握提问和反馈语句

研究者提供了一些教师可以套用的提问和反馈语句，帮助教师"学会"在课堂上说话，这些语句为教师在课堂上促进学生阐明观点、梳理思路提供了线索。

从表8-4我们可以看出，教师的提问和反馈语句都可以直接引导学生的思考深度和思考方向。

表8-4　促进学生思考的提问和反馈的要求和语句[3]

类型	要求	语句
提问	强调清晰度和解释	能描述你的意思吗 能举个实例支持你的观点吗 能告诉我更多你思考的信息吗
	要求证明其方案和提出挑战	你从哪里找到的信息 你如何知道 你如何证明你的观点

[1] 朗. 如何设计教学细节 [M]. 黄程雅淑，译. 北京：中国青年出版社，2018：194-209.

[2] 威利斯. 点燃学生的学习热情：基于脑科学的教学策略 [M]. 吕红日，汤雪平，译. 北京：中国轻工业出版社，2016：107-108.

[3] 阿尔马罗德，费希尔，弗雷，等. 可见的学习：K-12科学版 [M]. 翁绮睿，译. 北京：教育科学出版社，2022：81.

（续）

类型	要求	语句
提问	指出并质疑错误概念	你同意吗？为什么 你是否考虑过另外一种情况？例如…… 我认为这里有误解，具体来说……
	要求说出观点的证据	你能给我举个实例吗 你从哪里找到的信息 这个证据如何支持你的观点
	解释并引用他人的陈述	晓红刚才建议…… 刚才我听到马迪说…… 我在考虑杰杰的想法，我认为……
反馈	评价对话	这个观点很重要
	挑战学生	你对刚刚晓红提的问题有什么看法
	聚拢集体	谁能用自己的语言复述一下刚刚雷鸣说的话
	联系贡献	雷鸣，你能结合刚刚傲雪所说的建议说出你的想法吗
	强调准确	我们可以在哪里找到它
	以先前知识为基石	你的想法和我们学过的知识有什么联系
	核实与澄清	我想确认下自己说得对不对，你是不是说……

玩一玩，测一测

玩一玩　你来说，我来猜

游戏规则：如图8-2所示，准备一套写有“禁忌词”（如水果、红色、甜）和“目标词”（如苹果）的卡片，两人一组，同学A抽取卡牌，让全班同学看到，但是不能让同学B看到。然后同学A用语言描述该目标词，但是过程中不能说出禁忌词，说完以后请同学B猜，猜对了可以换下一张卡片。

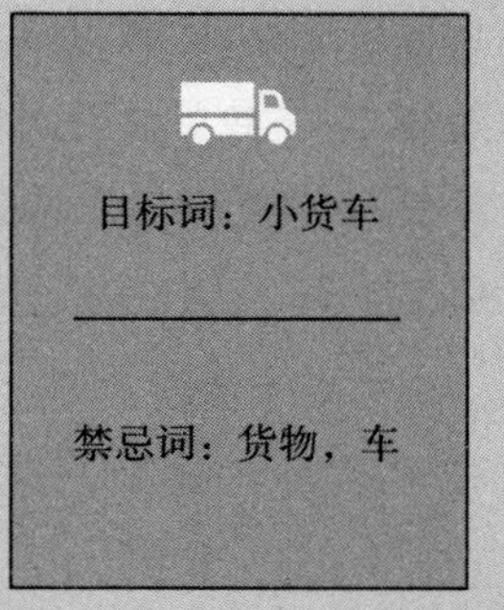

图8-2　禁忌词和目标词卡片示意图

说明：该游戏可以让学生体验对话带来的信息，同时可以练习学生的发散思维。学生需要想到尽可能多的词汇来描述目标词。游戏规则灵活，可以将禁忌词和目标词设为与学科相关的。

测一测

1. 你认为不正确的课堂对话是（　）。（单选）

A. 失败是成功之母，从错误中总结经验就能不断提升自己

B. 他将我们新学的概率知识运用到生活中，解决了实际问题，很有创意

C. 讲了这么多遍都不会，真是太笨了

D. 你能给大家说说是怎么想到做这条辅助线的吗

2. 判断对错，对的打√，错的打×。

严师出高徒，所以教师必须要时刻保持严肃，课堂氛围不能有任何的放松。（　）

8.2 身体参与如何改变课堂活动

当学习或工作很久，感到非常疲倦时，人们常常会起身倒杯水，走一走，或开展其他身体活动。再回到刚才进行的任务上来时，人们会感觉清醒了许多，这就是身体活动的“魔力”。

学习是多感官参与的信息获取过程，脑同时进行多通道的信息加工，包括来自视觉、听觉、触觉、嗅觉等的感官信息，随后经过再构成的过程统一形成大脑信息，形成人类对外部世界的认知[1]。课堂中开展身体活动可以调动学生全部的感官，是一种多感官的学习方式，也是适合脑的学习方式。

身体参与对课堂学习的促进主要表现为增强记忆和回忆。与久坐的课堂活动相比，身体参与的课堂活动能够增强更多的神经元刺激，增加通过脑部以及全身的血液流量[2]，保证脑中血量充足，使神经元获得更多的氧气和营养，这对促进脑部负责长时记忆的海马区信息处理非常重要。此外，身体活动还能触发脑部释放一种对神经系统有益的蛋白质——脑源性神经营养素（brain-derived neurotrophic factor），这种蛋白质可以保持幼小神经元的健康发展，保证新生神经元的健康成长[3]，特别是对负责记忆的海马区神经元影响最大。

在增强学生回忆方面，身体参与增加了运动知觉的参与，有助于激发情绪记忆，促

[1] 李金钊. 基于脑的课堂教学：框架设计与实践实用 [M]. 上海：华东师范大学出版社，2013：86-87.

[2] 苏泽. 教育与脑神经科学 [M]. 方彤，黄欢，王东杰，译. 上海：华东师范大学出版社，2014：175.

[3] 苏泽. 教育与脑神经科学 [M]. 方彤，黄欢，王东杰，译. 上海：华东师范大学出版社，2014：26.

进信息在脑内的加工和浓缩，使其更容易被回忆起[1]，进而促进学生学习。身体参与促进学习的大脑表现见表8-5。

表8-5　身体参与促进学习的大脑表现

身体参与促进学习	大脑表现
记忆	增强神经元刺激，增加血量，释放脑源性神经营养素，促进海马区的信息处理，从而增强记忆
回忆	增加运动知觉因素，促进情绪记忆

8.2.1　身体参与课堂原理

在思考的过程中，我们通常习惯于依赖后天习得的语言，认为思考就应该“安静地坐着”，而忽略了身体具备的不可思议的智慧。

原理 1：身体活动与学习的联结，是基于脑区的联结

在我们之前的认识中，大脑与人体的思维和认知相关，小脑主要加工来自大脑（即大脑皮层、左右脑半球）的信息，传递给运动皮层，负责人体的运动与平衡。实际上，两个脑区之间的交流存在双向通路，如图8-3所示，信息不仅通过神经纤维从大脑传递至小脑[2]，还会反向传递，从小脑传递至大脑。有研究表明[3]，大脑皮层中的一个区域——运动皮层（motor cortex）主要负责控制运动系统，在认知任务中也起着重要作用。大脑中还有其他部分参与了运动和认知的加工和学习，如小脑、丘脑、杏仁核等。因此，可以说大脑中的不同部位参与了运动和认知的加工和学习，它们相互交互、相互作用，共同促进了人类的运动发展和认知学习。

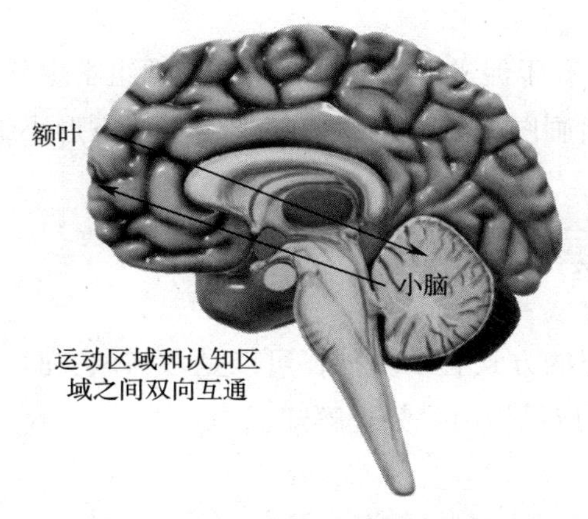

图8-3　大脑与小脑之间的双向通路

[1] 詹森. 适于脑的策略 [M]. 国家重点实验室，脑与教育应用研究中心，译.北京：中国轻工业出版社，2006：16.

[2] LEINER H C，LEINER A L,DOW R S. Cognitive and language functions of the human cerebellum [J]. Trends in Neurosciences，1993,16(11):444-447.

[3] DOYON J ,BENALI H.Reorganization and plasticity in the adult brain during learning of motor skills [J]. Current Opinion in Neurobiology,2005,15（2）：161-167.

较为复杂的运动涉及前额叶皮层和额叶的后2/3范围的脑区，这也是用于问题解决、制订计划和排序的脑区。在圣地亚哥举行的国际神经科学学会会议上，专题讨论会主席阐述了小脑在认知中的作用，所参考的80项研究表明，小脑和记忆、空间知觉、语言、注意、情感、非语言线索与决策都存在紧密联系㊀。

原理 2：具身认知理论

具身认知将身体、大脑和环境视为认知系统的一部分，体现了身体与环境之间的交互对认知的作用，强调了身体和经验对学习和认知的影响。具身认知认为，人类认知根植于感知-运动过程和人体内部状态㊁。具身认知理论的基本含义和实例见表8-6。当个人与环境交互时，其动作会产生新的感知，使个人注意到新的内容并为下一次动作提供可能性，形成感知-运动循环。通过这种迭代关系，个人扩展或重建对环境的认知。简单来说，就是身体可以帮助我们思考，身体会影响我们的思维方式。有研究发现㊂，感知-运动过程能够促进学生学习，参与旋转、翻滚、摇摆等身体活动的学生，在注意和阅读方面呈现出显著提升。

表8-6 具身认知理论的基本含义和实例

基本含义	实例
认知过程的进行方式和步骤实际上是由身体的物理属性所决定的	当我们弯腰驼背时会感觉低落，当我们挺胸抬头时会感觉良好
认知的内容是身体提供的	前后左右的认识
认知、身体、环境是一体的，认知存在于大脑，大脑存在于身体，身体存在于环境	似曾相识的环境

身体参与被证明是有利于促进学习的，有研究让两组学生分出8个正方形的1/4，其中一组摆弄小纸片，另一组画图，最终结果发现学生用正方形小纸片解题时的正确率比画图的高3倍㊃。

8.2.2 身体活动教学策略

让学生身体参与学习的方式有很多种，可以是参与做实验，可以是做游戏，可以是四处走动寻求合作，也可以是做出手势理解知识。

㊀ 詹森. 基于脑的学习：教学与训练的新科学 [M]. 梁平，译. 上海：华东师范大学出版社，2008：137-147.

㊁ IONESCU T，VASC D. Embodied cognition：challenges for psychology and education [J]. Procedia-Social and Behavioral Sciences，2014，128：275-280.

㊂ PALMER L，MCDONALD J E. Monocular and binocular measurements of smooth eye-pursuit by rural children in kindergarten and grade 2 [J]. Perceptual & Motor Skills，1990，70（2）：608.

㊃ MARTIN T，SCHWARTZ D L. Physically distributed learning：adapting and reinterpreting physical environments in the development of fraction concepts [J]. Cognitive Science，2005，29（4）：587-625.

策略 1：在课堂上让学生活动身体，有助于注意和记忆

当我们保持坐下的姿势20分钟后，血液主要积累在臀部及以下，脑部的供血量和供氧量不如人活动时，可能会出现缺氧、精力无法集中等。只需要活动一下身体，心率平均每分钟就会增加10次，支持更多的脑部血液回流和供氧，超过15%的血流和氧气会回到脑部，激活中枢神经系统的神经冲动传递，激发更多的注意唤醒，使信息加工速度提高5% ~ 20%[1]。有研究发现[2]，在学校多多开展身体活动可以提升学生的学习成绩。

因此，当观察到学生精力不足、无法集中注意或昏昏欲睡等情况时，给予学生身体活动的机会，让他们起身走动一下，有助于他们更好地学习。教师可以让学生站起来，做一些伸展运动和深呼吸，从而促进脑部血液循环和供氧，提升学习效率；教师也可以让学生进行四肢交叉运动，如使用左手拍拍右肩，同时激活两个脑半球；教师还可以设计为学生提供活动机会的学习任务，如操作教具、改变座位、开展游戏等。

策略 2：设计刺激前庭系统的游戏和活动

前庭系统包括内耳的半规管和前庭神经核，在人体形成运动时收集和反馈信息，负责激活脑干顶部附近的网状激活系统（reticular activating system，RAS）[3]。网状激活系统通过接收来自环境的感觉信息，形成注意。这两个系统之间的交互作用帮助人体将思维转化为行动，并协调身体运动。

设计刺激前庭系统的游戏和活动有助于激活网状激活系统，提升感觉注意信息的处理，从而促进学习。旋转、翻滚、跳跃和跳舞等典型运动能够刺激这个系统，教师也可以设计一些包含此类活动的游戏，如让学生一边跳绳、一边朗读新学的古诗。

策略 3：整合身体活动与教学内容，促进认知

根据具身认知理论，教师可以通过整合身体活动与教学内容，发展感知-运动过程，来帮助学生建构对概念的解释和理解，促进认知。如让学生用身体测量教室的长度，并交流分享自己的测量结果，使学生建构对长度这个抽象概念的认知。又如在学习空间方向的概念时，通过要求学生听教师口令，在空间中进行正确移动的游戏，帮助学生形成对方向概念的认识和建构。

策略 4：使用身体姿势，辅助学生思考和师生交流

人们在思考和尝试解释事情时使用身体姿势，不但不会分散其注意力，还会降低言语和记忆系统的认知负荷，帮助大脑更高效地工作，提升思考能力和问题解决能力，从而使人的思考和交流更缜密和具有策略性。有研究显示[4]，学生被要求使用手势表达来

---

[1] 詹森. 基于脑的学习：教学与训练的新科学 [M]. 梁平，译. 上海：华东师范大学出版社，2008：141-147.

[2] TARAS H. Physical activity and student performance at school [J]. Journal of School Health，2005，75（6）：214-218.

[3] 詹森. 基于脑的学习：教学与训练的新科学 [M]. 梁平，译. 上海：华东师范大学出版社，2008：137.

[4] GOLDIN-MEADOW S，WAGNER S M. How our hands help us learn [J]. Trends in Cognitive Sciences，2005，9（5）：234-241.

解释学习任务时，学生会更有意识地运用策略去解决任务，并且在之后的任务中表现更好。研究者认为，身体姿势激活了部分隐性知识，使其转换为更清晰的显性知识，学生能够在之后的学习中运用这些知识。教师需要重视身体姿势的作用，实现学生深度思维的发展。

同样，学生也能够从教师的身体姿势中获得大量信息，作为概念认知和知识建构的提示，发展知识学习。已有研究表明，学生会积极地使用教师通过身体姿势传授的知识，并且当教师有意地在课堂中使用手势作为教学策略时，学生能从课堂中学到更多东西[⊖]。因此，教师可以在课堂中采用身体姿势作为表达自身思考和概念交流的工具，达到更好的师生交流效果，促进学生的认知。

玩一玩，测一测

玩一玩　盲人指路

游戏规则：学生两两组队。一人扮演“盲人”，用眼罩遮住眼睛，另一人扮演“指路人”，“指路人”需要用英语指挥“盲人”行动，从起点走到终点。教师可以在路途中间设置一些障碍，最快到达终点的小组获得游戏胜利。

说明：该游戏可用于学习方向、方位的相关知识，比如数学中关于角度、方向的认识，以及英语词汇和语法的学习等。

测一测

1. 你认为说法正确的观点是（　　）。（单选）

A. 多讲一分钟就能多提高一分，最好把下课时间一起压缩为上课时间

B. 在课堂上让学生随意活动会扰乱课堂秩序，应尽量避免

C. 对于较复杂的知识，可以让学生通过身体活动来表现知识的本质特征，以促进其理解

D. 身体、大脑和环境都是认知系统的一部分，感知和运动交互影响，共同促进认知的形成

2. 做一做：结合自己的教学，为某个知识点设计有身体参与的活动。

8.3　如何开展合作学习

为什么有的研究证明合作学习（cooperative learning）能够提升学习成效，有的研究却不能证明合作学习对学习有促进效果？为什么有的学生通过合作学习提升了学习成效，有的

⊖ 哈蒂，耶茨. 可见的学习与学习科学 [M]. 彭正梅，邓莉，伍绍杨，译. 北京：教育科学出版社，2018：152-155.

学生却没有？接下来，让我们一起解密，了解合作学习是否真的有用。

合作学习是指通过小组学习的方式，小组成员共同完成一项学习任务，达成共同的学习目标，见表8-7。比如小组成员就一个问题进行讨论和探究，在合作和互助下形成小组成果并展示。合作学习是一种越来越被大家广泛应用的教学模式，与同伴合作包括相互共享信息、讨论观点、交换数据、分享解释、从同伴处获得反馈等，可以激发学生的学习动机㊀，促进认知投入㊁，提升小组成员个人水平的同时，也提高小组整体成绩。小组成员之间的交互可以增强成员之间的联系，形成学习共同体㊂，在合作过程中发展学生的人际交流能力。

表8-7　合作学习的基本含义和实例

概念名称	基本含义	实例
合作学习	小组共同达成一个学习目标	小组共同解答一道题目

为了保证有效合作的发生，合作学习需要鼓励学生的认知投入，合理分配小组成员的责任，并保证成员间的有效沟通，小组共同构建新知识、解决问题。合作学习一般具备5个要素，即积极的相互依赖、促进性相互作用、个人责任、社会技能和反思㊃，见表8-8。

表8-8　合作学习的5个要素

要素	基本要求
积极的相互依赖	学生不仅要为自己的学习负责，还要为其他小组成员负责，相互共享学习目标、资料和有意义的信息等
促进性相互作用	小组成员之间相互探讨学习、相互帮助和相互激励，如进行合作性认知活动，小组成员之间互相交流对概念的认识，或对彼此的学习表现提供反馈等。鼓励学生相互了解，并建立情感联系
个人责任	小组成员必须承担并掌握一定的学习任务，且以个人的形式接受评估，从而落实个体责任
社会技能	是小组合作是否有效的关键，教师应教授学生社会技能，以帮助学生进行有效的沟通，彼此信任和支持，有效解决组内冲突等，实现高效合作
反思	给予小组成员机会反思他们在组内的工作，如哪些活动需要改进，这有助于促进学生在元认知水平上的思维

㊀ COHEN E G. Restructuring the classroom：conditions for productive small groups [J]. Review of Educational Research，1994，64（1）：1-35.

㊁ YACKEL E，COBB P，WOOD T. Small-group interactions as a source of learning opportunities in second-grade mathematics [J]. Journal for Research in Mathematics Education. 1991，22（5）：390-408.

㊂ HICKEY D T. Motivation and contemporary socio-constructivist instructional perspectives [J]. Educational Psychologist，1997，32（3）：175-193.

㊃ 陈琦，刘儒德. 教育心理学 [M]. 2版.北京：高等教育出版社，2011：423-427.

8.3.1 合作学习原理

合作学习在教学中十分常用，但是也存在很多问题，比如讨论没有成效，好学生讨论得热火朝天，稍弱的学生压根插不上话，也不能从中获益甚至更为自卑。但是很多研究都发现合作学习比独自学习的效果更好，“独乐乐不如众乐乐”这句古话是有其道理的。

原理 1：合作学习能分担认知负荷

有研究显示，小组合作学习有助于学生进行问题解决[1]。认知负荷理论可以解释这个研究结果：合作学习能够有效降低小组成员大脑的工作记忆负荷，小组成员通过共享工作记忆的方式，保持个体认知负荷的稳定，保证认知过程的效率。在理想的情况下，一个小组拥有解决一个问题的全部知识，当其协调活动并努力工作时，其自身就成为一个高效的信息处理系统[2]，小组成员的学习表现就很容易优于独自学习的学生了。

原理 2：合作学习有助于记忆图式的建立与联系

合作学习不仅符合大脑发展方式，还有助于促进学生记忆图式建构，并与之前的记忆图式建立联系。在小组成员相互交流和讨论学习内容时，个体也在接收其他成员的观点，观察他人肢体语言传递出的隐性知识，以及通过他人反馈来改进和增添自身的知识，在这个过程中构建新的记忆图式，并与已有的图式关联起来[3]。

8.3.2 合作学习教学策略

合作学习的设计是有其门道的，从小组成员规模到小组沟通技巧，以及合作学习的任务，均有可遵循之道。

策略 1：组内沟通要有技巧，教师指导很重要

在合作学习中，学生收到的大多数学习反馈来自同组成员，与成员的讨论交流有助于学生进行知识建构，达成学习目标。因此，保证组内成员进行有效的沟通和讨论是合作学习的要素之一，能够保持学生的自我效能感，激发学习动机，促进认知投入。

学生可能不具备有效沟通的社会技能，如不会解释自己的观点，或不知道如何表达对其他成员观点的评价。教师需要教授学生一定的社会技能，促进组内有效沟通。如教师可以通过提出问题和提示来引导讨论，促进成员之间的交互；教师还可以请成员之间相互评价，指导学生学会倾听他人的观点，同时解释和正确表达自己的观点；教师还

---

[1] KIRSCHNER F，PAAS F，KIRSCHNER P A，et al. Differential effects of problem-solving demands on individual and collaborative learning outcomes [J]. Learning and Instruction，2011，21（4）：587-599.

[2] 哈蒂，耶茨. 可见的学习与学习科学 [M]. 彭正梅，邓莉，伍绍杨，译. 北京：教育科学出版社，2018：163.

[3] 泰勒斯通. 提升教学能力的10项策略：运用脑科学和学习科学促进学生学习 [M]. 李海英，译. 北京：教育科学出版社，2017：60-61.

可以让小组内部发起辩论等，来补充相互理解的不足。此外，教师可以指导学生在沟通时，尤其在向别人提出建议的时候，遵循“三明治”法则，可以把不那么好听的建议夹在两段好听的赞许之言中间。教师的作用还体现在设计能发挥团队价值的任务上，目标任务应该能够让每个人添砖加瓦，集思广益。教师可以设计具有挑战性、发散的问题，如：有3张桌子，每张桌子的尺寸都是0.8m × 0.8m × 2.4m，要举办一个高端晚宴，最多能接待多少人？

策略 2：个人评价是合作学习有效的条件

大量研究表明，在合作学习中，如果基于团队表现给予评价和奖励，很难提高学生的学习成绩，当同时进行个人评价和小组评价时，学生学习成绩的提升较好㊀。因此，在合作学习中，教师应同时设计对小组整体的评价与对个人表现的评价。

策略 3：学生小组—成就分组

学生小组—成就分组（student team—achievement division）适合目标明确、有唯一正确答案的学习内容。如图8-4所示，学生小组—成就分组是指：将学习成绩、性别等各不相同的4个学生组成一个合作小组；在学习过程中，鼓励组内讨论和提问，小组内已经掌握学习内容的成员需要帮助掌握速度较慢的成员理解，保证同组所有成员都掌握学习内容㊁；最后所有学生独立完成测试，将本次测试分数与过去测试分数相比较，根据本次测试分数超出过去测试分数的程度来决定学生的积分㊁，每个小组所有成员的积分汇总后，构成小组整体的评分；教师还可以根据不同的小组分数，设定证书或其他奖励。合作小组每5 ~ 6周重组一次，给学生提供与其他学生合作的机会。

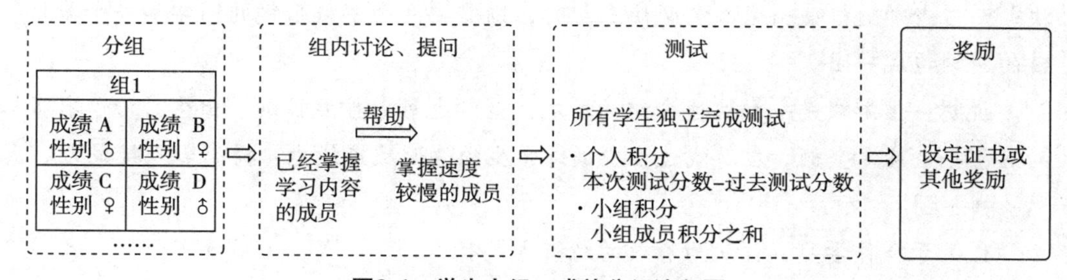

图8-4 学生小组—成就分组流程图

策略 4：拼图合作

如图8-5所示，拼图（Jigsaw）合作是指将小组需要学习的课程材料分成几个独立的部分，每个小组成员负责学习材料中的一个部分。各小组中负责学习相同内容的成员共

㊀ SLAVIN R E，HURLEY E A，CHAMBERLAIN A. Cooperative learning and achievement：theory and research [M]. New York：Wiley，2003：177-198.

㊁ 陈琦，刘儒德. 教育心理学 [M]. 2版.北京：高等教育出版社，2011：423-427.

同交流讨论，形成这部分内容的“专家组”[⊖]。当一个专家组的所有成员都掌握了这部分内容后，分别回到各自小组中，给其他小组成员讲授自己负责部分的学习内容。通过调整小组的内容参与结构，增强小组成员之间的相互依赖。

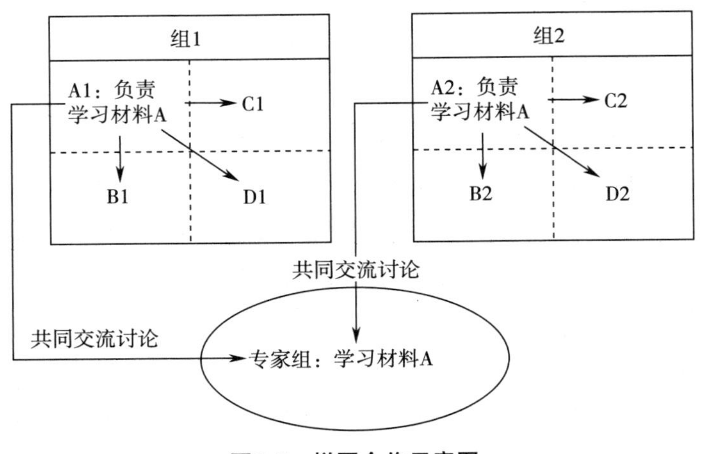

图8-5　拼图合作示意图

玩一玩，测一测

玩一玩　五毛一块

游戏规则：老师可以指定戴眼镜的同学为“五毛”，不戴眼镜的同学为“一块”。当老师随机喊出金额“两块五”时，则需要两个不戴眼镜的同学和一个戴眼镜的同学抱成一团。

说明：该游戏是一种快速分组的游戏，老师也可以按照性别、出生月份、衣服的颜色等来确定金额。在游戏过程中训练学生的快速反应能力，提高班级凝聚力。

测一测

1. 关于合作学习，你认为有效的组织方式有（　　　）。（多选）

A. 小组内人越多越好

B. 合作学习应该给学生最大的自由度，所以老师不应该进行任何指导

C. 在小组合作学习中，不仅要设计小组整体评价，还应设计个人评价

D. 当学习目标明确，内容有唯一正确答案时，可以采用学生小组—成就分组方式进行分组

⊖ 陈琦，刘儒德. 教育心理学 [M]. 2版.北京：高等教育出版社，2011：423-427.

2. 判断对错，对的打√，错的打×。

（1）小组合作学习，只需要评定小组的总体表现即可。（　）

（2）合作学习的课堂无须设计，由学生自己组织讨论即可。（　）

8.4　如何开展计算机支持的协作学习

你是否有过这样的学习经历或教学尝试——在小组合作任务中，借助互联网平台检索资源，制作小组成果？这一活动实际上就是计算机支持的协作学习形式之一。计算机支持的协作学习（computer-supported collaborative learning，后文简称为CSCL）是学习科学领域非常重要的研究分支，也是国际研究热点。那么，究竟什么是CSCL呢？它的概念及基本含义见表8-9。

表8-9　CSCL的概念及基本含义

概念名称	基本含义
计算机支持的协作学习	利用计算机多媒体技术或网络技术来辅助、支持、优化协作学习
计算机支持	计算机提供认知工具、营造协作环境或作为学习伙伴
协作学习	学习者分为小组，每个组中成员持有共同的学习目标，彼此协商和相互配合，共同解决问题。可以是同步协作，实时讨论；也可以异步协作，通过邮件、评论延迟讨论

值得注意的是，CSCL中的协作学习不同于合作学习。合作学习中，合作伙伴将会拆分任务，每个人独自负责一部分，然后组合个人的结果，形成小组合作成果，就像拼积木，一人拿一块。协作学习中，小组成员一起开展工作，每一部分任务都是协商（negotiate）和意义分享（share meaning）的过程[㊀]。协作学习不是简单地将学生分在小组内就行了，而是要巧妙地构建学生之间的协作关系，没有协作，就不能称作协作学习。“协作”是构成协作学习概念的基本组成部分，在学习过程中，学生个体之间进行积极的交流、协商、沟通，以形成共识，并分享学习成果。

此外，CSCL分解为协作学习（CL）和计算机支持（CS），并非简单两者相加，而应该是CL+CS>CSCL，因此有学者认为称之为“计算机增强的协作学习”更为恰当[㊁]。

8.4.1　CSCL原理

CSCL发展自计算机技术支持的小组协同工作（computer supported collaborative

㊀ SAWYER. The Cambridge handbook of the learning sciences [M]. 2nd ed.Cambridge：Cambridge University Press，2014：481.

㊁ 高文. 学习科学的关键词 [M]. 上海：华东师范大学出版社，2009：254.

work，CSCW），经过30多年的发展，该领域逐渐迈向成熟，其在学习效果上的价值也得到凸显。比如有学者认为协作学习有利于发展学生的批判性、创新性等高阶思维能力，增强学生个体间的沟通合作能力以及对个体间差异的包容能力，提高学生整体业绩[一]。这些效果上的证据也构成了我们开展CSCL实践的原理依据。

原理：CSCL 对学业成就有积极影响

现有的一些元分析研究，综合了大量实证研究的结果，均表明在计算机支持下的协作学习是有效的。来自122项研究的元分析，比较了使用技术的小组学习结果与使用技术的个人学习结果，发现使用技术的小组学习比使用技术的个人学习对学业成就有更高的积极影响[二]。相似的另一项元分析研究中，比较了个人学习与协作学习的效果，结果表明，在计算机技术支持下，与个人学习相比，协作学习效果更好[三]。

在具体的学科领域中，元分析基于143项CSCL在STEM（Science、Technology、Engineering、Mathematics，合称为STEM）教育研究的316项结果[四]，展示了CSCL在STEM教育中的整体优势，其中，面对面协作、同步协作、异步协作的效果几乎相同，且对中学生的影响最大，效应量达到0.66，显著高于本科生和其他成年人，它对科学学科的影响最大，其次是计算机科学、健康科学和数学。

8.4.2 CSCL的设计策略

教师在开展CSCL时往往会遇到很多障碍，比如，学生经常很被动地参与协作活动。因此，为了克服这些障碍，教师需要掌握CSCL的设计策略。

策略 1：遵循协作原则开展协作学习

戴维·乔纳森（David Jonassen）从多个方面提出了协作原则[五]：

1）技术方面：根据学习者的特点，选择合适的教学法和技术，在实践中充分发挥技术的特性。比如说，学习者的知识体系构建受技术影响很大——尤其是知识可视化技术（如知识图谱），因此可以选择充分发挥知识可视化技术（如知识图谱）在构建知识联系上的作用。

2）小组构成方面：要从小组规模、性别差异和学习者特征3个方面来分析小组的构成。

[一] 赵建华，李克东. 协作学习及其协作学习模式 [J]. 中国电化教育，2000（10）：5-6.

[二] LOU Y，ABRAMI P C，D'APOLLONIA S. Small group and individual learning with technology：a meta-analysis [J]. Review of Educational Research，2001，71（3）：449-521.

[三] CHEN J，WANG M，KIRSCHNER P A，et al. The role of collaboration，computer use，learning environments，and supporting strategies in CSCL：a meta-analysis [J]. Review of Educational Research，2018，88（6）：799-843.

[四] JEONG H，HMELO-SILVER C E，JO K. Ten years of computer-supported collaborative learning：a meta-analysis of CSCL in STEM education during 2005–2014 [J]. Educational Research Review，2019，28：100284.

[五] 高文. 学习科学的关键词 [M]. 上海：华东师范大学出版社，2009：260.

3）学习任务方面：不仅包括了我们常规认为的问题解决任务，还包括了实例研究和辩论，它们都属于协作学习的任务类型。越是结构不良的问题，越接近于真实的复杂世界，也就越需要协作才能完成。

4）会话方面：富有意义的会话是CSCL的核心，也是CSCL的价值所在。支持会话的方法包括好的任务和问题，还要有合理的角色安排，甚至要有好的组织等。这些会话的目的就在于促进知识的推理和生成。

5）导师方面：CSCL的前提是有导师的支持，而有同理心、热情、友善等品质是在线导师最为需要的。

6）共同体方面：建立小组，并让学生担任主持的角色，以及采用分享的教学模式等。

7）评价方面：学习结果越是复杂，就越需要采用多种评价方式。在CSCL中，采用多种评价方式，测评社会性的和认知性的结果。

策略 2：使用协作学习脚本促进 CSCL 实践效果

协作学习的脚本实际上就是一种教学支持，指导小组的角色分配和活动序列，说明“谁与谁合作”“合作的任务是什么”㊀，以及“合作的过程是什么”“如何开展行动”。有研究发现，有脚本支持的协作学习中，学生在特定领域知识上的表现优于没有脚本支持协作学习的学生㊁。那么脚本究竟包括哪些呢？协作学习脚本类型及含义见表8-10。

表8-10　协作学习脚本类型及含义

脚本类型	含义
内部脚本	小组内部合作中发展出来的，比如角色、协作方式
外部脚本	从外部给协作提供支架，包括引导学生解决问题、向学生明确表达期望、正式协作前进行合作的训练、提示学生应该承担什么样的角色等

对内部脚本进行设计，主要是对学生的角色进行规定。协作学习中的角色类型脚本设计，会影响协作学习效果。有学者将协作学习中的角色分为4种类型，每一种类型又按照参与程度分为初级、中级、高级㊂，见表8-11。

㊀ 王辞晓. 具身认知视角下技术供给对合作探究的影响研究 [D]. 北京：北京大学，2020.

㊁ STEGMANN K，WEINBERGER A，FISCHER F. Facilitating argumentative knowledge construction with computer-supported collaboration scripts [J]. International Journal of Computer-Supported Collaborative Learning，2007，2（4）：421-447.

㊂ 约翰逊 LW，约翰逊 T，贺路白. 合作性学习ABC [M]. 粟芳，杰斯沃德，译. 上海：上海科学普及出版社，2006：28-29.

表8-11　协作学习中的角色类型

类型	角色	初级	中级	高级
形成型	次序监督员	你先，再她	轮流	按顺序
功能型	记录员	抄录	记录	书记员
	鼓励者	说好话	正面评论	赞扬
	澄清员	现在你来说	用你自己的话来说	解释
总结型	总结员	放在一起	联合	总结
	创造者	给另一个答案	给另一个答案	产生其他可供选择的答案
促进型	要求理由者	问为什么	询问原因	要求给出理由
	原理说明者	说为什么	给出事实和道理	进行解释

教师还可以根据问题解决的认知加工过程进行角色分配，即对协作学习中个体的行为及个体间的互动过程进行划分，目的是促进任务的分配和成员间的协作㊀。学生可以在学习过程中同时担任多种角色，或者在学习的不同过程中担任不同的角色。认知加工过程可以划分为分解、定义、批判、构思、回顾和参考6个方面。相应的，角色可以划分为解决问题的执行者和对问题解决进行观察和评论的反思者。角色还可以划分为任务相关和小组建构两大类。任务相关的角色包括程序制订者、记录者、评价者、解释者、意见查询者、提问者、信息提供者、构想产生者。小组建构角色包括追随者、激励者、把关人、调解人、危机化解者㊁。另外，教师还可以基于当前学习内容和特点、小组规模与学生特征来进行角色划分。除了对角色进行划分外，教师还可以针对各个角色提供发言提示词，例如可以给"评价者"提示以下表达：①这些方面感觉不太清晰；②这些方面我们还没有达到一致；③个人认为，这些方面还可以做一下调整㊂。

外部脚本的设计中，可参考的提示类脚本如下㊃：①明确目标，即阅读探究内容、探究步骤，明确探究任务和目标。②动手动脑，即操作虚拟教具，认真观察现象，思考探究内容。③出声思维，即小组成员将看到的现象记录下来，然后轮流发表自己的观点，注意补充，指出理解不一样的地方，并解释自己的观点。④整合完善，即一名成员（非组长）来整合大家的观点，其他小组成员进行补充和完善。注意发现遗漏、错误的地方，不懂的地方应该请求他人解释。⑤结论得出，即小组合作一起完成实验单。

㊀ 张利峰. 基于角色脚本与问题提示的PBL在线协作学习活动设计与应用研究 [J]. 中国远程教育，2014（2）：36-40；96.

㊁ 胡勇，李美凤. 基于协作脚本的角色设计及其对协作学习网络的影响初探 [J]. 电化教育研究，2012，33（1）：54-58.

㊂ 余亮. 协作脚本的研究综述 [J]. 电化教育研究，2010（5）：73-79.

㊃ DILLENBOURG P，JERMANN P. Designing integrative scripts [M]//FISHER F，KOLLAR I，MANDL H，et al. Scripting computer-supported collaborative learning：cognitive，computational and educational perspectives. Boston,MA:Springer US，2007：275-301.

玩一玩，测一测

玩一玩 猎人、狗熊、枪

游戏规则：给学生说明有3个口令，分别为猎人、狗熊、枪。两人一组，两人同时说口令，在说出口令的同时做出一个动作——猎人的动作是双手插在胸前，狗熊的动作是双手摸着脸蛋，枪的动作是双手举起呈手枪状。双方以此动作判定输赢，猎人赢枪、枪赢狗熊、狗熊赢猎人，动作相同则重新开始。

说明：该游戏类似于石头剪刀布，在相互竞争、合作的关系中游戏，兼具趣味性和规则性，同时让学生体会生物链的概念，还可以将口令改为教学内容相关的概念。

测一测

1. 关于CSCL，你认为正确的说法是（　）。（单选）

A. CSCL只需要大家一起干事就行，无须多言

B. CSCL中老师的角色就是旁边看着就行，无须多言

C. 只要任务布置下去就行，学生自行分配角色比指定角色效果好

D. CSCL的探究问题发布之后，需要给学生一些关于如何开展的建议

2. 你认为（　　）软件可以用于开展CSCL。（多选）

A. 在线思维导图　　B. 微信　　C. 视频会议　　D. 协作文档

8.5 如何开展项目式学习

在我们的课堂学习中，往往习惯了学生从教师处接收信息、获取知识的模式。让我们转变一下思维模式：学生可以像领域专家一样，探究、解决一个真实的研究问题，建构知识吗？在基于项目的学习中，可以做到。

基于项目的学习（project-based learning，PBL），也称项目式学习，是一种基于建构主义理论的情境学习方式，学生通过参与真实世界问题的探究，实际操作与应用知识来建构概念理解，完成知识学习，实现对学习内容更深层次的理解[1]。

项目式学习中的每个项目都贴合真实情境，围绕一个具有启发性的问题或探究式的活动展开，如传染病的传播过程，与专家研究者（科学家、历史学家等）的真实研究活动极为相似。学生在这个过程中，分析问题、提出假设、搜集资料、做出说明、讨论交流、修改和实施新方案，直至解决问题[2]。项目式学习结束时，学生通常会形成

[1] 索耶. 剑桥学习科学手册 [M]. 徐晓东，译. 北京：教育科学出版社，2010：165-166.

[2] MARX R W，BLUMENFELD P C，KRAJCIK J S，et al. Enacting project-based science [J]. The Elementary School Journal，1997，97（4）：341-358.

能够解决实际问题的人工制品作为学习成果，如研究报告、测量结果、模拟模型、演示网站等。有研究表明㊀㊁㊂，与传统课堂相比，基于项目的学习能够提升学生的学习成效。

为了保证学生的认知参与和知识建构，基于项目的学习往往需要以一个驱动性问题开始，为学生提供明确的探究框架，推动探究活动的开展，如：周围河流的水质如何？探究过程中，学生以小组为单位开展学习活动，共同讨论具体探究计划和实施计划，包括任务分工、小组合作方式、背景调研、数据收集与分析、形成结果等。教师可以为学生提供研究与规划指导，以及提供研究实施策略建议。最后，教师需要指导和引发学生对项目完成过程的反思，总结经验，促进认知发生。总的来说，基于项目的学习包含五大特征㊃，即驱动性问题、真实问题情境、小组协作、技术工具和成果制品，见表8-12。

表8-12　项目式学习的五大特征及释义

特征	释义
驱动性问题	驱动性问题是项目式学习开始的要素，是一个需要解决的真实问题。好的驱动性问题能够引起学生的兴趣，满足课程标准的要求，并且学生有能力完成它
真实问题情境	学生在真实情境中探究驱动性问题，像学科专家一样研究、解决问题，在项目式学习的过程中学习、应用学科知识及思想
小组协作	在课堂上，学生与学生、学生与教师间相互交流，协作探讨问题、设计实施方案等；在课堂之外，学生与成人专家交流，协作发展认识，整合信息，改进想法
技术工具	技术工具能够为学生提供解决真实问题的机会，促进课堂环境的转变，支持学生进行问题探究，提高认知参与。学生通过技术工具，可以接触互联网上真实的科学数据，分析数据，创建模型，与小组其他成员协作等
成果制品	人工制品是学生项目式学习的课程成果展现，能够体现驱动性问题的解决，是知识建构的外在表现。通过创建人工制品，学生建构、重建他们对概念的理解，体验与真实情境一致的问题解决过程，提供给教师了解学生能力发展情况的通道；同时在展示人工制品时学生可以深化对概念的理解

8.5.1　项目式学习的原理

项目式学习无疑是落实核心素养的最佳选择之一，可以综合多学科知识，实现对知识的贯穿融合，可以超越某学科的羁绊。项目式学习既不神秘，也不遥远，简单来说，

㊀ HABERMAN M. The pedagogy of poverty versus good teaching [J]. Phi Delta Kappan，2010，92（2）：81-87.

㊁ MARX R W，BLUMENFELD P C，KRAJCIK J S，et al. Inquiry - based science in the middle grades：assessment of learning in urban systemic reform [J]. Journal of Research in Science Teaching，2004，41（10）：1063-1080.

㊂ WILLIAMS M，LINN M C. WISE inquiry in fifth grade biology [J]. Research in Science Education，2002，32：415-436.

㊃ 索耶. 剑桥学习科学手册 [M]. 徐晓东，译. 北京：教育科学出版社，2010：44-46.

就是让学生完完整整、全心全意地去完成一项大的任务。

原理 1：项目式学习促进对知识的深层理解

当学生学习一些比较复杂的数学、物理知识时，他们可能会说："这些知识有什么用呢？在生活中我们也用不到啊！""这么多公式可真难背！"等等。

毫无疑问，学生的这些困惑并不是因为他们不爱学习，而是因为他们没有找到知识的意义所在，也没有深度理解知识的内涵，只能通过死记硬背来学习。项目式学习则有助于改善这一局面。

在基于项目的学习中，学生通过操作并应用知识来积极地建构个人的理解时，能够获得对知识更深层次的理解。项目式学习是情境学习的一种，使学生通过应用知识和做中学，参与到真实世界的活动中，学生可以在活动中探究问题、提出假设、做出说明、讨论、彼此质疑，以及实验。项目式学习也是一种强调让学生制作作品或者进行创作和创造的学习方式，学生开展的项目包括问题式、探究式和其他类型。比如，设计并制作一个太阳能灶，设计并制作一个泥石流预警设施，设计并制作学校T恤衫，等等。

在这个过程中，学生将在基于真实情境的项目任务的驱动下，通过探究周围的世界、与环境交互、观察现象、产生新想法、与他人讨论来积极建构知识；通过将学习到的经验运用到更多的情境中，体会知识的价值意义和实践方式；通过与教师、同伴、社区成员等共同分享、应用和讨论，形成对学科的理解能力，并促进学习社区的形成。总的来说，相比于传统的课堂教学，在项目式学习中，学生不再是被动的知识接受者，不再只是通过简单的文字和图片来理解和记忆知识，而是通过主动探索来建构知识，并通过设计、创造等项目活动来应用知识，在实践中实现对知识的更深层次的理解。

原理 2：项目式学习促进综合能力的培养

在当今社会，我们越来越注重对学生综合能力的培养，项目式学习让学生处于真实的任务中，为他们提供开放性任务，这些任务往往有多种解决办法或答案。在项目式学习中，学生是中心，教师是促进者，学生需要长期以小组的形式工作，从各个方向寻求信息，并不断进行自我反省和自我评价。

显然，如果只是想让学生快速获得知识，项目式学习绝不是最高效的办法，但是，如果想促进学生综合能力的培养，那项目式学习就是一个很好的选择。因为项目式学习并非只为掌握学科知识，更侧重于对教材内容以外知识的体验与经历，丰富学生对事物的认识，加强学生认识事物的广度，以及拓宽学生的学习视野，更加强调对学生批判思维能力、问题解决能力、团队合作能力、沟通表达能力等综合能力的培养。

例如，在"校园跳蚤市场活动策划书"项目式学习任务中，通过制订校园跳蚤市场活动策划书，为学校开展低碳教育和实施低碳活动提供思路，加强全校学生对低碳的理解，提高学生的低碳意识等。参与该项目式学习任务的学生将加深对低碳的理解，提高合作能力和实践能力，特别是在活动策划方面的方法和技能。

8.5.2 项目式学习教学策略

在落实项目式学习过程中往往会出现“两头管，中间闲”的现象，也会出现“大费周章，收效甚微”的结果，在设计项目式学习时需要遵循一定的科学设计策略，精挑细选“项目”，精心设计“支架”。

策略 1：抛锚体验——帮助学生认识驱动性问题的价值

如果学生无法认识驱动性问题的价值，就可能会失去学习兴趣，无法开始问题探究，也就无法投入项目式学习中。因此，教师需要帮助学生认识驱动性问题的价值，教师可以采用抛锚体验[㊀]的策略。抛锚体验是为学生呈现一般性的经验背景，将一般性经验与即将获得的新经验建立联系，从而显示出驱动性问题的价值[㊁]。如在讲授关于细胞、系统、疾病等方面的知识时，先简述一个儿童患上传染病的故事，将新知识与学生、学校之间联系起来。

策略 2：提供支持性指导

当学生在没有经验的情况下完成新项目时，具有一定难度，需要得到教师的指导。在项目式学习中，教师提供的指导一般包括示范、提问、辅导和支架，见表8-13。

表8-13 教师指导的组成及要求

组成	要求
示范	教师需要提供课程材料，示范项目调查模式和研究过程，包括确定研究问题、设计实验模式、实验探究过程、处理实验数据、撰写结论与解释。学生参考教师提供的示范材料，设计或修改自己的项目调研
提问	教师通过提出引导性问题，让学生解释他们的想法，启发学生的元认知过程，让学生进行思考和反思，完善项目探究
辅导	在学生需要时，提供完成探究所需的信息、建议、提示和反馈。如为学生提供实验基本原理的学习材料；或对学生的项目设计给予反馈，协助学生完成问题解决方案设计
支架	在像专家一样科学探究问题的过程中，学生的经验和科学性思维都有所缺乏，因此教师可以设计支架，帮助学生达成学习目标。如将问题拆分为几个部分，引导学生逐步解决；或给学生提供支架式的结论解释框架，包括论点、论据和推理过程，梳理科学探究的思维过程，使用恰当的文本来解释研究结果

教师的支持性指导还包括沟通技巧。协作是项目式学习的最大特征，学生通过与其他学生、教师和社区专家的协作，讨论交流，调查解决问题。有时学生可能缺乏协作经

㊀ BRANSFORD J D，GOLDMAN S R，HASSELBRING T S，et al. The Jasper series as an example of anchored instruction：theory，program description，and assessment data [J]. Educational Psychologist，1992，27（3）：291-315.

㊁ RIVET A E，KRAJCIK J. Achieving standards in urban systemic reform：an example of a sixth grade project-based science curriculum [J]. Journal of Research in Science Teaching，2004，41（7）：669-692.

验和能力，教师应帮助学生发展协作能力，与他人建立协作关系。如引导学生学会倾听他人的想法，在提出建议时使用尊重他人的语气等。

策略 3：反馈促进学生理解

在学生项目探究过程中，教师应根据学生的表现，提供反馈、建议和指导。在项目探究结束时，教师对人工制品的反馈起到重要作用㊀。教师可以采取个别反馈、小组反馈和组内反馈的方式，见表8-14。

表8-14　反馈方式及基本要求

反馈方式	基本要求
个别反馈	教师可以创建学生表现评价规范，对学生的个体表现进行打分和评价，提供高质量的个别反馈
小组反馈	在班级人数较多的情况下，教师往往没有足够的时间和精力为每个学生提供个别反馈，因此可以采取小组反馈的方式。教师可以从项目驱动性问题、解释性报告等重点内容对小组表现开展评估
组内反馈	学生与学生之间的协作是项目式学习的重要方面，教师应鼓励组内成员相互提供反馈。学生可以通过倾听他人对自己的反馈，引发思考，完善自己的科学性思维；也可以通过给其他成员提出反馈，厘清自己的思维，同时在表达想法的过程中，发展协作技能

此外，也可以通过游戏化的方式给予学生反馈。在项目式学习中，往往需要产出成果和作品，除了完成性奖励外，当自己的成就被他人认可，学生往往能获得更大的激励，这就是游戏化中社交和自尊的重要作用，也是为什么大多数人都喜欢在社交平台上发布自己的动态——获得更多的点赞和评论。因此，教师可以将各个小组的项目成果以实物展示，或制作成数字化作品放在微信公众号中展示和分享，并鼓励同学们对其他小组的成果点赞、评论或者提问，点赞数最多的小组可以获得特别的奖励或勋章。

在项目式学习的整个过程中，教师可以设置一系列需要完成的任务和挑战，学生完成任务和挑战时获得积分，积分达到一定值时可以晋级获得徽章，这样做既有助于提升学生的自我效能感，又能将复杂任务分解为多个小任务，帮助学生更好地进行项目式学习。

玩一玩，测一测

玩一玩　官兵捉贼

游戏规则：教师准备写着“官”“兵”“捉”“贼”字样的4张小纸，如图8-6所示。将4张纸折叠起来，参加游戏的4个学生分别抽出1张，抽到“捉”字的人可以提问，并根据其他3个人的回答和面部表情或其他细节来猜出谁拿的是“贼”字。猜错的接受惩罚，抽到“官”字的人决定如何惩罚，由抽到“兵”字的人执行

㊀ 索耶. 剑桥学习科学手册 [M]. 徐晓东，译. 北京：教育科学出版社，2010：44-46.

惩罚，猜对的可以惩罚其他3个角色，惩罚的内容可以是唱歌、做蹲起或者被贴小纸条等。

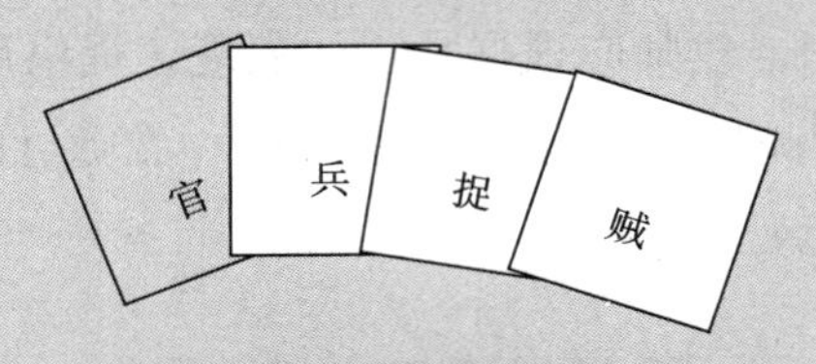

图8-6 官兵捉贼游戏示意图

说明：该游戏可以让学生体验反馈带给人的信息，意识到有一些反馈是通过语言的，有的反馈则是通过眼神、微表情等的。

测一测

1. 关于项目式学习，你认为有效的组织方式有（　　）。（多选）

A. 在学习开始时，可以先通过故事、情境或游戏等方式引起学生的兴趣，将学生的一般性经验与即将获得的新经验建立联系，使学生更加投入地参与到接下来的项目式学习中

B. 基于项目的学习是一种基于建构主义理论的情境学习方式，学生通过参与真实世界问题的探究，实际操作与应用知识来建构概念理解，完成知识学习，不需要教师提供指导

C. 基于项目的学习中，需要学生之间相互协作，教师应引导学生学会倾听他人的观点，并在提出建议时，使用尊重他人的语气

D. 反馈可以促进学生的理解，教师可以采取个别反馈、小组反馈和组内反馈的方式

2. 判断对错，对的打√，错的打×。

项目式学习完成之后，小组成员之间没有必要再进行互相评价和反馈。（　）

8.6 如何开展游戏化教学

随着网络技术和游戏技术的进步，我们每个人几乎都玩过游戏，游戏也越来越得到教育工作者的关注。在课堂上融入游戏化设计成为教师让学生爱上课堂的秘诀。在了解如何开展游戏化教学前，有必要先了解什么是游戏（game），什么是教育游戏（educational game），以及什么是游戏化教学（game-based learning/pedagogy）。游戏、教育游戏和游戏化教学的基本含义见表8-15。

表8-15 游戏、教育游戏和游戏化教学的基本含义

概念名称	基本含义
游戏	游戏是一种自愿的活动或消遣，这一活动或消遣是在某一固定的时空内进行的，其规则是游戏者自愿接受的，同时又有绝对的约束力，游戏以自身为目的，又伴有一种紧张、愉快的情感以及对参与的人来说“不同于日常生活”的意识㊀
教育游戏	狭义上的教育游戏是专门为教育目的开发的电子游戏；广义上的教育游戏指的是一切兼具教育性和趣味性的教育软件、教具和玩具，包括专门为教育目的开发的电子游戏、桌游、教具和玩具，具有教育价值的商业游戏，以及趣味性比较强的教育软件㊁
游戏化教学	指的是将游戏或游戏的元素、理念或设计以及教育游戏用到学习或教学中

胡伊青加（Huizinga）更多强调的是一种社会性的、有规则的群体游戏，并不包括普通的“玩”或个体游戏㊂。有人曾经比较过“游戏”和“玩”的区别，认为玩是一个更为宽泛的范围，分为自然的玩（spontaneous play）和有组织的玩（organized play），而其中有组织的玩就称为游戏。

尚俊杰等人在胡伊青加和简·麦戈尼格尔（Jane McGonigal）等人的研究的基础上提出游戏化学习具有五大核心特征，分别是目标（goal）、挑战（challenge）、规则（rule）、反馈（feedback）和吸引力（inviting）㊃，见表8-16。

表8-16 游戏化学习的五大核心特征

特征	解释	示例
目标	通过努力可以达成的结果，为活动指明方向	学习目标、游戏任务的目的，如为了获取非玩家角色（NPC）提供的信息，为了打败某怪兽
挑战	随着技能提升，提供一定难度的任务，能够提升自身技能	游戏中比自己或他人更快的速度完成拼图
规则	为实现目标做出的限制，维持游戏的玩法和权威性	获取胜利需要先攻击对方塔防
反馈	对玩家行为的响应和结果告知	点数、级别、得分、进度、奖励
吸引力	能够激发玩家兴趣和好奇心，能够让玩家自愿自由加入	游戏的故事情节、美术画面、兴趣曲线

8.6.1 游戏化学习原理

对教师而言，电子游戏、非电子游戏（卡牌游戏、桌游）提供了许多教学法可借鉴的创意。教师在设计游戏化学习、促进学习效果和激发学习动机方面扮演着重要的

㊀ 胡伊青加. 人：游戏者 [M]. 成穷，译. 贵阳：贵州人民出版社，1998：37.

㊁ 尚俊杰，蒋宇，庄绍勇. 游戏的力量：教育游戏与研究性学习 [M]. 北京：北京大学出版社，2012：45-47.

㊂ 董虫草. 胡伊青加的游戏理论 [J]. 浙江大学学报（人文社会科学版），2005，3：48-56.

㊃ 尚俊杰，蒋宇，庄绍勇. 游戏的力量：教育游戏与研究性学习 [M]. 北京：北京大学出版社，2012：45-47.

角色。

原理 1：游戏对人脑具有一定的重塑性价值

（1）电子游戏在改善心理健康状况方面有积极效果。2012年，《美国预防医学杂志》发表文章，通过对38个使用电子游戏开展的随机对照试验进行元分析，发现电子游戏有极大概率改善心理健康状况[一]。宝开游戏公司（Pop Cap Games）与东卡罗莱纳大学联手发起了一个研究项目，测量了阿尔法脑波的脑电图（EEG）变化（可以看出人是不安还是整体情绪良好）及心率变异性变化（身体从情绪及生理压力中的恢复速度）。随机对照组发现，玩20分钟的休闲游戏能够减少大脑左额叶的阿尔法脑波，表明情绪的改善；随机对照组单纯上网20分钟，脑电图没有明显变化。玩休闲游戏的被试的心率变异性也有明显的改善，玩游戏20分钟，他们的心脏能够承受更多压力，恢复也更快[二]。随后，进行了一周3次、每次30分钟的游戏，这种影响体现在情绪、阿尔法脑波、心率变异性方面，实验进行1个月后，参与者明显减少了在抑郁、焦虑、一般应激水平上的全面感知。阿尔法脑波和心率变异性都有了明显的改善[三]。

（2）游戏可以培养手眼互动等基本能力。通过对一系列电子游戏的研究发现[四]，游戏可以培养学生的手眼互动等基本能力。由于需要不停地移动和躲避，所以游戏自然能够培养手眼互动能力；由于学生需要自己去探索、总结游戏规则，所以游戏能培养归纳总结能力；由于学生经常要处理同时来自各方面的资讯，所以游戏能够培养平行处理能力；由于很多游戏都会提供二维或三维的空间，所以游戏能够培养空间想象能力。

原理 2：游戏化学习方法可以激发学习动机，提升学业成绩

游戏化学习方法在激发学习动机、提升学业成绩等多方面均有积极影响。《学习科学手册》（第二版）介绍了两篇综合多篇文章的元分析：对39篇实证研究的元分析发现，教育游戏对语言学习，历史、体育学科的学业成绩都有显著的积极影响[五]。对39项大多数历时5年的研究的元分析发现：相比于传统的阅读、操练、超文本阅读、授课，教育游戏更加有效，学生能够学到更多知识、掌握更多认知技巧；与其他教学方法结合比单

㊀ PRIMACK B A，CARROLL M V，MCNAMARA M，et al. Role of video games in improving health-related outcomes：a systematic review [J]. American Journal of Preventive Medicine，2012，42（6）：630-638.

㊁ RUSSONIELLO C，O’BRIEN K，PARKS J M. EEG，HRV and psychological correlates while playing bejeweled II：a randomized controlled study [J]. Studies in Health Technology and Informatics，2009，144（1）：189-192.

㊂ RUSSONIELLO C，O’BRIEN K，PARKS J M. The effectiveness of casual video games in improving mood and decreasing stress [J]. Journal of Cyber Therapy & Rehabilitation，2009，2（1）：53-66.

㊃ GREENFIELD P M. Mind and media：the effects of television，video games and computers [M]. New York:Psychology Press,2014.

㊄ YOUNG M F，SLOTA S，CUTTER A，et al. Our princess is in another castle：a review of trends in serious gaming for education [J]. Review of Educational Research，2012，82（1）：61-89.

独使用效果更好[一]。另外，许多实验研究[二][三]表明，基于游戏的学习方法确实比传统的学习方法更能调动学生的积极性。比如学者进行的关于《唐伯虎点秋香》教育游戏的一个实验中[四]，实验组同学使用游戏来学习概率知识，而对照组同学使用传统的网上学习材料来学习概率知识。从现场观察看来，实验组的同学学习得津津有味，而对照组同学却显得非常烦。从问卷调查结果看，实验组77.3%的学生都喜欢本次的教育游戏，对照组只有41.2%的同学表示喜欢本次的网上学习材料。

学者曾对游戏化学习方法与传统讲授式教学法、基于问题的（problem-based）教学及有故事背景的基于问题的（problem-based with story background）教学进行了比较研究[五]，结果显示，在事后的测验中，游戏化学习方法比其他3种学习方法效果要好，这显示了游戏可以让学生高高兴兴地学习到更多的知识。

原理3：游戏化学习可以诱发积极情绪

认知神经科学与教育领域的研究者达成共识：学习是认知、情绪与生理层面进行多层次交流的过程。情绪是影响学习结果的重要因素，积极的情绪有助于学习，消极情绪会对学习产生不良影响，如果学习环境引起学生的恐惧或压力，学生的认知能力就会受到影响。学校教育过程经常忽略情绪的作用。脑科学的研究不但阐明了消极情绪对学习和记忆的阻碍方式，还提供了对情绪进行测量和调控的方法。利用游戏化教学，教师可以为学生提供一个轻松、积极的学习环境，进而克服消极情绪对学习的干扰。

当大脑感受到额外的奖励时，中脑的多巴胺神经元会被激活并释放出多巴胺，这对整个大脑前额叶等脑区神经元的活性有重要影响[六]。发表在*Nature*杂志上的一项研究发现，在电子游戏中，人脑的纹状体会释放内源性多巴胺，多巴胺这种神经递质的传递与学习、注意、感觉有关[七]。大量研究表明，数学焦虑对于数学表现有显著的消极影响，但可以通过训练而降低[八]，针对算术学习的游戏对学生的认知成果和情绪改善都

[一] WOUTERS P，VAN NIMWEGEN C，VAN OOSTENDORP H，et al. A meta-analysis of the cognitive and motivational effects of serious games [J]. Journal of Educational Psychology，2013，105（2）：249-265.

[二] BECTA. Computer games in education project [EB/OL].（2001-01-02）[2023-09-02]. https：//cibermemo.files.wordpress.com/2015/12/edujoc2004.pdf.

[三] DEDE C，KETELHUT D，RUESS K. Motivation，usability，and learning outcomes in a prototype museum-based muti-user virtual environment [C]. Paper presented at the ICLS，Scattle，Washington，2002.

[四] JONG M S Y，SHANG J J，LEE F L，et al. Learning online：a comparative study of a situated game-based approach and a traditional web-based approach [C] //Edutainment 2006：International Conference on Technologies for E-Learning and Digital Entertainment [C]. [S.l.]: [s.n.]，2006：541-551.

[五] LEE H M J，LEE F L，LAU T S. Folklore-based learning on the web-pedagogy，case study and evaluation [J]. Journal of Educational Computing Research，2005，34（1）:1-27.

[六] 李澄宇，杨天明，顾勇，等. 脑认知的神经基础 [J]. 中国科学院院刊，2016，31（7）：755-764.

[七] KOEPP M J，GUNN R N，LAWRENCE A D，et al. Evidence for striatal dopamine release during a video game [J]. Nature，1998，393（6682）：266-268.

[八] SUPEKAR K，IUCULANO T，CHEN L，et al. Remediation of childhood math anxiety and associated neural circuits through cognitive tutoring [J]. Journal of Neuroscience，2015，35（36）：12574-12583.

有益[⊖]。

脑机交互设备（brain-computer interface，BCI）能够实时地捕捉人的情绪，可以被用于数学焦虑的训练，一项采用了短期纵向研究设计的研究证明，使用整合了BCI技术的数学教育游戏可以降低学习者的数学焦虑。该数学游戏显示了BCI设备（Emotive EPOC）所提供的实时的可视化脑神经反馈，提示学习者自身的情绪状态。将数学游戏与BCI设备整合可以有效地监控情绪和降低数学焦虑；先前的研究只关注了教育游戏后的数学成绩而并没有关注游戏对学习者情感因素的影响（如焦虑、失望、参与）[⊜]。

8.6.2 游戏化教学策略

游戏本身与游戏能否发挥作用，两者之间没有完全的因果关系，游戏化教学的效果取决于设计者，取决于教师把游戏作为学习工具的能力，而这种能力的获得很大程度上在于教师知道哪些有效的游戏化教学策略。

策略 1：4 种方式开展游戏化教学

通常有4种开展游戏化教学的方式，即使用教育游戏、使用娱乐游戏、制作游戏、游戏化设计（非游戏情境中使用游戏化元素），如图8-7所示。

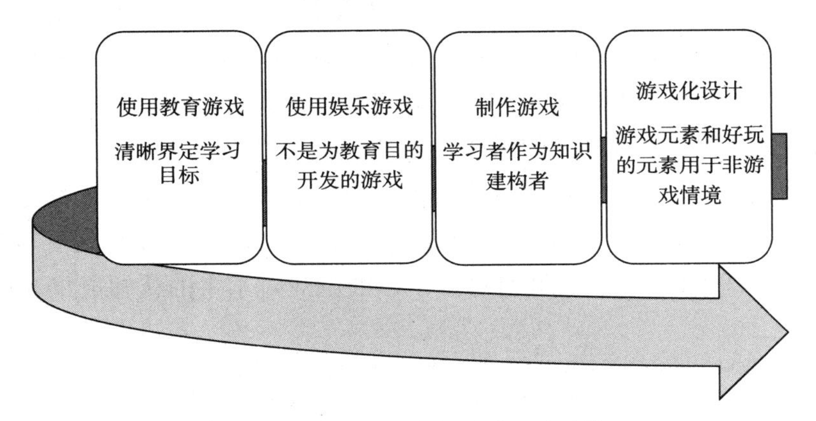

图8-7 游戏化教学的4种常见方式[⊜]

使用教育游戏：在课堂上使用专门为教学目标设计的游戏。比如张露等人依据认知神经科学、教育学、心理学等领域的相关研究成果，围绕基础阶段的分数认知，设计了

⊖ CASTELLAR E N，LOOY J V，SZMALEC A，et al. Improving arithmetic skills through gameplay：assessment of the effectiveness of an educational game in terms of cognitive and affective learning outcomes [J]. Information Sciences，2014，264：19-31.

⊜ VERKIJIKA S F， WET L D. Using a brain-computer interface（BCI）in reducing math anxiety：evidence from South Africa [J]. Computers & Education，2015，81：113-122.

⊜ NOUSIAINEN T，KANGAS M，RIKALA J，et al. Teacher competencies in game-based pedagogy [J]. Teaching and Teacher Education，2018，74：85-97.

“分数跑跑跑”教育游戏，在课堂上应用，结果表明，该游戏能够显著提高四年级学生的分数概念性知识水平㊀。

使用娱乐游戏：在课堂上应用非教学目的的游戏，与教学内容进行创新性的整合。在这种设计中，娱乐游戏的作用可以是探究的环境，也可以是作为叙事背景，或者提供挑战和神秘感。比如国内外都有学者将《愤怒的小鸟》应用于数学、物理课堂上，但是要注意以认知为目标（with epistemic goals）㊁。

制作游戏：将课堂的教学内容设计为游戏，或者让学生自己制作游戏。让学生自己制作游戏的目的是增进其对内容的理解，因为在设计中需要将知识进行应用，这也会激发学生的思维技能、沟通和创造性表达能力。在一项针对10～12岁荷兰小学生的研究中，学生要使用荷兰语玩或者构建自己的记忆拖拽游戏，最终证实了自己制作游戏的孩子更喜欢该游戏，并且使用了更深入的学习策略㊂。

游戏化设计：在非游戏情境中融入游戏元素，使其更具吸引力和激励性。对近几年在线学习中的游戏化元素进行综述的研究发现，应用的游戏化元素包括积分、徽章、排行榜、成就进度、证书、比赛、关卡、反馈、目标、头像等㊃。研究人员还表示，将游戏组件集成到在线学习环境中，可以更轻松地帮助学生实现既定目标，鼓励其提高积极性㊄。

在整个过程中，趣味性（playfulness）是核心，只有令人愉悦的活动才能更加吸引人参与和投入。因此，无论是哪种类型的游戏化设计，趣味性都是贯穿其中的核心思想。

策略 2：基于教育游戏的游戏化教学策略

电子类的教育游戏在市场上非常丰富，而这些教育游戏在课堂上的使用也是需要设计的。

加拿大的一项历时8个月的项目，针对34位教师开展游戏化教学专业发展培训课程，并对教师在采用电子游戏开展游戏化教学单元时进行课题观察和访谈。最终总结出了3类基于电子游戏的游戏化教学策略，见表8-17。

㊀ 张露，胡若楠，曾嘉灵，等. 如何设计科学、有效、有趣的教育游戏：学习科学跨学科视角下的数学游戏设计研究 [J]. 电化教育研究，2021，42（10）：70-76.

㊁ ALDAMA C，POZO J I. Do you want to learn physics? please play angry birds（but with epistemic goals）[J]. Journal of Educational Computing Research，2019，58（1）：3-28.

㊂ VOS N， MEIJDEN H V D，DENESSEN E. Effects of constructing versus playing an educational game on student motivation and deep learning strategy use [J]. Computers & Education，2011，56（1）：127-137.

㊃ SALEEM A，NOORI N M，OZDAMLI F. Gamification applications in e-learning：a literature review [J]. Technology，Knowledge and Learning，2022，27：139-159.

㊄ JAYALATH J，ESICHAIKUL V. Gamification to enhance motivation and engagement in blended eLearning for technical and vocational education and training [J]. Technology，Knowledge and Learning，2022，27（1）：91-118.

表8-17　基于电子游戏的游戏化教学策略简介[1]

类别	教学策略	具体做法
游戏玩法	教师对游戏的了解和参与	教师自己参与游戏，并向学生介绍自己在游戏中的经历
	专注和有目的的游戏	教师将学生的注意力吸引到特定的学习活动上，比如老师指导学生注意游戏中的气候、植被
	协作游戏	以游戏玩法为重点组织全班讨论，将游戏内容与课程相联系
课程计划和实施	有意义的学习活动	教师设计的学习活动涉及应用、分析、创造等高阶技能。比如要求学生制作游戏中特定地理区域的旅行方案
	有凝聚力的课程设计：结构化课程	将游戏整合到课程中，游戏之后进行课程学习活动
	适当的课程节奏和明确的期望	为学生提供完成任务的具体时间和具体实践指南。比如5min介绍后进行20min的游戏，最后15min安排小组讨论
技术与游戏	技术平台不是重点	活动是焦点，而非技术。技术出现故障时，继续强调学习的重要性
	游戏与要阅读的文本相联系	设计或准备可以参考的文本。促进游戏与其他材料之间的联系，如指导学生使用游戏中或课本中的文本材料来回答问题
	与先前学习相联系	提醒学生在之前课程中所学习的相关内容，以及游戏之外的课程知识内容。比如将废物利用的游戏与检测太平洋垃圾的作业相联系

可见，在课堂上应用电子类的教育游戏，要注意教师首先要对游戏有一定的了解，并以课程为核心，设计有意义的学习活动。教学中，注意将游戏与内容信息建立密切关联，避免学生顾此失彼，玩了而没学到。

策略 3：巧用游戏动机诱发学生学习动机

马隆（Malone）曾对游戏动机进行了比较细致和详尽的研究[2][3][4]，提出了一套完整的“内在动机”（intrinsic motivation）理论[5]。马隆根据个体行为过后所能得到的报酬将动机分为“内在动机”和“外在动机”（extrinsic motivation），所谓内在动机，指的是追求内心的快乐和满足；外在动机则指的是追求实质的奖赏和目的。将内在动机分为个人动机（individual motivation）和集体动机（interpersonal motivation）两类，个人动机包括

---

[1] HÉBERT C，JENSON J. Digital game-based pedagogies：developing teaching strategies for game-based learning [J]. The Journal of Interactive Technology and Pedagogy，2019（15）：15.

[2] MALONE T W. What makes things fun to learn? a study of intrinsically motivating computer games [J]. Pipeline，1981，6（2）：50-51.

[3] MALONE T W. Toward a theory of intrinsically motivating instruction [J]. Cognitive Science，1981，5（4）：333-369.

[4] MALONE T W. Guidelines for designing educational computer programs [J]. Childhood Education，1983，59（4）：241-247.

[5] MALONE T W，LEPPER M. Making learning fun：a taxonomy of intrinsic motivations for learning [M]//SNOW R E, FEDERICO P, MONTAGUE W E, et al. Aptitude, Learning, and Instruction. London：Rout ledge, 2021:223-254.

挑战（challenge）、好奇（curiosity）、控制（control）和幻想（fantasy），集体动机包括合作（cooperation）、竞争（competition）和自尊（recognition），见表8-18。

表8-18　马隆游戏动机理论简介

动机类型		解释及设计方法
个人动机	挑战	活动应该提供持续的、最佳难度水平的任务 1.目标：满足 ABCDT 法则，即个人可实现的（achievable）、与自己能力匹配的（believable）、清晰的（clear）、学生自己想实现的（desirable）、长期短期都有的（long-term，short-term） 2.结果不可预期。通过设定变化的难度水平、随机性、隐藏信息等 3.表现的反馈应该是频繁的、清晰的、具有建设性意义的、鼓励性的 4.活动应该是能够通过难度设定和反馈获得胜任感、满足自尊心的
	好奇	活动应该根据学生的状态和已知状态适度提供未知信息 1.利用交互手段或多媒体手段提升感知觉、好奇心 2.利用认知矛盾或未完成信息提升认知、好奇心
	控制	活动应该促进学生自我决定、自我控制、自主的感受 1.提供给学生足够的选择机会 2.允许学生拥有权力
	幻想	活动可以通过新奇感激发内在动机 1.吸引学生的情感参与，促进学生与情境和角色的情感认同 2.提供合适的比喻和类比
集体动机	合作	学生彼此之间联合完成全部或某项任务。和他人的合作将有助于增强学生的内在动机，将活动分割成互相有联系的部分，将促进合作动机的产生
	竞争	学生彼此之间的竞争也有助于增强学习的内在动机。比如两个人正在PK，其中一个人想放弃就比较困难
	自尊	指的是学生的成就得到其他人的赞赏和认可，这也将大大增强学习的内在动机。要增强自尊动机，就可以通过提供一种非常自然的方式，将学生的成就展示给其他人。比如设计一些角色、勋章、等级、排行榜等

因此，开展游戏化教学时，可以借鉴以上动机元素进行设计。比如，湖北省宜昌市枝江市仙女小学盛霞老师在开展英语教学“In a nature park”一课[⊖]的语音教学部分时，通过《迷你世界》，创建了农场开放日的情境，充分利用了幻想、好奇心的游戏动机，如图8-8所示。

⊖ 教育部科技司2020教育信息化教育应用实践共同体“学习科学与游戏化学习实践共同体”项目（教科技司〔2020〕215号）阶段性成果。

图8-8 “In a nature park”农场情境

玩一玩，测一测

玩一玩 猜猜我是谁

游戏规则：老师制作几个纸做的帽子，帽子上贴上标签，分别写上“李白”“秦始皇”“钱学森”“齐白石”，如图8-9所示，选4个同学，分别戴上帽子，每个人都只能看到别人是什么名字，不知道自己是什么名字。从1号开始猜，以句式“我是……吗？”来提问，其他同学只能回答“Yes”或“No”。如果同学们回答的都是“No”，就失去提问机会，轮到2号发问。最先猜出来自己是谁的获胜。

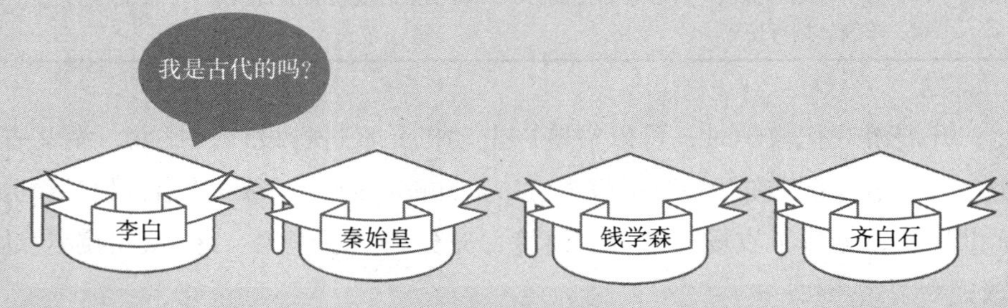

图8-9 猜猜我是谁示意图

说明：该游戏融合了好奇、合作的游戏动机，可以让学生体验游戏化的设计是什么。该游戏还可以修改，与教学内容结合，比如将标签设置为所学的术语或词汇。

测一测

1. 判定下面选项分别调动了哪种游戏动：

（1）王老师一上课就给学生讲了一个神秘的故事。（　　　）

（2）赵老师将全班同学分为了7个小组，PK答题。（　　　）

（3）孙老师让学生选择要么制作一个海报，要么写学习日记。（　　　）

2. 填写表8-19，对比ABCD目标设定原则和SMART目标设定原则有何相同、有何不同。

表8-19　ABCD目标设定原则和SMART目标设定原则比较

	ABCD	SMART
相同		
不同		

8.7　本章结语

课堂活动是教学设计的重要环节，其目的是让学生的整个身心都投入与知识、学习的交互中，从而帮助学生实现知识的建构与内化，但现状就是很多学生都只是在课堂中被动地接受教师的观点，而没有充分发挥出其主观能动性，抑或是在小组合作中感到困难和不知所措，而这最大的原因就在于没有科学地设计课堂活动。本章首先梳理了课堂活动中课堂对话和身体参与的设计原理和策略，然后介绍了合作学习、计算机支持的协作学习、项目式学习、游戏化教学，以及具体如何开展。

课堂对话是任何课堂活动中都必不可少的，积极的课堂对话更有利于激发学生的“幸福状态”，使其更有信心和力量参与到课堂学习中，从而取得更好的学习效果。幽默的方式、开放性问题、引导学生自己发现结论、类比和情景化、积极的暗示、对努力而非智力进行表扬，以及创建轻松的交流氛围、引导学生运用元认知策略都有助于生成积极的课堂对话。老话说，“生命在于运动”，事实上身体运动也和认知、学习息息相关，有助于增强注意和记忆，激发情境记忆。整合身体活动与教学内容，发展感知-运动过程，可以帮助学生建构起对概念的解释和理解，促进认知；重视教师和学生的身体姿势、手势的运用，它们可以辅助学生思考和师生交流。

合作学习、计算机支持的协作学习、项目式学习、游戏化学习已经替代了传统的讲授法，成为新型教学模式和学习方式，当然，还有翻转课堂。这些学习方式的应用目的不在于“炫花样”“展示课”，其最终的目的在于提升学生的高阶思维，激发学生的学习动机，让学生以更高的认知投入水平参与学习，让学生能够跨越学科藩篱，实现跨学科知识整合和应用，为学生提供优质学习体验和深度学习窗口。

第9章 练习与迁移

【本章导入】

本章系统地介绍基于学习科学的练习和迁移的原理和策略，带你解答若干关于练习的疑惑：为什么提取练习是有效的，如何进行提取练习？为什么分散练习比集中练习更有效？怎么布置分散练习作业呢？什么是刻意练习？怎么开展刻意练习呢？练习之后，应该如何给学生提供反馈？在练习中，应该怎么促进学生的知识迁移呢？相信通过本章的学习，你将成为最会布置作业的老师！

做作业是学生学习的常态，而布置作业、批阅作业是教师工作的常态。其实，无论是课堂作业还是课后作业，无论是单元测试还是期末测试，都属于“练习”，练习是教学评价的形式之一，是对学习效果的评价，也是复习活动的形式之一，是对所学通过练进行巩固。练习和练习后的反馈与纠正，可以促进知识的记忆、理解与应用，以及学习目标的达成。论语中早有“学而时习之，不亦说乎”和“温故而知新”的说法，但是过多的练习又成为“题海战术”。那么到底怎么样开展练习？练习之后的迁移如何实现呢？

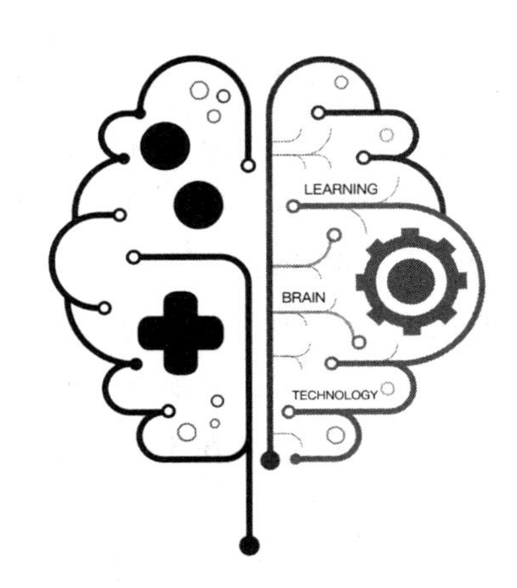

【内容导图】

本章内容导图如图9-1所示。

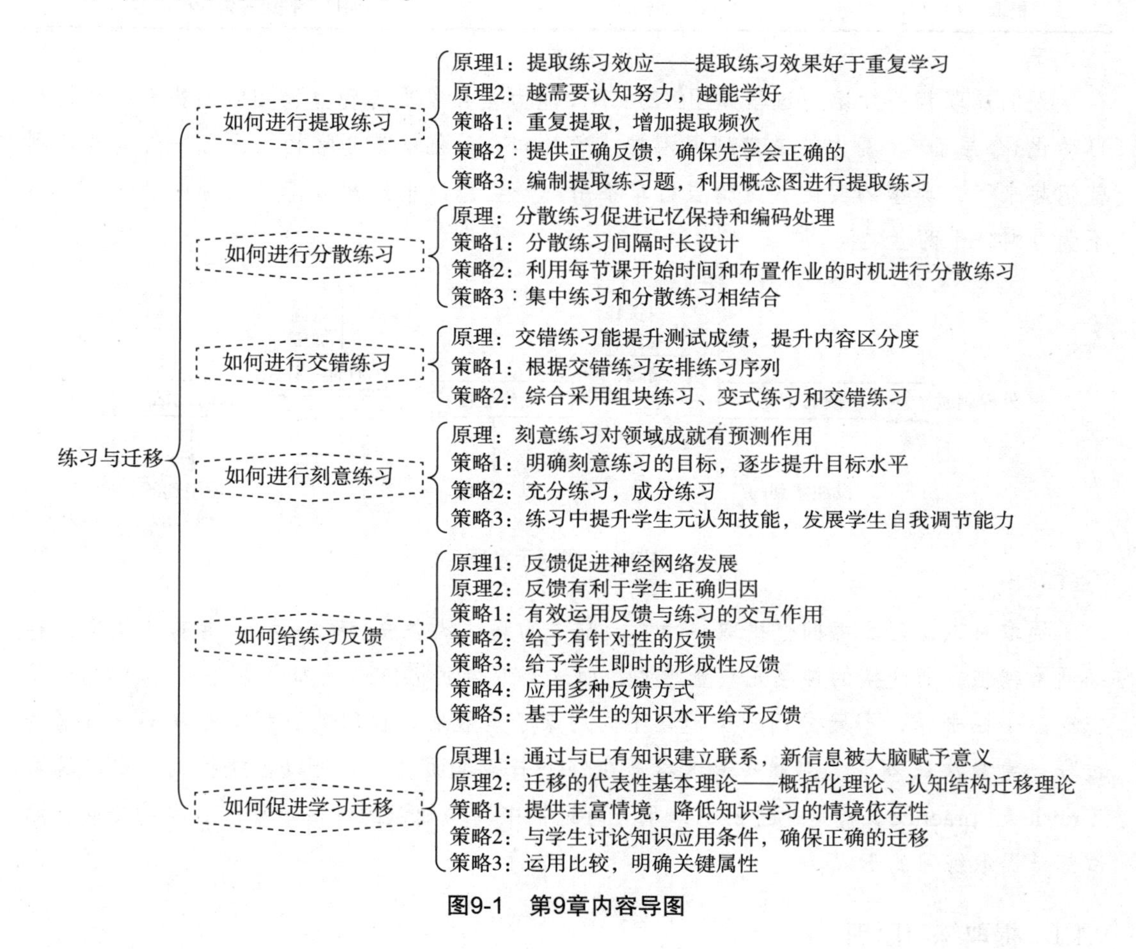

图9-1 第9章内容导图

9.1 如何进行提取练习

你是否有过这样的经历：见到一个熟悉的脸庞却想不起来怎么称呼对方，记得一首诗词却怎么也想不起来作者是谁，知道以后，恍然大悟："啊，对对，就是他。"其实你在努力回忆的过程就是你在进行信息提取。

通常来说，记忆包括3个主要阶段：编码（encoding），对输入的信息进行处理加工；存储（storage），对信息进行长久记录，是获取和巩固的结果；提取（retrieval），对信息的再认和回忆，见表9-1。信息在工作记忆中加工处理后会被传送到长时记忆。我们进行回忆的过程就是从长时记忆的存储位置调取信息，再返回工作记忆，这个过程也就是"提取"。

表9-1　提取的基本含义及实例

概念名称	基本含义	实例
提取	再认，回忆	回忆牛顿第三定律的内容

人们提取相关知识的过程如图9-2所示，能力差异表现为费力、相对不费力、顺畅和自动化3个层面[1]。费力就是感到很困难；顺畅和自动化就是非常轻松，几乎没有意识到就想起来了，典型的实例就是骑自行车不用刻意去想，也能知道需要做哪些动作；相对不费力则介于两者之间。

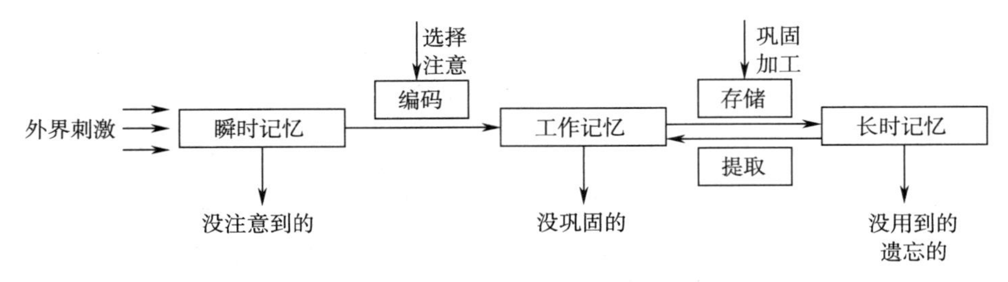

图9-2　提取示意图

提取可以练习。每回忆提取一次，大脑中的联结就会被加强一次[2]，越努力提取，神经通路越强，所连接的神经元数量越多，而这会使得回忆信息更加容易[3]。就像你的大脑中有一个图书馆，书籍分门别类地在不同的架子里放着，提取的过程就是拿某一本书的过程，重复次数多了，你就知道这本书在哪个书架里面了，就可以很快找到。提取练习（retrieval practice）就是通过回忆，从长时记忆中调取知识的练习活动，日常的提问、测试都是提取练习的形式。

9.1.1　提取练习原理

为什么提取练习如此重要呢？不仅来自实验研究和来自相关神经科学的研究证明了提取练习在提升学习效果方面的优势和背后的原因，来自真实课堂的提取练习也证明了提取练习的效果。

原理 1：提取练习效应——提取练习效果好于重复学习

并不像我们以往所理解的，只有编码和存储信息才能促进记忆，测试回忆这样的提

[1] 布兰思福特，布朗，科金. 人是如何学习的：大脑、心理、经验及学校　扩展版 [M]. 程可拉，孙亚玲，王旭卿，译. 上海：华东师范大学出版社，2013：10.

[2] 泰勒斯通. 提升教学能力的10项策略：运用脑科学和学习科学促进学生学习 [M]. 李海英，译. 北京：教育科学出版社，2017：44.

[3] CARPENTER S K，DELOSH E L. Impoverished cue support enhances subsequent retention：support for the elaborative retrieval explanation of the testing effect [J]. Memory & Cognition，2006，34（2）：268-276.

取练习只是记忆效果的反馈。提取练习会促进记忆，重新建构知识，提取练习是学习中至关重要的组成过程。2011年发表在国际顶级期刊《科学》（*Science*）上的研究㊀对比了提取练习与重复学习、概念图在促进学生记忆和理解有意义学习材料时的学习效果。该研究开展了两个实验。在第一个实验中，让80名大学生被试在4种条件下新学习一项科学材料，4种条件分别为普通学习（只学一次）、重复学习（连续学4次）、概念图（在第一次学完之后绘制概念图）、提取练习（在第一次学完之后，学生在自由回忆的测试中尽可能地回忆更多信息），4种条件下的学习时间保持一致。学完之后让学生评估自己能记住信息的百分比（即元认知预测），一周之后进行测试。结果发现，在记忆类题目上，提取练习组别成绩显著高于其他组别（见图9-3a），理解推理类题目上，提取练习组别的成绩也显著高于其他组别（见图9-3b），在学生的元认知预测结果方面则是重复学习的效果最好（见图9-3c）。

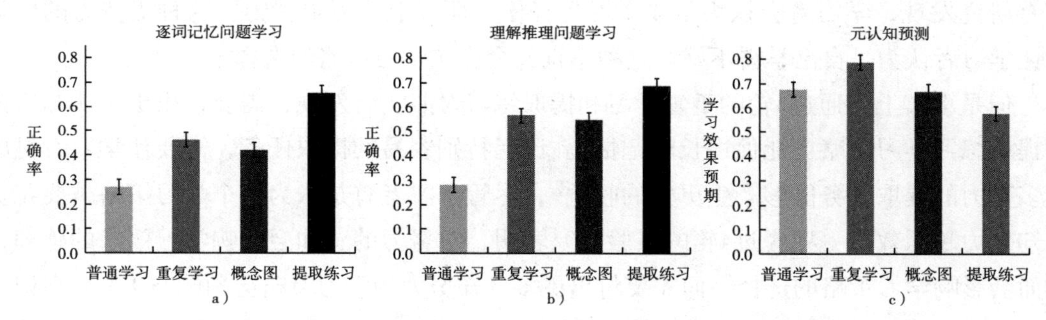

图9-3 提取练习与普通学习、重复学习、概念图的学习效果对比

该研究的第二个实验中，为了验证第一次实验结果的可推广性，更换了科学教育中不同的教学材料，对120个学生进行组内设计，即每个学生先后接受概念图和提取练习两种学习方式，并且进行了简答题测试和概念图测试，结果均是提取练习组别正确率更高。

更有意思的是，该研究针对多项质疑㊁，对概念图的培训时长、学生自身对提取练习的熟悉度、长时记忆的测试时间间隔等问题一一做了合理解释㊂，又发表了一系列关于提取练习的实证文章，证明了提取练习对真实课堂境脉下学生意义学习的有效性㊂。

根据功能性磁共振成像（fMRI）的研究发现，提取练习比重复学习更能激活大脑的左下额回、腹侧纹状体和中脑区域，并且可能涉及通过纹状体动机和奖赏回路来增加努

㊀ KARPICKE J D，BLUNT J R. Retrieval practice produces more learning than elaborative studying with concept mapping [J]. Science，2011，331（6018）：772-775.

㊁ MINTZES J J，CANAS A，COFFEY J，et al. Comment on "retrieval practice produces more learning than elaborative studying with concept mapping" [J]. Science，2011，334（6055）：453.

㊂ KARPICKE J D，BLUNT J R，SMITH M A，et al. Retrieval-based learning：the need for guided retrieval in elementary school children [J]. Journal of Applied Research in Memory and Cognition，2014，3（3）：198-206.

力的认知控制和记忆调节[一]。

提取练习的效果也得到了诸多研究者的证实，并且适用于大学生和中小学生[二]。这些研究表明，提取练习是强大的记忆增强剂，可以促进知识获取和长时记忆保持[三]，并且比重复阐述的效果更好，可以有更长时间的保持[四]，也更能够促进以后的知识提取和意义学习[五]。也就是说，当我们有多种复习方法可以选择时，比起重复写好几遍字词、看好几遍书、重复阐述这样的重复学习，主动回忆、做测试题的提取练习效果会更好、学业成绩更高。

原理 2：越需要认知努力，越能学好

我们往往认为，在背诵或做测试时越费力，越困难，就说明自己学得越不好，越不愿意去主动背诵和做测试。的确，根据行为经济学和认知科学的研究，个体会避免做需要付出过多心理努力的任务[六]，比如，明知道学习很重要，还是想躺在沙发上看电视。确实有研究发现，学习者会认为重复学习更轻松，而提取练习更费力，这种更费力的感觉会让学习者认为是自己学得不好，这种感觉又会影响学习策略的选择[七]。

但是事实上，通过3轮的重复学习和提取练习对照实验发现，需要付出更多认知努力的提取练习学习策略更能促进长时记忆[八]。比起特别容易的提取任务，需要让学习者付出更多努力的提取任务能够产生更大的收益[九]，尽管学习者总是认为一个学习策略越要花费认知努力越无效。一项经过4轮的实验研究表明，对努力的感知会影响学习效果的感知，继而会影响学习策略的选择，而需要付出更多认知努力的学习策略会预测48 h之后在记忆

[一] BROEK G S，TAKASHIMA A，SEGERS E，et al. Neural correlates of testing effects in vocabulary learning [J]. NeuroImage，2013，78：94-102.

[二] KARPICKE J D，BLUNT J R，SMITH M A. Retrieval-based learning：positive effects of retrieval practice in elementary school children [J]. Frontiers in Psychology，2016，7：350.

[三] ROEDIGER H L，BUTLER A C. The critical role of retrieval practice in long-term retention [J]. Trends in Cognitive Sciences，2011，15（1）：20-27.

[四] KARPICKE J D，SMITH M A. Separate mnemonic effects of retrieval practice and elaborative encoding [J]. Journal of Memory and Language，2012，67（1）：17-29.

[五] KARPICKE J D. Retrieval-based learning：active retrieval promotes meaningful learning [J]. Current Directions in Psychological Science，2012，21（3）：157-163.

[六] WESTBROOK A，BRAVER T S. Cognitive effort：a neuroeconomic approach [J]. Cognitive，Affective，& Behavioral Neuroscience，2015，15（2）：395-415.

[七] KIRK-JOHNSON A，GALLA B M，FRAUNDORF S H. Perceiving effort as poor learning：the misinterpreted-effort hypothesis of how experienced effort and perceived learning relate to study strategy choice [J]. Cognitive Psychology，2019，115：101237.

[八] KARPICKE J D，BLUNT J R. Retrieval practice produces more learning than elaborative studying with concept mapping [J]. Science，2011，331（6018）：772-775.

[九] KARPICKE J D，LEHMAN M，AUE W R. Chapter seven-retrieval-based learning：an episodic context account [M]//ROSS B H. Psychology of learning and motivation. [S. l.]: Academic Press，2014：237-284.

测试中的表现[一]。因此，努力并非表面的努力，而是认知努力，需要努力思考和努力提取才能获得更大的学习收益。

9.1.2　提取练习教学策略

我们都知道练习的好处，以上也分析了提取练习的优势，那么，到底怎么开展提取练习呢？

策略1：重复提取，增加提取频次

有研究表明，增加提取练习测试次数可以提高标准测试的成绩[二]，并且，经过反复提取的信息保持率有所提高[三]。一项开展在线测试和游戏化测试对比的实验研究发现，无论测试形式如何，学生参与测试的次数越多，期末考试成绩越高[四]。

这一结果的主要依据是赫布理论（Hebbian theory），神经元A对神经元B重复持续的激发，会使得这两个神经元或其中一个发生变化，A成为使得B兴奋的细胞之一，即神经回路的联结可以通过反复巩固得到增强。就像走一条陌生的路，走得多了就非常熟悉了。因此，教学中一次的练习或测试或许并不足以将信息保持到长时记忆，成功地存储到长时记忆并能顺畅提取，是需要反复练习的。比如，可以给学生多次布置同一知识点的测试题，在不断努力提取和修改后实现记忆保持和巩固。

在重复测试的时候，需要注意，根据原理2，学生往往会认为提取练习比较费力，不愿意采用，也不认为其有价值，教师则需要明确告诉学生提取练习的意义和价值，鼓励学生自己主动进行提取练习。

策略2：提供正确反馈，确保先学会正确的

正确的反馈首先会更正学习者的错误记忆，其次也是对记忆的巩固。一项元分析研究发现，给予反馈的测试成绩显著高于不给予反馈的[五]，并且在学生重复提取测试之前，需要向其呈现正确的标准答案，以便其形成正确记忆。卡佩克（Karpicke）和史密斯（Smith）的实验中[六]，让被试进行单词两个阶段的学习，第一个阶段通过学习和测试

㊀ KIRK-JOHNSON A，GALLA B M，FRAUNDORF S H. Perceiving effort as poor learning：the misinterpreted-effort hypothesis of how experienced effort and perceived learning relate to study strategy choice [J]. Cognitive Psychology，2019，115：101237.

㊁ VAUGHN K E，RAWSON K A. Diagnosing criterion-level effects on memory：what aspects of memory are enhanced by repeated retrieval?[J]. Psychological Science，2011，22（9）：1127-1131.

㊂ WHEELER M A，ROEDIGER H L. Disparate effects of repeated testing：reconciling Ballard’s（1913）and Bartlett’s（1932）results [J]. Psychological Science，1992，3（4）：240-245.

㊃ SANCHEZ D R，LANGER M，KAUR R. Gamification in the classroom：examining the impact of gamified quizzes on student learning [J]. Computers & Education，2020, 144：103666.

㊄ ROWLAND C A. The effect of testing versus restudy on retention：a meta-analytic review of the testing effect[J]. Psychological Bulletin，2014，140（6）：1432-1463.

㊅ KARPICKE J D，SMITH M A. Separate mnemonic effects of retrieval practice and elaborative encoding [J]. Journal of Memory and Language，2012，67（1）：17-29.

确保每个单词都能够被正确地回忆起来，第二个阶段可以选择重复提取和重复学习，最后发现，一周之后，重复提取增强了延后测的记忆保持，这一实验还证明了在进行测试程序之前要首先学会正确的。但是即使学生提取失败了也能促进学习，尝试过但提取失败，也可以为学生提供反馈信号，表明他们可能不太了解哪部分内容，之后调整记忆编码方式[一]。因此，在教学中，进行提取练习或测试后，提供正确的答案，纠正错误是帮助学生记忆的重要步骤。纠正性的反馈不仅可以增强学习，并且可以在学生缺乏信心时增强其学习能力[二]。

因此，在开展提取练习之前，教师可以首先呈现正确的题目解法示范，或者测试后给予有效反馈，及时纠正错误，确保每个学生记住的都是正确的，而不是记住了错误的信息，确保每次提取都发挥了积极的作用。

策略 3：编制提取练习题，利用概念图进行提取练习

人脑的记忆系统不是录像机或录音机，记录了就可以随时回放，线索可以帮助我们提取信息，重建记忆。超强的记忆力似乎不如提取线索重要[三]。因此，比起让学生全部背诵或默写，提供一些填空题或者给出相应的描述，更有助于学生提取信息。但是值得注意的是，更方便提取并不等同于更有助于记忆效果提升。到底哪种类型的提取练习效果更好呢？当代认知心理学理论提出，记忆提取主要基于两个过程——主观熟悉感（感觉有点像之前遇到的）和对先前事件的上下文回忆（回想之前记着的），这两个过程也对应了不同的测试题——自由回忆（如简答题）、线索回忆（如填空题）和识别测试（如选择题），自由回忆和线索回忆对应的就是上下文回忆，识别测试对应了主观熟悉感，可以根据大概印象做出选择。有研究表明，自由回忆和线索回忆测试会产生更大的预测效果，多项选择测试虽然属于识别测试，但是效果和自由回忆、线索回忆一样好[四]。因此，可以多采用简答题、填空题此类的自由回忆和线索回忆以及多选题的练习以提升记忆效果。除了测试题以外，自问自答，学生自己给自己出测试题，对照目录、大纲进行回忆和复述，甚至利用教师正式授课前和授课后的时间进行快速的问答都是提取练习的方式。

根据卡佩克和布兰特（Blunt）的研究结果，我们知道了提取练习比概念图的学习效果好[五]，但是这并不是说我们就不用概念图。概念图可以帮助学习者构建知识体系，可视

㊀ PYC M A，RAWSON K A. Why testing improves memory：mediator effectiveness hypothesis [J]. Science，2010，330（6002）：335.

㊁ BUTLER A C，KARPICKE J D，ROEDIGER H L. Correcting a metacognitive error：feedback increases retention of low-confidence correct responses [J]. Journal of Experimental Psychology：Learning，Memory，and Cognition，2008，34（4）：918-928.

㊂ SCHACTER D L. Searching for memory：the brain，the mind，and the past [M]. New York：Basic Books，1996：79.

㊃ MOREIRA B F T，PINTO T S S，STARLING D S V，et al. Retrieval practice in classroom settings：a review of applied research [J]. Frontiers in Education，2019，4：5.

㊄ KARPICKE J D，BLUNT J R. Retrieval practice produces more learning than elaborative studying with concept mapping [J]. Science，2011，331（6018）：772-775.

化知识结构，促进问题解决[1]。可以通过提取回忆的方式让学习者绘制思维导图，也可以通过补充概念图或思维导图的方式进行提取练习。比如图9-4所示深圳福田区东海实验学校马迎丽、胡杰、林芳君老师给六年级学生设计的关于“百分数的自述”练习[2]，就是用思维导图画出百分比和分数、除法的关联。

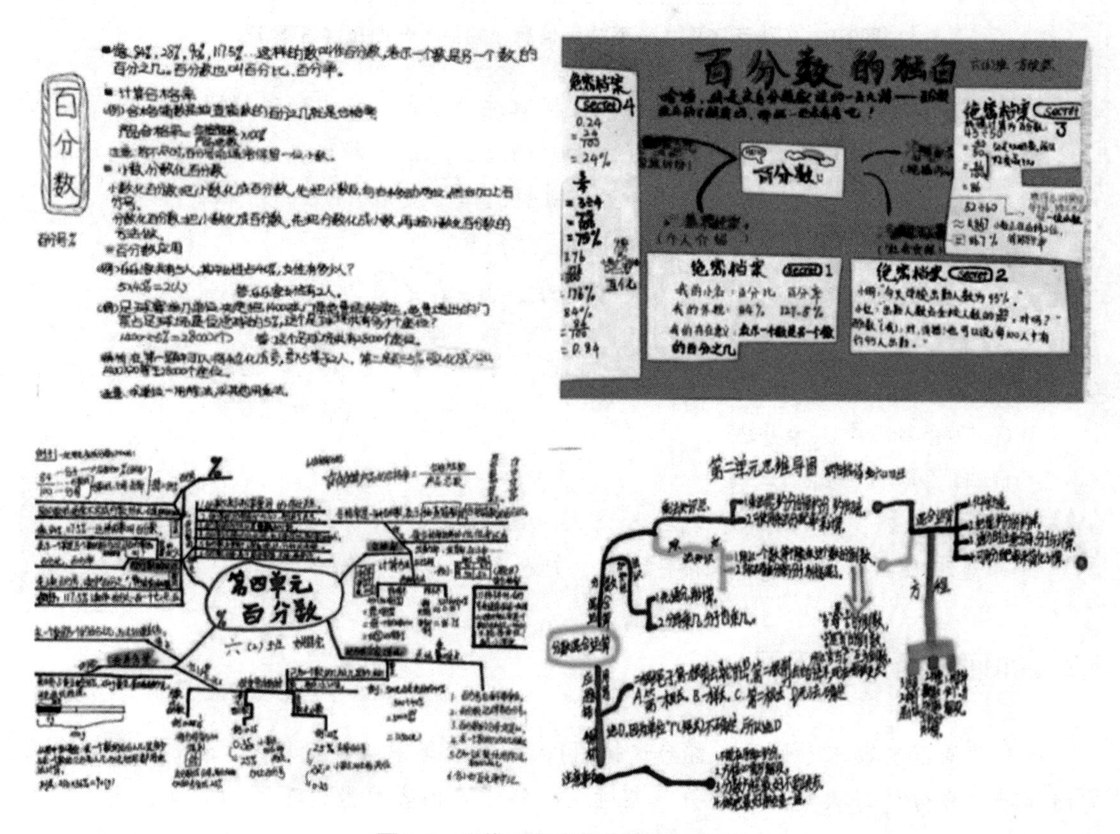

图9-4　思维导图进行提取练习示例

玩一玩，测一测

玩一玩　闪卡游戏

游戏规则：在卡的背面写上题目，在卡的正面写上正确答案，如图9-5所示。两个人一组，一人当裁判，一人当选手，轮流翻闪卡，每答对一题就可以获得相应闪卡。

[1] LEE Y，NELSON D W. Viewing or visualising—which concept map strategy works best on problem-solving performance? [J]. British Journal of Educational Technology，2005，36（2）：193–203.

[2] 姚铁龙. 小学数学作业设计100例 [EB/OL].（2022-06-29）[2023-09-22]. https://mp. weixin. qq. com/s/cXIDAG2Jdbi25NCtabzCww.

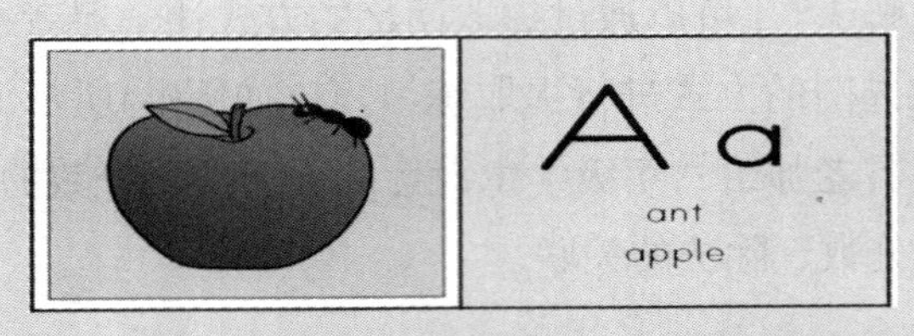

图9-5 闪卡示意图（一面提示信息或题目，一面正确答案）

说明：闪卡游戏是一种典型的游戏化提取练习方式，可以通过提供关联的线索让学生回忆并提取正确的答案，反复翻卡片的过程就是不断记忆和提取的过程。该游戏还可以通过集体回答或抢答的方式在班级教学中应用。

测一测

1. 马上要期末考试了，你认为最有效的复习方式是（ ）。（单选）

A. 看一看之前做的题

B. 多看几遍书

C. 照着书画个思维导图

D. 自己给自己出测试题

2. 判断对错，对的打√，错的打×。

学生提取知识的速度非常慢，是因为他的智力水平比较低。（ ）

9.2 如何进行分散练习

还有两周就要期末考试了，你会选择用1天的时间集中给学生复习，还是将需要复习的内容进行划分，每天复习一部分？实际上，将学习内容分散到不同的时间，有一定的时间间隔，会使练习效果更好。

分散练习（distributed practice）或间隔练习（spaced practice）是指学生完成某项任务时，将练习任务分成几个部分，分散为不同时间，对不同的部分分别练习。分散练习相关的基本含义及实例见表9-2。

表9-2 分散练习相关的基本含义及实例

基本概念	基本含义	实例
分散练习	将练习任务分成几个部分分散完成	30 min的计算练习，分为3天完成，每天10 min
集中练习	一次性完成所有练习任务	一次性完成30 min的计算练习
间隔效应	在学习中，一定的间隔时间会提升记忆测试效果	间隔1天或6天、30天进行复习的效果会比集中在2天内复习效果更好

大量分散练习研究都证明了学习受到学习时间分布的影响，无论间隔时间多长，相

比集中练习，分散练习的效果都更强[一]，并且，在练习内容和总时长相同的情况下，分散练习的效果会比集中练习的效果更好[二]，这种效果既存在于实验室研究中，也同样存在于真实的教育环境中[三]。与分散练习相对应的就是间隔效应（spacing effect），即在学习中一定的时间间隔往往会提高后续的学习效果。

9.2.1　分散练习原理

分散练习原理帮助我们回答以下问题：到底什么时候给学生布置练习题？分散练习真的就比集中练习效果好吗？为什么分散练习更好呢？到底在哪些方面效果更好呢？

原理：分散练习促进记忆保持和编码处理

目前分散练习的效果已经在多个领域得到了证实，包括言语记忆任务、技能学习任务、数学任务等。一项针对184篇文章中317项关于分散练习和集中练习实验的元分析[四]发现，分散学习（即间隔一些时间进行信息呈现）比集中学习在最终的测试表现和记忆效果上都更好，无论最终记忆保持测试的时间是10分钟还是一个月。

为什么分散练习的效果更好呢？学习新内容时，大脑需要时间对内容进行编码、组织和巩固，这时记忆痕迹（大脑中新知识的表象）得到加强[五]，被赋予意义，并与已有知识结构建立关联。分散练习的时间间隔给予大脑时间来完成这个过程，巩固知识，将内容存储于长时记忆中。

多年心理学研究一致表明，与连续集中地重复学习材料相比，将统一材料进行间隔性重复，更有助于保留材料。在单词、面孔、图片、文本、运动技能、认知技能、数学问题解决中都发现了这样的现象，这在婴儿期、学前、小学、中学、大学和老年人身上都得到了证实[六]。也就是说，分散练习对不同的学习材料（单词、语法规则、历史事实、图片、运动技能等），不同的刺激形式（视听、文本），对4~76岁的学习者，无论练习与回忆间隔多久，效果都优于集中练习的[七]。这种记忆保持的优势主要来源于在间隔期间

㊀ CEPEDA N J，PASHLER H，VUL E，et al. Distributed practice in verbal recall tasks：a review and quantitative synthesis [J]. Psychological Bulletin，2006，132（3）：354-380.

㊁ DONOVAN J J，RADOSEVICH D J. The moderating role of goal commitment on the goal difficulty–performance relationship：a meta-analytic review and critical reanalysis [J]. Journal of Applied Psychology，1998，83（2）：308-315.

㊂ SEABROOK R，BROWN G D A，SOLITY J E. Distributed and massed practice：from laboratory to classroom [J]. Applied cognitive psychology，2005，19（1）：107-122.

㊃ CEPEDA N J，PASHLER H，VUL E，et al. Distributed practice in verbal recall tasks：a review and quantitative synthesis [J]. Psychological Bulletin，2006，132（3）：354-380.

㊄ 朗. 如何设计教学细节：好课堂是设计出来的 [M]. 黄程雅淑，译. 北京：中国青年出版社，2018：68-73.

㊅ GERBIER E，TOPPINO T C. The effect of distributed practice：neuroscience，cognition，and education [J]. Trends in Neuroscience and Education，2015，4（3）：49-59.

㊆ 马雷特. 人是如何学习的Ⅱ：学习者、境脉与文化 [M]. 裴新宁，王美，郑太年，译. 上海：华东师范大学出版社，2021：102.

内有更多的编码和处理，而立即重复的项目得到的处理较少。还有一种可能是，立即重复呈现的信息，会因为相对熟悉感，给人一种已经学会了的错误印象，而不再去处理和加工该信息[1]。比如，有学者研究发现，集中重复的项目上，瞳孔扩张（负责心理努力的指标）更少[2]。功能核磁共振成像的研究发现，零间隔或短间隔下，会出现重复抑制效应，即相关的神经激活幅度更小，而随着间隔的增加，激活水平逐渐增加[3]。研究者还发现，间隔时间的过程与编码过程和突触巩固有关[1]。

总之，分散练习的效果得到了实验室研究和真实教学研究的证实，其效果背后的机制主要在于有足够充分的时间去处理和加工信息。那么在实际教学中应该怎么开展分散练习呢？

9.2.2 分散练习策略

对于具体怎么开展分散练习，我们通常会考虑间隔多长时间进行一次重复，以及分散练习的前提是什么。

策略 1：分散练习间隔时长设计

那么在分散练习中，间隔多长时间进行练习效果最好呢？有研究发现，突触巩固一般在一天或更长时间的间隔内完成，因此建议，学习间隔24小时或更多，如多个晚上的睡眠，因为睡眠已经被证明有助于巩固记忆。具体间隔多长时间，没有确切的答案，但是记忆与间隔时长的倒U形关系得到了支持，即并非时间间隔越长越好，也并非越短越好，比如塞佩达（Cepeda）等人的研究发现[4]，7天后进行记忆保持测试的最佳成绩为间隔1天进行复习，而350天后进行记忆保持测试的最佳成绩为间隔了21天的复习。因此，如果想让知识保持更长时间，就要把间隔时间留得更长，这也与艾宾浩斯遗忘曲线的发现基本一致，可以在短期内高频次复习，而在较长的间隔内再次复习。因此，分散练习的频次可以根据艾宾浩斯遗忘曲线所发现的规律进行设计，在遗忘边界增加复习可以提高记忆保持的留存率。也有学者认为，有间隔的重复练习只要不是无意义的重复就好，并且间隔的时间长到足够出现一点遗忘的时候进行努力练习最好[5]。

需要注意的是，相比于将练习集中于某一天的时段，使学习事件间隔一天，有利于

㊀ GERBIER E，TOPPINO T C. The effect of distributed practice：neuroscience，cognition，and education [J]. Trends in Neuroscience and Education，2015，4（3）：49-59.

㊁ MAGLIERO A. Pupil dilations following pairs of identical and related to-be-remembered words [J]. Memory & Cognition，1983，11（6）：609-615.

㊂ HENSON R N，RYLANDS A，ROSS E，et al. The effect of repetition lag on electrophysiological and haemodynamic correlates of visual object priming [J]. NeuroImage，2004，21（4）：1674-1689.

㊃ CEPEDA N J，VUL E，ROHRER D，et al. Spacing effects in learning：a temporal ridgeline of optimal retention [J]. Psychological Science，2008，19（11）：1095-1102.

㊄ 布朗，罗迪格三世，麦克丹尼尔. 认知天性 [M]. 邓峰，译. 北京：中信出版社，2018：138.

最大限度地记忆保持[1]，时段的选择取决于什么时候做测试，如果是一个月后、一个学期后测试，练习就应该分布在几周、几个月中。

策略 2：利用每节课开始时间和布置作业的时机进行分散练习

教师可以在每节课开始的时间，也就是每节课的高效期中进行简短的复习，回顾课程中以前所学的关键概念，这样，在学习新知识前，对旧知识实现了间隔的复习。在布置家庭作业时同样也可以充分利用间隔效应，间隔数周或数月后对于之前所学的内容进行测试和复习。可以在一学期课程中安排多次不同时间间隔的练习，表9-3为复习时间的安排示例。

表9-3　复习时间安排示例

复习次数	时间
第1次复习	学习后10~20 min内进行复习
第2次复习	学习后1 h进行复习
第3次复习	学习后第2天
第4次复习	学习后1周后
第5次复习	1个月后
第6次复习	2个月后
第7次复习	半年后

教师可以结合学期规划，对各单元的内容进行间隔性重复练习（复习）安排，这里的复习是指通过本书9.1.2中的提取练习方式进行复习。

除此之外，学者还建议，在新概念首次引入之后，应该在间隔一段时间之后，比如几周或几个月的时候进行复习，教师要牢记给学习知识保留间隔[2]，同时，教师应该鼓励学生自己按照分散练习的方式规划复习主题和复习时间。

策略 3：集中练习和分散练习相结合

集中练习能够帮助学生快速、系统掌握新内容，分散练习有助于学习内容的记忆和保持。同时结合两种练习方式，可以构成有效练习，即先进行集中练习，快速学习内容，紧接着开展分散练习，达到记忆的保持和巩固。古森斯（Goossens）等人进行的一项单词学习研究，让三年级学生分别在集中学习环境下学习30个单词的含义，以及分散在多个时间段内分别学习一部分单词的含义，无论是1周后的测试还是5周后的测试，都

[1] 马雷特. 人是如何学习的Ⅱ：学习者、境脉与文化 [M]. 裴新宁，王美，郑太年，译. 上海：华东师范大学出版社，2021：103.

[2] SURMA T，VANHOYWEGHEN K，CAMP G，et al. The coverage of distributed practice and retrieval practice in Flemish and Dutch teacher education textbooks [J]. Teaching and Teacher Education，2018，74：229-237.

是分散练习组成绩更高⊖。但这并不意味着，集中练习+分散练习的效果<分散练习的效果。在实际教学中，可以将集中练习和分散练习的优势相结合，既满足对模块化知识的整体复习，也可以通过间隔给予学生充分的加工时间，实现分散练习效应。可以先进行集中练习，再进行间隔时间的分散练习，也可以先进行分散练习，再进行集中练习。

玩一玩，测一测

玩一玩　宾果（Bingo）游戏

游戏规则：给学生提供一张宾果卡片，如图9-6所示，卡片上包含了所学知识的关键词，学生要能够根据老师的描述找到相应的词，找到后便可以在该词的格子处做出记号，或者能够说出宾果卡片上关键词的含义，从而连成一条线，就可以大声喊出“Bingo”（代表胜利）。比如下图为几个成语的宾果卡，学生能够向同伴说出每个成语及含义，就可以在该成语格子上打钩，能够连成一条线就可以喊出“Bingo”。

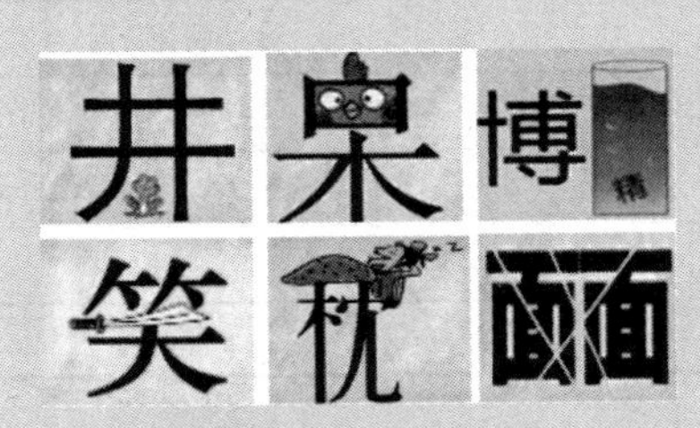

图9-6　宾果卡示例

说明：宾果游戏可以在各个学科中应用，比如用于学习数学中的分数，学习生物、化学、物理中的关键术语，学习英语词汇等。

测一测

1. 一个教学单元的测试题有20道，你会（　　）。（多选）

A. 一次布置20道

B. 按照单元的课时安排，每个课时布置几道题

C. 一次布置20道，然后每隔一周和一个月重新练习一次

D. 一次布置20道，然后每隔一两个小时复习一次

2. 以下复习时间，你认为最佳的是（　）。（单选）

A. 考前一周集中突击

B. 每隔一个月以练习的方式复习一次

C. 先间隔一天复习一次，再间隔一周复习一次，再间隔一个月复习一次，最后间隔三个月至六个月复习一次

⊖ GOOSSENS N A M C，CAMP G，VERKOEIJEN P P J L，et al. Spreading the words：a spacing effect in vocabulary learning [J]. Journal of Cognitive Psychology，2012，24（8）：965-971.

9.3　如何进行交错练习

上完了一个单元的内容，在给学生布置作业的时候，你不禁思考，是应该把各专题的内容混合在一起来测试呢？还是只测评一个专题的内容？这个问题实际上就是什么时候用专题练习，什么时候用交错练习。

交错练习（interleaved practice）或混合练习（mixed practice）是说在同一时段内练习不同种类的技能、活动或问题，即在练习时呈现不同模型的知识，与集中练习或组块练习（block practice）是相对的，见表9-4。比如在学习完指数函数后的单元练习中，有关于集合的练习题，也有关于逻辑用语的练习。简单来说，交错练习就是abcabcd，而组块练习就是aaabbbccc。

表9-4　交错练习和集中练习的基本含义及实例

概念名称	基本含义	实例
交错练习/混合练习	在同一时间段内练习不同类型的内容（技能、活动或问题等）	单元练习中既有对指数函数的练习，又有对集合和逻辑用语的练习
集中练习/组块练习	在同一时间段内练习同一类型的内容（技能、活动或问题等）	单元练习中所有题目均是指数函数的题目

交错练习和集中练习各有优势，对于需要区分不同类别知识的练习，相比集中学习，在一段时间内变化或交错安排不同技能、活动、问题则能更好地促进学习⊖。对于某一类别的学习，组块练习是有益的，而且学习者大多数时候更倾向于开展组块学习。

9.3.1　交错练习原理

交错练习作为一种并不少见的练习方式，经常在学生的练习册中见到，现在你就可以翻一翻手边的练习册，看看单元练习是否交错了不同的内容。那么这种练习方式到底有什么好处呢？

原理：交错练习能提升测试成绩，提升内容区分度

现有研究显示，交错练习有助于语言学习、物理学习、数学学习、画作学习以及运动技能等方面的学习。

关于交错练习，最为经典的一个实验便是关于画作学习的。研究者让学生学习十几位艺术家的画作，每幅画上都有艺术家的名字，将学生分为两组，一组学习的顺序是同一位艺术家的集中呈现，另一组则是交错呈现不同艺术家的画作，后续对学生关于画作

⊖ 马雷特. 人是如何学习的Ⅱ：学习者、境脉与文化 [M]. 裴新宁，王美，郑太年，译. 上海：华东师范大学出版社，2021：103.

的测试结果发现，交错练习组别的正确率显著高于集中呈现组别的[一]。

另一项交错练习在数学上的研究，是将大学生被试随机分为了两个组别，交错练习组和组块练习组。交错练习组中，被试阅读各种不规则立方体的介绍及体积的计算方法，比如切掉尖的圆锥，然后将16个题目按随机顺序进行练习；组块练习组中，给学生依次提供各类不规则立方体的指导和对应的4个体积计算问题。在最终的测试中，交错练习组正确率高出组块练习组43%，差异达到显著性水平，且效应量为1.34[二]。

之所以交错练习能取得这样的效果，很大原因是被试付出更多的认知努力进行信息提取，并且要更努力地进行不同任务的转换，这样的认知努力有助于大脑保持更多内容。还有学者认为，这种交错练习之所以具备成效是参与者要在不同任务之间反复切换，提高了对不同任务的辨别能力[三]。

对交错练习过程中学生的脑神经机理的研究结果发现，交错练习会引起皮质血流动力学反应和运动皮层兴奋性的相关变化，这可能是增强记忆痕迹的形成和有效长期提取的指标[四]。

因此，在开展分散练习的教学实践中，可以采用交错练习的方式，间隔一段时间就将所学的各个组块练习整合到一起，在每次学完新内容进行测试的时候，纳入之前所学的其他内容。读到这里你可能会疑惑，交错练习和间隔练习的区别是什么呢？事实上，间隔是通过时间间隔来把同一种内容分散到不同时间，而交错练习则是通过任务交替实现内容分散。研究者为了区分间隔练习和分散练习的影响，开展了一项实验，学生要解决多棱柱的面、边、角的计数问题，保证交错练习组和组块练习组的时间间隔一致，在随后的测试中，不同种类练习题交错的学生，测试分数增加了一倍以上，即证明了交错本身就可以大幅提升测试成绩[三]。

9.3.2 交错练习策略

既然交错练习具有较大的优势，那么具体如何开展交错练习呢？简单来说，假如有4种不同的技能a、b、c、d，那么交错练习组在4次练习中就可以是abcd、badc、cbad、dabc，而组块练习组就可以是aaaa、bbbb、cccc、dddd。

㊀ KORNELL N，BJORK R A. Learning concepts and categories：is spacing the "enemy of induction"?[J]. Psychological Science，2008，19（6）：585-592.

㊁ ROHRER D，TAYLOR K. The shuffling of mathematics problems improves learning [J]. Instructional Science，2007，35（6）：481-498.

㊂ TAYLOR K，ROHRER D. The effects of interleaved practice [J]. Applied Cognitive Psychology，2010，24（6）：837-848.

㊃ LIN C H J，KNOWLTON B J，CHIANG M C，et al. Brain–behavior correlates of optimizing learning through interleaved practice [J]. NeuroImage，2011，56（3）：1758-1772.

策略 1：根据交错练习安排练习序列

交错练习的设计就是当学习新的内容B时，可以将之前所学的内容A交织进来，而当学习内容C时，可以交错布置B和A的内容。表9-5为交错练习的安排实例，可以根据教学内容和教学进度安排灵活调整。假设学生正在学习乘除法，组块练习的方式是先做25道乘法再做25道除法，这种做法可以短期提高正确率；交错练习的做法是，乘除法组合在一起随机出题，这时学生的正确率和速度都较慢，但是效果可以持续更长时间。

表9-5　交错练习的安排实例

日期	组块练习	交错练习
星期一	内容B，练习B	内容B，练习B+A
星期三	内容C，练习C	内容C，练习C+B
星期五	内容D，练习D	内容D，练习ABCD

需要说明的是：如果要帮助学生理解练习题之间的相同之处，学习同一类别的内容，组块练习更适合；如果希望加强类别比较，则可以安排交错练习。

策略 2：综合采用组块练习、变式练习和交错练习

组块练习是一种集中练习的方式，可以短时间内提升对某一模块内容的理解。比如，我们可以发现，让学生集中完成一组简便运算的练习题，他们就可以很快发现巧算的规律和方法。因此，对于某一类别的内容来说，可以采用组块练习的方式，但是，为了避免大量练习给学生带来枯燥和厌倦感，可以设计变式练习。最常见的变式练习包括一题多解、一题多变。一题多解很容易理解，一题多变则是指更换情境或更换条件，增强题目的趣味性。比如，对于训练最优化思想的经典的烙饼问题，可以更改题目为：随着科技发展，现在市面上有两面同时加热的电饼铛，一口锅一次能烙两张饼，现在要烙五张饼，怎样安排才最节省时间？这样的题目设计结合了新的生活情境，是原有练习内容的变式和优化。

此外，还可以在组块练习之后，或者在每一次专题考试和小测验后都留一小部分考题，需要学生运用之前学过的内容来解答，或者设置每周回顾环节，利用每周最后一节课的最后15分钟，交错运用本周的学习内容回答或解答新的问题。这样，既可以实现对之前所学内容的练习，也可以根据新内容修正对先前所学内容的理解。

玩一玩，测一测

玩一玩　跑酷游戏

游戏规则：老师可以说出“有滚石”“下大雨了”“刮大风了”“左边有巨

石”“头上有巨石”“地上有冰”等口令，学生根据口令做出跑酷中的各种动作，如抱头原地跑、跳起来、慢慢走、向左倾斜着跑等。

说明：该跑酷游戏也可以结合已有的跑酷视频，让学生跟着人物一起做出跑酷姿势。该游戏可嵌入枯燥的练习课中，也可以在跑的中间设置教学相关的信息，比如“地上有apple”，让学生立马“捡起来”。

测一测

以下老师的做法更为恰当的有（　　）。（多选）

A. 冯老师总是给学生分组块布置练习题，从来不把各种类型题目混在一起

B. 赵老师将听说读写四个组块的练习题交错在一起练习

C. 王老师知道学生写作比较弱，就只练习写作，而不去管阅读

D. 方老师先让学生进行专题练习，然后再进行交错的综合练习

9.4 如何进行刻意练习

我们常常可以看到：专业的舞者为了练习一个动作，反复跳了一整天；音乐大师为了弹好一首曲子，可以弹上百遍；运动员为了学习一个运动技能，会重复练习无数次，直到掌握。难道刻意练习就是不断重复的大量练习吗？难道刻意练习就是“一万小时定律”？难道任何人只要经过刻意练习都可以成为天才、专家吗？

格拉德威尔（Gladwell）在畅销书《异类》中提到了“一万小时定律”，从一些名人，如乔布斯、比尔·盖茨以及音乐家、运动员的个案中归纳出了重复练习对成功的必要性，让大众得到了鼓舞。事实上，早在1973年西蒙（Simon）和蔡斯（Chase）根据对国际象棋大师的研究，提出了“十年定律”，发现国际象棋大师能够在长时记忆中存储5万～10万个关于棋局的组块[⊖]。而后，心理学家艾利克森（Ericsson）于1993年收集了专业钢琴大师和小提琴大师的日常活动日记，用记忆回溯法发现了这些优秀的艺术家在20岁的时候训练超过10000小时，这也被后来误传为“一万小时定律”，也正是艾利克森明确提出了刻意练习理论。艾利克森和普尔（Pool）的畅销书《刻意练习：如何从新手到大师》中认为“一万小时定律”是对心理学研究的不严谨演绎，继而明确了“刻意练习”（deliberate practice）的条件和前提。刻意练习的基本含义及要素见表9-6。

⊖ SIMON H，CHASE，W. Skill in chess [J/OL]. American Scientist，1973，61（4）：394-403[2023-06-20]. https://paulogentil. com/pdf/Skill%20in%20chess. pdf.

表9-6　刻意练习的基本含义及要素

概念名称	基本含义	要素
刻意练习	目标导向、需要付出的练习方式，在练习的过程中需要纠正性的指导和反馈	明确的目标、专注、反馈、走出舒适区

刻意练习是一种目标导向、需要付出努力的高度结构化活动，在练习的过程中需要来自教师或教练的针对性指导反馈以促进学习[一]。刻意练习的4个要素包括：明确的目标、专注、反馈、走出舒适区[二]。明确的目标如记住7个数字，能背诵出来，又如熟练掌握一个单元的单词书写，能正确听写出来。有目标的练习与无目标的练习差异非常大，有目标的练习意味着在过程中学生可以时刻监控自己的进程，把握目前学习情况与目标的差距，据此调节学习。无目标练习就是埋头苦练，没有反思改进，也不会提高。专注意味着每次练习都要将注意力集中在任务上，有充分的认知努力。练习中的纠正性反馈由自己或他人提出，反馈的目的在于发现不足，分析存在不足的原因，继而采取修正措施。走出舒适区是指练习的挑战难度要逐步进阶，一直做同一难度水平的练习不会有技能上的提升。

因此，采用刻意练习时，教师需要向学生布置适应于或超过其现有表现水平的任务或活动，学生通过重复练习和获得来自教师的纠正性反馈，集中注意力建构关键概念，改进技能，提升能力，掌握学习内容。是否开展刻意练习，以及刻意练习的目标是什么，决定了人们在某一领域的成就，比如专业运动员会刻意练习，以发展专业技能，业余运动员可能是为了锻炼身体或休闲娱乐。

9.4.1　刻意练习原理

刻意练习真的可以让人从新手到大师吗？刻意练习的方式有助于学生的学校学习吗？

原理：刻意练习对领域成就有预测作用

研究发现，个体进行刻意练习所用的时间能够预测其在该领域的学习成就[三]。如世界级音乐家将大量时间用于高难度的专业练习，并时刻监控自己在特定目标上的进程，一旦达成既定目标，就设定更高水平的挑战，向新目标前进[四]。在学习同一篇文章时，带

[一] HELSEN W F，STARKES J L，HODGES N J. Team sports and the theory of deliberate practice [J]. Journal of Sport and Exercise Psychology，1998，20（1）：12-34.

[二] 艾利克森，普尔. 刻意练习：如何从新手到大师 [M]. 王正林，译. 北京：机械工业出版社，2016：33.

[三] ERICSSON K A，KRAMPE R T，TESCHER-RŐMER C. The role of deliberate practice in the acquisition of expert performance [J]. Psychological Review，2003，100（3）：363-406.

[四] ERICSSON K A. LEHMANN A C. Expert and exceptional performance：evidence on maximal adaptation to task constraints [J]. Annual Review of Psychology，1996，47：273-305.

着具体目标进行阅读的学生会关注与目标相关的内容，相比没有目标的学生学习效果更好[㊀]。

一项针对各个领域中开展刻意练习的元分析发现[㊁]，刻意练习可以解释游戏中表现的26%变异，解释音乐成就的21%变异，解释体育成就的18%变异，而仅能解释教育成就的4%变异，因此，刻意练习固然很重要，但是没有我们想象中那么重要，毕竟练习只是整个学习中的一部分。无独有偶，另一项元分析则认为以上元分析研究忽视了刻意练习的重要因素——练习的个性化[㊂]，个性化主要体现在纠正性反馈和训练内容上，它们是影响刻意练习效果的因素之一。

9.4.2 刻意练习教学策略

在教学中如何引导学生开展刻意练习活动呢？

策略 1：明确刻意练习的目标，逐步提升目标水平

清晰地陈述练习目标很重要。明确的目标引导学生确定应该练习什么，以及如何练习。好的目标陈述是什么样的呢？如“了解三角形的概念”这样的目标，由于较为概括，提供的操作性信息量很少，学生很难知道如何理解概念。而“从阅读材料中找出三角形的特征”“向你的同桌解释三角形是什么，并运用举例”这类目标就具有很强的指导性，因此练习目标的设定同样要遵循马杰提出的学习目标陈述ABCD模型（见本书5.3.1）。

为了帮助学生更好地理解目标，教师可以提供任务完成的范例，例如作业范例、成果范例，并向学生解释这些范例符合学习目标的主要特征。同时，教师可以采用对比的方式，展示无法达到目标的作业，提示学生需要注意避免的事项。

不同水平的短期目标有助于学生掌握目标技能或任务。随着学生对短期目标的实现，教师应根据学生的学习情况，及时提升短期目标水平，提出新的挑战，以适应学生不断提升的能力水平，帮助学生逐渐达成目标技能或任务。

策略 2：充分练习，成分练习

一旦诊断发现学生需要对某个内容进行有针对性的练习，教师就应创设多种练习机会，让学生得到充分练习和反馈，提升其对内容的熟练度和流畅性。如发现学生在解答数学题时，无法正确解答应用题，为了提升学生的熟练度，教师可以跟学生一起分析题

㊀ ROTHKOPF E Z，BILLINGTON M J. Goal-guided learning from text：inferring a descriptive processing model from inspection times and eye movements [J]. Journal of Educational Psychology, 1979，71(3)：310-327.

㊁ MACNAMARA B N，HAMBRICK D Z，OSWALD F L. Deliberate practice and performance in music，games，sports，education，and professions：a meta-analysis [J]. Psychological Science，2014，25（8）：1608-1618.

㊂ DEBATIN T，HOPP M D S，VIALLE W，et al. The meta-analyses of deliberate practice underestimate the effect size because they neglect the core characteristic of individualization：an analysis and empirical evidence [J]. Current Psychology，2021, 42(12)：10815-10825.

目答案解析，并分析多道同类型题目的解决策略，进行练习；为了提升学习的流畅性，教师可以设定时间，比如让学生在10分钟内说出5道应用题的解答思路，然后逐步缩短时间限制。需要注意的是，充分练习不意味着“题海战术”和“埋头苦练”，而是有针对性的高质量练习。但是，这种高质量的练习也并不是越多越好，练习的效应会累积，累积的过程中会存在瓶颈期（或称高原期）。对于练习的量来说，适量的过度练习有助于达成练习的自动化水平。所谓的过度练习就是在能做对之后的继续练习。适量的过度练习有利于加深记忆痕迹，阻止遗忘进程，但是超量过度练习的效果并不随之递增，反而会造成学生的疲劳、厌倦等消极效应[一]。因此在实际教学中，刻意练习的量可以根据学生的练习正确率来设定，在保证能够正确完成练习的基础上，间隔一段时间，结合分散练习的效应，进行过度练习，并关注学生的情绪状态。

关键成分技能的掌握会影响学生任务完成质量[二]。在学生学习复杂技能时，对薄弱的成分技能进行刻意练习后，能够显著提升整个任务的表现[三]。因此，教师应该学会分解复杂的任务，确定学生在哪些成分技能上比较薄弱，并通过有针对性的练习强化这些技能[四]，这样，学生在整个任务上的表现会显著提高。比如在进行复杂应用题的练习时，对读题、画图、分步计算等成分技能进行训练，可以提升在解答应用题练习时的表现。

策略3：练习中提升学生元认知技能，发展学生自我调节能力

智力对学习的影响小于元认知对学习的影响[五]，而元认知技能是刻意练习框架的一部分内容[六]。元认知技能、元认知知识、元认知体验都属于元认知的范畴，其中元认知技能就是对认知加工的调节和控制，是对任务进行计划、监控、评价、检验、调整和反思[七]。提升学生元认知技能的策略包括传授学习方法知识和自我提问训练[八]等。练习中，可以向学生传授的学习方法知识会直接影响学生能否正确开展练习，比如可以教授学生如何进行结果验算，如何进行题目分析。自我提问的训练则需要学生在练习中不断自我反思“为什么这样做”“为什么这样做不对”“这一步是什么意思”“整体的思路是什么”

[一] 陈鸿秀. 论“过度学习”的异化和调控 [J]. 当代教育论坛，2004（10）：43-44.

[二] RESNICK L B. Task analysis in instructional design：some cases from mathematics [M]//CARVER S M, KLAHR D. New York: Psychology Press, 2001, 51-80.

[三] RITTER S，ANDERSON J R，KOEDINGER K R，et al. Cognitive tutor：applied research in mathematics education [J]. Psychonomic Bulletin & Review，2007，14（2）：249-255.

[四] 安布罗斯. 聪明教学7原理：基于学习科学的教学策略 [M]. 庞维国，译. 上海：华东师范大学出版社，2012：57.

[五] VEENMAN M V J，SPAANS M A. Relation between intellectual and metacognitive skills：age and task differences [J]. Learning and Individual Differences，2005，15（2）：159-176.

[六] DEBATIN T，HOPP M D S，VIALLE W，et al. The meta-analyses of deliberate practice underestimate the effect size because they neglect the core characteristic of individualization: an analysis and empirical evidence [J]. Current Psychology，2021, 42（12）：10815-10825.

[七] 汪玲，郭德俊. 元认知的本质与要素 [J]. 心理学报，2000（4）：458-463.

[八] 朱永祥. 小学生元认知技能培养实验研究报告 [J]. 教育研究，2000（6）：74-77.

等问题。

除了元认知技能以外，教师应发展学生自我调节的能力，使学生学会监控和调整自己的学习。自我调节是认知策略、元认知、动机相结合的产物，意味着学生不仅能够意识到自己当前学习状态与目标学习状态的差距，还能根据获得的学习资源，了解需要刻意练习哪些技能，如何练习这些技能，能运用哪些学习策略，如何管理自己的练习时间，如何调整自己的练习，如何激励自己的练习等。

玩一玩，测一测

玩一玩　Lumosity 小游戏

游戏规则：Lumosity网站提供了训练记忆力、注意力、反应速度等的小游戏，网址为www.lumosity.com。学生可以通过几款游戏刻意练习自己的注意力水平。图9-7为训练记忆力的翻牌小游戏。

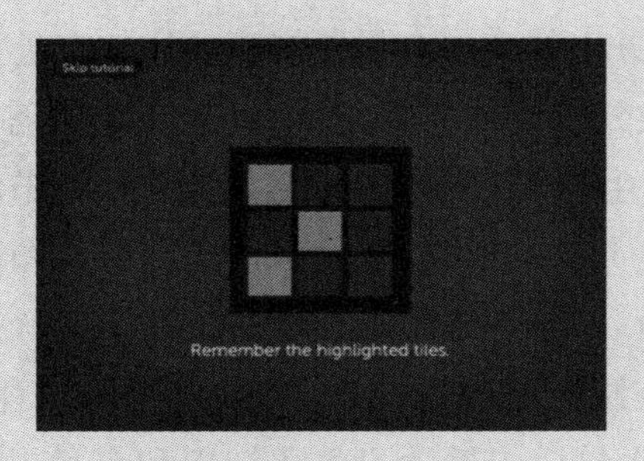

图9-7　训练记忆力的翻牌小游戏

说明：该网站的游戏均是通过刻意练习提升一些认知能力的，比如长期做记忆力的训练，记忆力就可以得到改善。

测一测

1. 填空题。

刻意练习的4个关键要素分别是（　　　　）、（　　　　）、（　　　　）、（　　　　）。

2. 请写出下列练习题的成分技能分别有哪些。

苹果和梨一共80个，苹果的个数是梨的3倍，苹果和梨各多少个？

成分技能：

9.5　如何给练习反馈

当你按下计算机开机键，计算机屏幕会被点亮运行；当你询问今晚晚饭的内容，会得到一个菜单；当你做完练习题，订正答案时，你会知道哪些题做对了，哪些题做错了。在生活中，我们时时刻刻都会得到反馈，这些反馈往往包含一些简单信息，解答不确定性，有助于我们进行下一步的行动。在练习中，反馈尤为重要。

反馈是提供给学生有关他们当前知识和行为表现的信息，以引导其后继行为，帮助学生更加接近预期的学习水平，具有信息和动机双重价值㊀。反馈的目的在于缩小学生当前状态与期望目标水平之间的差距㊁，有效的反馈需要以学习目标为依据，提供有关学习任务或过程的明确信息，指出学生应改进的具体方面。练习可以引出学生可观察的行为表现，根据学习目标的反馈又可以引导进一步的练习㊂，形成练习与反馈的交互循环，帮助学生练习和完善新的知识与技能（见图9-8）。

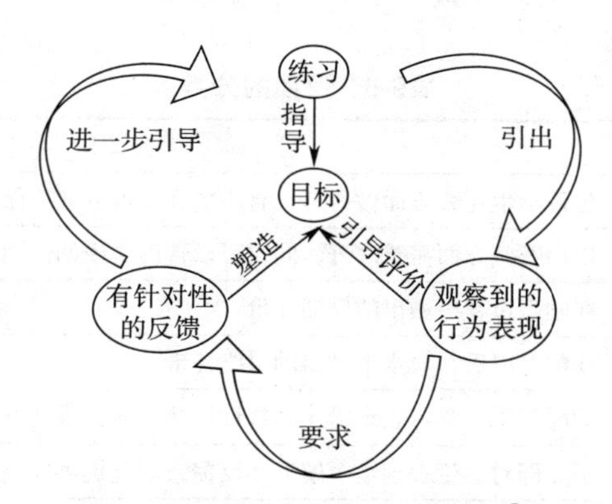

图9-8　练习和反馈交互循环图㊃

有研究显示㊄，提供大量反馈并不能构成有效反馈，可能会使学生不知道应该将学习精力集中在什么地方，容易将时间用在修改那些最容易改正的细节上，起到反效果。另外，一般的教学评价，例如分数、等级等也不能为学生的学习提供有益的指导㊅，这是因为这些笼统的反馈不能给予学生改进学习的具体方向。因此，有效的反馈应该是有针

㊀ 汪凤炎，燕良轼. 教育心理学新编 [M]. 广州：暨南大学出版社, 2006：423.

㊁ SADLER D R. Formative assessment and the design of instructional systems [J]. Instructional Science，1989，18（2）：119-144.

㊂ 安布罗斯. 聪明教学7原理：基于学习科学的教学策略 [M]. 庞维国，译. 上海：华东师范大学出版社, 2012：79-80.

㊃ 安布罗斯. 聪明教学7原理：基于学习科学的教学策略 [M]. 庞维国，译. 上海：华东师范大学出版社, 2012：127-128.

㊄ LAMBERG W. Self-provided and peer-provided feedback [J]. College Composition and Communication, 1980，31（1）：63-69.

㊅ BLACK P，WILIAM D. Assessment and classroom learning [J]. Assessment in Education：Principles，Policy & Practice，1998，5（1）：7-74.

对性的反馈，需要直指当前学习过程中存在的与学习目标最为相关的关键问题，主要包括三大问题——“理想的学习表现是什么”“离目标有多远”“如何调整和改善后继学习”，以帮助学生确定、增加、改写、调整或重组他们记忆中的信息[㊀㊁]，见表9-7。

表9-7 有效反馈回答的三大问题及主要要求

问题	主要要求
理想的学习表现是什么	明确学生需要达到什么样的学习目标，理想的学习结果应该是什么样的，告知学生任务完成的结果，如正确还是不正确
离目标有多远	总结学生在学习过程中的进步，同时清晰地告诉学生目前的知识和行为表现离目标水平还有多远，如哪些方面还可以得到改善
如何调整和改善后继学习	为学生提供下一步可以进行什么样活动的信息，让学生了解在之后的学习中可以如何调整和改善

根据不同的分类依据，反馈可做以下分类，见表9-8。

表9-8 反馈的分类

分类依据	种类	含义
反馈的性质	正向反馈	告诉学生在哪方面做得好，有所提高，可以继续保持和巩固
	负向反馈	指出哪些方面需要改进，同时可以告诉学生如何调整
反馈的时机	形成性反馈	在学习过程中做出的反馈评价
	总结性反馈	在学习以后，对水平做出的最终评价
反馈的速度	及时反馈	即时对学生学习表现给予解释性反馈，如完成任务后或犯错误时
	延时反馈	不立即对学生表现给予解释性反馈，而是提供发现错误的机会，延时给予反馈
反馈的内容	认知反馈	针对学生学习任务或学习表现完成质量的评价及建议
	行为反馈	聚焦学生行为变化的反馈

9.5.1 练习反馈原理

反馈的价值体现在给学生提供有价值的改进信息，激发学生的学习动机上，除此之外，反馈在神经网络发展上和帮助学生正确归因上也具有其价值。

原理 1：反馈促进神经网络发展

反馈通过强化脑神经元、发展神经网络促进学习。当接收到新的信息时，脑中有些

㊀ WINNE P H，BUTLER D L. Student cognition in learning from teaching [M] // International encyclopedia of education. 2nd ed. Oxford，England：Pergamon. 1994：5738-5745.

㊁ SEDRAKYAN G，MALMBERG J，VERBERT K，et al. Linking learning behavior analytics and learning science concepts：designing a learning analytics dashboard for feedback to support learning regulation [J]. Computers in Human Behavior，2020，107：105512.

神经元会被激活，有些不会。大脑通过反馈来确认或矫正接收到的信息，决定激活或关闭哪些神经元，调整和发展已有认知结构。就是在这样不断试误、得到反馈的过程中，大脑尝试不同的神经联结，直到得到正确反应，从而调整神经元树突数目，提升神经网络质量。

另外，反馈能够降低不确定性，让学生了解行为结果与建议，有助于缓解压力，降低肾上腺—垂体的紧张反应[㊀]，增强学生应对能力。当学生接收到有效反馈时，大脑会释放血清素，从而产生积极情绪。

原理 2：反馈有利于学生正确归因

学生的努力信念对于学生的学业成功至关重要，努力信念指的是学生对于是否可以通过努力来改善学习的看法。持积极努力信念的学生认为通过努力可以改善自己的学习表现，持消极努力信念的学生认为决定学习表现的因素是天生的，无法通过努力改变[㊁]。当教师仅仅向学生反馈其学习结果的得分时，学生无法清楚了解造成学习失败的原因，部分学生容易将失败归咎于自己不聪明，难以改变。当教师向学生呈现学习内容相关的精准反馈时，学生易于将学习中出现的错误归因于练习不到位，另外，有针对性的练习使学生的学习得以改善，长此以往，学生会形成一种学业的成功是可以通过努力而获得的积极努力信念，有利于其长远发展[㊂]。

韦纳（Weiner）的归因理论是动机理论的一种，将归因分为6个因素——能力、努力、任务难度、运气、身心状态、外界环境，将归因的属性划分为3个维度——稳定性、内外性、可控性。3个维度和6个因素组合，形成了不同的归因模式，见表9-9。

表9-9　韦纳的归因模式

因素	维度					
	稳定性		内外性		可控性	
	稳定	不稳定	内在	外在	可控	不可控
能力						
努力						
任务难度						
运气						
身心状态						
外界环境						

㊀ 李金钊. 基于脑的课堂教学：框架设计与实践应用 [M]. 上海：华东师范大学出版社，2013：88-90.

㊁ TEMPELAAR D T，NICULESCU A，RIENTIES B，et al. How achievement emotions impact students’ decisions for online learning，and what precedes those emotions [J]. The Internet and Higher Education，2012，15（3）：161-169.

㊂ 威利斯. 点燃学生的学习热情：基于脑科学的教学策略 [M]. 吕红日，汤雪平，译. 北京：中国轻工业出版社，2016：86-87.

不同的归因模式带来了不同的情绪感受、动机和行为，因此教师在给予学生的反馈中要引导学生进行正确的归因。学生将成败归因于个人努力程度（可控、内在）时，就可以通过继续努力获得成功，或者克服困难摆脱失败状态。相反，学生将成败归因于能力高低，就会认为自己是能力强才成功或者能力弱才失败，会不愿意去努力。学生将成败归因于任务较简单或者自己比较幸运，就不会感到自豪或满意，会认为下一次的成绩很难说。

9.5.2 练习反馈教学策略

既然教师给学生练习的反馈如此重要，那么究竟怎么给学生反馈呢？

策略 1：有效运用反馈与练习的交互作用

反馈的作用在于引导学生后续练习的方向，学生可以在教师提供有针对性的反馈后，进行相关内容的专门练习，从而完全发挥反馈的作用。如教师在针对学生写的记叙文提出反馈建议后，再要求学生进行记叙文体裁的修改，学生在修改记叙文时通过实践教师的建议而离学习目标更近一步。数学老师在审批完学生的答题情况后，可以指出学生未掌握的知识点，并给予学生下一步强化学习的内容以及有针对性的测试题供其练习，学生对知识点漏洞进行强化学习及练习，从而达到高效调整认知结构的目的。

策略 2：给予有针对性的反馈

学生能够从具体、有针对性的反馈中，得到对自身学习表现的清晰了解，纠正错误概念。教师反馈的内容越明确，学生越容易理解，从而展开相应的改进行动。如在给学生作业评价时，写上评语："作业整体完成得很不错。能够运用课堂所学的公式，解决应用题目。在计算准确性方面还可以提高。"

为了避免反馈信息过多的情况，教师应该对反馈的内容进行选择，可以按照学生出错点的重要程度依次排序，根据课程的目标和时间，抓住关键方面，选取学生最需要改进的错误做出反馈。例如在学生刚开始学写作时，他们完成的作文中可能出现行文结构不合理、无有力论据、语法不正确、错别字、卷面不整洁等大大小小的问题，受限于学习时间，一下子要求学生改正所有的问题是很难实现的，教师可以从学习目标入手，明确本阶段学生需要掌握的主要学习目标，如正确的行文结构，那么，教师可以着重对行文结构方面给予反馈。由于班级人数很多，教师进行一对一的反馈会耗费大量的精力和时间，教师可以从学生的作业中找到共同的错误类型，在课堂上进行重点讲解，并在下次的作业中加入相应的题目，让学生进行巩固练习。

策略 3：给予学生即时的形成性反馈

即时的反馈可以及时调整学生的学习方向，将其保持在通向学习目标的正确道路上，节约时间。另外，即时的反馈缩短了教师和学生之间的感知距离，被学生感知为对其学习投入的认可，从而增加情感和认知投入，促进学习[一]。

即时的形成性反馈更是一种效益很高的反馈形式[二]。有研究发现[三]，当在数学和科学课中使用“即刻”形成性测试时，学习成就得到较大幅度提升，相当于提升了70%的学习速率。因此，教师可以考虑每周实施2~5次即时形成性反馈。例如教师可以利用信息化工具来支持即时反馈，学生在完成课程作业后，可以将作答情况上传至作业自动批改智能系统，系统可以给学生提供教师参与设计的反馈。教师可以通过系统反馈的学生作业结果来分析学生普遍存在的问题，在第二天上课开始的一小段时间内进行讲解，这样也可以为新知识的教学打好基础。

策略4：应用多种反馈方式

进行学习反馈时，一方面，教师很难为班级所有学生提供足够的反馈；另一方面，所有的反馈不必都来自教师。多种反馈方式相结合，有助于学生的思维发展和内部动机的激发。

教师可以采用的方法有小组活动、同伴互评、配对分享、自我评议、撰写日志等。其中，撰写日志等使学生记录自己的感受和反思，能够促进学生元认知发展，提升问题解决能力。小组活动的环境能够使学生从其他同学那里得到直接反馈，感觉到被关心，大脑释放出内啡肽和多巴胺[四]，激发积极情绪，从而促进学习。例如，教师可以向学生提供阅读理解题目的评阅标准，要求每位学生参考标准对其他3位学生的作答进行反馈，这样不仅能够节约教师的时间，还能够帮助学生理解正确的答题思路，有助于其反思自己作答的不足，从而改正。

策略5：基于学生的知识水平给予反馈

每个学生的学习进度、知识水平和成就水平是不一样的，因此我们应基于学生当前的实际情况，给予不同类型的反馈。过多的负面反馈对于学生的自我效能感和学习动机是不利的，因此在反馈时需要基于学生的情况平衡正向反馈和负面反馈的量。

知识水平较低的学生（如初学者或进度较慢的学生）主要处于基本概念建构阶段，教师应给出及时的、纠正性的反馈。应该避免给予大量的负向反馈，而是关注学生的进步，在指出学生下一步改善方向的同时，给学生一定的正向反馈，帮助其建立学习自信心，鼓励其投入更多的努力。

中等知识水平的学生，已经具备了基本概念相关知识，处于联结和拓展概念的阶

[一] CHRISTOPHEL D M，GORHAM J. A test - retest analysis of student motivation，teacher immediacy，and perceived sources of motivation and demotivation in college classes [J]. Communication Education，1995，44（4）：292-306.

[二] YEH S. The cost effectiveness of 22 approaches for raising student achievement [J]. Journal of Education Finance，2010，36（1）：38-75.

[三] BLACK P，HARRISON C，LEE C. Assessment for learning：putting it into practice [M]. England: Open University Press，2003：42.

[四] 詹森. 基于脑的学习：教学与训练的新科学 [M]. 梁平，译. 上海：华东师范大学出版社，2008：133-134.

段，教师应给出指导性、脚手架式的反馈，指出学生的进步和可以提高的具体方面。

较高知识水平的学生，处于运用和进一步拓展知识阶段，教师应给出延迟的、促进自我调节和概念学习的反馈，对学生的努力表示认可，并发展学生的自我调节能力和问题解决能力㊀。

玩一玩，测一测

玩一玩　猜数字游戏

游戏规则：如图9-9所示，在课堂上，学生3人一组，学生A负责在纸上写一个1~100的数字，学生B负责猜数字，学生C负责记录学生B猜的次数。学生B每次说出一个数字，学生A就将该数字与目标数字比较，并立即给出“大了”“小了”“对了”3种反馈，最终猜测次数最少的小组获胜。同组的3位学生可以轮流猜数，体验不同的角色。最终教师可以带领大家反思快速猜对数字的秘诀。

教师也可以使用猜数字游戏软件，让每位学生在平板计算机上玩，学生根据软件的提示不断修改猜测的数字。最后根据软件记录的学生猜对的速度和次数对多位学生的表现进行排序，形成排行榜。游戏结束后，小组讨论猜数字技巧，小组轮流分享，或者请排行榜的前几名学生分享经验。

图9-9　猜数字游戏

说明：猜数字是典型的利用反馈做出正确猜测判断的游戏，猜数过程中也可以进行数的大小比较，从而训练数感。

测一测

1. 你在批改学生的作业时，可以对（　　　）方面进行反馈。（多选）

A. 学生作业中存在的关键问题

B. 学生作业中表现较好的地方

C. 学生下一步改进练习的方向

㊀哈蒂，耶茨. 可见的学习与学习科学 [M]. 彭正梅，邓莉，任绍杨，译. 北京：教育科学出版社，2018：75-78.

2. 判断对错，对的打√，错的打×。

教师给予学生的反馈应该越明确越好，越详细越好。（　）

3. 教师可以采取（　　）方式给予学生反馈。（多选）

A. 教师批改作业，给出评语

B. 教师让学生互改作业，互相反馈

C. 教师利用智能作业批改系统给学生反馈

D. 教师在上课开始时集中反馈学生作业中的问题，进行有针对性的讲解

9.6　如何促进学习迁移

学习的目的就在于运用，怎么样把学校的知识迁移到真实情境中解决问题，是教师和教育工作者最关心的问题之一。单纯对知识进行应用是不够的，还需要具有“举一反三”和“触类旁通”的能力，孔子所说的“举一隅不以三隅反，则不复也”也是在强调迁移的重要性。

迁移（transfer）是指原有知识经验对新学习过程产生的影响，包括已有知识对解决新任务的影响，将一个情境中习得的技能运用到新情境中等[㊀]。迁移的基本含义及实例见表9-10。学习迁移能够让学生认识到知识经验之间的联系，既是习得的经验得以概括化、系统化的有效途径，也是能力与品德形成的关键环节[㊁]。

表9-10　迁移的基本含义及实例

概念名称	基本含义	实例
迁移	已有知识对新学习的影响	将统计课上学到的统计方法运用到研究设计课中

根据不同的分类依据，迁移的分类见表9-11。

表9-11　迁移的分类[㊁][㊂]

分类依据	种类	含义
迁移的性质	正迁移	已有学习经验对新学习过程的积极影响，包括积极情绪影响、效率影响、深度影响等
	负迁移	已有学习经验对新学习过程的消极影响，如干扰、阻碍新知识的正确掌握。一般来说，两种学习间的刺激越相同，反应越不相同时，负迁移产生的可能性越高，如学习英语时态时，过去式“did”和现在式“do”都表示“做”的意思[㊁]

㊀ 梅耶. 应用学习科学：心理学大师给教师的建议 [M]. 盛群力，丁旭，钟丽佳，译. 北京：中国轻工业出版社，2016：20-21.

㊁ 李金钊. 基于脑的课堂教学：框架设计与实践应用 [M]. 上海：华东师范大学出版社，2013：172-174.

㊂ 陈琦，刘儒德. 教育心理学 [M]. 2版. 北京：高等教育出版社，2011：267-277.

（续）

分类依据	种类	含义
迁移的内容	一般迁移	某一内容的学习不直接对另一内容学习产生影响，而是影响动机、注意、思维能力等因素，如学生通过玩数学教育游戏，激发数学学习兴趣，促进动机和参与
	特殊迁移	某一内容的学习直接对另一内容学习产生影响，如拉丁语的学习有助于西班牙语的学习[㊀]
迁移的时间	顺向迁移	先前知识对后来学习的影响，如学生利用先前知识技能解决新问题
	逆向迁移	后来学习过程对先前知识的影响，如学生在解决新问题时，发现先前知识技能的不足，并加以补充和优化
迁移的范围	近迁移	原学习情境与迁移情境相似，如学生学习了关于汽车的追及问题后，运用时间、速度和路程之间的关系公式解决步行、自行车等情境下的追及问题
	远迁移	原学习情境与迁移情境不相似，如将在统计学上学习的统计知识应用于解决生活中的问题，已经超出了学术领域的范围

有研究发现[㊁]，迁移并不是很容易发生的，也不会自动发生，学习和迁移的情境相差越远，迁移发生的可能性越小。因此，教师应采取一些教学策略，帮助学生将所学知识与多样的应用环境联系起来，进一步理解知识的基本原理和深层联系。

9.6.1 学习迁移原理

在教育中我们要“为迁移而教”，学习迁移之所以能够存在，其最主要原因是我们能够建立起知识的联系。

原理 1：通过与已有知识建立联系，新信息被大脑赋予意义

迁移过程中，新信息进入工作记忆，同时大脑搜索长时记忆，激活与新信息有关的过去经验一起进入工作记忆[㊂]，如图9-10所示。大脑信息加工系统根据过去经验与新信息的关联，对新信息赋予意义，建立新旧学习的联系。与长时记忆中已有信息的交互和联结越紧密，新信息的意义越强，越有助于应用在将来学习中。

根据迁移的工作过程，影响迁移的因素主要包括：信息提取速度和相似性。信息提取速度会影响迁移发生速度，涉及初始学习内容的存储质量与存储系统的提取方式。一方面，学生对原来学习内容的掌握程度应达到一定水平，迁移才会发生；另一方面，为新信息建立特别的感觉线索，以区别于同一记忆网络中的其他内容，可以提升信息提取速度。

㊀ 梅耶. 应用学习科学：心理学大师给教师的建议 [M]. 盛群力，丁旭，钟丽佳，译. 北京：中国轻工业出版社，2016：20-21.

㊁ HOLYOAK K J，KOH K. Surface and structural similarity in analogical transfer [J]. Memory & Cognition，1987，15（4）：332-340.

㊂ 苏泽. 脑与学习 [M]. “认知神经科学与学习”国家重点实验室脑与教育应用研究中心，译. 北京：中国轻工业出版社，2005：107-127.

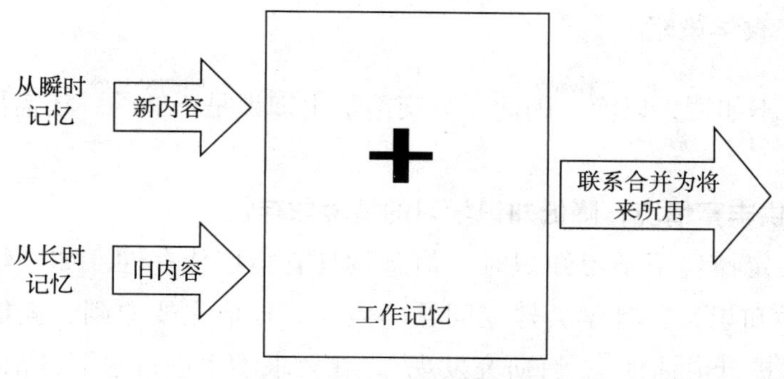

图9-10 迁移工作过程㊀

相似性包括了情境相似性和内容相似性。在一种情境下习得的知识，更倾向于迁移到类似的情境中。因此，情境的相似性越高，越有助于迁移的发生。如地震演习模拟有助于提升在真实地震环境中的人员撤离效果。内容的相似性同样也有助于迁移的发生，比如同样是运用数量进行计算的两个知识点就具有相互迁移的条件。

原理 2：迁移的代表性基本理论——概括化理论、认知结构迁移理论

概括化理论（generalization theory）㊁是美国心理学家贾德（Judd）对五六年级学生进行光的折射的实验后所提出的。该理论认为，从经验中概括出来的原理是迁移发生的主要原因，对原理的概括化程度越高，迁移效果就越好。这些原理实际上是从经验中抽象出来的表征，构成了思维中的图式，迁移过程中应用已有的图式去解决新的问题，提高了记忆的提取和迁移能力。有研究发现㊂，帮助学生构建抽象层面的表征经验有助于迁移的发生。因此，教师在课堂教学结束前对具体的教学内容进行抽象概括是十分必要的。

认知结构迁移理论来自奥苏贝尔（Ausubel）的有意义学习理论。认知结构是学习者头脑中的知识结构，包括了对头脑中所有内容、经验的组织结构㊃。如果学生的认知结构中有可利用的知识经验，则有助于迁移，比如学生掌握了生物的概念，在学习“珍稀植物”等概念的时候新概念就会和生物发生关联，对生物的特征分析也会迁移到珍稀植物上。认知结构的清晰性也是影响迁移的因素，比如学生对于历史朝代没有建立起自己的框架和时间线，在学到近现代史的事件时就无法将这些事件与历史背景进行联系。

㊀ 苏泽. 脑与学习 [M]. “认知神经科学与学习”国家重点实验室脑与教育应用研究中心，译. 北京：中国轻工业出版社，2005：107-127.

㊁ JUDD C H. The relation of special training to general intelligence [J]. Educational Review. 1908，36：28-42.

㊂ BIEDERMAN I，SHIFFRAR M M. Sexing day-old chicks：a case study and expert systems analysis of a difficult perceptual-learning task [J]. Journal of Experimental Psychology：Learning，Memory，and Cognition，1987，13（4）：640-645.

㊃ 胡忠光. 教育心理学 [M]. 北京：教育科学出版社, 2011：97.

9.6.2 学习迁移教学策略

授人以鱼，不如授人以渔，因此，只交给学生知识是不够的，还需要让学生掌握迁移练习的方法。

策略 1：提供丰富情境，降低知识学习的情境依存性

当学生在特定情境下学习知识时，信息就具有情境依存性。如果学生能够在多种情境下运用所学知识，并且学会建立问题的表征，提取主要原则，就能有效降低知识的情境依存性，提升灵活性㊀。有研究发现㊁，在要求学生进行水下打靶任务，从约3.66米（12英尺）的水深变为约1.22米（4英尺）的水深时，教给学生折射原理有助于提升射击成绩，因为学习了折射原理的学生会将知识迁移到新的情境中，调整自己的射击策略。

教师应给予学生在不同情境中运用所学知识解决问题的机会，如提供给学生各种各样的分析实例，让学生运用统计知识解决不同的问题。同时，结合多元情境中的知识应用，教师应引导学生建构概念表征，概括背后的抽象原理㊂，如提问学生："这个实例与哪些化学原理有关？"

策略 2：与学生讨论知识应用条件，确保正确的迁移

学生完成知识学习后，有时并不清楚应该在什么情况下运用这个知识，或者说，在遇到新的情境时，虽然已经习得了与情境相关的知识，但学生并不会将其联系起来。有研究㊃首先给学生呈现一个军事战略题目，需要从不同路径推进，最后汇合攻占堡垒；在完成学习后，又给学生呈现一个使用相同方法解决的医学题目，即从不同角度切入使用激光治疗肿瘤。由于两个问题涉及的知识领域和功能背景具有很大差异，因此学生并不能很顺利地将两个题目的解题思路联系起来思考。当教师提示学生在两个问题间建立联系后，学生就能运用第一个问题中的方法解决第二个问题。

与学生讨论知识应用的条件有助于成功迁移，使学生了解某个知识适用于什么情境，应该在何时、何地、如何使用，如提问学生："使用问卷法收集数据能够实现哪些目标，不能实现哪些目标？"教师可以使用的方法还有：指定问题情境，要求学生思考可以应用何种知识，如"当你要调查儿童的零食喜好时，你可以使用哪种方法收集数据"；指定知识技能，要求学生思考可以应用于何种情境，如"问卷调查法可以解决什

㊀ 胡忠光. 教育心理学 [M]. 北京：教育科学出版社, 2011：97.

㊁ JUDD C H. The relation of special training to general intelligence [J]. Educational Review. 1908，36：28-42.

㊂ SPIRO R J，FELTOVICH P L，JACObSON M J，et al. Cognitive flexibility，constructivism，and hypertext：Random access instruction for advanced knowledge acquisition in ill-structured domains [J]. Educational Technology，1991，31（5）：24-33.

㊃ GICK M L，HOLYOAK K J. Analogical problem solving [J]. Cognitive Psychology，1980，12（3）：306-355.

么问题”。随着学习的深入，学生能够逐渐脱离教师的帮助，独立建立知识与情境的关联。

同时，杏仁核编码的情绪信息与进入长时记忆中的知识信息紧密联结，因此情绪与学习的联系也非常紧密。消极情绪可能会引发学生回避问题解决，教师应努力将积极情绪与新知识信息联系在一起，增强学生的学习动机。

策略3：运用比较，明确关键属性

关键属性是一种使某个信息区别于另一个信息的特性，是知识存储与提取的重要线索。了解和区分关键属性，有助于学生使用适当的线索将信息存储到记忆网络中。在信息提取时，大脑可以快速区分目标知识与其他知识的独特差异，有助于提高提取的效率，并有助于迁移发生。如了解质数的关键属性为“数值大于1的正整数，只有其本身和1这两个正因数”。哥伦比亚大学的一项研究发现㊀，对比不同实例的学生，其所学知识要显著多于单独分析每个实例的学生。

教师可以让学生通过对比不同的问题实例，分析实例的深层结构，找出问题的关键特征，建立实例和抽象原则的联结，从而促进知识的运用和迁移。教师可以提供两个表面特征相似，但原理不同的实例；或提供两个表面特征不同，但原理相同的实例。如在物理课上，展示两个都涉及滑轮的问题，但解题时一个采用摩擦系数的原理，另一个采用重力的原理解题㊁；或展示一个涉及滑轮的问题，以及一个涉及斜面的问题，但运用相同的重力原理解题。教师还可以应用反例增强学生对关键属性的理解，使学生了解哪些特征与目标概念无关，如将线性函数与非线性函数对比。

玩一玩，测一测

玩一玩 发散思维小游戏——结构发散

游戏规则：在学习简单几何图形时，可以让学生基于某一种图形联想生活中具有相似结构的事物，通过发散联想，更加深入地掌握该种形状的特征，以便在日后生活中将该形状的相关知识应用到具体场景中。例如，在学习三角形后，让学生通过小组合作，在5分钟的时间内讨论出生活中出现三角形的情况，如图9-11所示。最后根据联想的数量和质量进行评分，得分高的小组获胜。

㊀ LOEWENSTEIN J，THOMPSON L，GENTNER D. Analogical learning in negotiation teams：comparing cases promotes learning and transfer [J]. Academy of Management Learning and Education, 2003，2（2）：119-127.

㊁ 安布罗斯. 聪明教学7原理：基于学习科学的教学策略 [M]. 庞维国，译. 上海：华东师范大学出版社，2012：67-70.

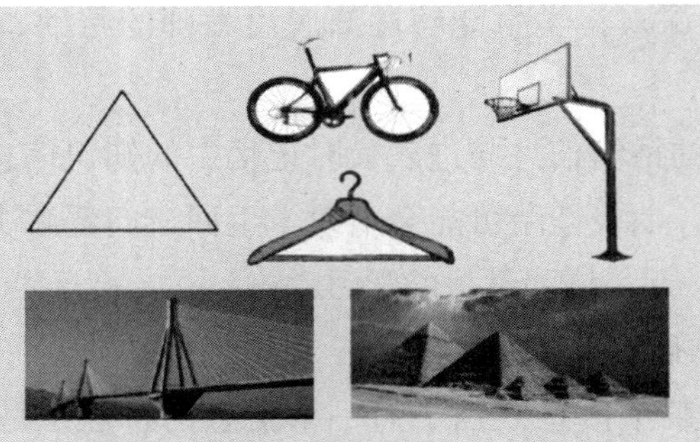

图9-11 发散思维小游戏示意图

说明：发散思维的训练可以促进创新思维的培养，同时也可以结合所学知识点，进行迁移训练。

测一测

1. 以下可以促进学习迁移的方法有（　　　）。（多选）

A. 在教授圆的周长公式时，给学生呈现了建筑、生活、数学史中多个解决圆周长问题的实例

B. 在学生学习完新词汇后，让学生使用每一个词汇造3个句子

C. 比较植物的光合作用和呼吸作用过程中二氧化碳和氧气的变化情况

D. 先明确迎风坡和背风坡的区别，再着重教授迎风坡的知识，待学生充分掌握后，再深入教授背风坡的知识

2. 判断对错，对的打√，错的打×。

教师在教学时只需要让学生充分理解课本上的知识和实例即可。（　　　）

9.7 本章结语

“学而时习之，不亦说乎。”学习而后能练习、实践、复习本是一件非常令人愉悦的事情，但是现在很多学生无法在练习中体验到愉悦，甚至会特别厌恶练习，而这最大的原因就在于没有采用正确、科学的练习方法。练习是一种复习、应用，是一种基本的学习活动，是以掌握或更好地掌握某种知识、技能或态度、价值观为目的的实践活动[⊖]。本章梳理了4种基于学习科学视角的练习方式——提取练习、分散练习、交错练习、刻意练习，以及与练习活动相配套的反馈和迁移。到这里读者可能会有困惑，4种练习方式，该如何用呢？

答案就是，提取练习可以和分散练习结合起来，即将测试分散到各个时间阶段开展练习，并且一定要采用分散练习的方式确保效果。有研究发现，分散提取练习后学生的

⊖ 彭正梅，顾娟，王清涛. 布因克曼的练习理论及其与儒家练习传统的比较 [J]. 外国教育研究，2021，48（8）：37-55.

回忆比例在10分钟和2天后的测试中，均比集中提取练习更高，如图9-12所示。

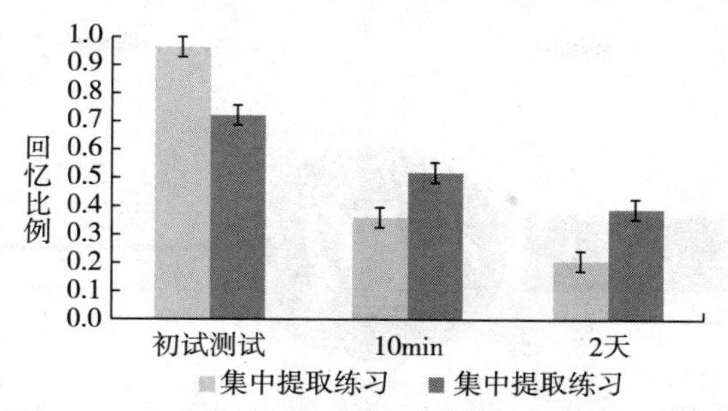

图9-12　分散提取练习和集中提取练习的可回忆比例㊀

交错练习则可以和组块练习结合使用。在初学时，通过组块练习增进对一个知识体系的理解，之后加入交错练习，促进巩固。无论是交错练习还是组块练习，都可以作为具体的练习内容，置于提取练习和分散练习中。

刻意练习更适用于某种能力或技能的练习，比如刻意练习写作技能，刻意练习表达能力、演讲能力。练习和反馈是难以分离的，有了练习就需要给学生反馈，迁移则是对练习的进一步要求，也是基本要求，练习的目的就是迁移到真实场景中应用。每种练习方式下精选的策略在练习、反馈、迁移中都适用，当然在应用中还应根据实际情况灵活调整。理论是不断发展的，策略也是在自理论到实践和自实践到理论两条线路中不断丰富的，我们要抱着学习的心态和科学的精神，循序渐进。本章中所提取原理和策略是以来自认知心理学、教育学、教育神经科学等领域的研究成果作为支撑的，希望可以帮助各位老师开展科学的练习。当然也可以尝试一些创新型练习，比如利用信息技术平台开展作业设计，或者设计项目式练习任务。比如北京市海淀区中国民族大学附属中学于戈老师不仅开展了在线作业的设计，利用在线平台管理、统计学生作业，还设计了科学探究的家庭作业㊁：

我们离不开导航了，少了它不知要有多少“路痴”。

可是，如果GPS关闭了怎么办？

对！我们有了“北斗”，中国的骄傲！

还有些土办法，在户外说不定也很好用，因为对器材要求不高，不妨居家时试一试这些土办法（如动手做指南针）。

问题1：实践是检验“手表测定法”的最好办法，试一试，你成功了吗？

问题2：实践也是检验“影子测定法”的最好办法，试一试，结果准确吗？

问题3：选择一种制作指南针的方法，简述你的制作步骤。

㊀ KARPICKE J D, JEFFREY D. Retrieval-based learning：a decade of progress [M]// BYREN. Learning and memory：a comprehensive reference. 2nd ed. Oxford: Academic Press, 2017: 487-514.

㊁ 教育部科技司2020教育信息化教育应用实践共同体 “学习科学与游戏化学习实践共同体”项目（教科技司〔2020〕215号）阶段性成果。

第10章

学习评价

【本章导入】

相信老师们对评价一定不陌生，小到课堂上的一次问答、每天的课后作业，大到期中、期末考试，它们对于老师和学生来说都是家常便饭。请仔细回忆一下，这些评价的目的是什么，评价的过程实现这些目的了吗？学习评价作为学习过程中的反馈调节机制，在教与学两方面都起着重要的作用。这一章主要向大家介绍学习评价是什么，教师进行学习评价的原理和策略，以及如何设计评价工具。

【内容导图】

本章内容导图如图10-1所示。

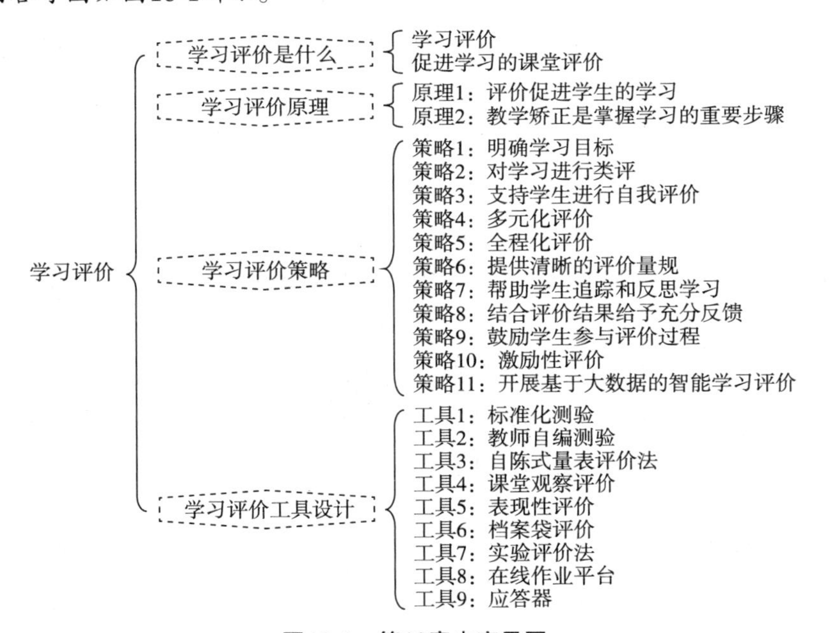

图10-1　第10章内容导图

10.1　学习评价是什么

一位教师认为，在上课过程中使用课堂表决器（如投票器）可以改善学习效果。他在之前的教学中，在前半节课没有使用课堂表决器，在后半节课使用课堂表决器，然后记录学生对各种问题的回答情况。课后，通过问卷调查学生对这堂课的喜爱程度。最终发现：喜欢使用课堂表决器的比例明显高于不喜欢使用课堂表决器的比例。因此得出结论，课堂表决器对提升学习效果很有帮助。

这个实例展现了什么问题？教师混淆了他的评价目标。学生喜欢不等于学会。教师想要关注的教学目标是促进学习，提升学习效果，教师的评价内容就需要与此对应。那么学习评价到底是什么？我们要评价什么？我们要如何评价呢？

学习评价的含义是“依据一定的学习标准或学习目标，收集相关证据，对学习者的学习过程或学习结果做出的描述或价值判断”，见下框。从定义可以看出，学习评价是一个过程，其本质特征是对学习进行价值判断，这个判断过程是以一定的目标为依据的，整个过程涉及数据收集与分析手段[㊀]。

学习评价　依据一定的学习标准或学习目标，收集相关证据，对学习者的学习过程或学习结果做出的描述或价值判断。

其中，评价的内容包括：学习者学到了什么，采用何种学习方式，学习者的特征。也就是说，在对学生进行评价时，我们要描述其学习结果（知识）、学习过程（建构知识的认知过程）或者学习者特征（建构知识的能力）[㊁]。针对学习结果的评价，我们需要评价有关学习内容，即学生知道了什么，能否将新学的内容与自己的知识背景联系起来，以及能否应用到现实生活中；针对学习过程的评价，我们需要评价学生开展学习的方式，即学生如何处理学习内容；针对学习者特征，我们需要评价与学习相关的个人特质，比如学生的情绪，学生在学习时感觉如何。

学习评价可以根据评价功能、评价基准、评价主体和评价方法划分成不同的类别，见表10-1。这些分类不是互相排斥的，实践中的评价往往综合多个特征。

表10-1　不同分类标准下的学习评价

分类标准	评价类别	含义与用法
评价功能	诊断性评价	在某一教学项目或教学活动开始之前，对学习者的学习进行评价。评价的结果既可以用于设置教学起点使其更加贴合学习者，也可以用于对学习者进行分层

㊀ 胡中锋. 教育评价学 [M]. 2版. 北京：中国人民大学出版社，2013：1-10.

㊁ 梅耶. 应用学习科学：心理学大师给教师的建议 [M]. 盛群力，丁旭，钟丽佳，译. 北京：中国轻工业出版社，2016：93.

（续）

分类标准	评价类别	含义与用法
评价功能	形成性评价	在某一教学项目或教学活动的持续过程中，对学习者的学习进行评价。学习者和教师可以依据这一评价结果，对后续的教学、学习进行调整
	终结性评价	在某一教学项目或教学活动结束后，对学习者的学习进行评价。终结性评价的结果有时要用于对学习者的学习做出价值判断
评价基准	常模参照评价	根据学习者在团体中的相对位置评价学习者的学习效果。这种评价侧重于在一群人里面选拔、筛选出一部分人，也称为相对评价
	标准参照评价	根据某个具体的标准，评价学习者的学习。这种评价侧重于考察学习者对知识的掌握是否达到了一个既定的水平
	自我参照评价	学习者自己和自己做对比。这种评价侧重于学习者的自身发展
评价主体	他人评价	由他人对学习者的学习进行评价，而不是学习者自己。他人可以是教师，也可以是学习者的同伴
	自我评价	学习者自己对自己的学习进行评价
评价方法	定量评价	用数量化的方式进行学习评价，评价的结果也是数量化的。例如传统以分数或等级作为结果的纸笔测试
	定性评价	使用语言、文字等方式进行学习评价。例如每学期末教师给学生撰写的评价

传统的评价较为关注学业成绩取向的评定，对学生的综合素质评估不够重视。另外评价方式往往是量化的、终结性的，缺少描述性的、形成性的评价。这些问题导致评价的功能倾向于对学生进行甄别和选拔，将学生的学习导向单一的学业成绩方面，另外由于缺乏对评价结果的交流和反馈，评价对学生的学习难以发挥促进作用。正是因为这些问题，各个国家纷纷开展教育评价改革，强调要开展能够促进学习的课堂评价。

从促进学习的课堂评价的定义（见下框）里可以看到，好的课堂学习评价不仅要能够准确地收集学生学习成就的信息和证据，还要注重对评价过程和结果的有效利用，以促进学生的学习。

> **促进学习的课堂评价**　在课堂教学情境中，教师和学生依据一定的学习标准或学习目标，收集相关证据，对学生的学习过程或学习结果做出描述或价值判断，从而促进和支持持续的学习。

促进学习的课堂评价应该包括以下5个关键要素：①明确的目的。开始评价前要考虑此次评价是为了测量和检验学生的学习，还是为了促进学生的学习，抑或是这两方面都有。②清晰的目标。清晰的目标是指要清晰地感知被评价的学习内容，这些内容往往是与学习目标息息相关的。③合理的设计。合理的设计即评价的方法要能够准确反映出评价目标，匹配评价目的。④有效的交流。评价结果必须及时以可理解的方式反馈给评价的使用者，比如教师和学生。⑤学生的参与。学生作为课堂评价的作用者和自身学习的承担者，通过评价结果了解自己的学习状态和学习情况，不仅有利于其学习，还有利于其承担起学习的主体角色㊀。

10.2　学习评价原理

驱动学习者的问题包括：我要去哪里？我如何到达那里？下一步要去哪里？为了取得更大的进步，需要做什么？评价的目的就是确定下一步要去哪里。

原理 1：评价促进学生的学习

评价对学习的促进作用主要表现在3个方面：

1）评价过程本身能够帮助学生对所学知识进行提取、应用，这对于学生知识的记忆是有帮助的㊁。如果想象力、创造性思维和高阶思维成为评价的部分内容，评价就可以促进树突的生长，加强神经元之间的联结㊂。在进行评价时，我们经常会采用课堂总结的形式，这种形式也能够促进记忆。总结也是树突生长的途径，它形成新的学习联结，有利于更多树突的生长㊃。有效调节大脑的方法就是及时开展评价，只有信息还停留在工作记忆区域，还未进入长时记忆时，才可能把错误纠正过来。

2）评价能够提供有益的反馈信息，从而改善学生的学习。相比于只告诉学生对或错，告诉学生正确答案，或者通过给予学生循序渐进的提示支持学生自己找到答案，都能够对学生的学习起到积极作用。除此之外，有研究认为即时而具体的反馈评价有助于脑的成长，因为这能够满足大脑对获得更多即时而具体的反馈信息的需要。比如威廉・格林诺（William Greenough）的研究认为，学生能够从互动的反馈中习得经验，有利于大脑的成长㊄。

3）经常性的形成性反馈有利于学生正确归因，并且帮助学生形成主动回顾所学知识的意识㊅。当教师帮助学生了解当前学习状态的情况并为学生如何改进提供详细的引导语支持时，学生更倾向于将自己获得的进步和自己的行动联系起来。另外，当教师针对某一教学内容以即时、几天后、一个月后这样的间隔进行评价时，能够帮助学生意识到学

㊀ 查普伊斯. 促进学习的课堂评价：做得对、用得好　原书第2版 [M]. 赵士果，译. 上海：华东师范大学出版社，2021：2-8.

㊁ KARPICKE J D，BLUNT J R. Retrieval practice produces more learning than elaborative studying with concept mapping [J]. Science，2011，331（6018）：772-775.

㊂ 威利斯. 点燃学生的学习热情：基于脑科学的教学策略 [M]. 吕红日，汤雪平，译. 北京：中国轻工业出版社，2016：81.

㊃ 威利斯. 点燃学生的学习热情：基于脑科学的教学策略 [M]. 吕红日，汤雪平，译. 北京：中国轻工业出版社，2016：94.

㊄ 詹森. 适于脑的教学 [M]. 认知神经科学与学习国家重点实验室脑与教育应用研究中心，译. 北京：中国轻工业出版社，2005：39.

㊅ 哈迪曼. 脑科学与课堂：以脑为导向的教学模式 [M]. 杨志，王培培，译. 上海：华东师范大学出版社，2017：142.

习的遗忘情况，从而更有意识地回顾所学。

原理 2：教学矫正是掌握学习的重要步骤

一些老师的课堂教学逻辑包括3个步骤：计划、教学、评价。也就是说，他们认为课堂教学是决定学生学习的关键。但事实上学生的学习情况往往不像教师计划得那样完美，学生掌握的程度参差不齐，也会出现各种各样的错误。因此，应当认识到学习是一个不可预知的过程，教学矫正是有效教学流程的组成部分，教师应当掌握这一必备专业技能。教学矫正的过程首先要通过评价诱发学生对所学知识的反应，教师通过对学生的反应进行分析，诊断出学生掌握了哪些知识，未掌握哪些知识，明确学生的学习需求。随后教师根据学习需求，确定是否要进行反馈或进一步教学。

教师可以通过下面的3个流程将反馈回路纳入教学的流程中㊀：

1）诊断学生在学习中的位置，并结合学习目标，确定学生的学习需求。

2）熟练运用多种教学策略以帮助学生学习，并能够根据学生的具体学习需求灵活运用策略。

3）规划具体的教学活动，并展开行动。

玩一玩，测一测

玩一玩　正话反说

游戏规则：教师说出词语，要求学生反着说，说错则失败，比如教师说“雨水”，学生说“水雨”，教师说“为有源头活水来”，学生说“来水活头源有为”。教师可以提前准备一些词语或者名词。全班学生可以一边打节奏一边说。

说明：正话反说可以练习学生的工作记忆，克服直觉思考，采用反直觉思考，在这个游戏中，我们是否说对了自己心里很清楚，其他同学的反应也会作为正误的反馈。正话反说的内容还可以是数字、化学元素、一句话。

测一测

1. 以下（　）是形成性评价，（　）是诊断性评价。

A. 每次上课前，毛老师都会先对学生做一个测评，对学生的基础知识进行摸底

B. 每学期末，侯老师都会自己出题对学生进行一次全知识的考察

C. 每节数学课后，熊老师都会让学生写一篇学习日记，并且要求尽可能地以画图的方式来描述自己所学的知识，并随后根据学生所写调整教学

2. 根据你的理解，用画图的方式来描述反馈和评价的关系。

㊀ 查普伊斯. 学习评价7策略：支持学习的可行之道 [M]. 2版. 刘晓陵，译. 上海：华东师范大学出版社，2019：146-148.

10.3　学习评价策略

我们常说评价是教育的指挥棒，评什么、如何评、评完了怎么办都将直接影响学什么、怎么学、学完了怎么办。因此，评价既要能发挥诊断的作用，也要发挥激励、指导、反馈、干预的作用。

策略 1：明确学习目标

在第5章中，我们已经学习了关于学习目标的设定和编写，也知道了学习目标对学习评价的重要导向作用。因此在进行学习评价时，我们需要再次明确学习的目的地是哪里，才能选择合适的方法去测量我们现在在哪，距离目的地还有多远。不同类型的学习目标，其复杂程度、认知层次等特征存在差异，适用的评价方法也不同。表10-2呈现了不同评价方法及适用的学习目标[一]。

表10-2　不同评价方法及适用的学习目标

评价方法	具体形式	适用的学习目标
选择题	多重选择、匹配练习、正/误判断、填空	知识目标
书面作答题	简答、论述	知识目标、推理目标
表现评价	展示任务或产品创造任务（提供量规）	知识目标、推理目标
个别交流	提问、访谈、聆听、口头测验、学生日志	知识目标、推理目标和个别技能目标（例如：沟通技能）

策略 2：对学习进行类评

量评法关注学生学到知识的数量，类评法则更多关注：学生学到了什么知识，没学会什么知识；对哪些知识有误解；仅学到了能解决相似问题的知识，还是能把所学知识迁移到看似不同的任务中。

错误分析法是一种分析错误产生原因的类评方法，这种方法往往能够提供更多信息，为下一步学习或教学提供方向。例如对小学生口算题进行量化分析的结果往往是正确率多少，错误分析法则更加关注错误产生的原因，例如学生计算错误的原因可能是在做减法题时忘记借位或做加法题时忘记进位[二]。

多层次分析也是一种有效的类评方法，是对学生学习情况进行不同层次的评价，例如同一个知识，教师既可以评价学生能否应用，也可以评价学生对知识做到了保持还是迁移，从而对学生的学习程度有更深刻的理解[三]。

㊀ 查普伊斯. 学习评价 7 策略：支持学习的可行之道[M]. 2版. 刘晓陵，译. 上海：华东师范大学出版社，2019：24-27.

㊁ 梅耶. 应用学习科学：心理学大师给教师的建议 [M]. 盛群力，丁旭，钟丽佳，译. 北京：中国轻工业出版社，2016：114.

㊂ 梅耶. 应用学习科学：心理学大师给教师的建议 [M]. 盛群力，丁旭，钟丽佳，译. 北京：中国轻工业出版社，2016：115.

策略 3：支持学生进行自我评价

让学生对学习进行自我评价，并且让学生知道自己理解了什么，哪些地方仍需要进一步学习，对学生的学习成绩和自我调节学习都有积极影响。但应避免让学生对某一个目标是否掌握进行多次重复评价，尤其是当学生的学习没有进步时，此时进行教学而不是自我评价对学生的学习更有益。

理想情况下，学生应该能理解学习内容所对应的学习目标，并能够通过评价结果准确识别出自己在多个学习目标上的掌握情况。但是，学生在一开始可能并不具备自我评价的技能，教师需要给学生提供评价任务，指导学生进行评价练习。例如，教师可以给学生提供作业样例，指导学生根据评价量规练习评价样例。教师也可以在教师评价后、提供反馈前，让学生进行非正式的自我评价，学生收到反馈后，能够对自我评价的情况进行校准。

把自我评价和有意练习结合起来，对学生的学习有很直接的促进作用。例如教师可以让学生将错误点与学习目标匹配，同时教师也可以提供一个学习目标达成指导说明，明确指出，如果某一学习目标未达成则可以通过阅读某页的内容，完成某几道习题来改进。

当学生进行自我评价时，首先应当保证学生对自我评价有一个正确、安全的认识。因为让学生客观地评价并真实地呈现出来，对学生自身来说是不容易的。例如，评价结果较好的学生可能会担心做出好的评价是骄傲的表现，评价结果较差的学生可能会难以接受或羞于呈现出真实的情况。这就需要教师引导学生认识到评价结果的好坏都没有关系，当前的状态并非反映学生的智商或特征，而是要反映以往做了什么，以便确定和接下来应该做什么。使用量规、学习目标说明书，可以帮助学生更加客观准确地展开评价，塑造良好的评价观。

策略 4：多元化评价

学生个体之间存在较大的差异，只用一个统一的评价标准是不合适的。多元化评价是为了适应学生的差异。从评价方式、评价内容、评价目标、评价标准等多方面，找到适合每位学生的评价方法。让每位学生都能够展示自己最好的一面，鼓励学生使用多样化的表达途径来呈现学习结果。

评价方式多元化：鼓掌、微笑、点头、口头赞扬、口头建议、口头纠正、拍背、高举双手击掌欢呼、竖起大拇指、百分制分数、等级评分、书面建议、书面评论、学生互相检查、发电子邮件、打电话等。

评价内容多元化：应该认可所有学生在各个领域的所有成就。既要关注学生对知识技能的理解和掌握，也要注重对学生发现问题和解决问题能力的评价，同时还要注意学生的情感态度与价值观的形成与发展。

评价目标多元化：将学生评价的单一标准成列排（排在最前面的只有一人），转变成多方面评价的成行排（每个人都可以成为某一方面的优秀者）。如评价学生的计算能力，可以从计算速度、准确性、灵活性等多方面去评价。

评价标准的层次性：针对优秀、中等、困难学生的评价要求应有所区别。采取弹性作业、星级命题等方式对不同层次的学生提出不同的要求，帮助其在自己的最近发展区内逐步成长。

教师可以尝试以下方法：

（1）平时作业实行无劣等评价的策略。

1）建立自评制度：学生完成家庭作业之后，要进行自评检查，并写出自评结果——做对题数/做题总数。

2）确定评价指标。

获得一颗星：能认真完成作业，有错误也及时订正。

获得二颗星：能认真独立完成作业，会进行自我评价，并基本正确，经过教师批改之后，能及时订正。

获得三颗星：能认真独立完成作业，自觉进行自我评价，并完全正确。

3）最后开展评比活动，每周统计并公布得星情况，每月评出“优秀作业奖”。

（2）单元测试实行组合评价的策略。以开学的摸底成绩作为基础，以后练习或测试比前面提高或下降的，就用“优秀+棒”“良好+保持或退步”“合格+须努力”进行评价。学生既能看到成绩，又能看到自己的发展变化，从而激发学习动力，提高奋斗目标。相应的激励措施包括自己可选择作业内容、作业量减半、每天增加5题练习等。

策略 5：全程化评价

评价的全程化，即评价伴随教学活动的全过程，包括复习、导入、新授、巩固等环节，强调评价对教学的促进，重视评价的学习导向性。全程性评价不仅重视学习目标的达成，而且重视学习过程中对学生的情感、态度、价值观做出评价，促进学生对学习过程的反思，进而调整学习方法。全程化评价有利于随时发现问题，调整教学。

为了实现全程化评价，教师可以尝试以下几种方法：①给学生们发放问题卡，并把答案写在一些卡片上，让学生们寻找对应问题的答案。②如果问题的答案是“是”或“不是”，以及“正确”或“错误”这种固定的回答，教师宣布开始作答时，可以让学生们举左/右来表明答案。③在学生自学或者小组共同学习时，教师应该在教室里四处走动，倾听学生的交流，了解还有哪些内容需要补充。④完成一项内容的学习之后，暂停讲解，检查答案，防止学生存储错误信息。如果发现学生做错了，需要让学生标出错误，再用其他颜色的笔改正错误。⑤多样答案。点名让学生回答同一个问题（答案不止一个）时，即使第一位学生回答正确，其他几位仍继续回答，可以发表自己的观点，只要言之有理即可。⑥教师对学生作业或测试等进行首次评价时，重点关注学生知识技能掌握程度，在学生订正之后的第二、第三次评价时则同时关注学生的态度和情感。⑦利用档案袋评价的方式，将学生在课堂上的重要评价结果、作品收集起来，从而更为广泛地评估表现和进步。

策略 6：提供清晰的评价量规

量规是解释作业或表现在不同质量水平上的特征，能够衡量相似任务的质量水平，不同的作业可以使用同一标准，量规具有通用性。量规不仅能给师生的评价提供依据，清晰地诊断出学生的优势和有待提高的地方，方便地提供反馈，指导学生修改作业，还能帮助学生培养对质量和自我评价的理解，为进步设立目标。量规适用于评价表现性任务或结构稍复杂的题目。教师可以与学生合作制订评价量规，量规的描述风格易于学生理解时效果更好。比如，语文教师可以给学生提供作文写作的评价量规，让学生清晰地了解到衡量作文质量的关键点以及自己做得不好的地方，从而更加明确自己需要改进的方向。如，教师为一次数学作业任务设计的表现性评价矩阵（见表10-3），可以引导学生从相关方面更好地完成作业。

表10-3　一次数学作业任务的表现性评价矩阵㊀

量分标准	项目
解答了所有问题	解题步骤正确
	全面完整
	已检查过
明显理解教学内容	阐述语句
	能够证明答案的正确性
	能够向他人解释过程
及时提交作业	提交及时
	作业完整
书写清晰	书写清晰、整洁
	一目了然，容易看懂

量规应该以学生的第一人称视角来撰写㊁。教师可以通过了解学生使用量规的体验和感受，不断修改量规。教师向学生呈现评价量规时需注意激活学生相关的先前知识，这样更有利于学生理解量规。比如，教师可以先让学生自己思考并陈述决定作文质量优劣的要素，然后将学生所陈述的要素与量规中的内容联系起来，从而更容易开展基于量规的评价。

策略 7：帮助学生追踪和反思学习

泰勒强调，教育评价至少包括两次评估：一次在教育计划的早期进行，另一次在后

㊀ 泰勒斯通. 提升教学能力的10项策略：运用脑科学和学习科学促进学生学习 [M]. 李海英，译. 北京：教育科学出版社，2017：88.

㊁ 查普伊斯. 学习评价7策略：支持学习的可行之道[M]. 2版. 刘晓陵，译. 上海：华东师范大学出版社，2019：35-40.

期进行，以便测量期间发生的变化[一]。无论是学生还是教师，监控学习并及时调节学习策略、内容对于学生的学习尤为重要，教师可以通过帮助学生发现、记录自己的学习进步或能力提升情况，培养其自我评估能力，使其能够进行反思和自我管理。教师可以根据学习内容制作学习过程追踪和反思表格，或者是让学生写反思日志，建议包含以下信息：任务和评价的信息，学生对自己成长或进步的反思。此外，教师还可以让学生将自己重要或有代表性的作品收集起来，因为这也是学生取得的重要成就。在产生这些过程记录材料后，学生可以将这些材料放在档案袋中，作为重要的过程性材料。同时，教师也可以组织分享活动，让学生在班级或家庭中分享自己的学习进步。

英语教师可以让学生每次课后记录自己学到的新单词、语法和表达，这样在一个单元过后，学生就能够清晰地看出自己积累的英语知识。语文老师可以组织学生将每次撰写的作文收集起来，并把作文在各个维度上的得分统计出来，这样可以帮助学生看到自己的动态表现。科学老师则可以提醒学生把每次设计的作品收集起来。体育、音乐学科的老师也可以鼓励学生将自己的表现通过录视频、记录得分的形式整理出来。

策略 8：结合评价结果给予充分反馈

在进行评价时，教师应保证学生能收到如何提升的建设性指导意见，也就是反馈。反馈在处理学生的错误理解或未理解部分学习内容时最有效，当学生完全未理解所学内容时，反馈便难以发挥作用。反馈的内容要针对当前的学习状态，不能针对学生的特征。因此教师在进行反馈时要引导学生把重心放在有意学习上，指出学习中表现较好的地方，并为如何进步提供具体的指导信息。反馈要具体，以便让学生了解自身存在的问题或成功之处，从而找到解决问题的方法。比如在书面考试之后，不只是简单告知答案的对错，而是告知正确答案是什么，并且对正确、错误答案提供充分的解释。

反馈的内容应该具有关键性和数量适当性，也就是说，反馈应该关注重点，另外建议学生进一步修改信息的数量应该适当，最好控制在学生能够行动的范围内，信息数量过多学生难以全部调整，过少则不能发挥最优效果。应注意的是，指导信息不能替代学生思考，宜通过提问式引导、渐进提示使学生自己获得正确答案，并让学生继续完成学习任务直到充分理解学习内容。

反馈不是一蹴而就的，当学生针对反馈开展行动后，教师可以对其行动给予进一步反馈。在此过程中，教师和学生可以通过强调重点的方式来提高沟通效率，教师可以在初次反馈时指明学生需要重点改进的关键点，学生在行动后可以向教师简要说明主要采取的行动，达到让教师关注重点的目的[二]。

教师在进行反馈时要注意保证及时性，同时要让学生事先知道他们会获得反馈，

[一] 泰勒. 课程与教学的基本原理 [M]. 施良方，译. 北京：人民教育出版社，1994：89.

[二] 哈迪曼. 脑科学与课堂：以脑为导向的教学模式 [M]. 杨志，王培培，译. 上海：华东师范大学出版社，2017：143.

提高学生的反馈知觉，有预期的及时反馈能够激励学生付出更多努力以尽快调整学习行为。让学生知道自己正在正确的方向上前行，能够增强其自尊，提高其内在动机，并带来更多、更成功的学习[㊀]。

另外，教师还要考虑到学生在得到反馈后需要时间做出行动，因为真正对学生学习有益的是学生得到反馈后做出的行动而非反馈本身，如果学生在得到反馈后不对此做出行动，而是开始新内容的学习，那么反馈的质量再高，也无法发挥作用。在呈现方式上，可以采用一些可视化的手段，这对于年龄较小的学生尤为重要，例如用星形强调关键信息，用台阶形状表明这是需要改进的点。

策略 9：鼓励学生参与评价过程

在进行评价时，为了调动学生的积极性和主动性，教师可以让学生参与到评价的过程中来，促进学生对学习目标的承诺以及对评估标准的共同理解。比如，在学期之初就明确告知学生有关学习的目标及评价方式，让学生有所预期，形成学习安全感。如果采用量表的评价方式，教师可以在学生开始学习新内容之前就把量表发给学生，让学生将教师当作学习上的伙伴，学生明白了学习需要自己和老师的共同努力，“只有刻苦努力才能够有好成绩”，就能够提前做好准备，更加积极地参与到学习的过程中来。也可以让学生选择评价方法。比如有些学生不擅长写，但擅长说，教师可以让他们口头汇报阅读心得。有些学生擅长绘画或表演，也可以让他们采用灵活的方式来表达自己的学习收获。教师也可以组织有支持的同伴互评活动，既让学生对学习内容有了更深刻的认识，也提升了学习的参与感。

可以采用量表的方式来进行评价。这种方式不仅可以将学生的进度可视化，而且通过量表，学生还可以对自己的学习进行自评，清楚地了解自己的学习进展，从而促进学生反思。通过量表自评的结果，学生能够明白要想提升自己的成绩应该从哪些方面努力。

以让学生按照1~4级评价自己的注意力水平为例：①我试图集中注意力完成任务，但不能立刻取得成果，我想在获得帮助前自己解决问题。②我试图集中注意力完成任务，然而一遇到困难就开始寻求帮助。③大多时候，我都集中注意力，但不会做的时候，就放弃了。④我不能集中注意力。

为了鼓励学生参与到评价中来，教师可以尝试以下几种方式：①发表看法，即开放地让学生表达想法，他们对学习有什么期望，想要如何评价自己的学习等。②评价教师，即给学生提供机会，让他们表达对教师的看法。树立好教师的形象，善于倾听，关心学生，公平、公正、不偏心。③提出希望，即提出学习的期望（学生在表达了对教师的看法之后，更能够接受教师提出的要求）。④提供样本，即给学生呈现过去的评价样

㊀ 李金钊. 基于脑的课堂教学：框架设计与实践应用 [M]. 上海：华东师范大学出版社，2013：258.

本，其中需要包含评价准则、评分等级等具体的信息。⑤学生通过评价样本可以先预估自己学习的质量和创新能力。

策略 10：激励性评价

教师和学生要树立正确的评价观，即评价不是为了筛选或比较，而是为了促进每位学生更好地学习。因为任何评价都会对学生的情感或情绪产生影响，所以评价应该是敏感和有建设性的，应考虑学习动机的重要性[㊀]。评价要激发学生的学习热情，帮助其正确认识自我，开发其学习潜能。评价的语言和方式要具有激励效果，并让学生感受到教师与同学对自己的包容、认可和赏识。以下实例体现了激励性评价的价值。

在一次课前演讲中，一位女生以流畅的语言、清晰的观点表述，获得了大家的好评。这时有几位学生立刻露出不屑的神情说道："就她，她也能得优啊？"老师故作奇怪地反问："我觉得她今天的演讲思路很清晰，观点很明确，表达很流畅，声音也很洪亮，为什么不能得优呢？""她成绩很差的！"马上有学生接口道。教师故作疑惑状："哦？是吗？什么叫她的成绩很差？难道你们不觉得她今天的表现很棒吗？"先前的几名学生不好意思地低下了头，更多的学生鼓起了掌。这时这位演讲的女生眼里充满了感激，也更有自信了。之后在这位老师的课上，她也变得更认真了。

这次课堂评价事件，让更多学生明白了：每个人都有自己的长处，关键是要善于发现，并将之放大，这样就会对自己更有信心。

策略 11：开展基于大数据的智能学习评价

从前面的评价策略可以看到，要想充分发挥评价对学习的促进作用，评价需要具有多元化、全程化、个性化、目标导向、充分反馈、提供下一步行动指南等特点。这对于同时教授几十名学生的教师来说无疑会带来巨大的工作量。基于大数据的学习评价不仅可以记录学生学习过程中形成的各种表现、测试结果和作品，能够将碎片化评价系统化，而且能够整合智能技术对学习过程和结果数据进行多维、全面、深入而可靠的评价[㊁㊂]。但是教师应该了解的是，将大数据评价、智能分析与同伴评价、学生自我评价、教师评价结合起来效果更好，另外每位教师需要根据自己的需要，规划、实施和调整基于大数据的智能评价。

目前应用得比较广泛的智能评价包括英文作文批改系统，例如AWE系统、批改网等，这类系统能够快速反馈学生单词拼写、语法和行文结构的问题。教师也可以利用课堂互动工具进行高效的课堂评价，此类工具包括微助教、雨课堂等，它们包括插入各种功能的课堂测试题，每位学生都能够参与进来，并且它们能够将评价结果即时反馈给师

㊀ ASSESSMENT REFORM GROUP. Assessment for learning：10 principles [R]. Cambridge：University of Cambridge，2002.

㊁ 牟智佳. 电子书包中基于教育大数据的个性化学习评价模型与系统设计 [J]. 远程教育杂志，2014，32（5）：90-96.

㊂ 郑燕林，柳海民. 大数据在美国教育评价中的应用路径分析 [J]. 中国电化教育，2015（7）：25-31.

生。在线学习系统也具备一定的自动评价及可视化结果功能，例如可汗学院通过进度条、星级等可视化手段实时呈现学生在某一个数学知识点上的水平与进步状态。另外，中国大学慕课（MOOC）平台上也有同伴互评功能，能够实现自动分发作业、统计得分，大大减少了教师的工作量。

玩一玩，测一测

玩一玩　故事接龙游戏

游戏规则：4人一小组，每人抽1张卡片，如图10-2所示。第1个人说出“在……时候”，第2个人在第1个人所讲基础上，说出“在……地方”，第3个人在前两人基础上，说出“谁……”，第4个人说出“发生了什么”，4人合作创作有趣、有新意的故事，说完后继续循环。

图10-2　故事接龙游戏示意图

说明：故事接龙游戏可以训练人的创造力、讲故事的能力和设计思维，在合作创编故事的过程中，可以更改规则，比如将卡片改为与课本所学相关的元素，或者改为完全不相关的一些物品。

测一测

1. 下列有关学习评价的说法中，你认为正确的有（　）。

A. 学习评价既要关注学生对知识技能的理解和掌握，也要注重对学生发现问题和解决问题能力的评价

B. 评价量表指标，越具体越好

C. 可以让学生参与评价

D. 做测试卷是最好的评价方式

2. 判断对错，对的打√，错的打×。

（1）学习评价是教师对学生的评价，为了不影响评价结果，学生最好不要参与进来。（　）

（2）对学生的学习评价只能在上完一堂新课之后。（　）

（3）在评价过程中，需要有一个统一的评价标准。（　）

10.4　学习评价工具设计

评价工具就像一把“尺子”，好的“尺子”能够真实、客观、全面地反映学生学习状况，而试卷考试只是一把传统的“尺子”，并不能满足当前对人才培养的要求。

有效的评价工具应该包含4个特征，见表10-4。

（1）信度。信度指的是采取同样的方法对同一对象进行反复测量时，测验分数一致的程度，或者说是测量数据的可靠程度。重测信度和分半信度是两种用来判断测量工具信度的途径。重测信度指的是让学生参加完一项测验，过段时间在同样的环境下重复这个测验，这两次测验分数的相关程度。分半信度是在测验题目属于同一维度的情况下，对学生前半部分的得分和后半部分的得分进行比较，这两者的相关程度越高，说明其信度越高。

表10-4　有效评价工具4个特征简介[⊖]

特征	定义	实施
信度	每次测验都得到同样的分数	前测和后测之间的相关性（重测信度）；前后两半部分测验项目得分的相关性（分半信度）
效度	测验或测量工具能正确测量被测内容的属性或特征的程度	测验内容与预期内容相符（内容相关证据）；在一项标准化测试中，测验分数与后续的学业表现的相关性（标准相关证据）
客观性	每个评分人都是按照一样的标准来评分的	分数与两个评估者之间的相关性（内部一致性信度）
参照性	测验分数便于做出解释	标准差高于或低于平均值（标准分数）；百分比的分数低于原始分数（百分位等级）；是否符合标准

（2）效度。效度用来解释想要测量的事物的恰当程度，涉及内容效度、构想效度和预测效度。内容效度是指测试的题目是否恰当体现教学的目标或内容。比如，一个测验本是为了考查10以内加减法的掌握情况，却掺杂了包含进位的加法题，某测验题比较特殊，未能体现两位数乘以两位数过程中涉及的进位计算方法，这样的测量工具内容效度就不高。构想效度是指测验的结果与已有理论或研究发现的一致程度。比如对学生动机的测量结果与相关研究的结论相符，那便可以说明这个动机测验是有构想效度的。预测效度是指通过一项测验的结果对学生相关行为进行预测的有效程度。例如测验分数与后续学业表现的相关性，越相关则说明越有效。

（3）客观性。客观性是另一种形式的信度，指的是评分标准及结果不因评分者不同而有所改变。判断一项测验是否具有客观性的方法是：请两位老师采用同一评分标准对

⊖ 梅耶. 应用学习科学：心理学大师给教师的建议 [M]. 盛群力，丁旭，钟丽佳，译. 北京：中国轻工业出版社，2016：96.

同一批学生的答卷进行评分，两位老师评分的相关性越高，说明该测验越客观。

（4）参照性。参照性是指了解原始分数的意义。一种方法是通过计算个体分数与整个参与测试群体分数的比较关系，即常模参照测验（或标准化测验），在这个测验中得到的分数能够让学生了解自己的成绩在所有考生中的相对位置。标准化测验通常包括两种：标准分数和百分位等级。标准分数的换算方式为原始分数减去总体均值再除以标准差，其结果就是个体的分数与均值分数相差多少个标准差。百分位等级指的是计算参与测试群体中有多少百分数的人的成绩比某个体低，百分位等级为90代表参与测试群体中有90%的人的分数低于该个体的分数。另外一种参照方法叫作标准参照测验，指的是将学生个体所得的分数与学习目标要求的分数相比较，如果高于这个分数线，则表明学生达到了要求。

下面介绍几种常用的评价工具。

工具1：标准化测验

标准化测验旨在评估某个学生的学习水平在相同阶段学生群体中的相对位置[㊀]。一般由学科专家和测验编制专家协作编制，在试题编制、测试实施、测试评分、分数解释上都有明确的规范和标准的评价技术，因此具有较高的客观性和可比性，往往用于面向大规模群体的测试，比如高考、PISA测试、语言水平测试等。标准化测验的内容包括成就测验（achievement test）、能力测验（aptitude test）和人格测验（personality test）3种[㊁]。

标准化测验的操作程序如图10-3所示，主要包括以下10个步骤：①明确考试目的。明确考试对象、考试性质和考试内容。②制定考试大纲。关于考察目标、考试范围、重点、题目形式、考试时间等信息的说明。③拟订编题计划。通常是形成一张包括测试内容和测试目标的双向细目表。④编写和审定题目。根据编题计划编写题目。⑤对题目做试测和分析。对题目的内容、形式和质量进行试测和审查。⑥编制试卷。对试题进行编排，形成试卷。⑦对试卷做预测。通过小规模测试，取得试卷的信度和效度等统计信息。⑧确定正式试卷和正式实施考试。根据试测结果，判定是否具有较高信效度，是否符合考试大纲预期，继而进行正式考试。⑨建立常模。通过大规模试测，得出一种标准或参照，用于比较和评估不同个体与总体之间的差异。⑩编写考试手册和大面积应用，即编写考试说明书，以此来保证实测过程的标准化，以便应用到更大范围[㊂]。

㊀ 皮连生. 学与教的心理学 [M]. 2版. 上海：华东师范大学出版社，1997：353.

㊁ 莫雷. 教育心理学 [M]. 广州：广东高等教育出版社，2005：584.

㊂ 王权，邱学华. 教育的标准化测验 [M]. 郑州：河南教育出版社，1988：22-27.

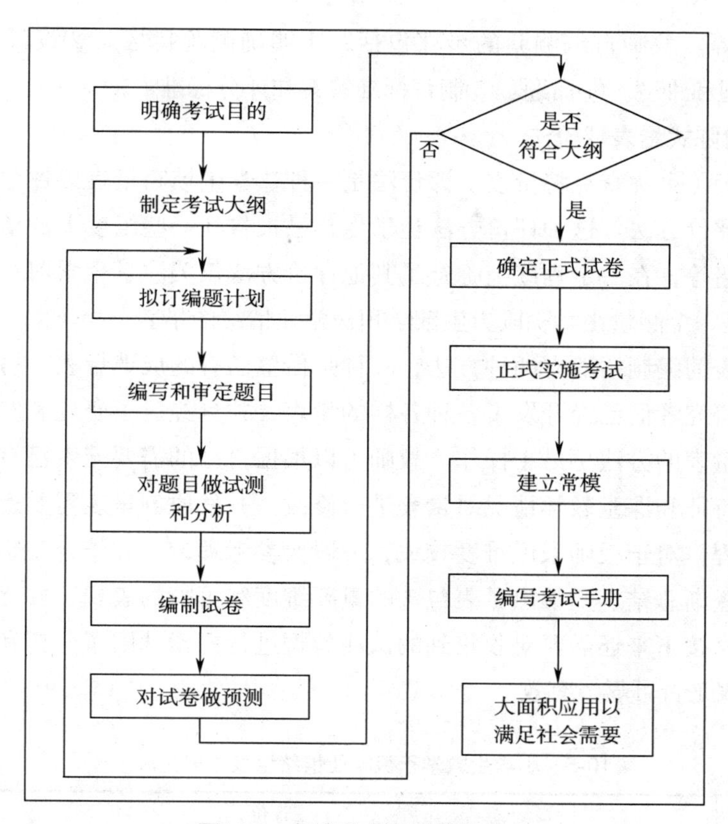

图10-3　标准化测验的操作程序

工具 2：教师自编测验

教师自编测验是教师根据教学中各个阶段的需要自行设计与编制的测验㊀。教学中需要经常对教学和学生的学习进行检查、评估，因此此类测验在教学中用得最多。教师自编测验的内容包括学生的认知目标掌握情况、学生的课堂参与行为、学生的学习状态等。这里主要说明对于学生认知目标掌握情况的测试题设计和开发。

评估学生认知目标掌握情况的测验的编制一般要考虑教学目标、教材内容和测验目的，遵循以下原则：①测验题目与教学目标、教材内容的一致性。测验要能够反映教学目标和教材内容。②测验题目要具有代表性。测验结果要能够充分代表预期的学习结果，应依据预期的学习结果选择试题类型。③测验要保证信效度。④要充分应用测验结果，以发挥测验成效㊁。

试题类型包括客观测验和论文式测验。客观测验题包括选择题、判断题、匹配题、填空题等。论文式测验题是让受测者针对某一题目进行论述说明、分析比较、论证批

㊀ 皮连生. 学与教的心理学 [M]. 2版. 上海：华东师范大学出版社，1997：353-354.

㊁ 莫雷. 教育心理学 [M]. 广州：广东高等教育出版社，2005：594.

判、评价鉴赏等。教师自编测验的步骤包括：①明确测验目标。②设计双向细目表。③确定测验题型和难度。④命题。⑤制订标准答案和评分标准[㊀]。

工具3：自陈式量表评价法

自陈式量表（也称李克特量表）评价法是一种让学生填写量表以评估其学习态度、情感等内容的评价方法。这种评价方法让学生自己报告在一些维度上的情况，例如学习投入、学习情绪等，在一定程度上弥补了其他评价方法仅关注学生学习行为的不足。例如，表10-5就是一个测量小学阶段男生数学积极学业情绪的量表。

自陈式量表的编制一般有两种方法，一种是借鉴已有的成熟量表，另一种是开发原创量表。由于研究者们已经开发了各种各样的量表，并且经过了研究和实践检验，因此借鉴已有成熟量表的方法更易于操作。教师可以根据自己的需要搜索已有的量表，并根据教学对象的特征和课堂教学情况对量表进行修改。开发原创量表需要遵循心理学量表严谨的开发过程，对于教师来说难度较大，一般要参考理论，并结合观察、访谈、调研得到的数据，逐渐总结、归纳出量表包含的重要维度和可能的表现，并逐渐转换成相应的题目再试测。接下来还需要对收集到的试测数据进行探索性因子分析和验证性因子分析，来检查量表是否可靠、有效。

表10-5　小学生数学积极学业情绪量表（男生版）[㊁]

表现	评价				
	○ 1 非常不同意	○ 2 不同意	○ 3 不一定	○ 4 同意	○ 5 非常同意
上数学课和完成作业时，我感到开心					
上数学课前，我感到自信					
上完数学课后，我感到自豪					

㊀ 莫雷. 教育心理学 [M]. 广州：广东高等教育出版社，2005：592-594.

㊁ LICHTENFELD S，PEKRUN R，STUPNISKY R H，et al. Measuring students' emotions in the early years：the achievement emotions questionnaire-elementary school（AEQ-ES）[J]. Learning and Individual Differences，2012，22（2）：190-201.

（续）

表现	评价				
	1 非常不同意	2 不同意	3 不一定	4 同意	5 非常同意
上数学课时，我享受学到知识的感觉					
上数学课前，我对学习的态度是乐观的					
上数学课时，我对自己的能力感到自豪					

工具 4：课堂观察评价

三维学习目标中除了知识与能力外，还包括过程与方法、情感态度与价值观。课堂观察评价法就非常适合过程与方法目标的评价。课堂观察评价法是通过观察，对学生的课堂行为表现进行评定的方法，包括自然观察法和实验观察法。由于观察评价的主体是人，因此不可避免地具有一定的主观性，但该方法确实可以收集到其他客观评价所不能收集到的重要信息㊀。

开展课堂观察评价时，应事前做好计划，随时记录。课堂观察评价包括以下阶段：①规划阶段。教师可以根据学习目标，将需要观察的行为进行列举，形成观察记录表。②实施观察阶段。教师应做到随时记录，重点关注观察记录表上的行为以及异常的行为。观察内容包括行为和行为的特征（包括性质、特点和程度）。另外要注意点面结合，既要关注班级学生群体，也要关注单个小组、单个学生。③观察记录整理阶段。在课堂观察结束后，教师应及时回顾课堂过程，并进行总结反思，将相关信息补充在观察记录表上，以免忘记。

表10-6介绍了课堂师生互动评估系统（CLASS）的工具，CLASS的研发基于美国国家儿童健康和人类发展研究所和美国国家早期儿童发展和学习研究中心对4000多个从学前到小学六年级的课堂观察研究，现已被许多学者用于课堂观察评估。教师可以据此观察评价自己的课堂，每个维度的得分即子维度得分的平均分。

㊀ 皮连生. 学与教的心理学 [M]. 2版. 上海：华东师范大学出版社，1997：360-362.

表10-6　课堂师生互动评估系统[⊖]工具

维度	表现	要求	得分
情感支持	积极气氛	教师和学生表现出热情和愉悦的氛围 关系 积极情感 积极交流 尊重	勾出得分：1 2 3 4 5 6 7 观察笔记： 如一个学生提出解决问题的方案，其他同学笑着喊同意，为他鼓掌
	消极气氛	教师和学生表现出愤怒、敌意或攻击行为、沉闷氛围 消极情感 惩罚性控制 嘲笑、不尊重 严重地否定	勾出得分：1 2 3 4 5 6 7 观察笔记：
	教师的敏感性	教师回应学生的学习需要和情感需要 意识 回应 解决问题 学生自如表现	勾出得分：1 2 3 4 5 6 7 观察笔记：
情感支持	尊重学生观点	教师保护学生发表言论的自由，关注学生的兴趣和动机 灵活性和以学生为中心 支持学生自主和担当小领导 学生的表达 行动不限制	勾出得分：1 2 3 4 5 6 7 观察笔记：
课堂组织	行为管理	教师监督、制止、引导学生的行为 清晰的行为期望 前瞻性 纠正错误行为 学生行为	勾出得分：1 2 3 4 5 6 7 观察笔记：
	效率	教师对学生的学习时间的管理 学习时间最大化 学生行为常规 过渡 教师准备	勾出得分：1 2 3 4 5 6 7 观察笔记：
	教学活动形式	教师设计有效的教学活动，以增加学习投入 有效促进 多样化的活动形式和材料 学生兴趣 学习目标的澄清	勾出得分：1 2 3 4 5 6 7 观察笔记：

⊖ 孟凡玉，陈佑清. 小学数学课堂师生互动质量的观察与评价：基于“课堂师生互动评估系统（CLASS）”的实证研究 [J]. 基础教育，2015，12（5）：69-77.

（续）

维度	表现	要求	得分
教学支持	概念发展	教师推动学生高水平思维活动 分析和推理 创造性 融会贯通 联系现实	勾出得分：1 2 3 4 5 6 7 观察笔记：
	反馈质量	教师的反馈加深学生对学习内容的理解 提供脚手架 反馈回路 促进思考 提供信息 鼓励和肯定	勾出得分：1 2 3 4 5 6 7 观察笔记：
	语言示范	教师关注学生的读写能力，帮助学生进行语言发展 沟通频繁 开放性问题 重复和扩展 自我对话和平行对话 高级语言	勾出得分：1 2 3 4 5 6 7 观察笔记：

该工具可以反映课堂上的互动情景，以师生行为作为判定师生互动质量的观察对象，更为客观。同时，教师也可以将此作为指导为学生提供教学支持、情感支持和课堂组织。

工具 5：表现性评价

表现性评价是让学生通过实际任务来展现知识和技能水平的评价方式，评价的内容一般是问题解决、交流与合作、创造性思维等复杂能力，以及在完成任务中所表现出来的情感意志。表现性评价考察的学习目标包括5类，分别是交流、操作、运动、概念获取和情感，见表10-7。高质量的表现性评价一般具有六大特点：①任务清晰且具有相关性和真实性。②任务清晰、聚焦。③任务能够充分体现学习目标，与课程相关联。④学生有机会做出选择和决定。⑤所有学生均可参与。⑥重视知识和技能的应用，鼓励发散思维，存在多种解决方案等。表现性任务有结构化表现测验、口头表述、模拟表现、实验、作品和项目等[㊀㊁]。

㊀ 唐晓杰. 课堂教学与学习成效评价 [M]. 南宁：广西教育出版社，2000：111-116.

㊁ 傅道春. 新课程中课堂行为的变化 [M]. 北京：首都师范大学出版社，2002：265-276.

表10-7 表现性评价考察的5类学习目标及示例

学习目标	示例
交流	书面表达，如写作文；口头交流，如演讲，辩论；外国语言的应用
操作	实验仪器的组装和使用；手工作品；解剖
运动	发球；游泳；跳舞
概念获取	为任务选择合适的工具和解决方法；辨别不知名的化学物质；对实验数据进行归纳
情感	在合作小组里与组员协作；与别人分享用具；积极参与课堂

开展表现性评价的基本流程如图10-4所示，包括以下主要步骤：①确定要评价的重要能力，即要根据学习目标明确将要评价的重要能力。②确定表现性任务。表现性任务要能够体现要评价的目标，并且具有真实性。③确定评分方法。表现性任务的评分方法可以分为整体性评分方法和分析性评分方法。④实施表现性评价。发放表现性任务，收集相应的数据或作品。⑤交流和反馈评价结果。结合评分方法对学生的表现性任务评分，并与学生交流评分结果㊀。

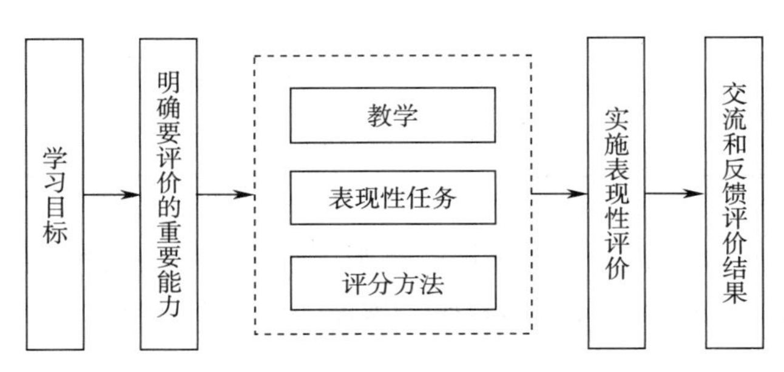

图10-4 开展表现性评价的基本流程

工具6：档案袋评价

档案袋评价指的是用档案袋汇集有关个人实践表现的各类证据的一种评价技术，侧重于评价信息的记录，而不是评价信息的产生过程。由于持续地搜集材料，档案袋评价能够呈现出学生个人发展历程，可以完整、动态地说明学生在某一时期内取得的进步。档案袋的构成一般包括3个部分：学生的作品，例如学生撰写的研究报告、美术作品等；学生的自我评价记录，即学生对自己学习的评估和反思；教师的指导和记录㊁㊂。

档案袋评价的基本流程主要分为两步：计划组织、执行。

在计划组织阶段，首先要明确评价的目的，确定档案袋的类型，判断哪些材料可以放到档案袋中，哪些材料不可以。必要时会提供详细的评价标准、所需的材料清单，以

㊀ 周文叶. 促进深度学习的表现性评价研究与实践 [J]. 全球教育展望，2019，48（10）：85-95.

㊁ 钟启泉. 发挥“档案袋评价”的价值与能量 [J]. 中国教育学刊，2021（8）：67-71.

㊂ 钟启泉. 建构主义“学习观”与“档案袋评价” [J]. 课程·教材·教法，2004（10）：20-24.

指导后续的材料挑选与整理㊀。

在执行阶段，教师或学生自己收集材料，并决定要将哪些作品放到档案袋中，因此档案袋评价的主体可以是多元的。一些档案袋中还可以附上学生对每一项作品的反思，进一步突显学生的主动性，帮助学生学会自我反思和自我评价。

工具7：实验评价法

以上评价方法是针对学生学习的评价，当教师需要评估某种教学方法是否有效时，可以采用实验研究法进行科学评估。教学中的实验一般包括分组设计和准实验设计两种。

教育实验设计中基本的分组设计就是组间设计与组内设计。例如，要研究学习时间与学习效果的关系，可以有两种不同的设计：①组间设计。让15个被试学习20个英语单词1遍，让另15个被试学习同样的单词5遍，然后用再认和再现比较这两组被试的识记成绩。②组内设计。让15个被试学习20个英语单词1遍，对另外相匹配的20个英语单词学5遍，然后比较被试对这两组单词再认和再现的成绩。

这两种设计各有优缺点。组内设计的优点：可以控制被试个体差异对实验结果的影响；用于研究练习的阶段性，效果较理想；不需要很多被试，主要从每一个被试身上获得几种不同的数据。其最大的缺点是实验顺序可能造成各种实验条件相互干扰。组间设计的优点是可以防止一种自变量影响另一种自变量，实验条件互不干扰。其缺点就是不同组之间被试差异可能与自变量混淆，所以一般用随机或匹配分组。为弥补这两种设计法的不足，也可采用混合设计。

在教育实验中最常用的一种实验类型就是准实验设计。准实验设计的产生是由于教育实验发展的需要。在真实的教育情境中不能用真正的实验设计来控制无关变量，也难以采用随机方法来分派被试，因此要在自然环境下，寻求在年龄、性别、标准化学科测验分数、上课时的表现以及身体情况等方面尽可能等价的被试，使组间平衡。其基本模式为：

实验组：O_1—X—O_2

对照组：O_3—O_4

其中，O_1和O_3代表前测，O_2和O_4代表后测，X代表实验操作。

这类实验设计的统计分析，一般是比较实验组与对照组在因变量后测上的差异，或者因变量取得的增值分数的差异，即O_2与O_4、O_2-O_1与O_4-O_3的差异，以估计实验处理的效果。比较这个差异的显著性，可采用独立样本t检验。如果要排除两个组别在因变量上基础水平差异的影响，还可采用协方差分析。

工具8：在线作业平台

家庭作业其实是提高学习成绩的有效工具，它让学生有机会回顾、练习和巩固在课

㊀ 胡中锋，李群. 学生档案袋评价之反思 [J]. 课程 · 教材 · 教法，2006（10）：34-40.

堂上学到的内容，发现学习困难和问题[一]。传统的纸面作业有一定的不可替代性，比如在书写上的训练，使用纸质对眼睛的保护，但是也有一些缺点，比如不能即时获得反馈和评价。使用在线作业平台布置作业，有两大优势：其一，可以让学生收到即时且个性化的反馈，便于纠正错误；其二，可以根据薄弱知识点分析推荐练习以使学生达到精通。对31项有关在线作业和传统作业对比的研究进行元分析，结果表明，完成在线作业的学生在后续的课程中表现出较高的学业成绩，并且近一半的研究中都发现学生更喜欢在线家庭作业形式[二]。

教师如何用好在线作业平台呢？第一，同传统作业一样，在线作业平台上的作业题目应该经过教师精选，让学生有针对性地练习；第二，善用社交手段，将作业设计为一种社会交往活动，比如作业的打卡分享、相互批阅[三]。

工具 9：应答器

“谁能回答下这个问题？”“请小红同学……”在课堂上经常会出现老师只能叫几个学生回答问题，而大部分学生无法获得回答机会的情况，因此老师无法发现其存在的问题。课堂即时应答器（clicker）解决了这一问题。答题器是每个学生的反馈设备，通过答题器学生可以快速回答课堂上提出的问题，并在课堂上总结以及在屏幕上呈现课堂结果。教师可以获得全班同学的知识掌握情况，及时调整教学思路，学生则可以获得更高的课堂参与感，及时修改错误答案，即便是平日里沉默寡言的学生也可以参与课堂。有研究发现，使用应答器的课堂参与度更高[四]，学生的注意力也有所提高[五]，应答器甚至可以帮助小组更深入地讨论[六]，使学生获得更高的课程成绩[七][八]。

应答器最常见的用法就是实时评估学生在课堂上对某一材料的理解，比如，准备几道选择题让学生输入选项，以考查学生的客观知识掌握情况，设计简答题考察学生的理

㊀ ROSÁRIO P，CUNHA J，NUNES A R，et al. “Did you do your homework?” Mathematics teachers’ homework follow - up practices at middle school level [J]. Psychology in the Schools，2019，56（1）：92-108.

㊁ MAGALHÃES P，FERREIRA D，CUNHA J，et al. Online vs traditional homework：a systematic review on the benefits to students’ performance [J]. Computers & Education，2020，152：103869.

㊂ 曹梅，宋昀桦. 在线作业的用户体验及其影响因素研究：兼论对在线作业推广应用的反思 [J]. 现代教育技术，2020，30（2）：79-84.

㊃ CHRISTLE C A，SCHUSTER J W. The effects of using response cards on student participation，academic achievement，and on-task behavior during whole-class，math instruction [J]. Journal of Behavioral Education，2003，12：147-165.

㊄ ELLIOTT C. Using a personal response system in economics teaching [J]. International Review of Economics Education，2003，1（1）：80-86.

㊅ HOEKSTRA A. Vibrant student voices：exploring effects of the use of clickers in large college courses [J]. Learning，Media and Technology，2008，33（4）：329-341.

㊆ PORTER L，BAILEY LEE C，SIMON B. Halving fail rates using peer instruction：a study of four computer science courses [C] //Proceeding of the 44th ACM technical symposium on computer science education. [S. l.]: [s. n.]，2013：177-182.

㊇ HUBBARD J K，COUCH B A. The positive effect of in-class clicker questions on later exams depends on initial student performance level but not question format [J]. Computers & Education，2018，120：1-12.

解。应答器也可以与同伴指导教学法结合使用，首先让学生独立回答问题，接下来与小组讨论后，根据讨论结果修改答案，重新投票[⊖]。

玩一玩，测一测

玩一玩　多米诺骨牌

游戏规则：教师制作一些多米诺骨牌，如图10-5所示，分别写着“在 有人说开始 之后，你必须 大喊我好棒”“在 有人大喊我好棒 之后，你必须 像兔子一样跳5下”“在有人 像兔子一样跳5下之后，你必须 站起来鼓掌5次”，以此类推。然后请同学们随机抽取卡牌。游戏开始，老师说“开始”，拿到第1张牌的同学需要立马反应，接着拿第2张牌的同学做出反应，以此类推。速度越来越快，反应超过5 s的同学需要接受惩罚，比如原地萝卜蹲10下，继续游戏。

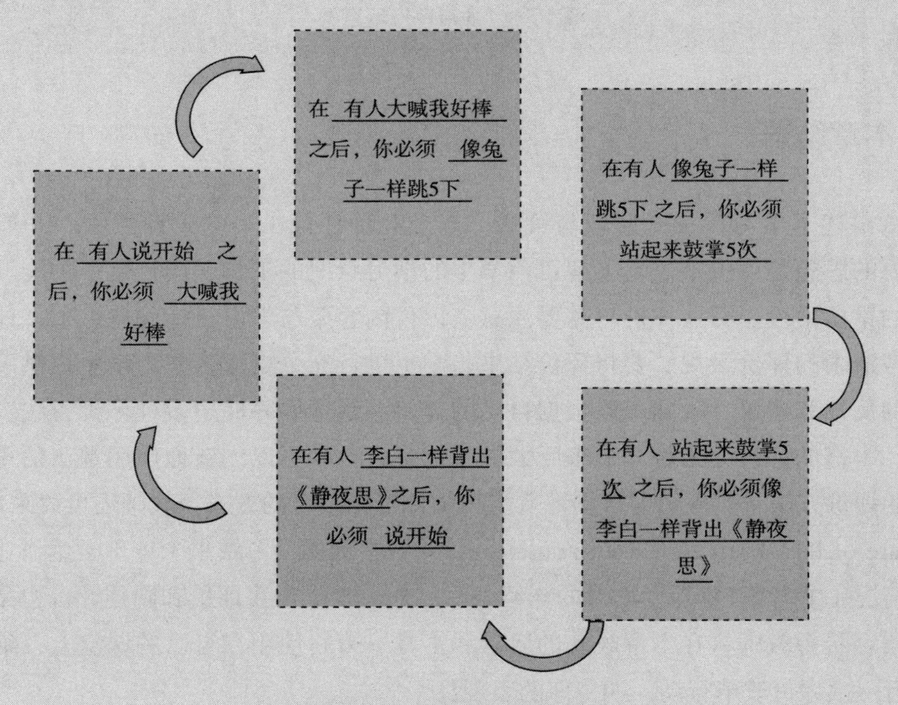

图10-5　多米诺骨牌示意图

说明：该游戏可以考查学生是否将注意力集中于当下，可以培养学生注意倾听和观察的习惯，让学生了解到一个人对他人的影响，同时也可以迅速活跃气氛。该

⊖ CROUCH C H，MAZUR E. Peer instruction：ten years of experience and results [J]. American Journal of Physics，2001，69（9）：970-977.

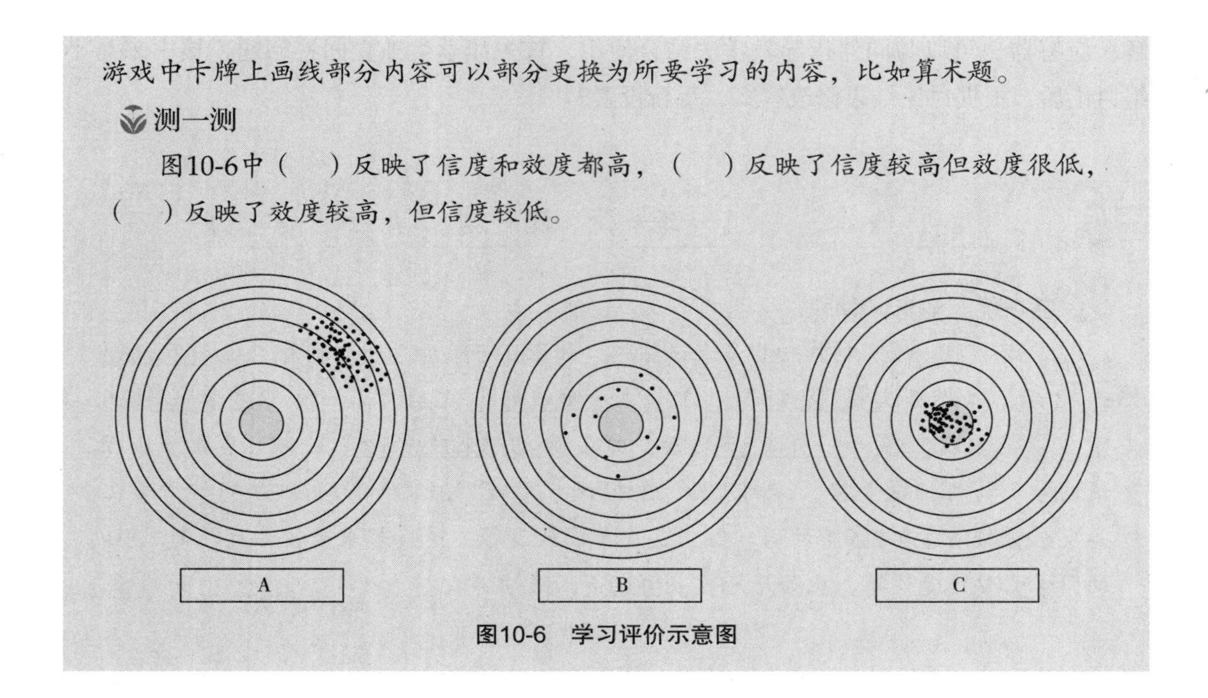

游戏中卡牌上画线部分内容可以部分更换为所要学习的内容，比如算术题。

测一测

图10-6中（　　）反映了信度和效度都高，（　　）反映了信度较高但效度很低，（　　）反映了效度较高，但信度较低。

图10-6　学习评价示意图

10.5　本章结语

本章讲述了学习评价的原理与策略，以及几种评价工具的设计方法。开展学习评价，重要的思想是评价不仅是了解目前学生的学习状况的工具，而且是一种能够促进学生学习的重要手段。开展评价时需要注意：评价内容要与学习目标保持一致，评分时要注意参考清晰的评价量规，要将评价结果与学生进行充分交流，并为学生提供下一步如何行动的反馈和建议。教师可以根据自己的需要灵活选取并使用多种评价方法。不容忽略的是，丰富的评价会给教师带来巨大的工作量，教师可以创新地使用基于信息技术和大数据的评价方法，实现机器自动评价与教师评价相结合的方式。教师还可以采用SOLO（structure of the observed learning outcome，可观察到的学习结果）评价学生作业中的深度学习情况（参考第1章深度学习的介绍）。另外，学生自我评价和同伴评价也是非常不错的方法。希望教师将在本章收获的启示和工具、策略使用在自己的课堂上，给自己的课堂进行一次评价改革行动，期待您的表现！